Heinz-Lothar Worm

Karl Mays Helden

Igel Verlag *Wissenschaft*

IGEL Verlag Paderborn
Literatur- und Medienwissenschaft 12

Heinz-Lothar Worm

Karl Mays Helden, ihre Substituten und Antagonisten

Tiefenpsychologisches, Biographisches, Psychopathologisches und Autotherapeutisches im Werk Karl Mays am Beispiel der ersten drei Bände des Orientromanzyklus

Igel Verlag *Wissenschaft*

Die Deutsche Bibliothek - CIP - Einheitsaufnahme

Worm, Heinz-Lothar:
Die Helden bei Karl May, ihre Substituten und Antagonismen : Tiefenpsychologisches, Biographisches, Psychopathologisches und Autotherapeutisches im Werk Karl Mays am Beispiel der ersten drei Bände des Orientromanzyklus / Heinz-Lothar Worm. - 1. Aufl. - Paderborn : Igel-Verl. Wiss., 1992
(Reihe Literatur- und Medienwissenschaft ; 12)
ISBN 3-927104-25-6
NE: GT

Erste Auflage 1992

Alle Rechte vorbehalten
Copyright © by
Igel Verlag Literatur
Brüderstr. 30, 4790 Paderborn
Einbandgestaltung: Rainer Griese, Siegburg
Scan, Textverarbeitung, Satz: M. Klagges, Paderborn
Herstellung: Fuldaer Verlagsanstalt
ISBN 3-927104-25-6

Inhalt

Vorwort 5

Einleitung 7

1. Karl May, sein Werk und die dynamische Typologie des Enneagramms 10

2. Karl May im Spiegel der Genielehre 22

3. Die narzißtische Selbstwertproblematik Karl Mays 34

3.1. Die narzißtische Selbstwertproblematik 34

3.2. Karl May, sein Werk und die Selbstwertproblematik 46

3.3. Das ungespiegelte Kind - autobiographische Notizen 63

4. Die drei ersten Bände des Orientromanzyklus im Spiegel der Analytischen Psychologie 74

4.1. Die Analytische Psychologie als Interpretationsinstrumentarium 74

4.2. Das Werk Karl Mays als Traum 77

4.2.1. Zur aktuellen Situation Karl Mays während der Abfassung der Texte für die ersten drei Bände des Orientromanzyklus. 85

4.3.1. Die Figuren der ersten drei Bände des Orientromanzyklus als Traumfiguren 86

4.3.2. Zusammenfassung 228

4.3.3. Bericht innerseelischer Entwicklungen 237

4.3.4. Der Umgang mit den Widersachern 239

4.3.5. Schwanken zwischen Grandiosität und Depression 240

5. Versuch der Autotherapie 269

6. Fazit 278

Literaturverzeichnis 280
   a. Primärliteratur 280
   b. Sekundärliteratur 280

Figurenindex 291

Vorwort

Es war zunächst mitnichten die Begeisterung für den Schriftsteller meiner Jugendtage, sondern eher die aus späteren Tagen stammende staunende Beobachtung des Phänomens Karl May, die mich dazu brachte, diesen lange Jahre von der Literaturwissenschaft peinlich verschwiegenen Produzenten unzähliger Werke deutscher Zunge zum Objekt meiner Studie zu machen. Dabei wurde ich allmählich, wie offenbar Millionen Leser vor mir, ein Opfer der Ausstrahlungskraft dieses Autors, denn ich muß gestehen, daß er mich ernsthaft zu interessieren und schließlich zu faszinieren verstand.

Als aktueller Anlaß für die Erstellung der vorliegenden Studie, obwohl von mir so nicht einmal bewußt einkalkuliert, mag der einhundertfünfzigste Geburtstag Karl Mays am 25. Februar 1992 gelten.

Mein Dank gilt in erster Linie meiner Frau, die mich während der vergangenen zwei Jahre nach Kräften entlastete, so daß es mir möglich wurde, neben der Berufsarbeit an dem Manuskript für diese Studie zu arbeiten. Darüber hinaus danke ich vielen Studenten des Fachbereichs 09 der Justus-Liebig-Universität in Gießen, die mich in den von mir durchgeführten Lehrveranstaltungen über Karl May immer wieder forderten und zugleich anregten.

Linden-Leihgestern, im Juni 1992

Heinz-Lothar Worm

Abkürzungen

Die römischen Zahlen beziehen sich auf die im Verlag von Friedrich Ernst Fehsenfeld, Freiburg i. Br., seit 1892 erschienene Reihe 'Karl Mays gesammelte Reiseerzählungen' (bis 1896 'Reiseromane'); Reprint: Bamberg 1982-84:

I	Durch Wüste und Harem
II	Durchs wilde Kurdistan
III	Von Bagdad nach Stambul
IV	In den Schluchten des Balkan
V	Durch das Land der Skipetaren
VI	Der Schut
JbKMG	Jahrbuch der Karl-May-Gesellschaft, hg. von C. Roxin, Hamburg 1970-1973; hg. von C. Roxin und H. Stolte, Hamburg 1974; hg. von C. Roxin, H. Stolte u. H. Wollschläger, Hamburg 1975-1981, Husum 1982ff.
KMJb	Karl-May-Jahrbuch, hg. von R. Beissel u. F. Barthel: 1918-1919 Breslau; hg. von E. A. Schmidt u. a. 1920-1933: Radebeul bei Dresden; hg. von Th. Ostwald u. a. 1978-1979: Bamberg, Braunschweig.
MKMG	Mitteilungen der Karl-May-Gesellschaft, Hamburg 1969ff.
SoKMG	Sonderheft der Karl-May-Gesellschaft, Hamburg 1972ff.

Einleitung

Kara Ben Nemsi - diesen Namen "ersinnt" Hadschi Halef Omar für seinen Herrn aus dem Abendland - bedeutet "Karl, Sohn des Deutschen" oder "Karl, Sohn der Deutschen".[1] "Sohn des Deutschen", nämlich des sächsischen Webers Heinrich May, *das* dürfte den Tatsachen entsprechen. Bei letzterem wiederum ist die Sache nicht ganz so einfach. Denn der leibliche Vater des Heinrich May ist nicht bekannt. Neben dem Geburtseintrag des Heinrich May ist im Kirchenbuch zu lesen: "Der Schwängerer soll ein Unbekannter gewesen seyn".[2] In der Nachbarschaft dieses Eintrages im Kirchenbuch gibt es gleichlautende Zusätze, einmal findet sich auch: "Der Schwängerer ist ein bayerischer Soldat".[3] Im Jahre 1810 sind Rheinbundtruppen durch Hohenstein und Ernstthal gezogen.[4] Die Angehörigen dieser Truppen haben offensichtlich nicht nur im Dienste der Grande Armée gestanden, sondern auch in dem der Venus.

Zu den Rheinbundtruppen gehörten möglicherweise aber nicht nur deutsche, sondern auch welsche Soldaten. Kara Ben Nemsi - zweifellos Sohn eines Deutschen, aber ob er auch Enkel eines Deutschen war? H. Wollschläger weist auf das gespaltene Naturell des Karl-May-Erzeugers hin, der so ganz und gar nicht 'erzgebirgisch' zu sein schien.[5]

'Nomen est omen' auch bei Vornamen. Dem zu Kara umgewandelten Karl, der eifrig Wörterbücher benutzte, dürfte es nicht entgangen sein, daß 'kara' in der türkischen Sprache die Bezeichnung für die Farbe "schwarz" darstellt.[6] Kara Ben Nemsi könnte dann auch mit "Der schwarze Abkömmling der Deutschen" wiedergegeben werden. Die Haarfarbe Karl Mays kann sicherlich nicht gemeint sein, denn die ist braun gewesen.

"Schwarz" könnte sich auf die Druckerschwärze beziehen, von der zur Herstellung der vielen Auflagen der Werke Mays Unmengen gebraucht wurden.[7]

Oder ist "der Schwarze vom Stamme der Deutschen" eher als schwarzes Schaf der Deutschen bzw. der deutschen Literaturwissenschaft zu verstehen? Denn Zuchthaus, Massenproduktion von Kolportageromanen, Hochstapelei und dergleichen mehr, das alles gehört ebenfalls zur Vita dieses Abkömmlings des Volkes der Dichter und Denker.

Der Schwarze Ben Nemsi-May konnte nichts ahnen von den Wortspielen eines späteren Bearbeiters seiner Werke. Ebenfalls nichts ahnen konnte er von den schwindelerregend hohen Auflagen seiner Produkte der schwarzen Kunst, auch nicht von der Schwarzmalerei neidischer oder echt besorgter Journalisten, die ihm das Alter zur Qual machte und ihn frühzeitig ins Grab brachte.

In seinem Werk jedoch hat gegenüber der Parole "black is beautiful" eher "red is beautiful" den Primat.

"Nachdem wir heute dank jahrelanger, mit Akribie betriebener Forschung zum Leben und Werk Karl Mays endlich in die Lage versetzt worden sind, das 'Phänomen' Karl May fast in seiner Gänze zu überblicken, auch die verborgenen, von ihm selbst verständlicherweise in Dunkel gehüllten Einzelheiten ans Licht gebracht worden sind, bietet sich dem Betrachter ein gewiß ungewöhnlich faszinierendes Gesamtbild eines Menschenschicksals."[8]

Wer darf es wagen angesichts dieser zweifellos gewichtigen Worte aus berufenen Munde, weiterhin über das angesprochene Problem Nachforschungen anzustellen, da doch auch die verborgenen Einzelheiten - so wird explizit formuliert - nun keine Geheimnisse mehr sind? So mag man auf den ersten Blick fragen. Die Aufgabe der Karl-May-Forschung muß sich nun darauf erstrecken, die ermittelten Ergebnisse zu interpretieren und zu einander in Beziehung zu setzen. Auch neue, gewagte und unkonventionelle Interpretationsansätze müssen eingebracht werden, um den Wissensstand über das 'Phänomen Karl May' zu erweitern respektive zu ergänzen.

Die Forschung über die Auswirkungen von Störungen hinsichtlich des Selbstwertgefühls, der 'narzißtischen Selbstwertproblematik', hat in jüngerer Zeit Erkenntnisse gezeigt, die auch in bezug auf das Verständnis des Werkes von Karl May von Interesse sein dürften.

Bisher nicht in dem verdienten Maße aufgegriffen und in die Karl-May-Forschung einbezogen wurde der Ansatz von Ingrid Bröning, die die literarischen Gestalten Karl Mays mit C. G. Jungs Instrumentarium der Analytischen Psychologie und damit besonders der Traumdeutung in Verbindung brachte.[9]

Darüber hinaus können auch die 'Genielehre' und die mit ihr einhergehenden aufschlußreichen neueren hirnbiologischen Forschungsergebnisse möglicherweise Erklärungen für die Genese des May-Phänomens liefern.

Die folgende Studie will zunächst eine moderne Typologie mit dem Werk Karl Mays konfrontieren, sodann die Hirnbiologie und die sog. Genielehre hinzuziehen.

Die narzißtische Problematik des Autors nach Darlegung der Forschungsergebnisse zu diesem Gebiet in seinem Werk aufzuzeigen und zugleich den autotherapeutischen Bemühungen des Verfassers nachzuspüren, ist ein weiteres Ziel dieser Studie. Dabei werden die männlichen Figuren der ersten drei Bände des Orientromanzyklus systematisch interpretiert und auf ihren Symbolgehalt hin untersucht. Das Instrumentarium dazu liefert der von I. Bröning auf Karl May global angewandte Ansatz der Analytischen Psychologie von C. G. Jung.

Anmerkungen

1 Vgl. K. May: Bd. I, S. 14. Fußnote. Hier wird "die Deutschen" als Erklärung für 'Nemsi' angegeben, obwohl im Türkischen bis heute unbestritten "österreichisch" oder "Österreicher" darunter zu verstehen ist. Vgl. W. Ilmer: Mit Kara Ben Nemsi im Schatten des Großherrn. Beginn einer beispiellosen Retter-Karriere. In: JbKMG 1990, S. 287-312, hier S. 290.
2 H. Zesewitz: Alte Urkunden sprechen. In: KMJb 1932, S. 33ff.
3 Ebd.
4 Vgl. ebd.
5 Vgl. H. Wollschläger: Karl May. Grundriß eines gebrochenen Lebens (1965). Zürich 1976, S. 19f.
6 Über die verschiedenen Bedeutungen des türkischen Wortes 'kara' siehe W. Ilmer: Mit Kara Ben Nemsi im Schatten des Großherrn. Beginn einer beispiellosen Retter-Karriere. In: JbKMG 1990, S. 287-312, hier S. 289f.
7 Lt. Angabe des "Zeitmagazin" Nr. 27 vom 28. Juni 1991 beläuft sich die Gesamtauflage der Werke Karl Mays auf ca. achtzig Millionen Exemplare.
8 H. Stolte: Hiob May. In: JbKMG 1985, S. 63-84, hier S. 63.
9 I. Bröning: Die Reiseerzählungen Karl Mays als literaturpädagogisches Problem. Ratingen, Kastellaun, Düsseldorf 1973.

1. Karl May, sein Werk und die dynamische Typologie des Enneagramms

Das Enneagramm[1] versteht sich als dynamische Typologie, die neun verschiedene Charaktertypen umschreibt. Es hat die vergröbernde Reduktion menschlicher Verhaltensweisen auf eine begrenzte Anzahl von Charaktertypen gemeinsam mit anderen Typologien.[2]

Die Entstehungsgeschichte dieser Typologie ist nicht bekannt; das Enneagramm soll in seinen Wurzeln aber über zweitausend Jahre alt sein. Als relativ gesichert gilt, daß einige Bruderschaften der Sufis (islamischer Orden, der von seiten der islamischen Orthodoxie heftig bekämpft wurde) das Enneagramm benutzten und weiterentwickelten.[3]

Nachdem es sich herausgestellt hat, daß das Enneagramm mit der religiösen, auch der speziell christlichen Menschenführung vereinbar ist und offensichtlich auch mit vielen Erkenntnissen und Erfahrungen neuzeitlicher Humanwissenschaften "kompatibel" zu sein scheint, wird es gerne als Brücke zwischen Spiritualität und Psychologie angewendet. Dabei darf nicht außer acht gelassen werden, daß wissenschaftlich abgesicherte Erkenntnisse in bezug auf das Enneagramm beim derzeitigen Stand der Forschung noch nicht vorliegen, es also noch als "weisheitlicher" Zugang zur Innenwelt angesehen werden muß. Es dient als Seelenspiegel in der Seelsorge, als Erkenntnishilfe des Menschen über sich selbst, bleibt im einfach deskriptiven Stadium aber nicht stehen, sondern begreift sich dynamisch als Veränderungen anstrebend. "Das Enneagramm ist mehr als ein unterhaltsames Selbsterfahrungsspiel. Es geht um Veränderung und Umkehr, um das, was die religiösen Traditionen Bekehrung oder Buße nennen. [...] Der Ausgangspunkt des Enneagramms sind die Sackgassen, in die wir Menschen bei unserem Versuch geraten, unser Leben vor inneren und äußeren Bedrohungen zu schützen. Der Mensch, so wie ihn Gott geschaffen hat, ist nach biblischer Auffassung sehr gut (1. Mose/Genesis 2, 31). Diese seine Essenz (sein 'wahres Selbst') ist schon während der Schwangerschaft und spätestens vom Augenblick seiner Geburt an dem Ansturm bedrohlicher Kräfte ausgesetzt. Die christliche Lehre von der Erbsünde weist auf diese psychologische Tatsache hin, indem sie betont, daß es den unverletzten, freien und 'sehr guten' Menschen zu keinem Zeitpunkt seiner Existenz real gibt. Wir sind vom Anfang an destruktiven Kräften ausgesetzt, und deshalb erlösungsbedürftig. Selbst das genetische Material, aus dem wir zusammengesetzt sind, enthält bereits Programmierungen, die unser Wesen vom Moment der Zeugung an mitbestimmen.

Die Außenwelt begegnet dem Kind zunächst vor allem in Gestalt seiner Eltern und Geschwister, später durch Kameraden, Lehrer, die Werte und Normen der Gruppe und die jeweilige 'Großwetterlage' der Gesellschaft. Viele unterschiedliche Faktoren kommen zusammen, prägen unser Inneres und verdichten sich zu dem, was wir [...] 'Stimmen' nennen. [...] Der heranwachsende Mensch reagiert auf diese Stimmen, indem er bestimmte Ideale internalisiert ('Ich bin gut, wenn ich...'), Vermeidungsstrategien entwickelt, um Strafen oder anderen unangenehmen Folgen des 'Fehlverhaltens' zu entgehen, und spezifische Abwehrmechanismen aufbaut. Schuldgefühle treten immer dann auf, wenn das eigene Ideal nicht erreicht oder erfüllt wird. Die eigentliche Fehlhaltung, die sich im Enneagramm in neun 'Wurzelsünden' manifestiert, bleibt dagegen meist verborgen. [...] Das Enneagramm deckt diese illusionären Ideale und falschen Schuldgefühle auf und befähigt uns, unserem wirklichen Dilemma ins Auge zu sehen."[4]

Das Enneagramm ist also teleologisch determiniert. Hier zeigt sich ein Stück weit die Kompatibilität z. B. zum psychologischen Ansatz von Carl Gustav Jung, der als Entwicklungsziel des einzelnen Menschen die Individuation nennt, die Entwicklung "eines Menschen zu einem ganzen, unteilbaren und von anderen Menschen und der Kollektivpsyche unterschiedenen (wiewohl in Beziehung zu diesen stehenden) Individuum".[5]

Das Unbehagen über die Vermischung von Psychologie, Spiritualität und Theologie muß hier eine Weile ertragen werden. Der Abendländer bzw. der in der abendländischen geistesgeschichtlichen Tradition angesiedelte Mensch wird auf einer methodisch sauberen Trennung dieser scheinbar so unterschiedlichen Zugänge zur Wirklichkeit bestehen. Für die vorliegende Thematik kann jedoch eine vorübergehende Unterdrückung dieses Mißbehagens durchaus ihre Früchte zeitigen. An dieser Stelle darf auch darauf hingewiesen werden, daß sowohl in der östlichen als auch gelegentlich in der westlichen Tradition der Weisheit und Seelenführung[6] psychisch-charakterliche und religiös-spirituelle Entwicklung und Reifung zusammengehören, dort eine Trennung der einzelnen Aspekte undenkbar ist.

"Das Enneagramm definiert seine neun Menschentypen von neun 'Fallen', 'Leidenschaften' oder 'Hauptsünden' her. Man kann diese Sünden als Abwehrmechanismen verstehen, die in der frühkindlichen Entwicklung eines Menschen eingeübt und aufgebaut wurden, um mit der Umwelt zurechtzukommen. Daneben spielen auch 'angeborene' Charaktereigenschaften eine Rolle. Weder das eine noch das andere ist ein Freibrief, sich und anderen zu schaden. Erstaunlich ist, daß es sich bei den neun Sünden des Enneagramms erstens um die 'klassischen' sieben Hauptsünden der scholastischen Tradition handelt (Stolz, Neid, Zorn, Trägheit, Geiz, Maßlosigkeit bzw. 'Völlerei', Unkeuschheit) und daß zweitens zwei weitere Sünden dazukommen (Lüge und Furcht), die in der traditionellen Kirchenlehre fehlen."[7]

Karl May ist im Enneagramm als phantasierte ACHT zu verstehen, d. h. Kara Ben Nemsi oder jeder andere Ich-Held des Autors entspricht dem an achter Stelle beschriebenen Charaktertypus des Enneagramms. Zusammen mit dem ersten und neunten Typ des Enneagramms gehört Typ ACHT zur Gruppe der Bauchmenschen. "Ihr Gravitationszentrum liegt im Unterleib, wo das 'Rohmaterial' unserer Existenz angesiedelt ist: der Machtinstinkt, unsere Sexualität, die Triebe. In diesem Sinne spricht man auch von der Gruppe der sexuellen Typen. Sie reagieren unmittelbar und spontan auf das, was ihnen begegnet und filtern die Wirklichkeit nicht erst durch das Hirn. ZWEI, DREI und VIER sind die Herzmenschen oder die sozialen Typen. FÜNF, SECHS und SIEBEN schließlich bilden die Gruppe der Kopfmenschen bzw. der selbsterhaltenden Typen."[8]

Karen Horney, eine deutschamerikanische Psychoanalytikerin kommt in ihrer Typologie auf drei ursprüngliche Menschentypen, bzw. auf drei 'neurotische Lösungen' von Lebenskonflikten. Ihr zufolge wendet sich eine Gruppe bei Konflikten von anderen Menschen ab, eine Gruppe wendet sich Menschen zu, eine weitere Gruppe zeigt eine feindliche Grundhaltung gegenüber Mitmenschen.[9]

"Die Bauchtypen entsprechen den 'feindseligen Typen' Horneys. Das Leibzentrum, das sie vorzugsweise regiert, ist der Verdauungstrakt und das Sonnengeflecht. Bauchmenschen reagieren instinktiv. Ohr und Nase sind ihre ausgeprägten Sinnesorgane.

[...] Das Leben ist für sie eine Art Kampfplatz. Oft unbewußt geht es ihnen um Macht und um Gerechtigkeit. Sie müssen wissen, wer das Sagen hat, sind meist direkt, offen oder versteckt aggressiv und beanspruchen ihr eigenes 'Revier'. Bauchmenschen leben in der Gegenwart, erinnern sich an die Vergangenheit und erhoffen sich manches von der Zukunft. Sie tun sich aber schwer, einem klaren Plan zu folgen und ihm treu zu bleiben. Wenn es ihnen schlecht geht, geben sie sich meist selbst die Schuld [...]. Bauchmenschen werden - bewußt oder unbewußt - von Aggressionen regiert. Zu ihrer Angst und Furcht dagegen haben sie nur wenig Zugang. Sie werden hinter einer Fassade von Selbstbehauptung versteckt. Nach außen wirken sie meist selbstsicher und stark, während sie innerlich von moralischen Selbstzweifeln gequält werden können."[10]

Karl Mays Ich-Helden sind ganz eindeutig den Bauchmenschen zuzuordnen. Kara Ben Nemsi z. B. reagiert sehr oft instinktiv, er weiß das auch, gibt aber zu, daß er dafür keine Begründung liefern könne.[11]

Ohr und Nase sind des Bauchmenschen Sinnesorgane, die im Orientromanzyklus noch potenziert werden durch den Hund Dojan und den Hengst Rih, welche beide als erweiterte, verfeinerte Wahrnehmungsorgane des Helden zu fungieren vermögen.

Für Bauchmenschen stellt sich das Leben als ein Kampfplatz dar. Kara Ben Nemsi als der literarisch sich ausagierende Autor betrachtet den gesamten Schauplatz Orient als sein Kampfgebiet. Und daß es dem Helden um Macht und Gerechtigkeit geht, muß nicht betont werden.

Ferner wird dem Bauchmenschen eine gewisse Konzeptionslosigkeit zugeschrieben; er tue sich schwer, einem klaren Plan zu folgen und ihm treu zu bleiben. Auch in diesem Punkt erweist sich Kara Ben Nemsi als der Darstellung getreu. Seine Reisen sind alles andere als sorgfältig geplant. Ihre Zufälligkeit, ihre Planlosigkeit, die Spontaneität, mit der sie erfolgen, ist Grundlage des literarischen Gestaltungsprinzips Karl Mays.

Auch die zu beobachtende weitgehende Amnesie der Vergangenheit des in der Gegenwart lebenden Bauchmenschen Karl May mittels seines Ich-Helden findet sich im Orientromanzyklus wieder, wie das Walther Ilmer für die verschiedenen mehr oder weniger kriminellen Taten des Autors nachweisen konnte[12], und wie das hinsichtlich der Persönlichkeitsentwicklung des Autors aufzuzeigen eines der Ziele der vorliegenden Arbeit sein soll.

Über die versteckten oder offenen Aggressionen des Helden, wie sie bei dem Bauchmenschen festzustellen sind, ist ein Kommentar überflüssig.

Daß Bauchmenschen hinter einer Fassade der Selbstsicherheit und Selbstbehauptung von moralischen Selbstzweifeln gequält werden können, dafür ist der Autor Karl May ein sprechendes Beispiel, denn er personifiziert seine Selbstzweifel, läßt sich von ihnen quälen und kämpft gegen sie einen immerwährenden Kampf.

Die Darstellung des Charaktertyps ACHT im Enneagramm[13] wird hier mit der Reflexion über die Eigenschaften des Ich-Helden Karl Mays gekoppelt, so daß eine gesonderte Aufzählung der Charaktermerkmale einer ACHT entfällt, die in einer späteren Bezugnahme auf Karl Mays Hauptfigur wieder hätten genannt werden müssen.

Die Entwicklung der ungeheuren Energien des Helden, der sich aufmacht, um die in der phantasierten "Fluchtlandschaft"[14] geschehenen Verbrechen zu sühnen, die ihn eigentlich nichts angehen, da sie nicht an ihm verübt wurden, sind typische Reaktionen einer ACHT, die ein Gespür für Gerechtigkeit und Wahrheit hat[15] und immense Energien aufbringt, wenn sie sich für eine Sache engagiert. Die Erfahrung der ACHT, daß das Leben bedrohlich und feindlich ist, deckt sich mit der des narzißtisch gestörten Menschen. Deshalb haben ACHTer genau wie Kara Ben Nemsi das Gefühl entwickelt, daß die Starken die Welt beherrschen und die Schwachen den kürzeren ziehen; deshalb haben die ACHTer wie Kara Ben Nemsi beschlossen, Stärke zu entwickeln, Widerstand zu leisten, Regeln zu brechen und lieber andere herumzukommandieren als sich selbst herumkommandieren zu lassen.[16]

Auch Kara Ben Nemsi sucht Konflikte und schafft sie sich geradezu, er erweist sich darin als getreuer Realisator seines Charaktertyps.[17]

Zum Wesen der ACHT gehört die Neigung, für die Schwachen Partei zu ergreifen.[18] Das tut Karl Mays Ich-Held bedingungslos. Er stellt sich durchgängig, auch im Gewand Old Shatterhands oder Vater Jaguars oder sonst eines Helden auf die Seite der Schutzlosen und Unterdrückten.

Das Selbstbild der ACHT: "Ich habe Macht! Ich bin stärker als ihr!" ist unbestritten und unbestreitbar auch das Selbstbild des Helden des Orientromanzyklus. Und die Vorliebe der ACHTer für Kraftausdrücke[19] findet sich in den auf dem morgenländischen

Schauplatz spielenden Werken Karl Mays ebenfalls. Kara Ben Nemsi selbst bevorzugt subtile verbale Injurien[20], während sein Substitut Hadschi Halef Omar vor deutlicheren Worten nicht zurückschreckt.[21] Die Bereitschaft der ACHT, um der Gerechtigkeit willen die herrschenden Mächte mit allen Mitteln zu bekämpfen[22], ist in fast ermüdender Stereotypie auch bei Kara Ben Nemsi alias Old Shatterhand o. a. zu beobachten. Immer wieder greift der Held falsche oder als ungerecht empfundene Autoritäten an, er trickst sie aus, demütigt sie[23], macht sie lächerlich[24] oder aktionsunfähig[25], er bekämpft sie tatsächlich mit allen ihm zur Verfügung stehenden Mitteln. Auch die Charaktereigenschaft der ACHT, ihren Ärger sofort und unmittelbar zu äußern[26], findet ihre Entsprechung bei Karl Mays Ich-Helden. Kara Ben Nemsi sagt spontan, worüber er ungehalten ist.

Die ACHT hat ihre Freude an Kampf, Konflikt und Auseinandersetzung; sie empfindet diese Angriffslust als etwas Spielerisches, und merkt dabei nicht, daß andere diese Schläge unter die Gürtellinie oft nur schwer ertragen können.[27] Daß der Held Karl Mays sich durchgängig an Kämpfen und Auseinandersetzungen ergötzt, muß nicht ausdrücklich erwähnt werden. Und daß seine Schläge gegen die Antagonisten nahezu ausnahmslos unter die Gürtellinie gehen, nämlich einer symbolischen Kastration gleichkommen, wird noch aufzuzeigen sein.[28]

ACHTer respektieren ebenbürtige Gegner[29], sie spüren aber die Schwächen anderer sofort auf und nehmen ohne Gewissensbisse ihren eigenen Vorteil wahr. Für Kara Ben Nemsi gilt das in gleicher Weise. Auch er respektiert den ritterlichen, ebenbürtigen Gegner[30], nachdem er ihn besiegt hat - wobei die Tatsache, *daß* er ihn besiegt, außer allem Zweifel steht.

Und schließlich kann bei Kara Ben Nemsi auch das für die ACHT typische Verhalten beobachtet werden, daß die eigene Aggressivität die Aggression der Gegenseite provoziert.[31]

Die ACHT vermeidet Hilflosigkeit.[32] Kara Ben Nemsi kennt diese zutiefst menschliche emotionale Regung nicht, nicht einmal, als er an der Pest erkrankt ist.[33]

ACHTer kennen nur ihre eigene Meinung, die sie als absolut richtig ansehen. Sie verschließen sich anderen Argumenten; zudem zeigen sie einen Hang zur Überheblichkeit. Sie stellen ihre Gegner als bösartig hin. Alles paßt ins Bild des Ich-Helden Karl Mays, der souverän bis überheblich seine Gegner behandelt bzw. mißhandelt, gelegentlich sogar verteufelt.

Wenn die ACHT jemandem begegnet, der selbstbewußt auftritt, wird sie zeigen, daß sie überlegen ist. Das ist in der Tat ein rigides Grundprinzip Kara Ben Nemsis: demonstriert jemand eigene Macht, wird er, der Held, beweisen, daß er mehr Macht besitzt, daß er das Heft in der Hand hat. Die eigentliche Energie bezieht die ACHT vorwiegend aus dem totalen Engagement für Wahrheit, Leben und Gerechtigkeit. Karl Mays Held zeigt dieses Verhalten ständig: leidenschaftliches Ringen um die Herstellung einer gerechten Weltordnung, die seiner Meinung nach immer irgendwo aus dem Lot geraten ist.

Immer wieder fällt auch bei Kara Ben Nemsi die Einordnung der Menschen in ein Freund-Feind-Schema auf, so wie das eine ACHT gegenüber den Mitmenschen zu handhaben geneigt ist.[34]

ACHTer zeigen nur selten Furcht. Meist sind sie waghalsig und risikofreudig und nehmen gefährliche Herausforderungen gerne an. Dasselbe darf auch von Kara Ben Nemsi gesagt werden.

Der Kampf für die Gerechtigkeit ist aber nicht nur die starke Seite, sondern auch die Versuchung der ACHT. Sie ernennt sich oft zur Rächerin, zur Vergelterin, weil sie das Prinzip des Ausgleichs als das Konzept der Gerechtigkeit ansieht. Die ACHT sucht immer einen Schuldigen.[35] Der hier beschriebenen Versuchung erliegt Kara Ben Nemsi regelmäßig.

Der Abwehrmechanismus der ACHT, die Leugnung von allem, was nicht in das Konzept von Wahrheit und Gerechtigkeit paßt, wie die Verdrängung der eigenen Schwächen und Grenzen; das alles trifft auf Karl May wie auf seinen Ich-Helden in vollem Umfange zu.

ACHTer genießen es, Macht zu haben. Sie entwickeln dabei das Bedürfnis, ihren claim abzustecken und zu erweitern.[36] Der phantasierte Held des Orientromanzyklus Karl Mays gehört ebenfalls zu denen, die ihre Macht subtil genießen und ihren Herrschaftsanspruch durchsetzen, indem sie die Schar der Substituten dirigieren bzw. erweitern.

Die Symboltiere der ACHT, Nashorn, Tiger, Klapperschlange und Stier[37] können zwangsläufig nicht alle im Orientromanzyklus vertreten sein. Dort findet sich in Vertretung des Tigers der Löwe[38], den der Held besiegt, obwohl ihm das niemand zutraut. Das Nashorn wird durch den Bären ersetzt.[39] Der Stier taucht als Büffel abgewandelt im Amerikaromanzyklus auf[40], anthropomorphisiert findet er sich aber auch im Orientromanzyklus in der Gestalt Gasahl Gaboyas, wobei Gaboya als vom Autor korrumpiertes "kaba boga", was im Türkischen "roher Stier" bedeutet, aufzufassen ist.[41]

Das klassische Land der ACHT ist Spanien.[42] Es hat bereits in jungen Jahren auf Karl May starke Faszination ausgeübt, denn als halbwüchsiger Ausreißer machte er sich auf den Weg dorthin, um Hilfe für die eigene bzw. häusliche Misere herbeizuholen.[43]

Die ACHT will Blut sehen.[44] Ein hoher Grad an Blutrünstigkeit ist bei Kara Ben Nemsi bzw. seinen Entsprechungen nicht wegzuleugnen. Wolfgang Schmidbauer bezeichnet den Ich-Helden als "bewaffnete Friedenstaube", um die herum munter geschossen, gestochen, gepeitscht usw. werde.[45]

Die Farben der ACHT, schwarz und weiß[46], entsprechen dem Wesen des Ich-Helden Karl Mays, der die ihm begegnenden Menschen quasi in Schwarz-weiß-Kategorien einteilt. Er nennt sich selbst Kara, was "der Schwarze" bedeutet. Rih, der Hengst Kara Ben Nemsis ist selbstverständlich schwarz.

Zur Farbensymbolik bei Karl May äußert sich Ingrid Bröning, die mehrfach darlegt, daß der Autor die Farbe Schwarz als Symbol für männliche Potenz benutzt, die Farbe Weiß dagegen als Symbolfarbe für Erdenthobenheit und Zugehörigkeit zur jenseitigen Welt anzusehen ist.[47]

Männliche ACHTer finden nicht leicht den Zugang zu ihrer eigenen, weiblichen Seite.[48] Bei Karl May beginnt die Hinwendung zu diesem bisher vernachlässigten Wesenteil erst mit den Marienkalendergeschichten, die zugleich den Beginn des Alterswerkes bedeuten. In der Sprache der Psychologie müßte es heißen, Karl May habe seine Anima-Problematik erst spät gelöst.[49]

Die Fehlentwicklung der ACHT wird folgendermaßen aufgezeigt: "Die Energie der unerlösten ACHT ist feindselig und gewalttätig. [...] Ängste kommen hoch, vor allem die Angst, die Macht zu verlieren. Nur wenige ACHTer ziehen sich freiwillig in die Stille zurück. Oft ist es die Folge von Krankheit oder körperlicher Schwäche; im Falle von Gewaltverbrechern kann es auch die unfreiwillige Isolation einer Gefängniszelle sein. In diesem Stadium erlebt die ACHT unter Umständen eine tiefsitzende Ohnmacht, die sie bisher nie zugelassen hat. Die Befürchtung, daß andere ihre Schwäche ausnützen und sich für bisherige Demütigungen rächen könnten, nimmt überhand. Schuldgefühle kommen auf. Der Sinn der ACHT für Gerechtigkeit läßt sie plötzlich das eigene Unrecht sehen, das Bestrafen und Vergeltung fordert. Schließlich richtet die ACHT ihre Aggressionen gegen sich selbst.

Eine unerlöste ACHT ohne Macht, ohne Aktionsradius, ohne Angriffsziele und ohne 'Untertanen' ist hochgradig selbstmordgefährdet."[50] Karl May selbst kann als selbstmordgefährdet angesehen werden.[51] Er mußte sich, um physisch und psychisch zu überleben, einen literarischen Aktionsradius schaffen, in dem er frei agieren und somit alle Charaktereigenschaften seines Typus' ausleben konnte. Hans Wollschläger nennt das die "Lebensrettung" Karl Mays.[52]

Das Enneagramm unterscheidet sich von anderen Typologien, wie bereits erwähnt, darin, daß es nicht bei der bloßen Deskription der Phänomene stehenbleibt, sondern - da es als Seelenspiegel und Seelsorge in der modernen christlichen Menschenführung angewandt wird - auch Auswege aus verhärteten Verhaltensweisen aufzuzeigen sich bemüht. Der Ausweg für die ACHT ist es, den Machtinstinkt zu entschärfen und die "weiche" Seite zu fördern, die helfen, nähren und beschützen will. Eine "erlöste" Acht will nicht mehr nur herrschen, sondern auch heilen, sie verläßt ihre selbstgewählte Isolation, wird umgänglicher, sanfter und verwundbarer. "Schwach, verwundbar und zärtlich zu sein, ist die größte Heldentat, die eine ACHT vollbringen kann."[53] Der Ich-Held Karl Mays bewegt sich also in die richtige Richtung, wenn er als Arzt auftritt, der seelische Not lindert wie bei Senitza[54] oder eine körperliche Krankheit heilt wie bei Schakara.[55] Freilich entbehrt er dabei nicht seiner Grandiosität.

Ferner wird aufgezeigt, daß eine integrierte ACHT ihre Führungsgaben in den Dienst der Gerechtigkeit und gleichzeitig in den Dienst der Liebe stellt.[56] Auch das kann als ein Stück geglückte Autotherapie des sehr labilen Schriftstellers Karl May mittels seines Ich-Helden angesehen werden, der sich z. B. für die gerechte Sache der Dschesidi einsetzt und es ihnen gegenüber nicht an Liebe, an Zuneigung fehlen läßt.[57]

Anmerkungen

1 Griech. Kunstwort "Neunwinkelzeichen", "Neunstern".
2 Typologien entwickelt haben u. a. E. Kretschmer: Körperbau und Charakter (1921). Berlin 1967 (26. Aufl.); C. G. Jung: Psychologische Typen (1921). Olten und Freiburg 1989 (16. Aufl.); H. Sheldon: The varieties of temperament. New York 1942.

3 Vgl. R. Rohr: Das Enneagramm, die neun Gesichter der Seele (1989). München 1990 (4. Aufl.), S. 20.
4 Ebd., S. 18f.
5 A. Samuels / B. Shorter / P. Plaut: Wörterbuch Jungscher Psychologie (1989). München 1991, S. 106.
6 Z. B. bei den echten Gurus oder Ignatius von Loyola.
7 R. Rohr: Das Enneagramm, die neun Gesichter der Seele (1989), a. a. O., S. 36f.
8 Ebd., S. 40f.
9 Vgl. K. Horney: Unsere inneren Konflikte (1954). Frankfurt am Main 1984 (4. Aufl.).
10 R. Rohr: Das Enneagramm, die neun Gesichter der Seele (1989), a. a. O., S. 41.
11 Kara Ben Nemsi "ahnt" beispielsweise, daß auf der Tigrisinsel Gefangene sein müssen. K. May: Bd. I, S. 463.
12 Vgl.: W. Ilmer: Durch die sächsische Wüste zum erzgebirgischen Balkan. JbKMG 1982, S. 97-130.
Ders.: Das Märchen als Wahrheit - die Wahrheit als Märchen. JbKMG 1984, S. 92-138.
Ders.: Von Kurdistan nach Kerbela. JbKMG 1985, S. 263-320.
Ders.: Karl Mays Weihnachten in Karl Mays "'Weihnacht!"'. JbKMG 1987, S. 101-137.
Ders.: Karl Mays Weihnachten in Karl Mays "'Weihnacht!'" II. JbKMG 1988, S. 209-247.
13 Vgl.: R. Rohr: Das Enneagramm, die neun Gesichter der Seele (1989), a. a. O., S. 163-178.
14 Der Begriff "Fluchtlandschaften" als Terminus für den phantasierten Eskapismus Karl Mays wurde von Wolf-Dieter Bach geprägt. Vgl.: W.-D. Bach: Fluchtlandschaften. JbKMG 1971. S. 39-73.
15 Vgl.: R. Rohr: Das Enneagramm, die neun Gesichter der Seele (1989), a. a. O., S. 163.
16 Vgl. ebd., S. 164.
17 Vgl. ebd.
18 Vgl. ebd., S. 165.
19 Vgl. ebd.
20 Vgl. die Behandlung des Wekil im Kap."Vor Gericht" in K. May: Bd. I.
21 Halef bezeichnet z. B. den Arnaut Sir David Lindays als "Gurgelabschneider", als "Spitzbube" usw. In: K. May: Bd. II, S. 120.
22 Vgl. R. Rohr: Das Enneagramm, die neun Gesichter der Seele (1989), a. a. O., S. 165.
23 So z. B. den Mutesselim in K. May: Bd. II.
24 So z. B. Selim Agha, den Befehlshaber der Albanesen. In: K. May: Bd. II, Kapitel 3.
25 So den Wekil in K. May: Bd. I und den Kaimakam in Ders.: Bd. II.
26 Vgl.: R. Rohr: Das Enneagramm, die neun Gesichter der Seele (1989), a. a. O., S. 165.
27 Vgl. ebd., S. 165.
28 Vgl. S. 239f. dieser Studie.

29 Vgl.: R. Rohr: Das Enneagramm, die neun Gesichter der Seele (1989), a. a. O., S. 166.
30 Z. B. Esla el Mahem in K. May: Bd. I.
31 Vgl. R. Rohr: Das Enneagramm, die neun Gesichter der Seele (1989), a. a. O., S. 167.
32 Vgl. ebd., S. 168.
33 Vgl. Das Kapitel "Die Todeskarawane" in K. May: Bd. III.
34 Vgl. R. Rohr: Das Enneagramm, die neun Gesichter der Seele (1989), a. a. O., S. 168.
35 Vgl. ebd., S. 169.
36 Vgl. ebd., S. 170.
37 Vgl. ebd., S. 173.
38 In K. May: Bd. I, Kapitel 10.
39 In K. May: Bd. II, Kapitel 6.
40 In K. May: Winnetou I. Bamberg 1982, Reprint von 1892, Kapitel 2.
41 Langenscheidts Taschenwörterbuch. Türkisch - Deutsch (1966). Berlin, München 1989 (21. Aufl.).
42 Vgl. R. Rohr: Das Enneagramm, die neun Gesichter der Seele (1989), a. a. O., S. 173.
43 Karl May beschreibt diese Episode in seiner Autobiographie "Mein Leben und Streben". In: Ders.: Ich. Bamberg 1976 (30. Aufl.), S. 113f.
44 Vgl. R. Rohr: Das Enneagramm, die neun Gesichter der Seele (1989), a. a. O., S. 173.
45 Vgl. W. Schmidbauer: Die Ohnmacht des Helden. Reinbek 1981, S. 111.
46 Vgl. R. Rohr: Das Enneagramm, die neun Gesichter der Seele (1989), a. a. O., S. 173.
47 Vgl. I. Bröning: Die Reiseerzählungen Karl Mays als literaturpädagogisches Problem, a. a. O., Hauptteil C, II.
48 Vgl. R. Rohr: Das Enneagramm, die neun Gesichter der Seele (1989), a. a. O., S. 178.
49 Dazu I. Bröning: Die Reiseerzählungen Karl Mays als literaturpädagogisches Problem, a. a. O., S. 153ff.
50 R. Rohr: Das Enneagramm, die neun Gesichter der Seele (1989), a. a. O., S. 224.
51 Karl May beschreibt diese Lebensphase in seiner Autobiographie "Mein Leben und Streben". Er meint retrospektiv dazu, daß es seine Aufgabe gewesen sei, "in diese Abgründe zu stürzen, ohne zu zerschmettern [...]". K. May: Ich. Bamberg 1976 (30. Aufl.), S. 129. Er ist sich also der Abgründe, der Gefährdung, im Nachhinein voll bewußt geworden.
52 H. Wollschläger: "Die sogenannte Spaltung des menschlichen Innern, ein Bild der Menschheitsspaltung überhaupt". Materialien zu einer Charakteranalyse Karl Mays. JbKMG 1972/73, S. 11-92, hier S. 48.
53 R. Rohr: Das Enneagramm, die neun Gesichter der Seele (1989), a. a. O., S. 225.
54 Vgl. K. May: Bd. I, Kapitel 3.

55 Vgl. K. May: Bd. II, Kapitel 3.
56 Vgl. R. Rohr: Das Enneagramm, die neun Gesichter der Seele (1989), a. a. O., S. 225.
57 Vgl. K. May: Bd. I, Kapitel 11 u. 12, sowie Ders.: Bd. II, Kapitel 1.

2. Karl May im Spiegel der Genielehre

Das 'Phänomen Genie', das sich im Abendland ausgebildet hat, kann, auf Karl May bezogen, ein wenig zur Erhellung des 'Phänomens Karl May' beitragen. "Eine befriedigende Antwort auf die Frage, was das Wesen des Genies ausmacht, ist trotz jahrhundertelanger Versuche nicht gegeben und wird niemals gegeben werden können" meint Rahmer.[1] Es gibt eine unübersehbare Fülle von Versuchen zur Definition des Begriffes "Genie", von denen hier nur einige wenige aus neuester Zeit wiedergegeben werden sollen.

"Genie, intellektuelle Hochbegabung. In der Genieforschung wird ein IQ von 135 bzw. 140 als untere 'Geniegrenze' angesetzt, damit werden die 1 bzw. 0,5 Prozent Höchstbegabten der Bevölkerung erfaßt."[2]

"Die meisten Erweiterungen unserer Fähigkeiten verdanken wir einzelnen Genies."[3]

"Entgegen weitverbreiteter wissenschaftlicher und populärer Meinung läßt sich kein eindeutiger Zusammenhang zwischen Genialität und Kreativität einerseits, Psychotizismus und Neurotizismus andererseits feststellen."[4]

"Jedes echte Kunstwerk erfordert die Zusammenarbeit aller wesentlichen seelischen Schichten - allerdings nicht in der Form der regellosen gegenseitigen Durchdringung, die ich eben als den Zustand der Entspannung beschrieben habe. Die Kunst ist kein Betätigungsfeld für entspannte Leute. Die plötzlichen Inspirationen schöpferischer Menschen scheinen sich erst nach hartnäckigem Ringen mit dem Problem einzustellen."[5]

"Nach der Seite der unfreiwilligen Passivität hin verfestigt sich die Vorstellung vom Zusammenhang zwischen Genie und Irrsinn. Und nach der anderen Seite der willentlichen Aktivität hin wird der Geniebegriff gleichsam rationalisiert: im Ingenieur werden Genialität und verwertbare technische Innovation schlicht gleichgesetzt."[6]

"Albert Schweitzer und Albert Einstein verkörpern vielleicht mehr als jeder andere unter den Lebenden die höchste Entfaltung der intellektuellen und moralischen Tradition der westlichen Kultur."[7]

"Große Genies sind die Väter von uns allen. Jeder, der liest, lauscht, denkt und Kunst und Musik bewundert, gehört zu ihren Kindern. Sie leben in uns und durch uns."[8]
"Das allerhervorstechendste Merkmal der schöpferischen Persönlichkeit ist vielleicht die Unabhängigkeit im Denken und Handeln. Praktisch alle Untersuchungen haben ergeben, daß es dem Kreativen ziemlich gleichgültig ist, was andere von ihm denken."[9]
"Für manche individualen Weltanschauungen sind nur sogenannte niedere oder materialistische Werte gefragt, andere dagegen steuern humane Werte an, die sie von höchst kreativen Persönlichkeiten entlehnen und beispielsweise als Geniekult pflegen."[10]

Nach E. Landau wird die höchste kreative Ebene "von den allerwenigsten erreicht. Hier blühen die Ideen der neuen Schulen auf. Auch hier handelt es sich um eine Umstrukturierung von Erfahrungen, denn jede neue Idee hat ihre historischen Wurzeln. Doch sind die Fähigkeit, Erfahrungen aufzunehmen, zu reorganisieren, zu abstrahieren und zu synthetisieren auf diesem Niveau so überragend, daß es jenseits des Verständnisses der anderen bisher beschriebenen Ebenen bleibt. [...] Dieses Niveau der Kreativität, in dem man von einer göttlichen Eingebung spricht, wird gemeinhin als genial bezeichnet. Die Wenigsten, doch die Einflußreichsten der Weltgeschichte erreichen es."[11]

Eine umfangreiche Zusammenstellung von Definitionen des Genie-Begriffs bietet Lange - Eichbaum.[12]

Bereits anhand der wenigen aufgeführten Beispiele wird deutlich, wie vielfältig der Begriff Genie gebraucht wird, wie ungenau er umrissen ist. Immer wieder aber wird Genie als eine überragende Begabung, quasi als psychobiologisch höhere Entwicklungsstufe des betreffenden Individuums der Spezies homo sapiens angesehen.

Da der Begriff Genie relativ amorph zu sein scheint, das Phänomen als solches aber multifaktoriell bedingt ist, werden die einzelnen Faktoren zu eruieren versucht.

"Es sind mehrere Faktoren und Bedingungen, aus denen die Persönlichkeit ihr Werk schöpft, gestaltet und vollendet: Begabung (Talent), Intelligenz, Kreativität, Intuition, Inspiration, unbewußte Impulse usw., aber auch Persönlichkeitsfaktoren wie Antrieb, Geltungsstreben, Neugier, Motivation, soziale Prägung,

Bildung (Wissen) oder Temperament gehören dazu."[13] Alle zusammen bilden das Genie.

Auf den Begriff Begabung soll zunächst eingegangen werden. Begabung ist als Kapazität, als Disposition zur Leistungsbereitschaft zu verstehen.[14]

Begabung ist nach W. Arnold 1. umfassender als Intelligenz, die letzthin Sinnzusammenhänge erstellt, 2. anlagebedingt; die Entfaltung umweltabhängig; die Eignung zweckorientiert; 3. ein komplexes Phänomen, an dem innere und äußere Faktoren beteiligt sind, 4. Leistung, die sich durch Denken oder Tun auf die Realisierung objektiv wertvoller Ziele richtet.[15]

Der Begriff Talent wird als ein Komplex von Begabungen verstanden. "Talent ist nun nichts Einheitliches, vielmehr wird es stets von verschiedenen, mehr oder minder zahlreichen Begabungskomponenten getragen, die erst in ihrem Zusammenwirken das Talent, (z. B. für Musik, Malerei, Schach, Mathematik usw.) ergeben und deren quantitative und qualitative Variationsmöglichkeit in der Zusammensetzung für Höhe, Art und Charakter des Talents bestimmend wird."[16] Das zeigt sich bei den Doppelbegabungen bzw. den Beziehungen einzelner Talente zueinander. P. Plaut stellte fest, daß die Musik häufig Doppelgebiet für Literatur und Publizistik ist. "Wir schließen daraus, daß der literarische Mensch gerne auch musiziert und komponiert."[17]

Eine solche Doppel- bzw. Mehrfachbegabung liegt zweifellos auch bei Karl May vor, denn die drei Begabungen für Literatur, Publizistik und Musik finden sich auch bei ihm. H. Kühne stellt Karl Mays Kompositionen, Lieder und Vertonungen zusammen und würdigt sie kritisch unter Berücksichtigung der teils positiven, teils ablehnenden Kritik.[18]

Bei den Talentformen lassen sich Intelligenztalent, Formtalent, Ausdruckstalent, Gestaltungstalent, Problemlösungstalent und schließlich schöpferisches Hochtalent unterscheiden.[19]

Karl May weist, sofern man bereit ist, seine Begabungen als Talente zu bezeichnen, zunächst ein gewisses Ausdruckstalent auf. O. Kris spricht - im Zusammenhang mit dem Formtalent - davon, daß "das Gefühl der völligen Macht und Entladung von Spannung im Zustande des Gewahrwerdens von bedeutsamen Gedanken oder Leistungen tiefe Schichten der Persönlichkeit" aufrührt.[20] Dieses innerliche Berührtsein führt beim Rezipienten wiederum zu Rührung, sofern der 'Absender' einen adäquaten Ausdruck für seine innere Bewegung zu finden in der Lage ist.[21]

Eng damit zusammen hängt das Gestaltungstalent, das sich bei Karl May ebenfalls findet. K. Mierke konstatiert:
"Wo ein Überdruck von Gefühlen und Gestaltungskräften nach Entladung drängt, wird er gleichsam in die Leistung verlegt; das Werk wird beseelt und zu einem Ausdruck persönlicher Stimmungen, Inspirationen, Neigungen und Leidenschaften."[22] Dabei müssen die Gestaltungstendenzen den Traditionen verhaftet sein, andererseits auch neue Elemente beinhalten, so daß das neu entstandene Werk dem Rezipienten nicht unverständlich wird, andererseits ihn auch durch Originäres, Innovatives anspricht, das aber in jedem Falle nachfühlbar sein muß. Die Gestaltungstendenzen dürfen nicht den Zug des Fremdartigen an sich tragen und in das Werk einbringen, da sie sonst Gefahr laufen, vom Rezipienten nicht mehr verstanden oder schlicht abgelehnt zu werden.

Karl May hat es zweifellos vermocht, z. B. in seinen Reiseerzählungen an Traditionelles, dem Leser Bekanntes anzuknüpfen.[23] Zugleich konnte er quasi ein neues Genre ins Leben rufen. Dabei ist es ihm, wie selten einem anderen Schriftsteller in einer solchen Breite gelungen, mit der eigenen Affektivität und Berührtheit an die des Rezipienten anzuknüpfen, mit ihr zu verschmelzen.

Zum Gestaltungs- und Formtalent gehört auch die Gabe der Komposition, die Fähigkeit, die einzelnen Teile in das richtige Verhältnis zueinander zu bringen.

Talent als übergeordneter Begriff über die oben aufgeführten 'Einzeltalente' wird heute als biopsychische Anlage verstanden, als geistige Potenz. Geist ist dabei als Summe aller bewußten und unbewußten Vermögensbildungen zu verstehen.[24]

"Talent entwickelt sich also aus einer potentiellen oder latenten Anlage über die vielfältig beeinflussenden und bildenden Faktoren des Lebens zur Leistung, wobei der Zeitpunkt des Auftretens erster als talentiert anerkannter[25] Leistungen gewissen Gesetzmäßigkeiten unterworfen scheint, die sowohl von der Art des Talents wie von der Beschaffenheit seiner Träger abhängig sind."[26]

Ausschlaggebend ist nach L. L. Thurstone und B. Ghiselin "das Zusammenwirken von intellektuellen Fähigkeiten und von Persönlichkeitsmerkmalen".[27]

Was die Lebenszeit der Träger schöpferischer Begabung für Literatur betrifft, so ist zunächst zu betonen, daß die Fähigkeit, Literatur zu produzieren, erst relativ spät in Erscheinung tritt, weil sie die Entwicklung des Ausdruckes, der erlernt bzw. elaboriert werden muß, zur Voraussetzung hat. Sie macht auch eine Fülle von Erfahrungen und Erlebnissen erforderlich.[28]

Selten wird vor dem zwanzigsten Lebensjahr ein Literat produktiv. Dafür erhält sich bei vielen Literaten die Produktivität bis ins hohe Alter.

Die Durchschnittslebenszeit von Genialen, die bis ins zwanzigste Jahrhundert gelebt haben, ermittelte nach statistischen Auswertungen W. Lange - Eichbaum (N = 212). Die statistische Auswertung ergab folgendes Resultat:[29]

Philosophen	77 Jahre
Maler	72 Jahre
Dichter und Schriftsteller	70 Jahre
Komponisten	66 Jahre

Das bestätigt sich bei Karl May, der bis kurz vor seinem Tod literarisch tätig war und das Durchschnittsalter für Dichter und Schriftsteller genau erreichte.[30]

Selbstverständlich hat es nicht an Versuchen gefehlt, Erklärungen über die Funktionsweise schöpferischer Produktion aus hirnbiologischen bzw. hirnphysiologischen Gegebenheiten zu gewinnen.[31] Allerdings gibt es keine spezifischen anatomischen Voraussetzungen für schöpferisches Hochtalent in bezug auf Hirngewicht und Hirnbildung.[32]

Neuere Erkenntnisse der Hirnforschung haben die Bedeutung der Cortex (primäre Instanz des Bewußtseins), der Formatio reticularis (Regulativ für die Bildung des Bewußtseins), des dualen Großhirns ("Gedächtnisspeicher") und des Gedächtnisses selbst für die Entwicklung von Intelligenz und Begabung betont.[33] Letzteres ist zu differenzieren in Kurzzeitgedächtnis und Langzeitgedächtnis. Betreffs des Langzeitgedächtnisses stellt W. Rexrodt fest, daß Informationen um so besser behalten werden, je stärker sie mit Gefühlen verbunden sind.[34]

Die psychiatrische Hirnforschung stellte Zusammenhänge zwischen Großhirnleistung und kreativem Verhalten fest, indem sie die Funktionsweisen der beiden Hirnhälften erkannte.

"Die rechte Hirnhemisphäre ist nach Ansicht der Forscher (Eccles 1982, Ammon 1982, Eccles/Zeier 1980, Rothenberg 1973, Austin 1971, Sinz 1978 u. a.) schließlich diejenige, die vor allem für das künstlerische Schaffen eine eminente Bedeutung besitzt. So darf zugrundegelegt werden, daß bei genialen, vor allem künstlerischen Menschen die rechte Hirnhemisphäre besonders gut trainiert oder äußerst sensiviert ist. Im Traumzustand (auch bei Tagträumen) dominiert diese stärker unbewußt arbeitende Dimension, und es kommt nicht von ungefähr, daß Kekules Entdeckung des Benzol-Ringes durch solche träumerische Symbolverarbeitung zustande kam. Das assoziative Analogiedenken [...] ist ein Primäreffekt der rechten Hemisphäre."[35]

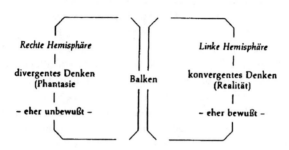

Der Balken transportiert - so Eccles - vier Billionen Impulse pro Sekunde zwischen den Hirnhälften. Er hält die beiden Hemisphären quasi zusammen.[36] Dieser Balken muß nicht bei allen Menschen gleich beschaffen sein. R. Sinz z. B. konnte einen Fall eines jungen Mannes ohne Balken beobachten. Er bezeichnete dieses Phänomen als "angeborenes Spalthirn."[37]

Ebenso kann es das Phänomen geben, daß der Balken eine überdurchschnittlich hohe Durchlässigkeit hat. Es ist zu vermuten, daß gerade bei den begabten Persönlichkeiten der Balken, die Verbindung zwischen Bewußtem und Unbewußtem, durchlässiger ist als bei anderen Menschen, Bewußtes und Unbewußtes also dichter beieinanderliegen oder de facto zu einer Einheit verschmelzen. Im Falle Karl Mays muß gefragt werden, ob ein sehr durchlässiger Balken für die überwiegend aus dem Unbewußten dirigierte literarische Produktion zumindest zum Teil mitverantwortlich zeichnen kann. Die Fakten sprechen, wie noch aufzuzeigen sein wird, für die Tatsache einer überdurchschnittlichen Durchlässigkeit des Balkens bei Karl May.

Die kreativen Komponenten, die Archetypen, kollektives Unbewußtes, Intuition, Inspiration, Symbole, Assoziationen und Träume, finden sich in der rechten Hirnhemisphäre, also im Unbewußten des Menschen. Der kreative Mensch muß also einen relativ unmittelbaren Zugang zu seiner rechten Hirnhemisphäre haben, wodurch ihm archaisches Erleben ermöglicht wird. Archa-

isches, vom Unbewußten dominiertes Erleben, läßt sich wie folgt beschreiben:
"Alles Intellektuelle verläuft viel verschwommener und diffuser. Das Ich entwickelt sich erst ganz allmählich zu einer einheitlichen zentralen Kraft der Seele und besteht anfangs sogar aus vielfachen Teilstücken [sic! A. d. Verf.]. Auch die abgegrenzte Dinglichkeit der Umwelt-Objekte tritt erst langsam zutage. 2. Das Denken besitzt viel mehr Anschaulichkeit; Bilder spielen in ihm (wie im Traum) eine sehr viel größere Rolle. 3. Die Affektivität beherrscht sehr deutlich die Gesamtlage, vor allem auch den Intellekt. 4. Verschiebungen und Verdichtungen spielen eine große Rolle. Die Gesetze der Logik haben noch keine entscheidende Kraft. 5. Die Affektivität entwickelt aus den Wunschträumen das magische Erleben. Wunsch wird Ursache und fälscht damit ganz erheblich das Bild der Wirklichkeit."[38]

Alle diese Aspekte archaisch-atavistischen Erlebens sind in der literarischen Produktion Karl Mays uneingeschränkt und nahezu durchgängig bis ins Alterswerk evident. Sie finden sich ebenso uneingeschränkt in den Märchen. Wenn Karl May im Alter retrospektiv sich als Märchenerzähler bezeichnet, dann hat er damit ein tiefes unbewußtes Wissen über sein eigenes literarisches Schaffen geäußert.[39]

Je mehr sich also die rechte Hirnhemisphäre auszudrücken, Geltung zu verschaffen vermag, desto mehr läßt sich die Kreativität eines Menschen steigern. Diese Auseinandersetzung mit dem Archaischen ist nur dem Menschen möglich. Daher können Eccles und Zeier folgern: "Menschenwürdiger wird unser Dasein erst durch die Auseinandersetzung mit dem Archaischen."[40]

Marsen meint: "Nur ein Mensch, der eine freundliche Beziehung zu seinem Unbewußten hat, wird auch kreativ sein."[41]

Besondere Bedeutung kommt dem Traum als 'via regia' ins Unbewußte zu.

"Den Inhalt entnimmt der Traum den Tagesresten, aber auch uraltem Gedächtnisgut: atavistische, besonders geschlechtliche Triebe erwachen. Das 'aktive latente Unbewußte', sehr frühe, verdrängte Erfahrungen befreien sich und können die andern Komponenten umbilden. Denn die Traumdynamik lagert, darin sehr ähnlich dem Archaischen, die Bilder bald nebeneinander in unverbundener Filmkette, bald übereinander, bald verschmilzt sie zwei oder mehr Dinge zu einer 'Verdichtung'. Aber der Traum zerreißt auch ebenso, was sonst zusammengehört, er dissoziiert

Empfindung und Gefühlston, Idee und affektiven Zustand; daher die affektive 'Verschiebung', die 'Übertragung' auf ganz andere Objekte, genau wie im magischen Denken." Er zerreißt auch höhere Verknüpfungen, Urteil, Willen und Urteilselemente. Eine seiner Haupttätigkeiten aber bleibt, alles nach Möglichkeit ins Optische zu übersetzen, in Gesichtsvorstellungen, in Symbole, in Personifikationen.[42] Dennoch ist der kreative Mensch nicht einfach ein wacher Träumer, ein Tagträumer. Eher sollte es heißen: "Wer am schönsten zu träumen versteht, wer nicht streng rational schafft, wer traumgleiche Phantasie besitzt, wer Wunschträume, Wachträume zu gestalten vermag, wer über Mechanismen verfügt, die die schönsten Symbolkompositionen schaffen, der wird eher zum Genie bei den Menschen, die es immer nach herrlichen Träumen hungert. Tatsächlich findet man unter den späteren Genies zahlreiche Typen, die in irgendeiner Weise, [...] zum Traumleben besonders nahe Beziehungen besitzen."[43]

F. Fanai stellt folgende charakteristische Merkmale des Traumgeschehens heraus:

1. die Symbolik
2. die Verdichtung
3. die Verschiebung
4. die Primitivität und Plastizität der Darstellung
5. die Nichtbeachtung von logischen Kategorien
6. die Nichtbeachtung von Zeit und Raum.[44]

Im Wesentlichen decken sich die genannten Merkmale mit denen archaisch-atavistischen Erlebens, wie sie Lange-Eichbaum aufgeführt hat.[45]

Es muß nicht mehr betont werden, daß diese charakteristischen Kennzeichen des Traumgeschehens sich im Werk Karl Mays wiederfinden. Daher dürfte es legitim sein, die literarischen Produkte des Autors aus Sachsen als Träume zu behandeln und wie Träume zu deuten.[46]

Die Verwechslung von Träumer und Traum entspricht der Verwechslung von Persönlichkeit und Werk. Beide sind, wenn auch voneinander abhängig, so doch voneinander verschieden. W. Salber vertritt die Auffassung, der Dichter werde durch das Werk gemacht, er sei quasi Sprachrohr eines 'kollektiven Schöpfungswillens oder -mechanismus'.[47] Es muß deutlich darauf hingewiesen werden, daß eine solche Ansicht die Individualität eines schöpferisch tätigen Menschen außer Acht läßt.[48]

Der kreative Mensch hat die Möglichkeit, mit Hilfe der Kunst seine dunklen Seiten abzuwehren. Diese dunklen Seiten sind ihm als Individuum eigen. Ohne sie wäre seine Kunst ausdruckslos, es wäre eben keine echte Kunst mehr.

B. Leuner zeigt am Beispiel Leonardos, daß dieser die Schattenseiten seines Lebens mittels seiner Malerei abwehrte.[49] Auch Karl May bekämpfte auf seine Art seine Schatten mit Hilfe seiner Literaturproduktion. Er wehrte damit, wie Leonardo, 'befremdliche' Teile der Kultur - zunächst in ihm selbst - ab und trug damit doch zu ihrer allgemeinen Fortentwicklung bei.

W. Lange-Eichbaum weist in diesem Zusammenhang auf die Gefahr hin, daß die Rezipienten eines Kunstwerkes regelmäßig den Denkfehler begehen, Werk und Persönlichkeit zu identifizieren, Qualität und Schönheit eines Werkes auf die Persönlichkeit des Schöpfers zu übertragen, um sie im Sinne eines Ideals zu verklären.[50] Dieses aus dem Werk abstrahierte Bild, so R. Müller-Freienfels, trete dann vor den realen historischen Schöpfer und verdecke ihn ganz und gar.[51]

Diesem allgemeinen Denkfehler sind auch die Rezipienten des Werkes von Karl May erlegen und schließlich - Karl May selbst.

War Karl May ein Genie? Für G. Prause scheint das keine Frage gewesen zu sein. In seinem Werk unter dem Titel "Genies in der Schule" ist Karl May selbstverständlich vertreten. Er gilt dort sogar "als einer der erfolgreichsten deutschen Schriftsteller".[52]

Anmerkungen

1 S. Rahmer: Aus der Werkstatt des dramatischen Genies. München 1906, S. 5.
2 W. Arnold / H.-J. Eysenck / R. Meili (Hg): Lexikon der Psychologie. Bd. 1 (1971). Freiburg, Basel, Wien 1987, S. 721, Stichwort: Genie.
3 K. Clark: Glorie des Abendlandes. Reinbek 1977, S. 302.
4 S. Preiser: Kreativitätsförderung. In: Heinerth, K. (Hg): Einstellungs- und Verhaltensänderung. München, Basel 1979, S. 349.
5 R. Arnheim: Zur Psychologie der Kunst. Frankfurt/Main 1980, S. 142.
6 B. Flossdorf: Kreativität (Psychologische Grundbegriffe). Reinbek 1981, S. 576.
7 E. Fromm: Wege aus einer kranken Gesellschaft. Frankfurt, Berlin, Wien 1981, S. 217.

8   B. Wolman: Die kreative Kraft des Unbewußten. In: Ammon, G.: Handbuch der dynamischen Psychiatrie. Bd. 2. München, Basel 1982, S. 744.
9   P. G. Zimbardo: Psychologie. Berlin, Heidelberg, New York, Tokyo 1983 (4. Aufl.), S. 453.
10 H. Benesch: Und wenn ich wüßte, daß morgen die Welt unterginge... Weinheim, Basel 1984, S. 152.
11 E. Landau: Kreatives Erleben. München, Basel 1984, S. 78.
12 W. Lange-Eichbaum: Genie, Irrsinn, Ruhm (1928). München, Basel 1985 (7. Aufl.) S. 34-48. Die Auflistung der Genie-Theorien beginnt mit Pope und Shaftesbury (1711) und endet mit Landau (1984).
13 W. Lange-Eichbaum: Genie, Irrsinn und Ruhm (1928), a. a. O., S. 58.
14 Vgl. W. Arnold: Begabung und Begabungswilligkeit. München, Basel 1968, S. 48.
15 Vgl. ebd., S. 45.
16 W. Lange-Eichbaum: Genie, Irrsinn und Ruhm (1928), a. a. O., S. 65.
17 F. Giese: Die öffentliche Persönlichkeit. Beiheft 44 zur Zeitschrift für angewandte Psychologie. Leipzig 1928, S. 85, zitiert bei P. Plaut: Produktive Persönlichkeit. Berlin 1929, S. 241.
18 Vgl. H. Kühne: Kompositionen, Lieder und Vertonungen. In: Üding, G. (Hg): Karl-May-Handbuch. Stuttgart 1987, S. 601-606.
19 Vgl. W. Lange-Eichbaum: Genie, Irrsinn und Ruhm (1928), a. a. O., S. 71.
20 O. Kris: Die ästhetische Illusion. Frankfurt/Main 1977, S. 193.
21 Vgl. ebd.
22 K. Mierke: Die Grundtypen und Sonderformen der geistigen Begabung. In: Lückert, H. R. (Hg): Begabungsforschung und Bildungsförderung als Gegenwartsaufgabe. München, Basel 1969, S. 123.
23 M. Lowsky führt aus, daß Karl May als ethnographischer Autor in der Tradition der Aufklärung steht. Eine umfangreiche Literaturliste darüber findet sich bei M. Lowsky: Karl May. Stuttgart 1987, S. 60. Weiter zeigt Lowsky, daß Karl May die Tradition des Abenteuerromans fortsetzt. Literaturliste dazu siehe Lowsky, a. a. O. S. 66f und S. 70. Außerdem steht Karl May in der Tradition des Märchenerzählers. Literaturliste auch dazu siehe Lowsky, a.a.O. S. 73ff. Vgl. dazu auch H. Laqua: "Stellt nicht [...] ein Volk in seinen Sagen und Legenden sein eigenes Träumen und Wünschen vor sich hin? Gestaltet nicht [...] ein Volk in seinen Heldenliedern und Heldenepen seine eigene Seele? Karl May hat so - vor sich selber unbewußt - an die uralte und ewig neue Tradition der Vollksdichtung angeknüpft." H. Laqua: Warum gerade Karl May? Radebeul 1937, S. 21.
24 Vgl. W. Lange-Eichbaum: Genie, Irrsinn und Ruhm (1928), a. a. O., S. 82.
25 Ebd., S. 83.
26 W. Lange-Eichbaum legt in seinem Werk die folgenden Forschungsergebnisse dar: Musikalische Begabungsäußerungen zeigen sich bis zum 13. Lebensjahr zunächst nahezu ausschließlich als

technisch-virtuoses Können. Produktives musikalisches Schaffen beginnt frühestens im 13. bis 20. Lebensjahr. Andere Autoren setzen die ersten eigentlich schöpferischen musikalischen Leistungen in Höhe der Pubertät an.
Mathematische Begabung erscheint etwas später, entwickelt sich aber schneller, weil Erfahrung und Affektives dazu kaum nötig sind.
Das Talent für Bildnerei entwickelt sich - von Ausnahmen abgesehen - noch etwas später.
Die Eigenart des literarischen Talents ist es, sich erst relativ spät zu entwickeln, wobei Ausnahmen auch hier als Bestätigung der Regel angesehen werden können.
In den Naturwissenschaften und der Philosophie wird etwas Bedeutendes selten vor dem 27. Lebensjahr geleistet, weil Studium und lange Erfahrungen notwenig sind. Vgl. W. Lange-Eichbaum: Genie, Irrsinn, und Ruhm (1928), a. a. O., S. 84ff.

27 L. L. Thurstone und B. Ghiselin zitiert in S. Preiser: Kreativitätsforschung. Darmstadt 1976, S. 51.

28 Vgl. dazu W. Dilthey: Das Erlebnis und die Dichtung. Leipzig 1906.

29 W. Lange-Eichbaum nennt zudem für die neuere Zeit als Schriftsteller, die bis ins hohe Alter leistungsfähig blieben: Paul Claudel, Colette, Döblin, Thomas Eliot, André Gide und Gerhard Hauptmann. W. Lange-Eichbaum: Genie, Irrsinn und Ruhm (1928), a. a. O., S. 92.

30 Karl May stirbt siebzigjährig am 30. 3. 1912 an Herzversagen. Die letzte Dekade vor seinem Tod war überschattet von der sog. "Karl-May-Hetze", der öffentlichen Diffamierung seines literarischen Schaffens und vielen Prozessen. Es ist anzunehmen, daß er bei ruhigem Lebensabend ein höheres Alter erreicht hätte.

31 Vgl. dazu G. Retzius: Das Gehirn des Astrologen Hugo Gylden. Stockholm 1899. Ders.: Das Gehirn des Mathematikerin Sonja Kowalewski. Stockholm, Jena 1900. Ders.: Das Gehirn des Physikers und Pädagogen Per Adam Silgeström. Stockholm, Jena 1902. C. v. Monakow: Die Lokalisation im Großhirn. Wiesbaden 1909. B. Patzig: Erbbiologie und Erbpathologie des Gehirns. In: Just, G.: Handbuch der Erbbiologie des Menschen. Bd. 5. Berlin 1939. J. Eccles: Das Gehirn des Menschen. München 1975. E. 0. Wilson: Biologie als Schicksal. Frankfurt, Berlin, Wien 1980. J. Eccles / H. Zeier: Gehirn und Geist. München 1980. J. Eccles: Die Psyche des Menschen. Berlin, Basel 1984. u. a.

32 Vgl. W. Lange-Eichbaum: Genie, Irrsinn und Ruhm (1928), a. a. O., S. 107.

33 Vgl. ebd.

34 Vgl. W. Rexrodt: Gehirn und Psyche. Stuttgart 1981, S. 151. Zwischen den Zeilen erklärt Rexrodt damit die emotional beeindruckbaren Menschen für besonders speicherfähig. Da das Langzeitgedächtnis im Unterbewußten (rechte Hirnhemisphäre) angesiedelt ist, käme das einer Aussage gleich, die beeindruckbare Menschen für schöpferische Leistungen als besonders geeignet betrachtet.

35 W. Lange-Eichbaum: Genie, Irrsinn und Ruhm (1928), a. a. O., S. 108.

36 Vgl. J. Eccles / H. Zeier: Gehirn und Geist. München 1980, S. 252.
37 R. Sinz: Gehirn und Gedächtnis. Stuttgart, New York 1978, S. 172.
38 W. Lange-Eichbaum: Genie, Irrsinn und Ruhm (1928), a. a. O., S. 116f.
39 Vgl. Karl May: Mein Leben und Streben. In: Ders.: Ich. Bamberg 1976 (30. Aufl.).
40 J. Eccles / H. Zeier: Gehirn und Geist, a. a. O., S. 113.
41 B. Marsen: Neurophysiologische Aspekte der Dynamischen Psychiatrie. In: Ammon, G. (Hg): Handbuch der Dynamischen Psychiatrie. Bd. II. München, Basel 1982, S. 163.
42 Vgl. W. Lange-Eichbaum: Genie, Irrsinn und Ruhm (1928), a. a. O., S. 120.
43 Ebd., S. 120, in Anlehnung an K. W. Kemper: Der Traum und seine Bedeutung. Hamburg 1958.
44 Vgl. F. Fanai: Psychoanalyse. Frankfurt am Main 1984, S. 160.
45 Vgl. W. Lange-Eichbaum: Genie, Irrsinn und Ruhm (1928), a. a. O., S. 116f.
46 Zum Verständnis des Werkes von Karl May als Traum vgl. O. Forst-Battaglia: Karl May. Traum eines Lebens - Leben eines Träumers. Bamberg 1966.
47 Vgl. W. Salber: Literaturpsychologie. Bonn 1972, S. 177.
48 Selbst Thomas Mann kann - freilich im Zusammenhang seiner Abhandlung 'Leiden und Größe Richard Wagners' aus dem Jahre 1933 - formulieren: "Ja, es ist schwer, hier nicht an einen metaphysischen Eigenwillen des Werkes zu glauben, das nach Verwirklichung strebt und dem das Leben seines Erzeugers nur Werkzeug und freiwillig-unfreiwilliges Opfer ist." Th. Mann: Leiden und Größe der Meister. Berlin 1935, S. 98.
49 Vgl. B. Leuner: Psychoanalyse und Kunst. Köln 1976, S. 69.
50 Vgl. W. Lange-Eichbaum: Genie, Irrsinn und Ruhm (1928), a. a. O., S. 130.
51 Vgl. R. Müller-Freienfels: Philosophie der Individualiät. Leipzig 1921, S. 30.
52 G. Prause: Genies in der Schule (1974). München 1991, S. 71f.

3. Die narzißtische Selbstwertproblematik Karl Mays

3.1. Die narzißtische Selbstwertproblematik

Die jüngere Karl-May-Forschung ist sich im Wesentlichen darin einig, daß bei dem Autor aus Ernstthal eine mehr oder weniger massive narzißtische Störung vorliegt.[1] Trotzdem oder gerade deshalb soll hier noch einmal besonders darauf eingegangen werden.

Narzißmus ist als Selbstliebe im Sinne des Bibelwortes: 'Du sollst deinen nächsten lieben wie dich selbst!' (Mt. 19, 19) zu verstehen und als normal zu begreifen.

Narzißtisch gestört ist ein Mensch, wenn diese Selbstliebe beeinträchtigt ist, weil er sich in frühester Kindheit oder auch später emotional verlassen erleben mußte.

"Der Mangel an Einfühlung - Empathie - kann sich orten in der Persönlichkeitsstruktur der Mutter, die oft selber ein narzißtisch beeinträchtigtes Kind war. Ferner kann sie eingebunden sein im Geschick: früher Elterntod, Verlusterfahrungen, Krankheit der Mutter und/oder des Kindes, Milieuschädigung und Kriegsgeschehnisse. Unglückliches Geschick führt indes nicht eo ipso zu einer narzißtischen Selbstwertproblematik. Es führt aber dazu, wenn dem Kind nicht erlaubt wird zu trauern, seine Gefühle über die schwierigen Verhältnisse zu äußern, und ihm nicht im Falle von tiefgreifenden Verlusterfahrungen neue Bezugsmöglichkeiten angeboten werden. Verläßt man ein Kind angesichts solcher Umstände emotional, so wird es gezwungen, Überlebensstrategien auszubilden, die ihm leben helfen."[2]

Deswegen bildet das narzißtisch versehrte Kind eine "Persona-Haltung" aus, die die Verinnerlichungen von Soll-Forderungen einer patriarchalisch orientierten Umwelt darstellt und einhergeht mit der Entwicklung des negativen Animus.[3] Die Sehnsucht, geliebt zu werden, äußert sich dadurch, "daß insgeheim durch perfektionistische Personahaltungen nach Echo und Anerkennung gesucht wird. Die Gier nach Echo und die übermäßige Investition in die Persona [...] die das 'Image' hochhält, zeigen sich deutlich. In einer solchen Haltung schwingen Größenphantasien mit. Daneben läßt sich bei der narzißtisch beeinträchtigten Persönlichkeit eine stete Suche nach idealen Menschen und Verhältnissen beobachten. Sie ist verbunden mit einer ausgeprägten Idealisierungstendenz und einem Kontrollverhalten, wonach das Gegenüber die Erwartungen des narzißtisch verwundeten Menschen vollständig erfüllen muß."[4]

Das narzißtisch verletzte Kind verschafft sich Zuwendung durch Bravsein. Die Personahaltung, in der Analytischen Psychologie meist schlicht "Persona" genannt, kommt einer inneren Schutzmauer gleich. Das Ich des narzißtisch verwundeten Menschen birgt sich gegen die einst gemachten schmerzlichen Erfahrungen und gegen die Neuauflagen derselben hinter seiner Persona-Schutzmauer. Das geht einher mit einer Kindheitsamnesie. K. Asper sagt dazu: "Der Faden zum einstigen Kind ist gerissen, die Spur zur einstigen Geschichte verloren."[5]

Ein Fühldefizit ist die Folge, wobei die Sehnsucht nach Liebe voll erhalten ist und sich in verschiedenen Formen äußert.

Das Selbstwertgefühl des narzißtisch beeinträchtigten Menschen erweist sich als äußerst labil. Es schwankt zwischen grandiosen Phantasievorstellungen und depressiven Phasen. Der "Narzißt" ist ständig gezwungen, um sein narzißtisches Gleichgewicht zu ringen. Da er früh die emotionale Ungebundenheit erfahren hat, konnte er keine feste "Ich-Selbst-Achse" ausbilden[6], er weiß somit wenig vom eigenen Selbst, von der eigenen Natur und ihren Grundmustern.

A. Miller beschreibt Grandiosität und narzißtische Depression eher als alternative Reaktionsmuster von narzißtisch Gestörten auf ihr ihnen selbst nicht bewußtes Dilemma[7], während K. Asper beides als zum labilen Selbstwertgefühl des "Narzißten" zugehörig betrachtet.

"Wie der sich im Wasser spiegelnde Narzissus des Mythus ist der narzißtisch verwundete Mensch ständig auf der Suche nach sich selber. Grandiosität und Depressivität, himmelhoch-jauchzend - zu Tode betrübt, alles oder nichts sind Umschreibungen für das schwankende Selbstwertgefühl, für den als unsicher erlebten inneren Boden. Zwischen den beiden Extremen läge nun die ganze Palette differenzierter Gefühle, die der narzißtisch verwundete Mensch aber nicht wahrzunehmen wagt. Ja, es ist geradezu kennzeichnend für ihn, daß er seine Gefühle wie nicht wirklich, wie nicht zu sich selber gehörig empfindet [...], dies auf Grund mangelnder Rückversicherung in den Augen der Mutter oder frühen Bezugspersonen."[8]

K. Asper bietet in ihrem Werk einen Katalog der hervorstechenden Charakterzüge narzißtisch gestörter Menschen, auf dessen ausführliche Wiedergabe hier nicht verzichtet werden kann.

"Angst vor Verlassenheit:
Drohende Verlassenheit und effektiv eingetretene machen den Narzißten kränkbar, wütend und traurig. Tritt Verlassenheit ein, so faßt er diese als Liebesentzug und Zurückweisung auf. Mit anderen Worten reagiert er dabei mit Wut und/oder trauriger Resignation.

Gefühlsdefizienz:
Der narzißtisch verwundete Mensch hat oft einen schlechten Zugang zu seinen wahren Gefühlen. Aufgrund des einst mangelnden Gespiegeltwerdens wagt er es nicht, diese wahrzunehmen. Ferner veranlaßt ihn das Gefühl, nicht akzeptiert zu sein, zu einer übermäßigen Anpassung an die Erwartungen anderer, was sich auf seine Gefühlswahrnehmung ebenfalls negativ auswirkt. Es ist, als hätte er für seine eigenen, wahren Gefühle nicht genügend Libido zur Verfügung. Die Einfühlung in andere Menschen kann defizitär sein, kann aber auch überdurchschnittlich gut ausgebildet in Erscheinung treten.

Grandiosität und Depression:
Der narzißtisch beeinträchtigte Mensch schwelgt bisweilen in grandiosen und stark stimulierenden Phantasien eigener Schönheit, Macht und Größe. Die Depression bei narzißtischen Menschen zeigt sich zunächst in reizloser Öde und Leere. Bei stärkerer Ausbildung geht sie auch einher mit quälenden, masochistischen Vorstellungen. Im Gegensatz zu anderen Depressionsformen kann der Narzißt wenig Hilfe und Empathie mobilisieren und leidet stumm hinter seiner perfektionistischen Fassade. Nach Battegay ist dieser Zug ein differentialdiagnostisches Kriterium gegenüber anderen Depressionsformen, insbesondere gegen die endogenen Depressionen.

Gestörte Sexualität:
In vielen Fällen zeigt es sich, daß die Sexualität nicht in einer befriedigenden und erfüllenden Form gelebt werden kann. Es lassen sich Asexualität, Perversionen und schwankendes Zugehörigkeitsempfinden zum eigenen Geschlecht hin aufweisen.

Mangelndes Symbolverständnis:

Bei narzißtisch gestörten Menschen beobachtet man oft ein schlecht ausgebildetes Symbolverständnis. Das läßt sich am Beispiel 'Mutter' aufzeigen: Mutter ist etwas, was zuerst einmal konkret erfahren werden muß. Der narzißtische Mensch ermangelte dessen, aus welchen Gründen auch immer. Die Sehnsucht nach Mutter macht sich deshalb - legitimerweise - in einem ganz konkreten Verständnis bemerkbar und disponiert zur Suche nach realer Befriedigung. Als Symbol, als 'as if', ist Mutter dem Narzißten nicht verständlich, was vom Therapeuten empathisches Verständnis erfordert. Der noch ungenügend ausgebildete Sinn für das Symbol zeigt sich jedoch nicht allein beim Thema Mutter, sondern tritt auch in bezug auf andere Menschen, Dinge und Situationen in Erscheinung. In diesem Sinne ist denn auch die symbolische, finale Betrachtungsweise der Analytischen Psychologie im Anfangsstadium einer Behandlung kontraindiziert.

Unzureichende Wahrnehmung:
Der Narzißt nimmt oft falsch oder verzerrt wahr und sieht die eigene und die fremde Realität durch die Brille des Entweder-Oder beziehungsweise durch Grandiosität und Depression.

Mangelndes biographisches Bewußtsein:
Narzißtisch beeinträchtigte Menschen erinnern sich kaum an ihre Kindheit. Sie erscheint in ihren Schilderungen als grau und unbelebt. Dieses unzureichende Empfinden für Kontinuität macht sich auch anderswo bemerkbar, zum Beispiel in der Erinnerung an die vorangegangene Analysestunde.

Übermäßige Angst:
Narzißtisch verwundete Menschen können von maßloser Angst überflutet werden. Diese Angst ist eine Desintegrationsangst, Angst also vor drohender Fragmentierung ihres Ich. Es handelt sich dabei nicht um eine analysierbare Angst, sondern sie muß als nackte, freiflottierende Angst begriffen und auch beruhigt(!) werden.

Unproportionierte Wut:
Eine weitere Besonderheit narzißtisch verwundeter Menschen ist die sogenannte narzißtische Wut. Es handelt sich dabei um eine Wut von unproportionierter Wucht; sie hat rächenden Charakter und tritt meistens als Reaktion auf Kränkungen auf.

Unausgewogene Nähe und Ferne:
Der Narzißt hat ein gestörtes Verhältnis zu Nähe und Ferne im mitmenschlichen Bezug. So signalisiert er oft, man solle ihm nicht zu nahe treten und wehrt beispielsweise in der Analyse In-

terpretationen ganz ab. Das geschieht wohl aus einer richtigen Einschätzung seiner Verwundbarkeit. Auf der anderen Seite zeigt es sich, daß er seinen, meist jedoch einem Mitmenschen, zu nahe tritt, starke Kontrolle ausübt und bestrebt ist, den anderen Menschen nicht von seinen Vorstellungen über ihn abweichen zu lassen.

Konzentrationsmangel:
Das schwankende Selbstwertgefühl bedingt, daß sich der narzißtisch verwundete Mensch oft schlecht konzentrieren kann und leicht von seinen Vorhaben abgelenkt wird.

Übermäßige Scham:
Narzißtische Menschen fühlen sich oft beschämt, ja sie versinken in Peinlichkeitsgefühlen in Situationen, wo andere sich darüber hinweglachen.

Unklare Bedürfnisse:
Viele Narzißten, vor allem mit den in dieser Arbeit besprochenen mit perfektionistischen Personahaltungen, verwehren es sich, Bedürfnisse zu zeigen, Hilfe zu fordern und anzunehmen aus Angst vor der Wiederholung schmerzlicher Kindheitserfahrungen. Andererseits zeigt es sich, daß sie oft maßlose Erwartungen an andere stellen. Man muß ihre Bedürfnisse - nach dem Modell der Mutter-Kind-Beziehung - erraten oder ihnen von den Augen ablesen."[9]

R. Battegay stützt sich in seiner Diagnostik auf den DSM-III-R (Diagnostic and Statistical Manual of Mental Disorders, Revised 1987) der American Psychiatric Association. Dieses Testverfahren bietet neun Bewertungspunkte an, von denen mindestens fünf gegeben sein müssen, damit die Diagnose "narzißtische Persönlichkeitsstörung" gestellt werden kann.

Die neun Bewertungspunkte lauten wie folgt:
"1. Reagiert auf Kritik mit Wut, Scham oder Demütigung (auch wenn dies nicht gezeigt wird);

2. nützt zwischenmenschliche Beziehungen aus, um mit Hilfe anderer die eigenen Ziele zu erreichen;

3. zeigt ein übertriebenes Selbstwertgefühl, übertreibt z. B. die eigenen Fähigkeiten und Talente und erwartet daher, selbst ohne besondere Leistung als 'etwas Besonderes' Beachtung zu finden;

4. ist häufig der Ansicht, daß seine Probleme einzigartig sind und daß er nur von besonderen Menschen verstanden werden könne;

5. beschäftigt sich ständig mit Phantasien grenzenlosen Erfolges, Macht, Glanz, Schönheit oder idealer Liebe;
6. legt ein Anspruchsdenken an den Tag: stellt beispielsweise Ansprüche und übermäßige Erwartungen an eine bevorzugte Behandlung, meint z. B., daß er sich nicht wie alle anderen anstellen muß;
7. verlangt nach ständiger Aufmerksamkeit und Bewunderung, ist z. B. ständig auf Komplimente aus;
8. zeigt einen Mangel an Einfühlungsvermögen: kann z. B. nicht erkennen und nachempfinden, wie andere fühlen, zeigt sich z. B. überrascht, wenn ein ernsthaft kranker Freund ein Treffen absagt;
9. ist innerlich stark mit Neidgefühlen beschäftigt."[10]

A. Miller stellt als Gemeinsamkeit des grandiosen wie depressiven Narzißten fest:

"1. ein falsches Selbst, das zum Verlust des 'eigentlich möglichen Selbst' geführt hat;
2. die Brüchigkeit der Selbstachtung, die nicht in der Sicherheit über das eigene Fühlen und Wollen, sondern in der Möglichkeit, das falsche Selbst zu realisieren, wurzelt;
3. Perfektionismus, ein sehr hohes Ichideal;
4. Verleugnung der verachteten Gefühle (der fehlende Schatten im Spiegelbild des Narzissos);
5. Überwiegen von narzißtischen Objektbesetzungen;
6. große Angst vor Liebesverlust, deshalb große Anpassungsbereitschaft;
7. Neid auf die Gesunden;
8. starke, aber abgespaltene, deshalb nicht neutralisierte Aggressionen;
9. Anfälligkeit für Kränkungen;
10. Anfälligkeit für Scham- und Schuldgefühle;
11. Ruhelosigkeit".[11]

Der narzißtisch verwundete Mensch hat im Laufe seiner Lebensgeschichte gelernt, die Erwartungen anderer Menschen getreulich zu erfüllen. Er erhält dafür narzißtische Annahme, er "macht sich angenommen". Dabei hat der Narzißt das reiche, eigene Gefühlsleben eingekerkert, verdrängt, weil es ihm einerseits an einer einfühlsamen Bezugsperson mangelte, die seine Gefühle verstanden und ernstgenommen hätte und weil negative Gefühlsreaktionen des Kindes auf psychische Traumata vonseiten der es umgebenden Menschen nicht angenommen oder verstanden wurden. Um den auf solche Gefühlsäußerungen ins Haus stehenden Strafen zu entgehen, verzichtete das Kind darauf, solche Gefühle überhaupt zu zeigen, da sich das Grundgefühl, nicht in Ordnung, nicht akzeptiert zu sein, sonst jedesmal verstärkt hätte.[12]

Ein höchstes Maß an sozialer Anpassung, bereits von frühestem Kindesalter an praktiziert, ist die wichtigste Überlebensstrategie des betreffenden Individuums, es entwickelt sie nicht aus eigenem, freiem Willen, sondern gezwungenermaßen, um bestehen bleiben zu können.[13]

Dem narzißtisch verwundeten Menschen gelingt es nur mangelhaft, sich und die real existierende Welt als wirklich zu erleben und sich selbst als zu ihr zugehörig zu empfinden. Sie wird nicht als bunt und lebendig erfahren.[14] Schuld daran ist die rigide, das Kind in seinen Gefühlen abweisende Erziehung.

"Jung ist der Ansicht, daß diese Menschen sehr früh von ihrem ursprünglichen Charakter getrennt wurden, was zur Ausbildung einer starken und künstlichen Persona disponiert. Von allem Anfang an mußte es das Ziel der Bezugspersonen gewesen sein, das Kind zu einem angepaßten und lieben Menschen zu erziehen. Das geschah in der Regel mit einem solchen Druck, daß sich das tiefsitzende Gefühl entwickelte, nicht geliebt und nicht gewollt zu sein."[15]

Sehr bald entwickelt sich Selbsthaß. Die Abneigung der Umwelt gegen nicht zugelassene Gefühle werden vom Kind verinnerlicht und verwandeln sich in Aggression.

Die Mutter spielt die entscheidende Rolle bei der Ausbildung der narzißtischen Störung. Eine das Kind nicht spiegelnde Mutter vermittelt das, was E. Neumann auf die Formel brachte: "Gutsein heißt, von der Mutter geliebt zu werden, du aber bist böse, denn die Mutter liebt dich nicht."[16]

Sehr oft weist auch die Mutter eine narzißtsche Kränkung auf.[17] K. Asper meint dazu: "Mangelnde Empathie ist mangelnde Mütterlichkeit, ist Defizit an Bezogenheit und kommt dem gleich, was Neumann mit dem unbezogenen Eindringen der Animuswelt der Mutter in die Welt des Kindes umschreibt. Die Folge ist, daß sich das Kind übermäßig anpaßt. In einer solchen ungleichen Interaktion von Mutter und Kind wird das Kind narzißtisch besetzt. Narzißtische Besetzung bedeutet, daß das Kind gebraucht wird, um die Bedürfnisse der Mutter zu befriedigen. Verhält sich nun ein Kind entsprechend der mütterlichen Forderungen, so zieht die Mutter narzißtische Befriedigung daraus. Es ist ihrem Selbstwertgefühl zuträglich, beispielsweise wegen eines intelligenten und wohlerzogenen Kindes von anderen Menschen bewundert zu werden."[18]

Diese narzißtische Besetzung des Kindes durch die Mutter "geht einher mit emotionalem Verlassenwerden und bedeutet ein Überspringen mütterlicher Zuwendungsqualitäten zu Gunsten männlich fordernder Qualitäten."[19]

Aber auch das Fehlen des Vaters bleibt nicht ohne Auswirkungen auf das Kind. Beim konkret oder emotional fehlenden Vater muß das Kind unbewußt oder zwangsläufig am Schmerz und Zorn der Mutter über diesen Zustand teilnehmen. Das leistet der narzißtischen Besetzung des Kindes durch die Mutter Vorschub und fördert den kindlichen Selbstverlust. Der Vater ist somit an der narzißtischen Störung des Kindes in erheblichem Maße mitbeteiligt.[20]

"Der fehlende Vater, kronkret abwesend oder emotional im Exil, kann generell gesprochen die unempathische Mutter nicht wettmachen und ist auch in diesem Sinne mitbeteiligt an der Selbstentfremdungsproblematik. [...] Der fehlende Vater bei narzißtischer Persönlichkeitsstörung verstärkt nach meinen Beobachtungen die narzißtische Problematik vor allem im Bereich des Gefühls der Randständigkeit, des Ausgeschlossenseins, [...]"[21]

K. Asper zeigt ferner auf, daß sich das Kind, das sich als ungeliebt erfährt, in eine "gute" und eine "böse" Seite aufspaltet. Die gute Seite entspricht der Persona, der Anpassung, die böse Seite umfaßt das negative Selbstbild: weil ich nicht liebenswert bin, bin ich böse. Das Kind errichtet Abwehren gegen diese Grundbefindlichkeiten, die starr, aber auch brüchig sind. Funktionieren die Abwehren nicht, droht Fragmentierungsgefahr, was dem Gefühl gleichkommt, auseinanderzufallen. In dieser Situation ist das Ich den drohenden Einbrüchen des Unbewußten relativ schutzlos preisgegeben, was Angst auslöst. Das Eindringen des dunklen Unbewußten ist überaus gefährlich, denn die "Dunkelheit des Schattens kann nur dann ohne Schaden integriert werden, wenn zuvor schon genügend Licht bewußt geworden ist: das Gefühl des eigenen Wertes darf nicht verloren gehen und die Dunkelheit darf nicht überhand nehmen. Die 'Inkarnation des Guten' muß vorangegangen sein, damit der Mensch fähig ist, dem Bösen standzuhalten."[22]

K. Asper beobachtet in ihrer langjährigen Praxis eine Reihe von "Verlassenheitsgebärden" des narzißtisch gestörten Menschen. Sie prägt diesen Begriff und verwendet ihn synonym zu dem Begriff "Abwehrformen".[23] So nennt sie zunächst "Über-Anpassung"[24], "Identifikation mit kollektiven Werten"[25], "Verzicht auf die eigenen Gefühle"[26], "Funktionieren durch Intellekt und Rationalität"[27], "Rückzugstendenzen"[28], "Kindheitsamnesie"[29], "narzißtische Wut"[30], und "narzißtische Depression".[31]

Der narzißtisch beeinträchtigte Mensch zeigt neben den Verlassenheitsgebärden auch eine Reihe von "Sehnsuchtsgesten".[32] Er sucht Bejahung vonseiten anderer Menschen. "Die Sehnsucht äußert sich jedoch nicht allein in dem Wunsch, gespiegelt und geliebt zu sein, sie zeigt sich darin, daß die Nähe bewunderungswürdiger Menschen gesucht wird, denen man angehören kann. Der narzißtisch verwundete Mensch hat ein tiefes Bedürfnis, sich zu anderen Menschen dazugehörig zu empfinden, und reagiert sehr fein beim geringsten Anzeichen, übergangen zu werden. In dem Moment, wo er es erlebt, nicht mehr mit anderen gleichzuschwingen, empfindet er sein Selbstgefühl nicht mehr als selbstverständlich. Er spürt Orientierungslosigkeit und eine gewisse Entfremdung. Um ein solches Erleben nicht aufkommen zu lassen, erbringt er große Anstrengungen der An- und Einpassung. Kommen solche Momente aber gleichwohl auf, so beginnt er, um sein Erleben im Rahmen des Erträglichen zu halten, Kontrolle auszuüben und sich, manchmal auch auf unangenehme Art, einzubringen. In diesem Verhalten ist die Sehnsucht verborgen, sich mit der Umwelt in einer 'participation', ja einer Fusion erleben zu können.

Daher sind im Umkreis narzißtischer Persönlichkeiten oft Menschen anzutreffen, die tief bewundert werden und an deren Glanz partizipiert wird. "Wenn es auf der einen Seite so etwas wie den 'Glanz im Auge der Mutter' gibt, eine Metapher, mit der Kohut die empathische Reaktion der Mutter auf ihr Kind umschreibt, so scheint es mir auch das Gegenstück zu geben: den 'Glanz im Auge des Kindes' als Ausdruck für seinen Stolz und seine Freude über eine Mutter, die es bewundern und lieben kann und der es zugehört. Es handelt sich dabei sowohl um die Sehnsucht, einem anderen Menschen ganz anzugehören als auch darum, sich ihm hinzugeben und ihn zu lieben."[33]

Die Sehnsucht zeigt sich auch im Phantasieleben. "Man beobachtet bei narzißtisch verwundeten Menschen sehr häufig die Phantasie, im Zentrum zu stehen und bewundert zu werden; ebenso häufig zeigt sich die Phantasie, mit einem anderen Menschen in harmonischer Zweisamkeit Tage reinsten Glücks zu erleben, das durch keinerlei Störungen beeinträchtigt wird. Diese Phantasien werden bis ins Detail ausgestaltet, und das entsprechende Erleben fühlt sich bisweilen derart wirklich an, daß die Realität zugunsten dieser Tagträume von Grandiosität und Idealität zurücktritt. Obwohl die Träumereien als beinahe wirklich erlebt werden, haftet ihnen eine spezifische Unbewußtheit an, dazu kommt, daß sie von der realistischen Seite des Ich abgewehrt werden. Es ist das realistische Ich, daß sich ihrer bewußt ist, das phantasierende Ich ist sich ihrer nicht bewußt und geht in ihnen auf. Es existieren so zwei Erlebniswelten nebeneinander, und das in einer Weise, als ob sie voneinander nichts wüßten.

Die erwähnten Phantasien sind ebenfalls als Sehnsuchtsgesten zu begreifen und drücken die Suche nach Geliebtwerden und lieben zu können in einer übersteigerten Weise aus."[34]

Als Sehnsuchtsgeste versteht K. Asper auch das "Helfersyndrom".[35]

Verlassenheitsgebärden sind dem dunklen Aspekt der Gesamtpsyche zuzuordnen, während Sehnsuchtsgesten des narzißtisch Gestörten eher zu den Bestrebungen der Wunschphantasien gehören.

A. Miller bezeichnet beide Befindlichkeiten mit "Depression" und als anderes Extrem der schwankenden Bewußtseinslage "Grandiosität". "Der 'grandiose' Mensch wird überall bewundert, und er braucht diese Bewunderung, er kann gar nicht ohne sie leben. Er muß alles, was er unternimmt, glänzend machen, und er kann es auch (etwas anderes unternimmt er eben nicht). Auch er bewundert sich - seiner Eigenschaften wegen: seiner Schönheit, Klugheit, Begabung, seiner Erfolge und Leistungen wegen. Wehe aber, wenn etwas davon aussetzt, die Katastrophe einer schweren Depression steht dann vor der Türe."[36]

K. Asper bemerkt dazu: "Wer durch brillante Virtuosität die narzißtische Wunde mit ihren entsprechenden Gefühlen abwehren kann, gilt als grandios. Vielen narzißtisch verwundeten Menschen gelingt dies indes nicht oder nicht mehr, sie können als depressive Narzißten bezeichnet werden, was aber nicht bedeutet, daß nicht auch in ihrer Psyche Größenphantasien zu finden sind, so wie beim Grandiosen auch ein depressiver Hintergrund besteht."[37]

Das Nebeneinander von Depression und Grandiosität, so stellt K. Asper dar, macht sich beim narzißtisch beeinträchtigten Menschen als ein schwankendes Selbstwertgefühl bemerkbar, der einerseits, wie oben bereits erwähnt - himmelhoch-jauchzend, andererseits "zu Tode betrübt" sein kann. Narzißten kennen ein stabiles und argloses Selbstwertgefühl nicht, da dieses ständig schwankt und nicht Ausdruck einer selbstverständlich in sich gefestigten Identität der Persönlichkeit ist.[38]

K. Asper vertritt auch die Ansicht, daß die vielen Wechsel oder Neuanfänge die im Lebenslauf narzißtischer Persönlichkeiten zu bemerken seien, Ausdruck dieses schwankenden Selbstwertgefühls darstellten.

"Auftauchende Paradiesphantasien begünstigen den Wechsel, und der Narzißt bricht unvermittelt die Brücken nach hinten ab und fühlt sich im Neuen zunächst wohl. Bald aber taucht das bekannte Unbehagen wieder auf, und er beginnt wieder, nach neuen Horizonten aufzubrechen."[39]

Karen Horney, die in der Freudschen Tradition steht, beobachtet das Phänomen der narzißtischen Selbstwertproblematik beim Kind und beim Erwachsenen selbstverständlich auch, sie subsumiert diese Erscheinung aber unter dem Oberbegriff 'Neurose'. "Ein Kind kann sich in einer Situation befinden, die seine innere Freiheit, seine Spontaneität, sein Sicherheitsgefühl und sein Selbstvertrauen - kurzum den wahren Kern seiner seelischen Existenz - bedroht. Es fühlt sich isoliert und hilflos, und infolgedessen sind seine ersten Versuche, eine Beziehung zwischen sich und anderen herzustellen, nicht durch seine wirklichen Gefühle, sondern durch strategische Notwendigkeiten bestimmt. Es kann nicht einfach Menschen gern haben oder nicht mögen, ihnen vertrauen oder mißtrauen, seine Wünsche ausdrücken oder gegen die anderer protestieren, sondern es muß ganz automatisch nach Möglichkeiten suchen, mit den Menschen fertig zu werden, und in seinem Umgang mit ihnen so wenig Schaden wie nur möglich zu erleiden. Die wesentlichen Merkmale, die sich auf diese Weise entfalten, können unter dem Begriff einer Entfremdung von sich selbst und von anderen zusammengefaßt werden, einem Gefühl von Hilflosigkeit, einer alles durchdringenden Ängstlichkeit und einer feindseligen Spannung in seinen menschlichen Beziehungen, die sich von allgemeiner Vorsicht bis zu ausgesprochenem Haß erstrecken."[40]

Ins Detail geht Horney nicht.

Auch E. Fromm äußert sich zur Selbstwertproblematik, zeigt aber die Auswirkungen der Störung im Verhalten des narzißtisch Geschädigten nicht auf.
"Die Selbstsucht beruht genau darauf, daß man sich selbst nicht leiden kann. Wer sich nicht leiden kann, wer mit sich nicht einverstanden ist, befindet sich in einer ständigen Unruhe in bezug auf das eigene Selbst. Er besitzt nicht die innere Sicherheit, die nur auf dem Boden einer echten Liebe zu sich selbst und der Bejahung der eigenen Person gedeihen kann. Er muß sich ständig mit sich beschäftigen voller Gier, alles für sich zu bekommen, da er von Grund auf unsicher und unbefriedigt ist. Dasselbe gilt für einen sogenannten narzißtischen Menschen, dem es nicht so sehr darauf ankommt, etwas für sich zu bekommen, sondern der sich vor allem selbst bewundern möchte. Während solche Menschen - oberflächlich gesehen - stark in sich verliebt scheinen, können sie sich in Wirklichkeit nicht leiden, und ihr Narzißmus ist - genau wie die Selbstsucht - eine Überkompensation des Mangels an Selbstliebe. Freud hat behauptet, der narzißtische Mensch habe seine Liebe von anderen abgezogen, um sie auf die eigene Person zu übertragen. Der erste Teil dieser Behauptung ist richtig, der zweite Teil ist ein Trugschluß. Der Narzißt liebt weder die anderen noch sich selbst."[41]

E. Fromm als Angehöriger der neopsychoanalytischen Schule lenkt sein Hauptaugenmerk zwangsläufig auf die Erforschung der Neurose. Das Phänomen der narzißtischen Störung ist nicht Gegenstand seines Interesses, ebensowenig die Fülle ihrer diversen Äußerungen im Persönlichkeitsbild des narzißtisch Versehrten.

Einen neuen Ansatz entwickelte P. Schellenbaum, der nicht vom "narzißtisch Verwundeten", sondern vom "Ungeliebten" spricht. Er versteht darunter Menschen, "die an einem kritischen Punkt ihres Lebens, meist schon in der Kindheit und Jugend eine traumatische Erfahrung mit der Liebe gemacht haben, die sich in die Persönlichkeitsstruktur eingefressen hat und nun alle Gefühlsbeziehungen verfärbt und beeinträchtigt."[42] In der Therapie Schellenbaums spielt die Körpererfahrung eine wesentliche Rolle.[43]

Für die narzißtische Problematik Karl Mays sind in jedem Falle die Forschungsergebnisse von K. Asper relevant, da sie äußerst detailliert auf das Erscheinungsbild des mit der narzißtischen Selbstwertproblematik behafteten Menschen eingeht.[44]

3.2. Karl May, sein Werk und die Selbstwertproblematik

Die von K. Asper, R. Battegay und A. Miller dargestellten Kriterien für die Diagnose der narzißtischen Störung werden im folgenden auf Karl May und sein Werk, hier insbesondere an die ersten drei Bände des Orientromanzyklus angelegt.

K. Asper spricht zunächst von der beim narzißtisch verwundeten Menschen zu beobachtenden Angst vor Verlassenheit, die in ihm Gefühle der Trauer, Wut und Resignation auslöst.[45] Bei Karl May - und darin unterscheidet er sich unendlich weit von allen in der Literatur über die Narzißmus-Problematik und ihre Behandlung aufgeführten Fallbeispielen - findet die Verarbeitung der narzißtischen Kränkung nicht primär im realen bürgerlichen Leben statt, sondern in und mittels der Literaturproduktion. Es wird noch darauf einzugehen sein, daß bei ihm günstige Voraussetzungen für eine solche ungewöhnliche Vergangenheitsbewältigung vorliegen, er quasi konstelliert ist für eine schriftstellerische Autotherapie seiner frühkindlichen Blessur. Daß diese Selbstheilungstendenzen oft ihren Zweck nicht erreichen und ständig neu realisiert werden müssen, liegt ebenfalls in der Natur der narzißtischen Problematik. Roxin redet vom dranghaften Schaffen, das das Wesen Karl Mays auszeichnet.[46] Die Autotherapie Karl Mays besteht letztendlich darin, sich das narzißtische psychische Gleichgewicht zu erhalten. Intaktes psychisches Gleichgewicht ist die Voraussetzung für seelisches Wohlbefinden. Der Autor ist also ständig damit befaßt, seine seelische Ausgewogenheit zu erschreiben; die Dranghaftigkeit seines Schaffens ist nicht etwa fröhlicher und unbekümmerter Schaffensdrang, sondern zwingende, knechtende Notwendigkeit zur Erhaltung einer wie auch immer gearteten seelischen Integrität.

Der Angst vor Verlassenheit begegnet Karl May, indem er seinen Helden niemals verlassen sein läßt. Kara Ben Nemsi ist nirgendwo wirklich allein, selbst als er an der Pest erkrankt ist, bleibt Hadschi Halef Omar bei ihm.[47]

Wenn Kara Ben Nemsi sich von seiner Reisegruppe absondert, dann kurzfristig, um auf Spähtour oder Erkundungsritt zu gehen. Auch bei Verfolgungen durch Feinde, bei denen der Held versprengt wird, ist er letztendlich nicht allein, da immerhin der Gegner in der Nähe ist.[48]

Bei diesen Überlegungen bleibt unbenommen, daß eine Reihe der handelnden Figuren als Ich-Fragmente des Autors aufgefaßt werden können. Die Fragmentierung des Ich, auf die weiter unten noch eingegangen werden muß[49], ist zugleich autotherapeutische Prothese gegen die Angst vor der Isolation. Der Autor Karl May fühlt sich in dem Augenblick nicht verlassen, in dem er sich an seinen Schreibtisch setzt und seine Figuren vor sich in der Phantasie erstehen läßt. Die Angst vor Verlassenheit bestimmt das Schaffen des Autors bis in die äußere Form hinein. Karl May bevorzugt Dialoge, sie machen den überwiegenden Teil des Textes eines Romans aus. Dialoge sind aber nur dann möglich, wenn ein Gegenüber anwesend ist.

Und das Gegenüber, wie auch immer es geartet sein mag, vermittelt ihm das Gefühl, daß er nicht allein und verlassen sei. Wer mit großer Vorliebe immer wieder Dialoge kreiert, macht auch damit ein Stück weit deutlich, daß er die Angst vor dem Alleinsein bekämpfen muß.[50]

Eine weitere Charaktereigentümlichkeit narzißtisch versehrter Menschen ist nach K. Asper die augenfällige Gefühlsdefizienz. Das Vorhandensein einer solchen Störung bei Karl May bedarf keiner sonderlich ausführlichen Kommentierung. Der Held gibt dem Leser kaum je einen Einblick in seine Gefühlswelt. Kara Ben Nemsi weckt beim kritischen Rezipienten manchmal die Assoziation eines perfekt funktionierenden Uhrwerkes. Angst, fröhliche Ausgelassenheit - soweit sie das Ich des Autors seinem Helden überhaupt gestattet -, Bedrücktheit, freudige Erregung usw. werden allenfalls angedeutet, keinesfalls aber näher erläutert. Auch Unmut über z. B. unehrerbietiges Verhalten von lokalen Autoritäten oder Freude über ein Wiedersehen mit alten Freunden oder Bekannten werden nur lakonisch mitgeteilt. Einfühlung in andere Menschen, vor allem in Schwächere, die der Hilfe des Helden bedürftig sind, scheint recht gut ausgebildet zu sein, ihre persönlichen Nöte nimmt der Held ernst und sorgt für sie gott-väterlich. Freilich sind die Nöte meist massiv materieller Natur, so daß finanzielle Hilfe oder Hilfe durch Naturalien für den Helden leicht zu bewerkstelligen ist. Mutmachender Zuspruch, Stärkung durch emotionale Anwesenheit und Nähe ist nicht Sache Kara Ben Nemsis, freilich trifft er auch nicht auf Menschen, die eine solche Hilfe nötig hätten. Die narzißtische Gefühlsdefizienz zeigt sich eben auch darin, daß Figuren aus den hier behandelten Werken Karl Mays mit tieferen Gefühlen nicht ausgestattet werden. Genauso wenig Gefühl zeigt Kara Ben Nemsi gegenüber den aggressiven, bösartigen Figuren seines Werkes. Niemals wird hinterfragt, woher die Boshaftigkeit eines Antagonisten rühren könnte. So etwas interessiert Kara Ben Nemsi nicht. Daß der Geschlagene schließlich 'verschlagen' geworden ist, daß das Verschlagene in ihm, dem Autor, eben auch ein Ergebnis der Schläge durch den Vater und durch die Verhältnisse sein könnte, hat Karl May nicht wahrnehmen können. Er stellt dagegen spontan fest, *daß* eine Figur boshaft ist. Weitere Gefühle für diese Figur treten nicht auf, er ist gefühlsdefizient. Das Zustandsbild ist kompatibel mit dem im Enneagramm beschriebenen Charaktertypus der ACHT.[51]

Grandiosität und Depression zeigt K. Asper als weitere hervorstechende Charakterzüge des narzißtisch beeinträchtigten Menschen auf.[52] Beides findet sich im Werk Karl Mays, wie unten am Beispiel der ersten drei Bände des Orientromanzyklus aufgezeigt werden wird, unablässig nebeneinander.[53]

Als nächstes nennt K. Asper die mehr oder weniger gestörte Sexualität beim Narzißten. Der in der Selbstwertproblematik befangene Mensch kann, so meint die Autorin, seine Sexualität nicht in einer befriedigenden und erfüllenden Weise ausleben. K. Asper konnte Asexualität wie auch Perversionen beobachten. Karl May verhält sich in seinem gesamten Werk nahezu konsequent asexuell. Kara Ben Nemsi gestattet sich nirgendwo auch nur die leiseste sexuelle Regung[54], abgesehen von Sympatien für Schakara oder Ingdscha[55], die letzlich Anima-Projektionen darstellen dürften.[56]

A. Schmidt dagegen versucht, auf homoerotische Tendenzen im Werk Karl Mays hinzuweisen, die er aber zuvor ausgesprochen kapriziös zu eruieren gezwungen ist.[57] Der Narzißt Karl May, der als Schriftsteller eine bürgerliche Ehe führt, bringt seine sexuelle Hemmung bzw. Störung möglicherweise in sein literarisches Schaffen ein. Berücksichtigt werden muß hierbei, daß der leiseste Verdacht auf irgendeine Obszönität bei den kritischen Rezipienten einen Sturm der Entrüstung hervorgerufen hätte. Dieser Sturm ist dann tatsächlich losgebrochen, als es publik wurde, daß Karl May der Verfasser diverser Kolportage-Romane war.[58] Karl May war also gut beraten, sich jeglichen literarischen "Schmutz" zu verkneifen. Und dennoch darf nicht übersehen werden, daß dem Autor eine Fülle von unbewußter sexueller Symbolik sadomasochistischer Provenienz quasi unterlaufen ist, vor allem in der Interaktion mit den Antagonisten.

Auch das entspräche einer sexuellen Störung, wie sie K. Asper anführt.

Die Autorin beschreibt im Charakterbild des Narzißten zudem mangelndes Symbolverständnis.[59] Bei Karl May ist das ganz augenfällig. Erst im Alterswerk versucht der Autor sich in symbolischer Sprache.[60] Im Orientromanzyklus erscheinen Sprache und Darstellung 'ultrakonkret', was auch wiederum durch die beliebte Dialogform belegt wird. Mangelndes Symbolverständnis des Autors zeigt sich deutlich in der Vermeidung von Symbolsprache.

Unzureichende Wahrnehmung - nach K. Asper ein weiteres Merkmal des narzißtisch versehrten Menschen[61] - kann im Werk Karl May eher als selektive Wahrnehmung bezeichnet werden. Kara Ben Nemsi realisiert nur das, was für den Handlungsfortgang von Bedeutung ist. Zudem sieht er, wie K. Asper ebenfalls als typisch für narzißtisch verwundete Menschen angibt[62], die eigene Realität durch die Brille des Entweder-Oder. Das äußert sich immer wieder in der Figurenkonstellation, wobei er nahezu durchgängig rigide aufspaltet in die Gruppe seiner Substituten, der Guten, und die Gruppe der Antagonisten, der Bösen. Das deckt sich wiederum mit der Beschreibung des Charaktertyps ACHT des Enneagramms[63] wie auch mit der Vorliebe der dort beschriebenen ACHT für die Farben Schwarz und Weiß, worin sich das Entweder-Oder zurückfindet.

Ferner berichtet K. Asper vom mangelnden biographischen Bewußtsein beim Narzißten.[64] Da Karl May die von seinen Lesern an ihn herangetragene Legende, er sei mit Old Shatterhand bzw. mit Kara Ben Nemsi identisch, erst lange nach dem Entstehen des Orientromanzyklus genährt und gestützt hat, kann bei ihm literarisch "eingearbeitete" Kindheitserinnerung nicht ad hoc gesucht werden. Eine unbewußte Einbringung solcher Erlebnisse wäre aber in jedem Falle aufzuspüren. Aber selbst dabei ist kaum fündig zu werden. Unbewußt eingebrachte Erinnerungen an die eigene Kindheit sind im Werk selten eingearbeitet. Auffällig ist jedoch der Hinweis im Rahmen der Episode im Hause Ali Beys, des Stammesoberhauptes der Dschesiden, daß alle Kinder ähnlich seien, weswegen Kara Ben Nemsi den kleinen Sohn Ali Beys recht gut habe abkonterfeien können. Kinder erscheinen dem Autor demnach individualitätslos, undifferenziert. Eine solche

Aussage deckt sich mit der Feststellung der Psychotherapeutin K. Asper, daß Narzißten ihre Kindheit als grau und unbelebt empfinden.[65] Auch die Tatsache, daß im Werk Karl Mays relativ selten Kinder erscheinen, könnte ein Indiz für eine weitgehende Kindheitsamnesie Karl Mays sein.[66]

Übermäßige Angst ist im Werk Karl Mays auf den ersten Blick absolut nicht feststellbar. Weder der Held noch seine Antagonisten sind ängstlicher Natur. Gelegentlich gibt es Nebenfiguren auf der Seite der Gegenspieler, die ängstlich sind. Angst gibt es beim Helden nicht. Da K. Asper diese Angst aber als Angst vor drohender Fragmentierung des Ich beschreibt[67], der Autor das Ich in seinem Werk jedoch fortwährend aufspaltet, ist eine solche Angst letztendlich überflüssig. Karl May braucht keine übermäßige Angst, entstanden aus Furcht vor dem Ich-Zerfall, zu haben. Er hat den Ich-Zerfall literarisch bis zum Exzess durchgeführt und dabei diese Angst völlig unter Kontrolle bekommen. Der Ich-Zerfall ist verlagert in die Welt der Phantasie. Deshalb kann Karl May in der realen Welt integer bleiben. Auch hier ist der Autor ein hervorragender Autotherapeut.

Die unproportionierte Wut, die sogenannte narzißtische Wut, die nach Kränkungen auftritt, findet sich lt. K. Asper als weitere Besonderheit im Charakterbild narzißtisch gestörter Menschen.[68]

Karl May läßt in seinem Werk narzißtische Wut des Persona-Ich Kara Ben Nemsi nicht zu. Die unproportionierte Wut wird ins Unbewußte abgedrängt. Dort bilden die Energiepotentiale "schwarze Gestalten", wie Karl May sie in seiner Autobiographie beschreibt.[69] Als unintegrierbare, boshafte Gegenspieler des Protagonisten entwickeln sie im Werk Karl Mays ihre literarische Karriere.[70]

K. Asper konnte beobachten, daß der narzißtisch beeinträchtigte Mensch unausgewogen reagiert in bezug auf menschliche Nähe und Ferne. Er läßt niemanden "an sich heran".[71] Hierfür kann Kara Ben Nemsi als klassisches Beispiel gelten. Obwohl der Ich-Erzähler pausenlos berichtet, lernt der Leser ihn selbst, seine Gefühlswelt und seine Empfindungen nicht kennen. Als Ausnahme kann - zumindest in den ersten drei Bänden des Orientromanzyklus - Marah Durimeh gelten.[72] Der Held hält sich durchweg emotional distanziert.

Andererseits vermag er auch distanzlos zu werden, wenn er sich unbesehen einmischt in fremde Angelegenheiten, wenn er erfahrenen Stammesoberhäuptern Ratschläge erteilt oder Antagonisten demütigt. Auch wenn er seine Grandiosität ausagiert, kann er peinlich "nahe" werden. Die Wekila Mersinah muß ihren Schleier vom Gesicht wegnehmen[73], die dem Klavierspiel in Damaskus hingerissen lauschenden Damen müssen ebenfalls den bedeckenden Vorhang zur Seite gezogen bekommen.[74] Karl May verleiht seinem Helden die Persönlichkeitsmerkmale, die er selbst aufgrund seiner narzißtischen Beeinträchtigung aufweist.

Weiterhin konstatiert K. Asper einen starken Konzentrationsmangel bei Menschen mit narzißtischer Selbstwertproblematik.[75] Sie führt das auf die zwischen Grandiosität und Depression schwankende Gemütslage zurück. Es ist evident, daß die zwischen diesen beiden Extremen pendelnde Gemütslage Karl Mays in seinem Werk ihren Niederschlag gefunden hat[76], der Autor sich damit ein Stück weit selbst heilte und auch von der Konzentrationsschwäche befreite. Da die Reiseromanthematik an sich ständig Bewegung fordert, ist dem Helden eine langwierige Aufgabe, die eine weit ausladende Konzentrationsspanne notwendig macht, nirgendwo gegeben. Der Held befindet sich zwar oft kurzzeitig in höchster Anspannung, z. B. beim Belauschen oder bei spektakulären Befreiungsaktionen, jedoch gibt es keinen langandauernden Streß für ihn. Hierin gleicht er einem modernen Comic-Helden.

Übermäßige Scham, wie K. Asper sie als charakteristisch für den narzißtisch Beeinträchtigten feststellt, ist im Werk Karl Mays nicht auszumachen. Daß Kara Ben Nemsi vor dem Fest der Dschesiden in Scheik Adi an einer einsamen Stelle an einem Bach seine Kleider ablegt, um ein Bad zu nehmen, wobei ihn dann ein Mann im Gesträuch beobachtet, das muß nicht als ein besonderes Schamhaftigkeitsgefühl gedeutet werden. Auch die Tatsache, daß absolutes Stillschweigen gewahrt wird über die Umstände bei z. B. einige Tage dauernden Fesselungen von Gefangenen oder auch Gefangenschaften des Helden hinsichtlich der anfallenden Stoffwechselprodukte muß nicht als übermäßige Scham ausgelegt werden, da z. B. in anderen Reiseromanen[77] dererlei Peinlichkeiten ebenfalls tunlichst verschwiegen werden. Gerade die Tatsache, daß Schamgefühle nicht mitgeteilt werden, daß der Held sich nicht in Situationen bringt, die peinlich sind, beweist, daß ihm übermäßige Scham nicht fremd ist. Der Autor Karl May hat Empfindungen der Scham nicht zugelassen. Da solche Gefühle leicht zu identifizieren sind, konnte Karl May sie spontan erkennen und ihnen aus dem Weg gehen.

Als letztes erwähnt K. Asper unklare Bedürfnisse als Zeichen narzißtischer Störung.[78] "Unklare Bedürfnisse" ist bei Kara Ben Nemsi eher zu hochgradiger Bedürfnislosigkeit umzumünzen. Bedürfnisse nach Nahrung oder Schlaf werden selten, Bedürfnisse nach menschlicher Nähe kaum, solche nach kulturellen Ereignissen, nach Unterhaltung usw. werden nie geäußert, von Bedürfnissen nach sexueller Betätigung ganz zu schweigen. Der Held als Phantasieprodukt eines narzißtisch versehrten Menschen stellt kaum Ansprüche an das Leben.

Im DSM-III-R führt R. Battegay neun Bewertungspunkte an, von denen fünf zumindest gegeben sein müssen, um die Diagnose "narzißtische Persönlichkeitsstörung" stellen zu können.[79]

Als ersten Bewertungspunkt nennt Battegay: Reagiert auf Kritik mit Wut, Scham oder Demütigung (auch wenn dies nicht gezeigt wird). Sich selbst gestattet Karl May diese Regungen nicht. Er verarbeitet sie literarisch, indem er sie als abgespaltene negative Ich-Fragmente personifiziert und dann entweder symbolisch kastriert oder eliminiert.

Zweitens wird im DSM-III-R das Ausnützen zwischenmenschlicher Beziehungen genannt, um mit Hilfe anderer die eigenen Ziele zu erreichen.[80]

Im Werk Karl Mays erscheinen die Substituten, zu denen Kara Ben Nemsi durchaus positive, manchmal gönnerhafte, aber immerhin intermenschliche Beziehungen entwickelt hat, oftmals als Staffage, die letztendlich die Grandiosität des Helden zu potenzieren oder effektvoll-anschaulich zu kontrastieren haben. Gelegentlich nützt er seine Beziehungen bei höhergestellten Personen aus, um diese dann geschickt auszutricksen.[81] Alles in allem ist Kara Ben Nemsi auch hier ein "Sohn" Karl Mays.

Der DSM-III-R führt als dritten Bewertungspunkt ein übertriebenes Selbstwertgefühl auf, ebenso eine Übertreibung der eigenen Fähigkeiten und Talente verbunden mit der Erwartung, selbst ohne besondere Leistung als "etwas Besonderes" Beachtung zu finden.[82] Dieses Verhalten fällt oft mit den Grandiositätsphantasien zusammen. Der Held nun gibt sich Mühe, aufgrund besonderer Leistungen als "etwas Besonderes" dazustehen. So präsentiert er sich abwechselnd als Arzt, Musiker, Geologe, Stratege, Zeichner, Lebensmittelchemiker usw. Daß dabei einer, der alles kann, letztendlich gar nichts kann[83] und deshalb eigentlich wieder ohne besondere Leistung als "etwas Besonderes" angesehen werden will, ist nicht auf den ersten Blick zu merken, am allerwenigsten wohl vom Autor selbst.

Viertens ist nach Battegay der Narzißt der Ansicht, daß seine Probleme einzigartig sind und daß er nur von besonderen Menschen verstanden werden könne.[84] In der Tat vertraut sich Karl May niemandem an, mit einer Ausnahme freilich: Marah Durimeh, die zu einer trans-menschlichen Figur hypostasierte Märchengroßmutter erfährt seine Leiden. Nur diese besondere Frau kann ihn verstehen, wenn er sagt: "Und auf wem das Gewicht des Leidens und der Sorge lastete, ohne daß eine Hand sich helfend ihm entgegenstreckte, der weiß, wie köstlich die Liebe ist, nach der er sich vergebens sehnte."[85] Der Held - und mit ihm Karl May - signalisiert, daß er sich ungeliebt weiß. Er hält dieses Leiden für eine Besonderheit, die nur ihm widerfahren ist. Er läßt Marah Durimeh zu ihm sagen: "[...] auch du ringst [wie die Sprecherin selbst, A. d. V.] mit dem Leben, ringst mit den Menschen außer dir und mit dem Menschen in dir selbst."[86] Fast an gleicher Stelle bezeichnet sich der Held als "Emirs des Leidens, des Duldens und des Ringens"[87], als ein zum Leiden Prädestinierter. Ganz unmerklich rückt er sich in die Nähe des Gottessohnes, und Marah Durimeh gleicht einer Mariendarstellung, worauf der weite Mantel und die Ehrfurcht gebietende Haltung hindeuten. Die Rede der Greisin ähnelt dem Magnificat, dem Lobgesang der Maria.[88]

Marah (Maria) Durimeh sagt: "Ich sah den Hohen fallen und den Niedern emporsteigen."[89] Maria singt: "Er [Gott, A. d. V.] stößt die Gewaltigen vom Stuhl und erhebt die Niedrigen."[90] Marah Durimeh ist eine Gottesmutterfiguration, die den Helden als ihren Sohn bezeichnet, während er sie mit "meine gute Mutter" anredet.[91] Die Gottesmutter und der zum Leiden, Dulden und Ringen prädestinierte Sohn: beide besondere Menschen, der Sohn mit dem ihm auferlegten Leiden, Dulden und Ringen, die hehre Mater dolorosa[92], die allein den Helden zu verstehen vermag. Es erweist sich: das narzißtische Leiden, als solches in der Abwesenheit von Liebe durchaus vom Helden erkannt, ist ein besonderes Leiden und wird auch nur von einem besonderen Menschen verstanden.

Fünftes Charaktermerkmal der narzißtischen Persönlichkeitsstörung ist lt. DSM-III-R die ständige Beschäftigung mit Phantasien grenzenlosen Erfolges, der Macht, des Glanzes, der Schönheit oder der idealen Liebe.[93] Die narzißtische Omnipotenz und Omniszienz Kara Ben Nemsis rückt in die Nähe des idealisierten Objekts, in seinem Falle des Allmächtigen, wobei er gelegentlich in die Rolle des Gottessohnes schlüpft.[94]

Sechstes Charaktermerkmal im DSM-III-R ist gesteigertes Anspruchsdenken. Der Narzißt stellt Ansprüche und eine übermäßige Erwartung an eine bevorzugte Behandlung.[95]

Dieses hier geschilderte Charaktermerkmal zeigt sich bei Kara Ben Nemsi immer wieder. Er fordert respektvolle Behandlung und gutes Benehmen vonseiten dritter und kann es sogar fertigbringen, seine Ansprüche und Erwartungen mit brachialer Gewalt mittels der Nilpferdpeitsche Hadschi Halef Omars durchzusetzen.

Weiterhin verlangt der narzißtisch verwundete Mensch, so R. Battegay, nach ständiger Aufmerksamkeit und Bewunderung und ist unablässig auf Komplimente aus.[96] Karl May stattet seinen Helden mit Merkmalen aus, die ihn für die Antagonisten schwer einschätzbar machen. Kara Ben Nemsi reagiert immer ganz anders als die Gegner vermuten. Damit erwirbt er sich andauernde Aufmerksamkeit. Kein orientalischer Schurke kann es sich leisten, den Effendi aus Germanistan, wenn er denn in der Nähe ist, auch nur einen Moment aus den Augen zu lassen. Kara Ben Nemsi fordert erhöhte Aufmerksamkeit. Bewunderung verschafft der Held sich immer wieder, wenn er grandiose Taten vollbringt, die z. B. auch aus dem Stimmen und Bespielen eines Pianoforte bestehen können, wie in Damaskus im Hause Jakub Afarahs.[97] Überaus bewundert wird der Held aber vom Häuptling von Kalahoni, der vom Krieg der Haddedihn gehört hat und gleichzeitig von einem himmlischen Streiter, der aus den Wolken herab den bedrängten Beduinen zu Hilfe kam. Die Bewunderung des Helden für sich selbst in einer Rolle à la Lohengrin ist noch durchaus zu spüren, denn in der Beschreibung des eigenen Glanzes entfaltet er grandiose Phantasie. Dabei übertrifft er bei weitem die Schilderung des verklärten Menschensohnes (Apk. 1, 9ff), die zweifellos bei der Inszenierung der phantastischen, überirdischen Rettergestalt Pate gestanden hat. Während das Antlitz Jesu "leuchtete wie die helle Sonne"[98], heißt es von dem fremden Helden, "er leuchtete wie hundert Sonnen".[99] Erneut rückt sich Kara Ben Nemsi an die Stelle des Gottessohnes. Und er erfährt hier - und anderswo im Werk Karl Mays - die tiefe Bewunderung der Menschen in der Umgebung, die der Autor so dringend braucht, um seelisch gesund zu bleiben.

Letztes Kriterium des DSM-III-R ist der innerliche Neid, mit dem sich der narzißtisch Versehrte beschäftigt.[100] Neid ist im Werk Karl Mays überflüssig. Im Orientromanzyklus verkörpert Kara Ben Nemsi das äußerste, was ein Mensch überhaupt erreichen kann an Fähigkeiten und Begabungen. Karl May hat das "Eritis sicut deus" bei seinem Helden quasi wörtlich genommen und ihn gottgleich gestaltet. Es gibt niemanden mehr, den der Held noch beneiden könnte, denn kein Mitmensch reicht an seine Begabung, Fähigkeiten und Fertigkeiten auch nur annähernd heran. Es gibt schlichtweg niemanden, der für einen Kara Ben Nemsi beneidenswert wäre. Karl May hat den narzißtischen Neid aus dem alltäglichen Schriftstellerleben in den literarischen Produktionsprozeß hineingenommen und auf seine, ein Stück weit sicherlich geniale Weise eliminiert.

Auch die Kriterien von A. Miller, erstellt zur differentialdiagnostischen Ermittlung narzißtisch grandios Agierender wie narzißtisch Depressiver, sollen hier aufgeführt und auf Karl May und sein Werk bezogen werden.

Die Autorin spricht zunächst vom Aufbau des "falschen" Selbst, das zum Verlust des "eigentlich möglichen" Selbst geführt hat.[101] Das ist bei Karl May unzweifelhaft gegeben. Kara Ben Nemsi als vom Autor kreiertes Persona-Ich ist ein "falsches" Selbst. Dieses falsche Selbst namens Kara Ben Nemsi überdeckt den Verlust des eigenen, "eigentlich möglichen" Selbst, es führt diesen Verlust aber andererseits auch immer wieder herbei. Der an einer narzißtischen Kränkung leidende Schriftsteller Karl May brachte es fertig, das von ihm aufgebaute, vor Beginn der Schriftstellerei längst existente falsche Selbst in die literarische Produktion einzubringen und dort optimal zu kanalisieren. Daß diese Vorgehensweise die Gefahr in sich barg, eines Tages das in der hervorgebrachten Literatur angesiedelte falsche Selbst dort nicht halten zu können, hat sich später gezeigt, als Karl May nicht mehr zwischen Schein und Sein unterscheiden konnten und die sogenannte Shatterhand-Legende stützte, die besagte, er, Karl May, sei mit seinen Helden identisch. Das falsche Selbst, dem der Autor die Literatur als "Lebens- und Wirkungsbereich" zugeteilt hatte, wurde mächtiger als das schwache reale Ich des Bürgers Karl May. Zu seinem "eigentlich möglichen" Selbst hat der Autor nur ansatzweise im Alter finden können.

A. Miller nennt als weiteres Kriterium die Brüchigkeit der Selbstachtung, die nicht in der Sicherheit über das eigene Fühlen und Wollen, sondern in der Möglichkeit, das falsche Selbst zu realisieren, wurzelt.[102] Der Autor versteht es, Brüche in der Selbstachtung geschickt zu vermeiden. Da das künstliche Selbst, das Persona-Ich Kara Ben Nemsi, von Großtat zu Großtat fortschreitet, ist ein Zusammenbruch der Selbstachtung niemals zu beobachten. Allenfalls die Schilderung der Erkrankung an der Pest[103] könnte neben der tiefen Depression auch den Zerbruch der Selbstachtung beinhalten.

Als nächstes Kriterium nennt A. Miller Perfektionismus und ein sehr hohes Ichideal.[104] Wie oben bereits mehrfach ausgeführt, schafft der Autor sich in seinem literarischen Werk ein personifiziertes Ichideal, das in jeder Hinsicht perfekt ist, ethisch auf höchster Stufe stehend und moralisch unantastbar. Erneut wird evident, daß Karl May mittels der literarischen Betätigung "Lebensrettung" betrieb[105], denn der narzißtische Perfektionismus und das zugehörige Ichideal konnten auf diese Weise kontinuierlich weiterexistieren, ohne mit der Realität zu kollidieren.

Als nächstes wird die Verleugnung der verachteten Gefühle genannt.[106] Die verachteten Gefühle werden bei Karl May in das Unbewußte abgedrängt. Dort bilden sie die Energiepotentiale für die Entstehung der Antagonisten-Figuren. Diese Figuren müssen die Verachtung des Autors quasi am eigenen Leibe erfahren, die der Protagonist und seine Helfer ihnen angedeihen lassen.

Der nächste Punkt, den A. Miller als charakteristisch für grandiose wie depressive Narzißten angibt lautet: Überwiegen von narzißtischen Objektbesetzungen.[107] Das würde dem Faktum im Werk Karl Mays entsprechen, daß alle Figuren, auch wenn sie unbewußt seelische Abspaltungen des Autors darstellen, letztendlich nur Hintergrund, nur Staffage für die Grandiosität des Ich-Helden abgeben müssen.

A. Miller führt weiter große Angst vor Liebesverlust an, die eine außerordentliche Anstrengungsbereitschaft im Gefolge habe.[108]

Kara Ben Nemsi läßt sich von Zeit zu Zeit die Liebe der Freunde bestätigen. Dabei braucht er nicht nachzufragen, ob er von ihnen geliebt werde, sondern sie selbst versichern ihm ihre Liebe von sich aus und aus völlig freien Stücken, oft auch recht unvermittelt.[109] Um diese Liebe zu erringen, ist er bereit, Opfer zu bringen, sich anzupassen.

Anpassung zeigt sich darüberhinaus bei Karl May z. B. auch im Umgang mit dem katholischen Pustet-Verlag in Regensburg, bei dem er sich als der katholischen Konfession zugehörig bezeichnen ließ und diesen Irrtum nicht berichtigte.[110]

Der Neid auf die Gesunden, den A. Miller als nächstes Merkmal für narzißtisch versehrte Menschen angibt[111], findet im Werk Karl Mays nicht statt. Da der phantasierte Held "gottgleich" ist, gibt es niemanden über ihm, den er beneiden müßte. A. Miller stellt bei der hier genannten Personengruppe weiterhin starke, aber abgespaltene und deshalb nicht neutralisierte Aggressionen fest.[112] Karl May verlagert diese abgespaltenen Aggressionen in sein Werk, wo sie sich, wie oben bereits angedeutet, als angestaute Energiepotentiale personalisieren und im Gewand von Antagonisten in Erscheinung treten.

Dann verweist die Autorin auf Anfälligkeit für Kränkungen beim narzißtisch gestörten Menschen.[113] Kara Ben Nemsi nimmt Kränkungen nicht hin, ohne sie zu ahnden. Meist läß er Hadschi Halef Omar mit der Nilpferdpeitsche in Aktion treten. Wer den Helden kränkt, kriegt Prügel.

Zudem beobachtet A. Miller auch Anfälligkeit der Narzißten für Scham- und Schuldgefühle.[114] Schamgefühle des Helden teilt der Autor nicht mit. Sie sind leicht zu erkennen und aus der literarischen Produktion herauszuhalten.

Als letzten Punkt des Kataloges, den A. Miller vorstellt, nennt die Autorin die Ruhelosigkeit.[115] Diese äußert sich sowohl im rastlosen Schaffen Karl Mays als auch im Wesen des Ich-Helden, der sich nirgendwo lange aufhält, sondern von Ort zu Ort, von Abenteuer zu Abenteuer fortschreitet, ohne dabei selbst eine nennenswerte Persönlichkeitsentwicklung zu durchlaufen. Darin ähnelt er wiederum einem Comic-Helden.

Die von K. Asper beschriebenen Sehnsuchtsgesten der narzißtisch beeinträchtigten Menschen finden sich allesamt im Werk Karl Mays.[116] So ist die Tatsache der Spiegelung bei ihm häufig festzustellen. Entstanden aus dem Defizit des von der Mutter nicht gespiegelten Kindes, versucht der Narzißt, sich im Gegenüber zu spiegeln, vom jeweiligen Interaktionspartner Anerkennung zu erhalten und damit das Defizit von einst auszugleichen. Da aber die Zeit der Spiegelung durch die Mutter beim narzißtisch geschädigten Erwachsenen endgültig und unwiderbringlich vorüber ist, bringt die Anerkennung, die das Gegenüber spendet, nur kurzzeitig psychisches Gleichgewicht. Diese Anerkennung muß ständig wieder errungen werden. Daher erklärt sich wiederum das "Dranghafte"[117] hinsichtlich des Schaffens Karl Mays, der sich diese Anerkennung durch sein spezifisches Medium Kara Ben Nemsi alias Old Shatterhand u. a. verschafft. Ob man ihn als Arzt, als Hersteller künstlicher Alkoholika, als Musiker, als Metallurgen, als unübertroffenen Reiter, strategischen Berater oder was auch sonst bewundert, immer ist der Ich-Held derjenige, zu dem das jeweilige Gegenüber ehrfurchtsvoll staunend emporblickt.

Nun weist K. Asper darauf hin, daß die Sehnsuchtsgesten sich auch äußern in der Suche der Nähe bewunderungswürdiger Menschen, da der narzißtisch Gestörte ein tiefes Bedürfnis hat, sich zum anderen Menschen zugehörig zu fühlen.[118] Das gestaltet sich bei Karl Mays Ich-Helden nicht ganz einfach. Ein phantasierter perfektionistischer Kara Ben Nemsi, der sich einem bewunderungswürdigen Menschen zugehörig fühlen wollte, müßte in seiner überragenden Grandiosität dann an manchen Stellen Einbußen hinnehmen. Denn bewunderungswürdig könnte nur derjenige sein, der über noch höhere charakterliche Qualitäten oder körperliche Fähigkeiten bzw. Fertigkeiten verfügte. Kara Ben Nemsi alias Old Shatterhand ist aber das 'Non plus ultra' Karl Mays, über das hinaus es kein "irdisches" idealisiertes Objekt gibt. Über dem Helden steht nur noch Gott selbst[119], dessen Ebenbildlichkeit - Ebenbildlichkeit in einem viel engeren Rahmen als dem biblisch-theologischen verstanden - Karl Mays Ich-Held fortwährend anstrebt. Die Pseudogottessohnschaft Kara Ben Nemsis wird unten thematisiert werden.[120] Das grandiose Objekt Gott, von dem der Held seine Energien bezieht, darf aber in keiner Weise in Frage gestellt werden, da sonst ein Zusammenbruch des gesamten psychischen Systems droht. Und Karl May bekennt sich als gläubiger Christ, der "keinen Augenblick lang an Gott und seiner Liebe zu zweifeln vermag."[121]

K. Asper versteht auch die grandiosen Phantasien des Narzißten als Sehnsuchtsgeste nach dem verlorenen Paradies.[122] Auf Karl Mays Grandiositäten, die er in der Gestalt seiner Helden ausagiert, ist hier schon so oft eingegangen worden, daß sich ein erneutes Aufzählen der ruhmreichen Taten erübrigt. Die Autorin bemerkt: "Grandiositätsphantasien sind meist derart von der Wirklichkeit entfernt, daß sich der narzißtisch verwundete Mensch gar nicht daran machen kann, diese in der Wirklichkeit auszugestalten. Es handelt sich dabei um ein Wünschen jenseits aller Realität und bringt den narzißtisch verwundeten Menschen gar nicht in die Gefahr, die Wünsche in die Wirklichkeit überführen zu müssen. Dieses Wunschland ist grenzenlos und weit."[123] Karl May war in der glücklichen Lage, beides zusammenbringen zu können: Realität und Wunschland; ja, die Wunschland-Akteure, deren literarisch fixierte Aktionen sich gut vermarkteten, machten die bürgerlich reale Existenz Karl Mays erst möglich.

Schließlich sei noch auf das Helfersyndrom hingewiesen, das zu den Charaktermerkmalen des narzißtisch Versehrten gehört und als Sehnsuchtsgeste verstanden werden kann.[124] Das Helfersyndrom ist eine spezielle Form des Ringens um Anerkennung und Achtung bei den jeweiligen Interaktionspartnern, es kann als Wiederholung der Erfahrung mit der an sich frustrierenden Mutter betrachtet werden, die Lob spendete, sobald das Kind hilfreich war, ihr z. B. kleine Arbeiten abnahm. Der narzißtisch Gestörte nun bleibt zeitlebens, solange keine therapeutischen Maßnahmen ihm sein Verhalten bewußt machen, gegenüber seinen Mitmenschen das hilfreiche Kind. Karl May bleibt es durch seinen Ich-Helden, der gierig darauf ist, irgendwo als überragender Helfer auftreten zu können; das alles geschieht nicht ganz uneigennützig, er möchte Zuwendung, Anerkennung, Spiegelung durch den oder die jeweils mit der Hilfe beglückten Partner erhalten.

Zum Helfersyndrom äußert sich W. Schmidbauer, der für die Analyse der Persönlichkeitsprobleme in Helferberufen folgendes Schema entwickelt hat:
1. Das abgelehnte Kind
2. Die Identifizierung mit dem Über-Ich
3. Die narzißtische Unersättlichkeit
4. Die Vermeidung von Gegenseitigkeit
5. Die gehemmte, indirekte Aggression.[125]

Es fällt ins Auge, daß dieses Schema mit den Schemata von A. Miller, K. Asper und R. Battegay der Sache nach kongruent ist. Der Helfer ist ein abgelehntes Kind, also narzißtisch beeinträchtigt; er übernimmt die moralischen Werte der ihn umgebenden Gesellschaft, er identifiziert sich mit dem Über-Ich (bei Karl May: Gott). Er zeigt die narzißtische Unersättlichkeit im Streben nach Anerkennung und Liebe; die Vermeidung von Gegenseitigkeit entspricht der Entwicklung von Grandiosität. Die gehemmte, indirekte Aggression findet sich bei Kara Ben Nemsi im Nichtzulassen von negativen Gefühlen gegenüber anderen. Negative Gefühle werden nur indirekt geäußert. Dazu legt W. Schmidbauer dar: "Keiner ist so langmütig und geduldig wie der Ich-Held Karl

Mays. Er trägt die Fehler seiner Begleiter mit Geduld, verzeiht ihnen immer wieder, tadelt nur leise und äußert nie eine Aggression, die anders gemeint ist als pädagogisch und hilfreich. Neid, Eifersucht oder gar Bosheit gibt es nicht. Die Feinde werden geschont und wenn möglich bekehrt, wenn sie sich nicht gar zu garstig benehmen. Um diese bewaffnete Friedenstaube herum freilich wird ständig gestochen und geschossen, skalpiert und gepeitscht."[126]

Auch in seinem Verhaftetsein an das Helfersyndrom erweist sich Kara Ben Nemsi als dem Wesen Karl Mays - narzißtisch beeinträchtigt - entsprechend.

H. F. Searles konnte feststellen, allerdings im Rahmen seiner Forschungen über Schizophrenie, daß bei vielen Menschen, besonders aber bei narzißtisch Gestörten eine große Angst besteht, die von ihnen ausgeteilte Liebe werde nicht angenommen, gehe somit ins Leere. Es bestehe Angst, sich voller Liebe zu fühlen, und es sei niemand da, der diese Liebe annehmen wolle und willkommen heiße.[127]

Kara Ben Nemsi als Medium Karl Mays teilt deswegen niemals zuerst Liebe aus, zumindest verbalisiert er sie nicht. Er macht sich zum Ziel der Liebeserklärungen anderer, er läßt sich zuerst von ihnen sagen, daß sie ihn liebhaben. Und das ist meist noch in eine Frage gekleidet. Mohamed Emin oder Ali Bey[128] fragen Kara Ben Nemsi, ob er glaube, daß er von ihnen geliebt werde. Behutsamer kann sich der um die Ablehnung seiner Liebe Bangende dieser Thematik kaum noch nähern. Und erst, nachdem er sicher ist, daß er geliebt wird, gibt er auch seinerseits zu, Liebe zu empfinden, so z. B. bei Ali Bey.[129] Auf geschickte Weise hat der Autor damit diese 'Angst-Klippe' umschifft, er braucht nun nicht zu befürchten, Liebe zu verströmen, die niemand haben will.

In der Therapie narzißtisch Gekränkter hält K. Asper das einfache Erzählen für äußerst wichtig.

"Analysanden, die in ihrer Selbstliebe gestört sind, empfinden es als wohltuend, wenn ihnen in der Analyse Zeit für das einfache Erzählen eingeräumt wird. In der Regel haben sie die Erfahrung gemacht, daß ihnen nicht wirklich zugehört wurde. In der Analyse messen sie sich keinen Spielraum zum Erzählen zu, gehen sie doch davon aus, daß Analyse allein der Problembewältigung zu dienen habe. Wird das Erzählen jedoch ermöglicht, so ist der Analytiker nicht einfach Zuhörer, sondern erfüllt eine äußerst wichtige Funktion für den Analysanden. Er nimmt wahr, schaut die Dinge 'zusammen', verbindet sie und ist hierdurch für den Analysanden Ich-stützend. Wird erzählt, so wirkt das dem fragilen Selbst- und Welterleben des Analysanden entgegen, und er erhält die Chance, allmählich ein in sich Gesammeltsein zu erfahren. - Außerdem ist das Erzählen und dessen Gehörtwerden wichtig für die notwendige Weiterdifferenzierung der meist etwas defizitären Selbstwahrnehmung des narzißtisch beeinträchtigten Analysanden. Hört jemand zu, so fällt ein weiterer Blick auf die Situation, ein Blick, der geeignet ist, der oft resignierten Eigenschau oder der grandios überhöhten Wahrnehmung des Narzißten das richtige Maß zu geben."[130]

Karl May versucht sich mit der Erzähltherapie mittels seines Werkes. Er gestattet sich das Erzählen, wobei er sich selbst wahrnimmt. Und da seine Erzählungen traumgleich sind, dürfen in ihnen, wie im Traum, Schritte ausprobiert, Erleben gestaltet, Beziehungen aufgenommen werden. Das alles geschieht höchst kreativ und immer im Wandel. Zu berücksichtigen ist, daß Karl May keine Selbstanalyse zu vollbringen imstande sein kann. Er weist zwar dem Leser die Funktion des zuhörenden Analytikers zu, in dessen Gegenwart erzählt und psychisches Erleben verarbeitet werden darf, aber dieser Analytiker bleibt zwangsläufig stumm; von ihm wird daher dem Autor-Analysanden keine 'Zusammenschau' und darum keine echte Ich-Stützung zuteil. Daher kann auch nicht die Rede davon sein, daß eine Reduktion der grandios überhöhten narzißtischen Wahrnehmung stattfindet. Ansatzweise jedoch gelingt die Autotherapie: sie kann zwar die durch die Selbstwertproblematik hervorgerufenen Schäden nicht zum Verschwinden bringen, sie kann sie jedoch auf ein Maß reduzieren, das dem Schriftsteller ein unauffälliges bürgerliches Leben ermöglicht.

Einen weiteren Aspekt der Therapie narzißtisch Gekränkter führt K. Asper an. Er könnte als Aufhebung der Unbehaustheit des narzißtisch beeinträchtigten Individuums bezeichnet werden.

"Es ist in der Therapie mit in ihrer Selbstliebe gestörten Menschen oft auffallend, in welchem Maße sie von den kollektiven Aspekten der Analytischen Psychologie angezogen sind, dies um den Preis des Individuellen und dessen Gewordenheit. Die fragile, zur Fragmentierung neigende narzißtische Persönlichkeit erlebt sich zwischen kollektiven Mächten: dem kollektiven Unbewußten mit seinen Bildern und Emotionen und dem kollektiven

Bewußtsein mit seinen Man-Werten. Dazwischen hat die Wahrnehmung des individuellen So-Seins zeitlebens wenig Würdigung erfahren. Bedrängt von diesen kollektiven Mächten findet der narzißtische Mensch keinen 'Wohnbereich', der ruhiges, ungestörtes Sein ermöglicht. Es gibt kein 'grünes Plätzchen', auf das er sich zurückziehen kann."[131]

Karl May schafft sich selbst sein 'grünes Plätzchen' mittels seines literarischen Schaffens. Er läßt die fragmentierten Ich-Anteile, die kollektiven Mächte des Unbewußten wie die des Bewußten, sich kräftig austoben. Damit, daß er ihnen ein Betätigungsfeld zuweisen kann, schafft er sich anderenorts Freiräume, er wirkt der inneren Unbehaustheit somit entgegen. C. G. Jung empfiehlt, sich mit den eigenen, im innerseelischen Bereich in Erscheinung tretenden Figuren auseinanderzusetzen.[132] Er schlägt das Gespräch mit ihnen vor. Eine solche Vorgehensweise nennt er "aktive Imagination", wobei er rät, der inneren Figur ihr Eigenleben und ihre Dynamik zu lassen und ihr damit auch zu gestatten, einen Standpunkt einzunehmen, der dem des Ich-Bewußtseins diametral entgegensteht. Das Ich soll nun versuchen, mit den inneren Figuren ins Gespräch zu kommen, wobei es auf seinen Standpunkt nicht verzichten muß. Der Dialog wird so lange fortgesetzt, bis sich die Standpunkte des Ich-Bewußtseins und der inneren Figur(en) angenähert haben. Dann ist die Möglichkeit zur Bewältigung des Konfliktes gegeben. Wo die inneren Figuren jedoch so negativ sind, daß eine Einigung mit ihnen, den destruktiven Kräften, nicht möglich ist, besteht die Gefahr, daß die destruktiven Potenzen das entleerte Ich überwältigen.[133]

Bei Karl May ist die aktive Imagination, die C. G. Jung fordert, in einem bisher kaum erreichten Grade entwickelt. Der Autor befindet sich nahezu pausenlos im Gespräch mit seinen inneren Figuren, allerdings selten in einem echten Dialog, der den Kompromiß sucht. Das personifizierte Ich-Bewußtsein handelt äußerst starren moralischen Maßstäben entsprechend[134] und daher nicht kompromißbereit. Bei Karl May bleibt jedoch das Ich meistens stark genug, um die negativen Kräfte abzuwehren. Er entwickelt in seinem Werk einen recht rigiden Mechanismus zur - wenn auch nur vorübergehenden - Eliminierung der zerstörerischen Potenzen. Ein Stück weit erfolgreich kann die Autotherapie dann sein, wenn die Liebe des narzißtisch Gestörten zu sich selbst bereits ein Stück weit konstelliert ist. Im Werk Karl Mays ist im Orientromanzyklus die Selbstliebe in der Figur des Hadschi Halef

Omar verwirklicht. Eine totale Ich-Entleerung kann bei Kara Ben Nemsi nicht erfolgen, da Hadschi Halef Omar quasi als personifizierter Rest der gesunden Selbstliebe des Autors präsent ist. Diese Selbstliebe ist zweifellos konstruiert, kann aber nur als Ausfluß einer positiven psychischen Potenz im Wesen Karl Mays angesehen werden.

Es bleibt abschließend zu betonen, daß für den narzißtisch gekränkten Menschen wiederholt Perioden der Entleerung auftreten, in denen ihm das Leben sinnlos erscheint. Das geschieht - so die Erfahrung der Therapeutin K. Asper - auch nach erfolgreicher Beendigung einer Behandlung in der Analytischen Psychologie. Die Selbstwerdung muß von Angehörigen dieser Personengruppe immer wieder neu errungen werden.[135]

Auch hierin zeigt sich Karl May als typischer Vertreter der Gruppe der narzißtisch versehrten Menschen. In seinem Werk, das unter anderem unbestritten autotherapeutische Funktion hat, repetiert Karl May permanent traumatische Erlebnisse von einst, die ihm das Leben lebensunwert erscheinen ließen, er ringt aber genauso permanent um die Selbstheilung mittels literarischer Be- und Verarbeitung eben dieser Traumata.

3.3. Das ungespiegelte Kind - autobiographische Notizen

"Ich bin im tiefsten Ardistan geboren [...]" beginnt Karl Mays Autobiographie 'Mein Leben und Streben'. "Ardistan" steht als Symbol für allertiefstes Erdenelend. Wer die Schilderung des eigenen Lebens so beginnt, will das Mitleid der Rezipienten wecken und/oder er erzählt wirklich von einer bedrückenden Kindheit. Armut und wenig aussichtsreiche Verhältnisse bedingen nicht zwangsläufig narzißtische Störungen bei Kindern, die in ihnen aufwachsen, begünstigen aber zweifellos solche Entwicklungen.

Karl May berichtet nur spärlich über seine Kindheit. Einige wenige Erlebnisse seiner Großkindzeit teilt er dem Leser mit, durchweg sind sie recht freudlosen Inhalts. Daß er hinsichtlich der Berichterstattung aus diesem Lebensabschnitt sparsam ist, kann seine Ursachen darin haben, daß er eben wirklich wenig erlebte. Es kann aber auch ein Indikator für das Vorliegen einer narzißtischen Störung sein. Wie oben bereits beschrieben, ist die Erinnerung narzißtisch Beeinträchtigter an die eigene Kindheit äußerst dürftig, bei ihnen liegt eine Kindheitsamnesie vor, der Faden zur eigenen Vergangenheit ist gerissen. Ihre Kindheit erscheint ihnen grau in grau. Just so erscheint auch Karl Mays Darstellung seiner eigenen Kindheit in "Mein Leben und Streben".

Auch das Werk Karl Mays selbst ist arm an Kinderfigurationen. In den hier ausführlich untersuchten ersten drei Bänden des Orientromanzyklus spielt lediglich der kleine Sohn Ali Beys eine, wenn auch untergeordnete Rolle. Diese ist ihm schon durch die Vorlage, die Karl May verwendete, vorgegeben.[136] In der Vorlage wird der Sohn des Bey der Dschesidi gerade geboren, als der Erzähler im Hause des Häuptlings zu Besuch ist. Karl May nun wandelt die Vorlage dahingehend ab, daß er den kleinen Sohn als Kleinkind gestaltet. Kara Ben Nemsi gibt sich lange mit dem Kleinen ab, er hält ihn über einen längeren Zeitraum auf dem Schoß[137], was zweifellos bedeuten soll, daß das Ich des Autors das Kind in sich nicht verachten will und Verbindung zu ihm wünscht. Ferner appelliert der Held in dieser Episode an die Erwachsenenwelt, sie möge zu dem kleinen Jungen, der er selbst einmal war, freundlich sein; er wünscht sich, die Erwachsenen wären freundlich zu ihm gewesen, seinerzeit, als er selbst noch ein Kleinkind war. Und der Wunsch nach Gehaltenwerden, nach Geborgenheit im Schoße eines Erwachsenen zeigt sich hier versteckt, aber dennoch deutlich erkennbar. Erst in allerjüngster Zeit ist die Bedeutung des "holding", des Festhaltens eines Kindes und der Festhaltetherapie erkannt worden. Festhalten ist dabei nicht als Fesseln, sondern als Bergen eines Kindes im Schoße der Bezugsperson zu verstehen.[138]

Der Held betont in dieser Episode, daß er sich mit dem Kleinen gut versteht, weil er sprachlich hinsichtlich des Kurdischen, das er gerade erlernt, mit Ali Beys Söhnchen auf einer Stufe steht. Man kann sich also kaum verständigen, da beide nur einige wenige Brocken kurdisch beherrschen. Dennoch ist Verständnis da. Das Kind kann auf verbale Kommunikation verzichten, wenn es durch die Geborgenheit am Körper des Erwachsenen vermittelt bekommt, daß es angenommen, gewollt, geliebt ist. Und der Erwachsene braucht dem Kind auf dem Schoß nicht zu sagen, daß er es akzeptiert, das ist ihm bereits durch das "holding" überdeutlich genug vermittelt.

Kara Ben Nemsi fertigt eine Zeichnung des kleinen Teufelsanbeters an. Er bemerkt dabei, daß ihm das nicht schwerfalle, da sich alle Kinder ähnlich seien.[139] Das entspricht keineswegs der

Realität. Der Autor ist entweder ein schlechter Beobachter oder er hat sein eigenes Kindsein wirklich sehr undifferenziert wahrgenommen. Wenn es wirklich stimmt, was Karl May in seiner Autobiographie beschreibt, daß er bis zu seinem fünften Lebensjahre blind war, dann bedeutet das auch andererseits, daß ein wichtiges Medium, der Gesichtssinn, zur Spiegelung des Kindes durch die Mutter nicht zur Verfügung stand. Das Wahrnehmen des Gesichtes der Mutter durch den Säugling, das Lächeln der Mutter, das vom Kind erkannt und zurückgegeben wird, alles das ist bei frühkindlicher Blindheit ausgeschlossen.[140] Da die Mutter Karl Mays ganz offensichtlich zur Schwermut neigte, darf davon ausgegangen werden, daß sie relativ wenig mit dem Säugling sprach, lachte oder sang. Sie versorgte ihn wohl äußerlich, hinterließ aber in emotionaler Hinsicht ein schweres Defizit.

Dieses Defizit dürfte sich noch verstärkt haben, als die Mutter die Familie für ein halbes Jahr verließ, um eine Ausbildung zur Hebamme in Dresden zu absolvieren. Karl May war zu der Zeit dreieinhalb Jahre alt.

In der Erzählung unter dem Titel "Krüger Bei" rettet der Held eine Frau, die in der Wüste, bis an den Hals eingegraben, hätte verschmachten müssen, zuvor aber noch den Tod ihres kleinen, blinden Sohnes hätte mit ansehen müssen, der dicht vor ihr, aber für sie trotzdem unerreichbar, im Sand liegt.[141] Hier schildert der Autor unbewußt seine eigene kindheitliche Situation. Der blinde Knabe, er selbst, befindet sich dicht bei der Mutter, die regungslos, gefesselt von ihrer Depression und von den Umständen quasi verschüttet, zwar in der Nähe ist, aber Körperkontakt nicht geben kann. Die Mutter ist körperlich nahe, emotional aber ganz fern. Diese schaurige Vision des Erwachsenen über seine eigene Situation als Kind macht den desolaten Zustand deutlich, in dem sich das Mutter-Sohn-Verhältnis befand.

Kara Ben Nemsi übergibt der Gattin Ali Beys, der Mutter des kleinen Teufelsanbeters die Zeichnung, die er von der Physiognomie des Kleinen angefertigt hat, in einem Medaillon, das die Mutter tragen soll. Er weist sie darauf hin, daß das Gesicht des Sohnes im Medaillon, das die Mutter tragen soll, ewig jung bleiben wird, auch wenn er selbst alt geworden ist. Das Medaillon befindet sich im Armband der Mutter. Der Sohn soll für immer an der Hand der Mutter sein; Karl May spricht hier verdeckt den Wunsch nach Perpetuierung der kleinkindlichen Abhängigkeit von der Mutter aus. Der Zustand der Fusion mit der Mutter soll eingefroren, verewigt sein. Eine tiefe Paradiessehnsucht äußert sich hier, eine Sehnsuchtsgeste, die keine Aussicht hat, das beabsichtigte Ziel zu erreichen.

Der ehrgeizige Vater seinerseits dürfte für den blinden kleinen Sohn wenig Verständnis gehabt haben, wußte er doch sehr genau, daß er mit seinem blinden Sohn keinen Staat würde machen können, der kleine Karl also zunächst als "Hoffnungsträger der Familie" ausschied. Der impulsive Vater dürfte den Kleinen, wenn vielleicht auch unbewußt, abgelehnt haben, was das sensible Kind selbstverständlich spürte. Zwar ersparte die Blindheit dem Jungen die frühzeitigen Erziehungs- und Bildungsversuche des Vaters, er bekam anfangs zweifellos den Druck der väterlichen "narzißtischen Projektion auf das Kind"[142] nicht zu spüren. Nach der Heilung Karls von der Blindheit bei Dresdener Ärzten setzten die unqualifizierten Bemühungen des Vaters um Karls Bildung verstärkt ein, der Sohn war nun doch Träger berechtigter Hoffnungen der Familie geworden.

Die Beschreibung der glücklichen Stunden, die Karl May bei der "Märchengroßmutter"[143] verbrachte, scheint auch eine Paradiessehnsucht zu sein, die der gereifte Autor rückblickend zu Papier brachte. Er berichtet ja auch, daß er eben in diesem Alter, als er sich häufig bei der Großmutter aufhielt, und selbst im Alter von fünf Jahren nicht gehen und stehen konnte, sondern nur auf dem Boden herumzukriechen imstande war.[144] Solche Störungen (Abasie und Astasie) sind nur beim schweren Deprivationssyndrom (marastischen Syndrom) bei Heimkindern festzustellen.[145]

Die stille, depressive Mutter, der gegenüber Karl May im Alter noch eine "gewisse Sprachlosigkeit"[146] an den Tag legt, die sich ein halbes Jahr von ihrem dreieinhalbjährigen Sohn trennt, der aufbrausende Vater, der darüber enttäuscht ist, einen blinden Sohn zu haben: sie beide haben den Sohn nicht ausreichend gespiegelt, so daß sich eine tiefe narzißtische Störung ausbilden konnte. Die Eltern sind keine "good-enough"-Eltern.[147]

Die Liebe der Märchengroßmutter, in der rückschauenden, verklärenden Darstellung des gereiften Autors zweifellos inflationär überhöht, hat zumindest einen Teilbereich des Ich gesund erhalten können[148], jenen, den der Autor später in der Figur Hadschi Halef Omars abspaltete, der für die gesunde Selbstliebe Karl Mays steht.

W. Schmidbauer datiert die Entstehung der narzißtischen Störung bei Karl May in das Alter, als der tyrannische Vater den

Jungen hinsichtlich seiner Schulleistungen ständig überforderte und ihn unverhältnismäßig hart schlug.[149] Das alles mag für die Verstärkung und Fixierung der Störung mit verantwortlich geworden sein, der Grundstock für Karl Mays ein Leben lang fortdauerndes Problem der nicht geglückten Selbstannahme muß früher gelegt worden sein.

Er ist, so meint K. Asper, in jedem Fall in der frühen Mutter-Kind-Beziehung, allenfalls noch zusätzlich in der Vater-Kind-Beziehung gelegt worden. Bei nicht ausgebildetem Urvertrauen ist die narzißtische Beeintächtigung eines Kindes programmiert[150], während noch so negative spätere Traumata nach der Ausbildung des Urvertrauens eine dauerhafte narzißtische Versehrtheit nicht hervorzurufen vermögen.

Anmerkungen

1 H. Wollschläger hat zuerst auf die narzißtische Störung Karl Mays hingewiesen. Seine Narzißmus-These im Zusammenhang mit Karl May vermag das 'Phänomen Karl May' in seiner sich literarisch äußernden schwankenden Motivik umfassend zu erklären. H. Wollschläger: "Die sogenannte Spaltung des menschlichen Innern, ein Bild der Menschheitsspaltung überhaupt." JbKMG 1972/73, S. 11-92.

2 K. Asper: Verlassenheit und Selbstentfremdung (1987). München 1990. S. 63f.

3 Auch der Mann kann zu stark von patriarchalischen Vorstellungen bestimmt sein und an Gefühlsdifferenzierung Mangel haben. V. Kast spricht deshalb auch von der Animus-Problematik des Mannes.

4 K. Asper: Verlassenheit und Selbstentfremdung (1987), a. a. O., S. 64.

5 Ebd.

6 Diagramm von A. Stevens: Archetype. London, Henley 1982, wiedergegeben bei K. Asper: Verlassenheit und Selbstentfremdung (1987), a. a. O., S. 78.

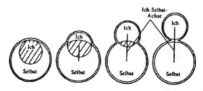

7 Vgl. A. Miller: Das Drama des begabten Kindes und die Suche nach dem wahren Selbst (1979). Frankfurt am Main 1990, S. 57-82.

8 K. Asper: Verlassenheit und Selbstentfremdung (1987), a. a. O., S. 65.
9 Ebd., S. 69ff.
10 R. Battegay: Narzißmus und Objektbeziehungen (1977). Bern, Stuttgart, Toronto 1991 (3. Aufl.), S. 34.
11 A. Miller: Das Drama des begabten Kindes und die Suche nach dem wahren Selbst (1979), a. a. O., S. 78.
12 Vgl. K. Asper: Verlassenheit und Selbstentfremdung (1987), a. a. O., S. 107f.
13 Vgl. ebd., S. 118.
14 Vgl. ebd., S. 120.
15 F. Fordham: The Care of Regressed Patients and the Child Archetype. Übersetzt und zitiert bei K. Asper: Verlassenheit und Selbstentfremdung (1987), a. a. O., S. 121.
16 E. Neumann: Ursprungsgeschichte des Bewußtseins. Zürich 1949, S. 50.
17 Vgl. A. Miller: Das Drama des begabten Kindes (1979), a. a. O., S. 63ff.
18 K. Asper: Verlassenheit und Selbstentfremdung (1987), a. a. O., S. 133f.
19 Ebd., S. 136.
20 Vgl. ebd., S. 137.
21 Ebd., S. 138.
22 A. Jaffé: Der Mythus vom Sinn im Werk von C. G. Jung. Zürich 1967, S. 135.
23 K. Asper: Verlassenheit und Selbstentfremdung (1987), a. a. O., S. 153.
24 Ebd., S. 153.
25 Ebd., S. 154.
26 Ebd., S. 155.
27 Ebd., S. 155.
28 Ebd., S. 156.
29 Ebd., S. 157.
30 Ebd., S. 158.
31 Ebd., S. 160.
32 Dieser Begriff stammt ebenfalls von K. Asper: Verlassenheit und Selbstentfremdung (1987), a. a. O., S. 168.
33 K. Asper: Verlassenheit und Selbstentfremdung (1987), a. a. O., S. 170.
34 Ebd., S. 173.
35 Ebd., S. 255.
36 A. Miller: Das Drama des begabten Kindes und die Suche nach dem wahren Selbst (1979), a. a. O., S. 68f.
37 K. Asper: Verlassenheit und Selbstentfremdung (1987), a. a. O., S. 174f.
38 Vgl. ebd., S. 176.
39 Ebd., S. 178.
40 K. Horney: Unsere inneren Konflikte (1973). München 1980 (3. Aufl.), S. 189.

41 E. Fromm: Die Furcht vor der Freiheit (1945). München 1990, S. 89.
42 P. Schellenbaum: Die Wunde der Ungeliebten. Blockierung und Verlebendigung der Liebe (1988). München 1991, S. 21.
43 Vgl. dazu auch P. Schellenbaum: Abschied von der Selbstzerstörung. Befreiung der Lebensenergie (1987). München 1990.
44 K. Asper legt ihre Forschungsergebnisse gedrängt vor in dem Artikel: Beziehung und Deutung bei narzißtischer Selbstentfremdungsproblematik aus der Sicht der analytischen Psychologie. In: Reinelt, T. / Datler, W. (Hg): Beziehung und Deutung im psychotherapeutischen Prozeß. Berlin, Heidelberg, New York, London, Paris, Tokyo 1989, S. 100-113.
45 Vgl. S. 36.
46 Vgl. C. Roxin: Vorläufige Bemerkungen über die Straftaten Karl Mays. In: JbKMG 1971, S. 74-109, hier 83f.
47 Vgl. K. May: Bd. III, S. 319ff.
48 Vgl. die Verfolgung durch den Melek von Lizan. K. May: Bd. II, S. 485ff.
49 Vgl. S. 237ff.
50 Vgl. auch Mays Neigung zur "Figuren-Doppelung".
51 Vgl. S. 16.
52 Vgl. S. 36.
53 Vgl. S. 240ff.
54 Die asexuelle Lebensbewältigung hat Kara Ben Nemsi gemein mit den modernen Comic-Helden.
55 Vgl. K. May: Bd. II, S. 204f und 565f.
56 Vgl. I. Bröning: Die Reiseerzählungen Karl Mays als literaturpädagoisches Problem, a. a. O., S. 155f.
57 Vgl. A. Schmidt: Sitara und der Weg dorthin (1963). Frankfurt am Main 1969.
58 So die unerbittliche Pressefehde, die, eröffnet 1899 von Fedor Mamroth, sich in den Jahren 1909/10 verschärfte und Karl May schließlich physisch wie psychisch zerstörte.
59 Vgl. S. 36f. dieser Studie.
60 z. B. in: Ardistan und Dschinnistan u. a.
61 Vgl. S. 38.
62 Vgl. ebd.
63 Vgl. S. 18.
64 Vgl. S. 38.
65 Vgl. ebd.
66 Dazu ausführlich S. 63ff.
67 Vgl. S. 37.
68 Vgl. ebd.
69 K. May: Mein Leben und Streben. In: Ders.: Ich. Bamberg 1958, S. 129ff.
70 Ausführlich dazu S. 236ff.
71 Vgl. S. 37f.
72 Vgl. K. May: Bd. II, S. 629ff.
73 Vgl. K. May: Bd. I, S. 70.

74 Vgl. K. May: Bd. III, S. 383f.
75 Vgl. S. 38.
76 Dazu ausführlich S. 240f.
77 Vgl. z. B. Defoes "Robinson" oder Coopers "Lederstrumpf", aber auch Dumas' "Der Graf von Montechristo" usw.
78 Vgl. S. 38.
79 Vgl. ebd.
80 Vgl. ebd.
81 So z. B. den Mutesselim in K. May: Bd. II, S. 184ff.
82 Vgl. S. 38.
83 Vgl. G. Ueding: Das Spiel der Spiegelungen. In: JbKMG 1990, S. 30ff. Dort meint der Verfasser: "Wer aber alle Merkmale besitzt, der hat kein einziges, das ihn wirklich unverwechselbar auszeichnet und ist in Wahrheit ein Held ohne Eigenschaften. Seine angebliche Fülle ist die Leere einer totalen Beliebigkeit."
84 Vgl. S. 38.
85 K. May: Bd. II, S. 633.
86 Ebd., S. 632.
87 Ebd.
88 Lukas 1, 46ff.
89 K. May: Bd. II, S. 630.
90 Lukas 1, 52.
91 K. May: Bd. II, S. 630.
92 Marah Durimeh erzählt dem Helden als einzigem ihr schauriges Geheimnis von dem schrecklichen Mord an den Christen im Tal des Zab, ein Erlebnis, das die Greisin noch nach vielen Jahren zu heftigen Tränen rührt: hier ist sie die Mater dolorosa geworden.
93 Vgl. S. 39.
94 So z. B. als Hekim Schakaras, wo er agiert wie Jesus in der Perikope von der Auferweckung des Töchterleins des Jairus. (Mt. 9, 18-25; Mk. 5, 22-43; Lukas 8, 41-56).
95 Vgl. S. 39.
96 Vgl. ebd.
97 Ausführlich dazu siehe S. 209ff.
98 Apk. 1, 16.
99 K. May: Bd. I, S. 631.
100 Vgl. S. 39.
101 Vgl. ebd.
102 Vgl. ebd.
103 Vgl. K. May: Bd. II, S. 303ff.
104 Vgl. S. 39.
105 H. Wollschläger: "Die sogenannte Spaltung des menschlichen Innern, ein Bild der Menschheitsspaltung überhaupt". In: JbKMG 1972/73, S. 11-92, hier S. 48.
106 Vgl. S. 39.
107 Vgl. ebd.
108 Vgl. ebd.
109 Vgl. K. May: Bd. I, S. 409: Mohamed Emin erzählt Kara Ben Nemsi, daß die Haddedihn-Krieger ihn, den fremden Strategen, lie-

ben. Vgl. auch K. May: Bd. II, S. 116. Hier fragt Ali Bey den Helden: "Emir, glaubst du, daß ich dich liebhabe?"
110 Vgl. die Antwort auf eine Leseranfrage im "Deutschen Hausschatz" Nr. 43, Juli 1893: "Herr Dr. Karl May ist Katholik." Bei: G. Klußmeier: Mitteilungen der Karl-May-Gesellschaft 18, S. 12. Dazu auch: E. Heinemann: Ijar und Yussuf el Kürkdschü. Joseph Kürschner, Karl May und der Deutsche Literaturkalender. JbKMG 1976, S. 191-206, hier S. 201.
111 Vgl. S. 39.
112 Vgl. ebd.
113 Vgl. ebd.
114 Vgl. ebd.
115 Vgl. ebd.
116 Vgl. S. 42.
117 Vgl. C. Roxin: Vorläufige Bemerkungen über die Straftaten Karl Mays. In: JbKMG 1971, S. 83ff.
118 Vgl. K. Asper: Verlassenheit und Selbstentfremdung (1987), a. a. O., S. 170.
119 Vgl. W. Schmidbauer: Die Ohnmacht des Helden. Reinbek 1981, S. 102: "Für Karl Mays Ich-Helden ist das [ideale, nur von ihm ausgestaltete Objekt, A. d. V.] Gott."
120 Vgl. S. 269ff.
121 K. May: Mein Leben und Streben. In: Ders.: Ich. Bamberg 1958, S. 274.
122 Vgl. S. 42f.
123 K. Asper: Verlassenheit und Selbstentfremdung (1987), a. a. O., S. 288.
124 Vgl. S. 43.
125 Vgl. W. Schmidbauer: Die hilflosen Helfer. Reinbek 1977, S. 90.
126 W. Schmidbauer: Die Ohnmacht des Helden, a. a. O., S. 111.
127 Vgl. H. F. Searles: Positive Feelings in the Relationship between the Schizophrenic and his Mother. International Journal for Psycho-Analysis 39, (1958) S. 569, erwähnt bei K. Asper: Verlassenheit und Selbstentfremdung (1987), a. a. O., S. 193.
128 Vgl. S. 71, Anmerkung 109.
129 Vgl. K. May: Bd. II, S. 116. Auf Ali Beys Frage: "Emir, glaubst du, daß ich dich liebhabe?" antwortet der Held: "[...] ich scheide in Wehmut von dir, den meine Seele lieb gewonnen hat."
130 K. Asper: Verlassenheit und Selbstentfremdung (1987), a. a. O., S. 218f.
131 Ebd., S. 239.
132 Vgl. C. G. Jung: Über die Archetypen und das kollektive Unbewußte (1934). Gesammelte Werke Bd. 9/I, Olten, Freiburg 1976, S. 50, 85.
133 Vgl. K. Asper: Verlassenheit und Selbstentfremdung (1987), a. a. O., S. 275.
134 Zu den Normen der Helden Karl Mays siehe G. Oel-Willenborg: Von deutschen Helden. Eine Inhaltsanalyse der Karl-May-Romane. Weinheim-Basel 1973.

135 Vgl. K. Asper: Verlassenheit und Selbstentfremdung (1987), a. a. O., S. 293.
136 Vgl. A. H. Layard: Populärer Bericht über die Ausgrabungen zu Niniveh. Nebst Beschreibung eines Besuches der chaldäischen Christen und den Jezidi oder Teufelsanbetern. Leipzig 1852, S. 117-140, hier S. 118f.
137 Vgl. K. May: Bd. I, S. 572.
138 Vgl. Gesellschaft zur Förderung des Festhaltens (Hg): I. Internationaler Kongreß 'Festhalten' in Regensburg. Stuttgart 1991.
139 Vgl. K. May: Bd. I, S. 609.
140 Vgl. H. Weinläder: Psychologie der Blinden und Sehbehinderten. In: Rath, W. / Hudelmayer, D.: Handbuch der Sonderpädagogik. Bd. II. Pädagogik der Blinden und Sehbehinderten. Berlin 1985, S. 517-532. Der Autor führt aus, daß eingeschränktes Wahrnehmungsvermögen, unzureichende Konzepte und mangelhafte Kommunikation bei Blindgeborenen bzw. hochgradig sehgeschädigten Kleinkindern zu Fehlentwicklungen im sozial-emotionalen Bereich führen kann. Bei der Untersuchung der kognitiven Entwicklung wurde eine parallele Intelligenzentwicklung bei blinden und sehenden Kindern festgestellt, allerdings mit großen Entwicklungsverzögerungen besonders bei geburtsblinden Kindern in jüngerem Lebensalter. Zudem treten Probleme bei der Sprachentwicklung auf. Für blinde Kinder gibt es keinen Blickkontakt, sie können Sprechbewegungen, Mimik und Gestik nicht beobachten und übernehmen. Bei der Bedeutungserfassung und richtigen Verwendung von Wörtern sind ebenfalls Entwicklungsverzögerungen festzustellen.
141 Vgl. K. May: Krüger Bei. Bamberg 1950, S. 262f.
142 Der Begriff findet sich bei H. E. Richter: Eltern, Kind, Neurose. Stuttgart 1963. Vgl. dazu A. Miller, die am Beispiel Hermann Hesses darlegt, daß der Sohn auch Träger der negativen Projektion, der negativen Abspaltungen des Vater sein kann. A. Miller: Das Drama des begabten Kindes und die Suche nach dem wahren Selbst (1979), a. a. O., S. 148ff.
143 Johanne Christiane, geb. Kretzschmar, 1780-1865.
144 Vgl. K. May: Old Shurehand I. Bamberg 1951, S. 337.
145 Vgl. R. Spitz: Vom Säugling zum Kleinkind (1967). Stuttgart 1980 (6. Aufl.).
146 Vgl. H. Wollschläger: Karl May. Zürich 1976, S. 17f. Dort findet sich auch: "[...] eher passiv nur ist der Einfluß, den sie auf die Entwicklung des Jungen nimmt."
147 "good-enough"-Mutter: Der Begriff stammt von D. W. Winnicott: Reifungsprozesse und fördernde Umwelt. München 1974.
148 Dieser Ansicht scheint auch H. Wollschläger zu sein. Er spricht von "einer Handvoll tröstlicher Momente" in Mays Kindheit. H. Wollschläger: Karl May, a. a. O., S. 15.
149 Vgl. W. Schmidbauer: Die Ohnmacht des Helden. Reinbek 1981, S. 117. Dort ist die Rede von der narzißtischen Schädigung Karl Mays durch die einseitige, einfühlungslose Anspruchshaltung des Vaters.
150 Auch A. Miller ist unbedingt der Ansicht, daß die narzißtische Störung aufgrund der Tatsache sich beim Kind ausbilden konnte, daß die Mutter es als narzißtisch besetztes Objekt "benutzte". Die

Autorin konnte in ihrer psychotherapeutischen Praxis feststellen: "Bis auf zwei Ausnahmen waren sämtliche Mütter meiner Patienten narzißtisch gestörte, in höchstem Maße unsichere und oft an Depressionen leidende Persönlichkeiten [...]. Was die Mutter seinerzeit bei ihrer Mutter nicht bekommen hat, kann sie bei ihrem Kind finden: Es ist verfügbar, kann als Echo gebraucht werden, läßt sich kontrollieren, ist ganz auf sie zentriert, verläßt sie nie, gibt ihr Aufmerksamkeit und Bewunderung. Wenn es sie mit seinen Bedürfnissen überfordert (wie seinerzeit die Mutter), dann ist sie ja nicht mehr so wehrlos, sie läßt sich nicht tyrannisieren, sie kann das Kind erziehen, damit es nicht schreit und nicht stört. Sie kann sich endlich Rücksicht und Respekt verschaffen." A. Miller: Depression und Grandiosität als wesensverwandte Formen der narzißtischen Störung. In: Psyche 33 (1979), S. 132-156, hier S. 136.

4. Die drei ersten Bände des Orientromanzyklus im Spiegel der Analytischen Psychologie

4.1. Die Analytische Psychologie als Interpretationsinstrumentarium

Seit der Gründung der Lehre von der Analytischen Psychologie durch C. G. Jung und deren Ausbau durch die Jung-Schüler liegt ein faszinierendes Instrumentarium vor, mit dem literarische Erzeugnisse tiefenpsychologisch untersucht werden können. Dazu muß an dieser Stelle auf die Grundzüge der Lehre C. G. Jungs und auf sein Verständnis von Psyche eingegangen werden. C. G. Jung versteht unter Psyche, was er nahezu mit Seele gleichsetzt, "die Gesamtheit aller psychischen Vorgänge, der bewußten sowohl wie der unbewußten (GW 6, 877)".[1]

Er grenzt damit das Gebiet der Analytischen Psychologie von der Theologie, der Biologie und der Philosophie ab, aber auch von einer Psychologie, die sich auf die Erforschung der Triebe oder des Verhaltens verlegt. C. G. Jung versteht unter Psyche auch die Überlappung und Spannung zwischen persönlichen und kollektiven Elementen im Menschen wie auch die Fluidität, ihre einerseits relativ autonomen Anteile und ihre Tendenz, Bildersprache und assoziative Sprünge zur Anwendung zu bringen. Dabei ist die Struktur der Seele bei C. G. Jung immer von Gegensatzpaaren bestimmt.[2]

Zunächst unterscheidet der Autor zwischen Bewußtem und Unbewußtem, wobei das Unbewußte aufgeteilt wird in ein persönliches und ein kollektives Unbewußtes; letzteres birgt die kumulierten Erfahrungen der Gattung Mensch und ist angeboren. C. G. Jung nennt diesen Teil des Unbewußten kollektiv, "weil dieses Unbewußte nicht individueller, sondern allgemeiner Natur ist, d. h., es hat im Gegensatz zur persönlichen Psyche Inhalte und Verhaltensweisen, welche überall und in allen Individuen cum grano salis dieselben sind. Es ist, mit anderen Worten, in allen Menschen sich selbst identisch und bildet damit eine in jedermann vorhandene, allgemeine seelische Grundlage überpersönlicher Natur".[3]

Das kollektive Unbewußte beherbergt "Überpersönliches, Kollektives in Form vererbter Kategorien oder Archetypen".[4] Unter Archetypen versteht C. G. Jung den angeborenen Teil der Psyche, der als Muster strukturierend auf die psychologischen Leistungen der Instinkte wirkt. Es handelt sich beim Archetyp um eine hypothetische Einheit, die an sich nicht erkennbar und nur über ihre Manifestationen nachweisbar ist.[5] Es muß deutlich unterschieden werden zwischen Archetyp und archetypischem Bild; letzteres ist vom Menschen wahrnehmbar.

"Archetypen - insbesondere die, welche um die elementaren und allgemeinen Erfahrungen des Lebens: Geburt, Ehe, Mutterschaft, Tod und Trennung kreisen - sind an äußeren Verhaltensweisen zu erkennen. Sie gehören aber auch zur Struktur der menschlichen Psyche und lassen sich in ihrer Beziehung zum inneren oder psychischen Leben beobachten, wo sie sich als innere Figuren zeigen, z. B. als Anima, Schatten, Persona usw. Die Anzahl der Archetypen ist theoretisch unbegrenzt. Archetypische Muster warten darauf, in einer Persönlichkeit verwirklicht zu werden; sie sind unendlicher Variationen fähig und auf individuellen Ausdruck angewiesen. Sie üben eine Faszination aus, die durch traditionell und kulturell bedingte Erwartungen verstärkt wird; [...] Jede psychische Bildersprache hat in gewissem Maße etwas Archetypisches an sich. Daher besitzen Träume und viele andere psychische Phänomene Numinosität. Am offensichtlichsten sind archetypische Verhaltensweisen in Krisenzeiten, wenn das Ich höchst verwundbar ist. Symbole haben archetypische Qualitäten, und das erklärt zumindest partiell ihre Faszination, ihre Verwendbarkeit und ihr wiederholtes Auftreten."[6]

Das persönliche Unbewußte hingegen ist das 'Archiv' des Individuums, es enthält alles, was das Bewußte vergessen oder verdrängt hat. Den Erfahrungen C. G. Jungs zufolge bildet das persönliche Unbewußte die Grenzschicht zwischen dem Bewußtsein und dem Unbewußten. Die vom persönlichen Unbewußten geäußerten Materialien sind als dem persönlichen Unbewußten entstammend deshalb zu erkennen, weil "wir ihre Wirkungen oder ihr partielles Erscheinen oder ihre Herkunft in unserer persönlichen Vergangenheit nachweisen können".[7] C. G. Jung äußert sich folgendermaßen zu dem Begriff Bewußtsein: "Unter Bewußtsein verstehe ich die Bezogenheit psychischer Inhalte auf das Ich, soweit sie vom Ich als solche empfunden wird. Beziehungen zum Ich, soweit sie von diesem nicht als solche empfunden werden, sind unbewußt. Das Bewußtsein ist die Funktion oder Tätigkeit, welche die Beziehung psychischer Inhalte zum Ich unterhält. Bewußtsein ist nicht identisch mit Psyche, [...]"[8]

C. G. Jung konnte feststellen, daß das Bewußtsein eine Vorbedingung für das Menschsein und die Entwicklung zum Individuum ist. Er bezeichnete das Bewußte und das Unbewußte als die primären Gegensätze des psychischen Lebens.[9]

Das Ich ist bei C. G. Jung das Zentrum des Bewußtseins, es umfaßt aber nicht die gesamte Persönlichkeit, es ist weniger als sie. Das Ich ist quasi zuständig für die persönliche Identität, Aufrechterhaltung der Persönlichkeit, Kontinuität über die Zeit, Vermittlung zwischen der bewußten und der unbewußten Ebene, für Wahrnehmung und Realitätsprüfung. Zudem ist es die Instanz, die auf die Forderungen des ihm überlegenen Selbst reagiert. Das Selbst ist das anordnende Prinzip der Persönlichkeit; die Beziehungen des Selbst zum Ich entsprechen denen von 'agens zu patiens'.[10]

"Anfangs ist das Ich mit dem Selbst vermischt, später aber unterscheidet es sich von ihm. Jung beschreibt eine Interdependenz der beiden Instanzen: das Selbst sorgt mehr für die ganzheitliche Sicht und ist daher überlegen; aber die Aufgabe des Ich besteht darin, die Anforderungen dieser überlegenen Instanz in Frage zu stellen oder ihnen gerecht zu werden. Die Konfrontation von Ich und Selbst fand Jung charakteristisch für die zweite Lebenshälfte."[11]

Da C. G. Jung gerne in Gegensatzpaaren erklärt, stellt er dem Ich im Bewußtsein den Schatten oder 'dunklen Bruder' im Unbewußten gegenüber, eine "Persönlichkeitskomponente, welche in der Regel negatives Vorzeichen hat. In dieser 'inferioren' Persönlichkeit ist alles enthalten, was sich den Gesetzen und Regeln des bewußten Lebens nicht unbedingt ein- und anpassen will."[12]

Das, was das Ich nach außen hin - im gesellschaftlichen Kontext - darstellen will, nennt C. G. Jung "Persona", der er beim Mann das Seelenbild der "Anima", bei der Frau das Seelenbild des "Animus" im Unbewußten gegenüberstellt. Anima ist der weibliche, nicht ausgelebte seelische Anteil des Mannes, der unbewußt ist und alle phylogenetischen Erfahrungen der menschlichen Erscheinungsform Mann mit dem Phänomen Frau enthält. Der Animus bei der Frau ist die äußerlich nicht gelebte männliche Komponente der Frau und der Niederschlag aller Erfahrungen der menschlichen Erscheinungsform Frau mit dem Phänomen Mann.[13]

Nach C. G. Jung ist das Ziel der persönlichen Entwicklung des Menschen die Individuation, die Selbst-Werdung. Dabei müssen die unbewußten Persönlichkeitselemente ins Bewußtsein integriert werden. Es ist dabei darauf zu achten, daß das Gleichgewicht zwischen dem Bewußten und dem Unbewußten erhalten wird, d. h. Entwicklungen im Bewußtsein müssen auf ihre Weise im Unbewußten mit vollzogen werden. Wann immer wichtige Teilaspekte der Gesamtperson, Probleme oder intermenschliche Beziehungen vom Bewußtsein vernachlässigt werden, reagiert das Unbewußte mit intensiver Beschäftigung darauf. Es versucht auszugleichen und zu korrigieren. Das tut es gern mit Träumen und den zugehörigen Symbolen.

4.2. Das Werk Karl Mays als Traum

I. Bröning hat in einer ausführlichen Studie die Methode der Traumdeutung im Sinne der Analytischen Psychologie mit dem Werk Karl Mays in Verbindung gebracht. Sie konnte verdeutlichen, daß die Landschaften, die Pflanzen und Tiere, wie auch die Attribute der Personen in den Reiseromanen Karl Mays symbolischen Charakter aufweisen.[14] Hier sollen nun die Figuren der ersten drei Bände des Orientromanzyklus als Symbole aufgefaßt und mit Hilfe des von E. Aeppli im Aufbau auf die Methode C. G. Jungs entwickelten und beschriebenen Instrumentariums der Traumdeutung untersucht werden.[15] E. Aeppli hält die psychoanalytische Traumauffassung S. Freuds für zu eng. Für ihn ist C. G. Jung der große Schöpfer der psychoanalytischen Traumauffassung.[16]

Der Traum ist eine wichtige und bedeutsame Mitteilung der Seele. Seine Deutung setzt ein großes Kulturwissen voraus.[17] Das Wesen des Traumes zeigt sich darin, daß der Traum - wobei unter Traum niemals Tagtraum verstanden wird - autonom seinen nächtlichen Weg geht. E. Aeppli erklärt den Traum als ein Gespräch im Unbewußten der Seele[18], während C. G. Jung ihn als "spontane Selbstdarstellung der aktuellen Lage des Unbewußten in symbolischer Ausdrucksform"[19] betrachtet.

Im Traum, so E. Aeppli, herrscht erstaunliche Selbstverständlichkeit. Der Träumer nimmt während des Traumes auch an sonderbarsten Vorgängen keinen Anstoß.[20] Schlaf und Traum sind nicht miteinander identisch. Der Traum ist die Äußerung des psychischen Lebens im Schlafzustand des Leibes. Auch der als groß oder lang empfundene Traum mit vielen Ereignissen geschieht in wenigen Sekunden, höchstens einer halben Minute.[21] Die Traumstimmung ist das psychische Gestimmtsein, das der Traum zurückläßt. Die Traumstimmung kann den Träumer noch Stunden nach dem Traum beeinflussen. Auch wenn er das Geschehen des Traumes nicht mehr erinnert, kann die durch den Traum erzeugte Stimmung bei ihm noch wirksam sein. Der Träumer erwacht nach einer traumreichen Nacht auf jeden Fall mit einem mehr oder weniger positiven oder negativen Gefühl.[22] Das Traumgeschehen ist dem Träumer immer einleuchtend; selbst wenn es dem Bewußtsein als der größte Unsinn erscheint, unterwirft sich ihm der Träumer mit allen Konsequenzen.[23] Träume werden normalerweise schnell vergessen, können aber im Laufe eines Tages in der Erinnerung wieder auftauchen.[24]

Der Traum als nächtlich erfahrbare Mitteilung des Unbewußten bedient sich der Traumsprache, die aus in eine besondere Atmosphäre - die Traumstimmung - eingebetteten Bildern und Handlungen besteht. Diese entstammen meist dem persönlichen Unbewußten, in dem verarbeitetes oder unverarbeitetes Damals quasi archiviert sind. Der Traum greift auf die Inhalte dieses Archivs je nach Bedarf zurück. Die meisten Träume reden in der Sprache der persönlichen Erinnerung.[25] Jeder einzelne Traum ist dabei eine psychische Einheit.[26]

Ebenso wirksam werden in den Träumen auch die Archetypen, die die Komponente des kollektiven Unterbewußten im Menschen darstellen. Im kollektiven Unterbewußten befinden sich die ältesten Bilder der Menschheit. Sie greifen in die Träume des Individuums ein und verbinden damit Gegenwart und Zukunft. Das kollektive Unbewußte beeinflußt das Ich ohne dessen Wissen. Im Traum macht es sich geltend als urtümliches Bild, als archetypisches Symbol. In ihm wird alles bildhaft, was der Psyche der Menschheit während ihrer Geschichte widerfahren ist. Die archetypischen Symbole sind ein Produkt alles Wesentlichen, was je auf Erden bei den Menschen geschah, geschieht und geschehen wird. Dieses Ahnenerbe, das kollektive Unbewußte, ist jedem Menschen von Geburt an mitgegeben. Das Individuum handelt sehr oft, ohne es zu wissen, dem kollektiven Unbewußten gemäß. Es tut im Wesentlichen das, was der Mensch immer getan hat, vor allem, wenn ungewohnte Entscheidungen getroffen werden müssen.[27]

In den Träumen kommen überwiegend Bilder des persönlichen Unbewußten zum Tragen. Wenn aber Hauptprobleme der Persönlichkeitsfindung in Frage stehen, wenn wirklich etwas Wichtiges entschieden werden muß, dann setzen die urtümlichen Bilder, die dem kollektiven Unbewußten angehören, in den Träumen des Individuums ein.[28]

Die archetypische Bilderwelt kann hinsichtlich ihrer Bedeutung für das psychische Leben eines Menschen nicht überschätzt werden. "Denn diese Schicht der lebendigen, richtunggebenden und kräftespendenden Menschheitserinnerung ist ein maßgebendes Organ des psychischen Lebens selbst. Man kann sich dieses seelischen Urgrundes überhaupt nicht entledigen."[29]

Diese kräftespendenden urtümlichen Symbole treten verstärkt in den Träumen des einzelnen Menschen auf, wenn er etwa in der Lebensmitte einen Reifungsprozeß zu durchlaufen beginnt. Er begegnet im archetypischen Bild dem, was er auch noch ist und bisher noch nicht gelebt hat.[30] Die im Traum auftretenden Symbole sind der Ausdruck für innerseelisches Geschehen, das sonst nicht erfaßbar wäre.[31] Redensarten werden im Traum in ein Bild umgesetzt, z. B. erlebt sich der Träumer als Ochse, der vor einem Berg steht, er benimmt sich "wie der Ochs am Berg". Ein Träumer, der von jemandem im Traum einen Korb überreicht bekommt, hat im realen Leben wirklich irgendwoher "einen Korb bekommen". Redensarten werden im Traum dinglich ausgeführt und somit anschaulich gemacht.[32]

Die Sexualität wird im Traum oft durch Tiere versinnbildlicht. In ihnen ist die Tiernähe des Triebes wesentlich, weshalb Tiere häufig sexuelle Gleichnisträger sind, wie z. B. Stiere, Pferde, Hunde, Schlangen usw. Sexuelle Träume Jugendlicher sind durchweg als solche auch zu deuten, während die erotischen Träume älterer Menschen auch eine andere Schöpferkraft als die des Leibes meinen können.[33]

Ferner besitzt der Traum die Eigentümlichkeit, das, was er mitteilen will, zu verstärken, eindeutiger zu machen, zu überzeichnen. Er greift auf die archetypischen Erfahrungen der Menschheit zurück und bringt sie in Verbindung mit der persönlichen inneren Situation des Träumers, wobei der Traum übertreibt.[34]

E. Aeppli unterscheidet sechs verschiedene Kategorien von Träumen bezüglich ihrer Bedeutung und damit ihrer Deutbarkeit.

Zunächst gibt es Träume, in denen die Auffassung des Unbewußten dem Erlebnis des Tages antwortet. Die Aussage des Traumes ist das Urteil der unbewußten Seele. Das Material der Traumaussage ist den Erfahrungen des Träumers, dessen realen Erlebnissen und seinem persönlichen Unbewußten entnommen.[35]

In der nächsten Traumkategorie fügt das Unbewußte den Erlebnissen des Tages das bei, was unbeobachtet geblieben ist. Es reduziert Überbewertungen und hebt das Entwertete hervor. Es stellt somit den Träumer an den richtigen Ort. Solche Träume haben die Funktion, etwas zurechtzurücken, zurechtzustellen. Zu diesen Träumen, die bewußte und unbewußte Zusammenhänge in Verbindung bringen, gehören auch die Warnträume.[36]

"In einer dritten Gruppe von Träumen sehr anderer Art macht die unbewußte Psyche, indem sie andere und stärkere unbewußte Situationen dem bewußten Geschehen gegenüberstellt, den Versuch, im Menschen seelische Spannungen zu erzeugen, ein psychisches Gefälle herzustellen, welches die Lebensenergie nach fruchtbaren Zielen führt. Es schalten sich innere Kräfte ein, und es kommt zum Konflikt zwischen dem Ich und der innern Seite des Menschen. In diesen Träumen begegnet man dem 'Andern' in sich, sie führen zur Begegnung mit dem Schatten, aktivieren die unbewußt gebliebene psychologische Einstellung - sei es Extraversion oder Introversion - und holen auch die wenig entwickelten psychologischen Funktionen herbei. So erweitern sie das Bewußtsein. In diesen Träumen setzt der Gegenlauf der Seele ein, das noch nicht Gelebte versucht, sich durchzusetzen. Neue Inhalte der Persönlichkeit dringen aus der Tiefe herauf und ersetzen das, was ohne rechte Kraft mehr zur persönlichen Konvention geworden ist."[37]

Träume der vierten Gruppe werden allein vom Unbewußten inszeniert. Der Träumer kann nirgendwo eine Beziehung des Traumes zu seinem privaten Leben feststellen. Diese fremdartigen Träume lassen jedes persönliche Traummaterial vermissen, sie agieren nur in großen Bildern, Symbolen und archetypischen Handlungen. "Hier öffnet sich der Vorhang zu den Großinhalten und den Urkräften der Menschheitsseele."[38]

Die Träume der fünften Gruppe entstehen aufgrund physiologischer Gegebenheiten. "In diese Gruppe gehören die Pubertätsträume junger Menschen, die Frauenträume der Menstruationstage, ferner Träume, welche von dem reden, was als Folge des weiblichen und männlichen Klimakteriums ins psychische Leben hineinwirkt".[39]

Die letzte Gruppe von Träumen sind jene, die man für andere träumt, z. B. Kinderträume über die Ehetragik der Eltern. Mancher Träumer träumt auch von Unheil, das einem anderen widerfahren wird und ahnt oft im Traum den Weg der Lösung.[40]

Nachdem die Gattungen der Träume dargelegt sind, beschreibt E. Aeppli die Funktionen der Träume. Zunächst spricht er den kompensatorischen Traum an. Der kompensatorische Traum ist der Traum der Ergänzung. Er sagt dem Träumer: "So ist es auch." Er fügt dem Erlebnis des Ich und dem Urteil des Bewußtseins das Erlebnis des Unbewußten und dessen aus größerer Erfahrung gewonnene Beurteilung bei. Im kompensatorischen Traum wird der Ausgleichsversuch der Seele sichtbar.[41]

Die Situationsträume sagen dem Träumer, wie seine augenblickliche psychische Situation ist, über die er im Alltag nicht reflektiert.[42]

Reduktionsträume führen dagegen dem Bewußtsein wichtige Dinge auf ihr richtiges Maß zurück.[43]

Die Absicht eines Traumes ist es, daß die Seele des Träumers dem Menschen durch das Medium Traum helfen will, die richtige, gesunde Lebenseinstellung zu erlangen, sich persönlich glücklich zu fühlen und in Einklang mit der Welt und dem eigenen Körper zu leben. Der Traum behauptet dabei niemals, Führer oder Lehrmeister zu sein, er kann es jedoch werden, wenn der Mensch versucht, ihn zu verstehen. Als Organ der Seele kann der Traum dem Träumer mitteilen, was zu einem bestimmten Zeitpunkt wichtig für ihn ist.[44] E. Aeppli geht sodann auf die Arten der Träume ein.

Er spricht zunächst von Alltagsträumen. Sie spiegeln die Situation des Gestern, Heute und Morgen des Träumers und ergänzen sie nach der unbeachteten Seite hin. Dabei gibt es gewichtigere Träume, die dem Träumer Hinweise auf längere Sicht geben. Sie haben zwar Symbolgehalt und bedienen sich archetypischer Situationen, sprechen aber doch in der Sprache der Wirklichkeit und benutzen das Erlebnismaterial des Träumers. Unbekannte archetypische Gestalten und eine vertraute Umwelt gehen im Traum ineinander über. Der Träumer begegnet seinen persönlichen Konflikten und Komplexen.[45]

Der Wecktraum nähert sich dem Schläfer erst dann, wenn die Wahrscheinlichkeit des Sich-Verschlafens schon recht groß ist.

Es gibt Verspätungsträume oder Träume, in denen ein Geräusch von außen verstärkt wird. Es kann auch der Träumer energisch beim Namen gerufen werden. Beim Wecktraum entsteht Unruhe, die den Träumer schließlich erwachen läßt. E. Aeppli versteht den Wecktraum als eine Fürsorge des Unbewußten.[46]

Die Großträume sind sehr selten. Der Träumer begegnet in ihnen seelischen Inhalten von umfassender Bedeutung. Sie beginnen mit Erinnerungen an die Tageserlebnisse; im Laufe des Traumes jedoch verschwindet alles persönliche Erlebnismaterial. Der Großtraum spricht die Sprache des ganz zu Symbolen verdichteten allgemeinen menschlichen Lebens. Der Träumer kann mit seinem Ich in diesen Traum einbezogen sein. Er erfährt in ihm die Mächte des Lebens, wenn z. B. Tiere zu reden beginnen usw. Hatte ein Träumer einen Großtraum, muß er diesen unbedingt jemandem erzählen, er kann ihn nicht für sich behalten. Das Erzählen hilft dem Träumer, die innere Spannung abzuführen. Er wird dabei ruhiger. Die meisten Menschen haben nur wenige Großträume in ihrem Leben. Großträume treten in der Lebensmitte oder an der Schwelle zum Alter auf, immer dann, wenn eine menschliche Neueinstellung vom Individuum erwartet wird.[47]

In Kinderträumen, so E. Aeppli, kann sich oft ein ganzer Lebensplan symbolisch andeuten, vor allem dann, wenn der Träumer diesen Kindertraum selbst als Erwachsener nicht vergessen hat.[48]

Bei den Pubertätsträumen handelt es sich meistens um Sexualträume, da sich beim Träumer bisher unbekannte Triebgewalten entwickeln. Zeugungskraft und Triebbegehren zeigen sich in Träumen von Jungen z. B. durch Stiere oder Büffel. Der Träumer kann aber auch Früchte essen, deren phallische Form sagt, was gemeint ist. Auch Feuerträume sind häufig. Sie symbolisieren die Glut des nach Liebe suchenden Lebensgefühls.[49]

Die Individuationsträume kommen dem menschlichen Bedürfnis entgegen, sich zu verinnerlichen, zu sich selbst zu finden. Zunächst erscheinen gleichgeschlechtliche Traumfiguren mit meist minderwertigem Charakter. Sie werden "Schatten" genannt. Der Schatten versucht, dem Menschen die Beziehung zum "dunklen Anderen" in sich selbst zu vermitteln, der bisher übersehen wurde. Die Begegnung mit der Anima bzw. dem Animus, dem gegengeschlechtlichen Teil der Seele des Träumers, soll diesem ermöglichen, sich der Wesensanteile bewußt zu werden, die er bisher noch nicht gelebt hat, die bisher von ihm eher als dem anderen

Geschlecht zugehörig angesehen wurden. In Individuationsträumen werden Symbole deutlich, die in keinerlei Zusammenhang mit dem Leben des Träumers stehen. Sie können als selbständige Gleichnisse seiner inneren Entwicklung aufgefaßt werden, welche seine "Mitte" erreichen möchten. Die Mitte erscheint beispielsweise als Turm, Quelle oder Baum. Der Weg dorthin ist oft nur nach Überwindung großer Gefahren zu finden.[50]

Die Todesträume sind die Träume Schwerkranker, die sich in einem Zustand in der Nähe des Sterbens befinden. Diese Träume können den Träumer auf das bevorstehende Sterben vorbereiten oder eine Lebenskrise andeuten.[51]

Ferner spricht E. Aeppli von günstigen oder ungünstigen Träumen, die dem Träumer in schweren Lebensphasen begegnen. Günstige Träume enthalten Symbole der Erneuerung oder bieten am Traumende eine Lösung der Schwierigkeiten an. Ungünstige Träume weisen Symbole auf, in denen sich sehr dunkle menschliche Erfahrungen verdichtet haben. "Das Auftauchen dieser Symbole besagt, daß diese dunkle Atmosphäre, daß diese erschreckende Konstellation wieder da ist."[52]

Soll ein Traum einem Träumer hilfreich sein, muß er gedeutet werden. Die Psychoanalyse S. Freuds gibt dem Traum einen vorrangigen Stellenwert in der Erforschung seelischen Lebens. S. Freud erkannte, daß sich im Traumleben eine wesentliche Funktion des psychischen Lebens offenbart. Er sah, daß der Traum nicht ein physiologisches, sondern ein seelisches Phänomen ist, welches durch psychische Erlebnisse ausgelöst wurde. Nach S. Freud versucht sich die ins Unbewußte verdrängte Sexualität im Traum durchzusetzen. Sie stellt den eigentlichen Hintergrund des Traumes dar. Daß der Traum in einem "erträglichen Bilderkleide" und in anständigen Worten erscheint, verdankt er einer Umbildungs- und Anpassungsstelle. Der Traum unterliegt demnach einer Traumzensur. Wunschgedanken werden in Bildern und Symbolen (z. B. Vogel, Schlange, Degen, Haus, Kästchen usw.) dargestellt.[53]

In der Individualpsychologie A. Adlers, so die Darstellung E. Aepplis, tut der Mensch alles für seine Ichbehauptung und seinen Anspruch auf Herrschaft und Geltung, also auf persönliche Macht. Alles Handeln des Menschen ist final, auf den zu erreichenden Zweck gerichtet.

Das Unbewußte versteckt nach A. Adler die Machtansprüche des Menschen. Der Traum als bedeutendste Ausgestaltung des

Unbewußten steht im Dienst der Aufrechterhaltung dieser Machtansprüche. Nach dem Verständnis der Individualpsychologie obliegt einem jeden Traum die Aufgabe, jene Stimmung zu erzeugen, die die geeignete zur Erreichung des vorschwebenden Zieles ist.[54]

Da E. Aeppli sich als ein Schüler C. G. Jungs betrachtet, nimmt die Darstellung der Methode der Traumdeutung in der komplexen Psychologie C. G. Jungs bei ihm den breitesten Raum ein, nicht zuletzt deshalb, weil er im Sinne seines Meisters interpretiert. Bei der Deutung der Träume ist nach Auffassung des Autors darauf zu achten, in welcher Beziehung und Reihenfolge die Träume zueinander stehen.[55] Eine Hauptregel methodischer Traumanalyse besteht darin, die Träume nicht einzeln, sondern in einer Gruppe von Träumen, die sich zeitlich folgen, zu analysieren, da sich gezeigt hat, daß Träume der gleichen Epoche um das gleiche Thema kreisen. In den verschiedenen Träumen wird das Problem von verschiedenen Seiten aus beleuchtet, Für und Wider werden abgewogen. Um einen Traum deuten zu können, muß man den Träumer sehr gut kennen. Es ist wichtig zu wissen, in welchem Lebensalter er sich befindet, da jede Lebensstufe ihre eigene Hauptaufgabe hat.[56]

Grundlage jeder Deutung ist der möglichst genau wiedererzählte Traum. Der Traumtext gilt als Urtext der unbewußten Seele. Er enthält nichts anderes als das reine Traummaterial. Dabei muß auf jede Einzelheit geachtet werden. Oft steckt in den kleinen Dingen der Hinweis auf den Sinn des Traumes.[57]

Es muß untersucht werden, ob die Deutung auf der Objektstufe oder auf der Subjektstufe angemessen ist. Auf der Objektstufe klärt der Traum die den Träumer umgebende Außenwirklichkeit und sein Verhältnis dazu. Auf dieser Stufe ist der im Traum auftretende Bruder immer als der wirkliche Bruder zu deuten, die im Traum redende Mutter ist als real existierende (oder existiert habende) Mutter aufzufassen.[58]

Auf der Subjektstufe sind die geträumten Menschen Verkörperungen und Sichtbarmachungen innerer Wesenszüge des Träumers. Die Traumhandlung wird zum Ausdruck seiner psychischen Funktionen und seiner Entwicklung. Dabei kann jede "Person, die wir träumen, [...] wenn wir die Projektion in uns zurückgenommen haben und nur die verfeinerte Projektion auf innere Gestalten geblieben ist, in der Traumbetrachtung als ein unter dem Namen eines andern gehendes Gleichnis eigener innerer Haltung erkannt werden."[59]

Im Folgenden nun sollen die in den ersten drei Bänden des Orientromanzyklus auftretenden Figuren wie Traumfiguren Karl Mays behandelt und gedeutet werden. Die Deutung versucht, sich eng an die von E. Aeppli erstellten Kriterien und Richtlinien zu halten. Sodann ist aufzuzeigen, mit welcher Thematik die einzelnen "benachbarten" Figuren gerade befaßt sind. Es ist die Frage zu stellen, welche psychische Entwicklung Karl Mays sich dort widerspiegelt.

4.2.1. Zur aktuellen Situation Karl Mays während der Abfassung der Texte für die ersten drei Bände des Orientromanzyklus.

Am 17. August 1880 hat Karl May in Ernstthal die Ehe mit Emma Lina Pollmer geschlossen. Zu dieser Zeit ist er bereits ständiger Mitarbeiter der katholischen Familienzeitschrift "Deutscher Hausschatz" des Pustet-Verlages in Regensburg. Ab 1881 veröffentlicht der "Deutsche Hausschatz" den orientalischen Romanzyklus 'Giölgeda padishanün', der die fast unveränderte Textgrundlage der Bände I - VI der späteren Fehsenfeld-Ausgabe, auf deren Reprints sich in dieser Studie bezogen wird, darstellt.

Ab 1882 arbeitet Karl May für den Münchmeyer-Verlag, bei dem er 1875 bereits angestellt gewesen ist. Er schreibt fünf umfangreiche Kolportage-Romane für Münchmeyer, die überwiegend pseudonym erscheinen. Dieser Lebensabschnitt des Autors zeichnet sich aus durch wenig Aktivitäten nach außen; Karl May lebt relativ zurückgezogen und arbeitet wie besessen, um sowohl Münchmeyer, als auch den Pustet-Verlag zufriedenzustellen.

Auf die persönliche Lebensgeschichte des Autors soll hier nicht eingegangen werden, da es hervorragende Darstellungen der Vita Karl Mays gibt. Auch seine Vaganten- und Straftatenzeit liegt nicht mehr im Dunkeln.[60]

Da auf Anspielungen betreffs der Vergangenheit in seinem Werk bei der Behandlung der einzelnen Romanfiguren direkt eingegangen wird, erübrigt sich hier eine zusammenfassende Abhandlung von May Lebenslauf bis zur Abfassung des Textes, der später zum Orientromanzyklus zusammengestellt wurde.

4.3.1. Die Figuren der ersten drei Bände des Orientromanzyklus als Traumfiguren

Im Folgenden werden die einzelnen männlichen Figuren, die in den drei ersten Bänden von Karl Mays Orientromanzyklus auftreten, der Reihe nach behandelt. Jede Figur wird dabei wie eine Traumfigur betrachtet und als solche auf ihren Symbolgehalt hin untersucht.

Dabei wird allerdings dem Prinzip der "Atomisierung" einer jeden Figur zum Zwecke der Interpretation eine Absage erteilt. Das Sezieren einer literarischen Figur in quasi kleinste, nicht mehr teilbare Interpretationseinheiten entbehrt einer jeglichen Sinnhaftigkeit. Wie zu beobachten ist, wird in einem solchen Falle in eine völlig atomisierte Figur ohne Schwierigkeiten in nahezu unbegrenzter Beliebigkeit hineininterpretiert. Zweifellos bieten sich Karl Mays Romanfiguren dazu an. Dennoch soll dieser Versuchung hier nicht erlegen werden. Denn ein "interpretatorisches Atom" - und eine jede Figur bietet deren eine Fülle - kann Symbol für alles und jedes und damit für letztendlich gar nichts mehr werden.

Da im Traum sich archaische Bilder in elementaren Handlungen von nicht minder elementar konzipierten Figuren ereignen[61], müssen letztere zum Zweck der Traumanalyse unangetastet bleiben, d. h. ihre Zerlegung in kleine Teile zum Zwecke interpretatorischer Bemühungen verbietet sich.

Die Romanfiguren werden in der zeitlichen Folge ihres Auftretens in den drei hier zur Diskussion stehenden Werken abgehandelt und zueinander in Beziehung gesetzt.

Eine eigene Passage über den Helden Kara Ben Nemsi sowie sein "alter Ego" Hadschi Halef Omar[62] wird man hier vergeblich suchen. Der Held und sein getreuster Substitut treten in nahezu jeder Episode in Erscheinung. Bei der Interpretation der Symbolik müssen die Figuren mit dem Helden in Verbindung gebracht werden, da sie sehr oft als Ich-Abspaltungen des Autors Karl May verstanden werden dürfen. Die Tatsache soll nicht verwirren, daß das Individuum "das Unteilbare" - nämlich der Schriftsteller Karl May - sich auf literarischer Ebene als ein 'Multiindividuum', ein "Vielteilbares" dartut.

Bereits hier soll aufmerksam gemacht werden auf die Behandlung der Antagonisten des Helden. Die Fülle der Ausführungen könnte überdecken, daß die Widersacher nach einem starren

Schema traktiert werden, welches in Demütigung, Entmachtung und schließlich symbolischer Kastration besteht.

Hamd el Amasat

Der Mörder Hamd el Amasat wird ununterbrochen - quasi über sechs Bände hin - von Kara Ben Nemsi und seinen Freunden gejagt. Somatisch ist Hamd el Amasat lang und hager gebaut, sein Burnus hängt an ihm wie an einer Vogelscheuche. Die Augen sind klein, stechend und blicken unheimlich drein, die Lippen sind schmal und blutleer, ein dünner Oberlippenbart und ein spitzes Kinn gehören weiter zu der wenig vertrauenerweckenden Physiognomie des Armeniers. Zu alledem hat die Nase "wirklich die Form eines Geierschnabels".[63]

Hamd el Amasat schießt auf der Salzkruste des Schotts auf Kara Ben Nemsi, nachdem er dessen Führer Sadek getötet hat. Der Mörder flieht, wird von Omar Ben Sadek, dem Bluträcher, gefaßt, kann sich aber befreien und erneut flüchten.[64]

Erst bei der Verfolgung des Schut können Kara Ben Nemsi und seine Freunde Hamd el Amasat fangen. Omar, der Bluträcher für den Mord an seinem Vater, tötet aber den Gefangenen nicht, sondern blendet ihn nach einem ehrlichen, aber furchtbaren Zweikampf, um ihn einerseits unfähig zu machen, weitere Verbrechen zu begehen und ihm andererseits die Möglichkeit zur Reue für die begangenen Freveltaten zu geben.[65]

Die Physiognomie Hamd el Amasats macht es dem Rezipienten einfach, den Armenier als bösen Menschen zu erkennen.[66]

Die ungewöhnliche Nase ist Symbol für eine ungewöhnliche, verbrecherische, männliche Potenz und Aggressivität.[67]

Die Blendung durch Omar Ben Sadek, die die äußeren Augen zerstört hat, zwingt den Verbrecher - wer damit gemeint ist, sei noch kurz hintangestellt - zum Blick nach innen, zur Erforschung der eigenen Vergangenheit. Symbolisch kann der Verlust der Augen auch eine wie auch immer geartete Kastration andeuten.

Es ergeben sich zwei Möglichkeiten, die Figur zu interpretieren. Zunächst könnte Hamd el Amasat für eine archetypische zerstörerische seelische Kraft stehen, die ausfindig und unschädlich gemacht werden muß, dabei aber nicht verdrängt werden soll, sondern nach Integration in beherrschbarer, lenkbarer Form weiterhin existent bleiben muß. Diese Deutung erscheint nicht sonderlich befriedigend. Ilmer konnte feststellen, daß sich hinter der "dichterischen" Namensform "Hamd el Amasat" der Buchhalter aus Altenchemnitz mit Namen Julius Hermann Scheunpflug verbirgt. Scheunplug mußte seinerzeit den jungen Karl May, der gerade Lehrer in einer Fabrikschule in Altchemnitz geworden war, in seinem Zimmer beherbergen. Er überließ Karl May seine alte Taschenuhr leihweise. Als der junge Fabriklehrer zu Weihnachten seine Eltern besuchte, nahm er die geliehene Taschenuhr mit. Scheunpflug erstattete Anzeige gegen Karl May wegen Diebstahls, sorgte so für die Verurteilung Karl Mays, der mit der Aburteilung auch den Verlust der Ausübungsberechtigung für den Lehrerberuf hinnehmen mußte.[68]

"Hamd el Amasat" klingt an die türkischen Begriffe für "Blindheit", "Gnadenlosigkeit", "Scheune", "ungepflügt", "Tapferkeit", "Ackerbau" und "Taschenuhr" an.[69]

Diese Anklänge dürften kein Zufall mehr sein. Karl May hat hier offensichtlich eine Schurkenfigur geschaffen, die symbolisch für den gehaßten Buchhalter stehen und eine gerechte Strafe erhalten konnte.

Der junge Begleiter Hamd el Amasats

Der im Text nicht mit Namen genannte Begleiter und Spießgeselle des Mörders Hamd el Amasat wird als "junger Mann von auffallender Schönheit"[70] beschrieben, "[...] aber die Leidenschaften hatten sein Auge umflort, seine Nerven entkräftet und seine Stirn und Wangen zu früh gefurcht. Man konnte unmöglich Vertrauen zu ihm haben."[71]

Weiter unten wird der Begleiter Hamd el Amasats als feig dargestellt.[72] Er versinkt im Schott el Dscherid, nachdem er auf Kara Ben Nemsi geschossen hat und von ihm verfolgt worden ist.[73]

Schön, aber von Leidenschaften gezeichnet, so wird auch Abrahim Mamur später dem Leser begegnen. Der hier kurz auftretende junge Mann könnte eine Präfiguration dieser Gestalt sein.

Die Figur des nervlich entkräfteten Jünglings verschwindet buchstäblich kurz nach ihrer Einführung, entsteht aber neu und wesentlich diabolischer in Abrahim Mamur.[74]

Die von den Leidenschaften umflorten Augen der jungen Männer sowie ihre entkräfteten Nerven wurden zu Mays Zeiten - und schon lange vorher und noch lange danach - immer wieder angesprochen. Die Terminologie entstammt eindeutig der im ausgehenden Neunzehnten Jahrhundert mit Vehemenz geführten Diskussion um die Schädlichkeit, ja Lebensgefährlichkeit der "Selbstbefleckung", der Onanie.[75]

Wie brisant die Sache ist, wird auch dadurch angedeutet, daß der Jüngling kein Orientale, sondern ein Europäer zu sein scheint.[76] Ipsative Leidenschaft ist also keineswegs bei den dem Leser fernen Orientalen, sondern bei einem jungen Europäer festzustellen - sie ist plötzlich hautnah am Rezipienten.

Der Autor erweist sich hier selbstverständlich als ein Kind seiner Zeit.

Der die Leidenschaften der Masturbation durch dunkle Augenringe und zu früh gefurchte Wangen zur Schau stellende junge Mann muß zwangsläufig durch sein Laster auch seine Nerven entkräftet haben. Es nimmt wunder, daß Kara Ben Nemsi bei seiner ersten Begegnung mit dem Jugendlichen diese Tatsache sofort feststellen konnte, denn Nervenschwäche ist durchaus nicht auf Anhieb erkennbar. Aber wer mit umflorten Augen herumläuft und damit kundtut, daß er dem schwächenden Übel anhängt, der muß natürlich auch geschwächte Nerven haben. Als Personifikation dieses lustvollen Lasters muß diese Figur eliminiert werden. Karl May alias Kara Ben Nemsi sorgt dafür, daß derartige Kräfte in der Tiefe des Unterbewußten verschwinden.

Aber noch eine andere, wesentlich brisantere Deutung der Figur ist möglich. W. Ilmer bereitet den Weg dafür. Er bezeichnet den Begleiter Hamd el Amasats als Karl May selbst.[77]

In der Tat ist die Einführung der Figur des Begleiters alles andere als plausibel. Der Handlungsverlauf wäre ohne den jungen Mann nicht im mindesten zu ändern gewesen: die Einführung dieser Figur ist schlichtweg überflüssig. Daß sie namenlos ist, sollte zu denken geben. Der namenlose europäisch aussehende Masturbant wäre nach Ilmers Deutung also Karl May in eigener Person, der eine Verbindung mit Amasat-Scheunpflug eingegangen ist.

Das kurzzeitige Zusammenleben des Buchhalters und des Junglehrers scheint konfliktreich gewesen zu sein. Karl May selbst schildert das Verhältnis: "Im übrigen kam ich ganz gut mit ihm aus. Ich war ihm möglichst gefällig und behandelte ihn, da ich sah, daß er das wünschte, als den eigentlichen Herrn des Logis [...]. Ein wirklich freundschaftlicher oder gar herzlicher Umgang fand zwischen uns nicht statt."[78]

Karl May benutzte Scheunpflugs alte Taschenuhr, um pünktlich den Unterricht der Fabrikschule zu beginnen und zu schließen und nahm diese Uhr mit in die Weihnachtsferien. Scheunpflug erstattete Anzeige, obwohl er keinesfalls davon ausgehen konnte, daß Karl May ernsthaft den Diebstahl der Uhr im Sinne hatte, denn er mußte ja nach den Ferien wieder zum Dienst in der Schule erscheinen. Spätestens dann hätte er über den Verbleib der Uhr Rechenschaft ablegen müssen. Scheunpflug bestand auf einem Verfahren. Hätte er den Strafantrag zurückgezogen, wäre Karl May nicht verurteilt worden und hätte damit auch die Lehrberechtigung behalten. Der Buchhalter jedoch blieb bei seiner gewissenlosen Handlungsweise. War das nur reine Bosheit oder ist hier auch Rachsucht im Spiel gewesen?

Was bedeutet die Aussage Karl Mays, er sei recht gut mit dem Zimmerinhaber ausgekommen, sei ihm gefällig (!) gewesen, habe ihn als Herrn (!) betrachtet, wenngleich ein herzlicher oder freundschaftlicher Kontakt zwischen beiden nicht entstanden war? Und wie reimt sich das alles zu der Darstellung der Figur des jungen Begleiters Hamd el Amasats, - sprich Karl Mays - der durch sexuelle Hyperaktivitäten entkräftet erscheint? Könnte hier ein versteckter Hinweis darauf vorliegen, daß der junge Mann dem älteren auch in nicht näher erwähnter Weise gefällig war und ihn als Herrn betrachtete? Hat der Buchhalter den Zimmergenossen genötigt, ihm auch sexuell gefällig zu sein? Und könnte der letztendlich sinnlose Strafantrag wegen des angeblichen Uhrendiebstahls ein Racheakt dafür gewesen sein, daß Karl May solche Gefälligkeiten nicht gerne oder nicht mehr zu erweisen gewillt war? Das würde in jedem Falle die harte Haltung Scheunpflugs gegenüber Karl May erklären, andererseits auch den Tod des sexualisierten Begleiters Hamd el Amasats verständlich machen. Mit dem Verschwinden der personifizierten - möglicherweise mutuellen - Onanie unter der Salzkruste des Schott el Dscherid hätte sich der Autor von einer kurzen, ihm selbst unangenehmen Episode in seinem Leben losgesagt, sie ins Unbewußte zurückgedrängt.

Sadek, der Führer über den Schott Dscherid

Sadek ist ein Freund Hadschi Halef Omars. Er wohnt am Ufer des Schott Dscherid und führt Fremde über die Salzkruste des Sees, die stellenweise sehr dünn ist. Auch Kara Ben Nemsi und

Hadschi Halef Omar wollen sich von Sadek über den Schott führen lassen. Sadek verspricht: "Du sollst den Sumpf des Todes sehen, den Ort des Verderbens, das Meer des Schweigens, über welches ich dich hinwegführen werde mit sicherem Schritte."[79] Sadek kann sein Versprechen nicht halten, denn an der gefährlichsten Stelle des Schott Dscherid erschießt ihn Hamd el Amasat.[80]

Der Führer über den Sumpf des Verderbens, der allein den rechten Weg weiß, rückt symbolisch in die Nähe eines religiösen Führers. Der Name Sadek ist arabischen Ursprungs und bedeutet "treu, ergeben, wahr, echt". Er entspricht etymologisch dem eines bedeutenden alttestamentlichen Priesters, der in der Lutherbibel Zadok genannt wird.[81] Sadek verspricht sichere Führung durch den Ort des Verderbens, sofern man ihm gehorcht. Kara Ben Nemsi erkennt an, daß auf der Salzkruste des Sees "der Führer Herr und Meister ist".[82] An der gefährlichsten Stelle des Pfades, in einem Tal zwischen zwei Salzdünen warnt der Führer: "Wir stehen mitten im Tod".[83] Dieser Ausspruch erinnert stark an das Kirchenlied: "Mitten wir im Leben sind, mit dem Tod umfangen."[84] Damit ist ein weiterer Hinweis gegeben, daß der Pfad über das gefährliche Schott Dscherid ein Sinnbild für den Pfad des Lebens ist. Sadek ist demnach symbolisch der Institution Kirche gleichzusetzen, die dem Menschen Führer sein will. Sadek betet an einer der gefährlichsten Stellen mit lauter Stimme die heilige Fatcha[85], ein Gebet, daß an den Dreiundzwanzigsten Psalm anklingt. Darin ist die Rede vom "Tal der Todesschatten", in dem sich der Gläubige nicht zu fürchten braucht, da Gott bei ihm ist.[86] Und das gefährliche Tal zwischen den beiden Salzdünen ist ein Tal der Todesschatten: während des Gebetes trifft den Führer Sadek die Kugel des Mörders. Sadek verschwindet unter der trügerischen Salzkruste neben dem Pfad. Kara Ben Nemsi und Halef geraten in Gefahr, ebenfalls zu versinken, können sich aber retten. Als Halef gerettet ist, betet er. Kara Ben Nemsi, dem als praktizierenden Christ ein Dankgebet wohl angestanden hätte, vermag nicht zu beten - oder: vermag nicht *mehr* zu beten. Der Führerlose wird vom Sohn Sadeks gefunden und über den Schott gebracht. Hinfort braucht Kara Ben Nemsi keinen Führer mehr, er führt sich selbst. Der plötzlich ohne religiöse Führung Dastehende stellt fest, daß er sich selbst führen kann und sich selbst zu raten weiß. Der persönlich erlebte Säkularisierungsprozeß des

Autors Karl May könnte hier seinen literarischen Niederschlag gefunden haben.

Arfan Rakedihm

Arfan Rakedihm ist ebenfalls ein Führer über den Schott Dscherid. Er ist neben Sadek der einzige, der den Weg über die Salzkruste des gefährlichen Sees kennt. Auffällig an ihm ist das Fehlen der Nase und die Tatsache, daß er keine guten Augen hat. Ferner ist er krummbeinig. Er empfindet sich als Konkurrent Sadeks und seines Sohnes Omar. "Ihr nehmt mir mit Gewalt das Brot hinweg, damit ich verhungern soll."[87] Kara Ben Nemsi kommentiert: "Es mochte sein, daß die Konkurrenz hier eine Feindschaft entwickelt hatte, aber dieser Mann besaß überhaupt keine guten Augen, und so viel war sicher, daß ich mich ihm nicht gern anvertraut hätte."[88]

Die beiden Führer Sadek und Arfan Rakedihm, die den Weg über den gefährlichen Schott kennen, scheinen symbolisch für die beiden großen christlichen Konfessionen zu stehen, die den Weg durch die Fährnisse des irdischen Lebens zu kennen vorgeben. Während Sadeks Warnung im Schott an ein protestantisches Kirchenlied anklingt und er eine Entsprechung zum Dreiundzwanzigsten Psalm betet, der im protestantischen Lager sehr populär ist, er also als Symbol für den aufrechten Protestantismus verstanden werden kann, steht Arfan Rakedihm für den ultramontanen Katholizismus. Das Fehlen der Nase ist als symbolische Kastration zu deuten: die katholische Geistlichkeit hat quasi asexuell zu leben. Die krummen Beine könnten als unreflektierte, bissige[89] Anspielung auf den Jesuitenorden verstanden werden, der zur Zeit des Kulturkampfes vom Protestantismus diffamiert wurde.[90]

Dem Autor scheint bei der Beschreibung der Figur des Arfan Rakedihm der boshafte "Pater Filucius", 1872 von Wilhelm Busch als Ausfluß der protestantischen Abwehr des Jesuitenordens kreiert, vor Augen gestanden zu haben. 1872 wurde der Orden im Deutschen Reich gesetzlich verboten. Pater Filucius ist in der Titelvignette wie auch im Werk selbst mehrfach von Busch quasi nasenlos dargestellt worden.[91]

Wie Pater Filucius ist Arfan Rakedihm hager und hat böse Augen. Die krummen Beine könnten die "krummen Touren" andeuten, die aus deutsch-protestantischer Sicht den Jesuiten angelastet wurden.

Der Vorwurf Arfan Rakedihms könnte durchaus als Vorwurf der römischen Kirche an die Adresse der protestantischen Liga aufgefaßt werden: "Ihr nehmt mir mit Gewalt das Brot hinweg, damit ich verhungern soll." Das könnte verstanden werden als: Ihr werbt mir die Gläubigen ab, so daß mir die Existenzgrundlage entzogen wird.[92]

Der Autor Karl May hat hier unbewußt Stellung bezogen. Die Konkurrenz hatte eine Feindschaft entwickelt, daran war zur Zeit des Kulturkampfes und danach nichts wegzudiskutieren. Aber dem Mann, der keine guten Augen hatte, wollte er sich nicht anvertrauen. Trotz der Zusammenarbeit mit dem Pustet-Verlag, trotz der Tatsache, daß Karl May sich dort als der katholischen Konfession zugehörig betrachten ließ, erteilt er dem Katholizismus hier eine eindeutige Absage.

Die tiefenpsychologisch orientierte Deutung kann in Arfan Rakedihm nur eine personifizierte destruktive seelische Kraft sehen, die der Autor vom Ich abgespalten hat, ein Teil-Ich Karl Mays, das aber nicht sofort eliminiert wird, sondern weiterlebt. Bemerkenswerterweise gibt der Karl-May-Forscher W. Ilmer keine nähere Deutung für die Figur Arfan Rakedihms ab, obwohl er sonst bemüht ist, Niederschläge realer innerer und äußerer Erlebnisse des Autors in den großen Reiseerzählungen nachzuweisen.[93]

Omar Ben Sadek

Omar Ben Sadek, Führer von Ortsunkundigen über die gefährliche Salzkruste des Schott Dscherid wie sein Vater, muß von Kara Ben Nemsi und Halef erfahren, daß sein Vater Sadek von Mördern erschossen wurde und im Salzsee versunken ist. Der junge Mann schwört daraufhin, den Mörder seines Vaters zu töten. Vorher wird er nicht lachen, den Bart nicht beschneiden und keine Moschee besuchen.[94]

Tatsächlich gelingt es Omar Ben Sadek mit Hilfe Kara Ben Nemsis und Halefs, den Mörder Hamd el Amasat zu fangen. Der Wekil, der ihn verurteilen soll, läßt ihn jedoch heimlich frei. Omar Ben Sadek nimmt die Verfolgung des Mörders erneut auf und trennt sich vom Helden und seinem Begleiter. In Stambul treffen Kara Ben Nemsi und Omar Ben Sadek später wieder zusammen. Noch immer ist Omar dabei, seinen Racheschwur zu erfüllen. Er hat den Mörder bis nach Stambul verfolgt. Hier arbeitet er als Lastträger, um sich seinen Lebensunterhalt zu verdienen, gleichzeitig aber auch nach Hamd el Amasat zu forschen. Da er durch den Bericht Kara Ben Nemsis bei Isla Ben Maflai bekannt ist, gibt er auf Einladung Islas seine Tätigkeit als Lastträger auf und wohnt im Haus des Kaufmanns, um von dort aus seine Nachforschungen anzustellen. Gemeinsam mit Kara Ben Nemsi und polizeilicher Hilfe stürmt er das Räuberhauptquartier in St. Dimitri, in dem er den Mörder seines Vaters verborgen glaubt. Schließlich belauscht er die Verbrecher Abraham Mamur und Kolettis und stürzt sie vom Turm Galata.[95]

Dann macht er sich erneut mit Kara Ben Nemsi und einigen Gefährten auf die Spur Hamd el Amasats. Er bleibt während der gesamten Balkanreise Kara Ben Nemsis Getreuer, der bei der Jagd auf den Schut und seine boshaften Helfershelfer dem Protagonisten unentbehrlich ist. Zum Dank bekommt Omar Ben Sadek von Kara Ben Nemsi eines der berühmten gescheckten Pferde der beiden Aladschi geschenkt.[96]

An der Verräterspalte gelingt es ihm, des Mörders seines Vaters habhaft zu werden. Um die Blutrache zu vollziehen, wünscht er einen ehrlichen Zweikampf mit Hamd el Amasat, den er überwindet, aber nicht tötet, sondern blendet.[97]

Auf Veranlassung Kara Ben Nemsis erhält der arme Araber von dem geretteten dankbaren Galingré eine hohe Geldsumme als Geschenk. Omar Ben Sadek will mit Hadschi Halef Omar zu den Haddedihn reiten, bei ihnen bleiben und dort eine Frau nehmen.[98]

W. Ilmer versteht die Figur als Konglomerat aus Menschen, die Karl May einst "aus unterschiedlichen Motiven, jedoch hilfreich, die Hand boten: Kochta, Münchmeyer, Radelli, Pustet. Ein bißchen von jedem wird gerafft in Omar lebendig."[99]

Andererseits sei Omar auch ein "weiteres abgespaltetes Stückchen Karl May".[100] Denn Karl May, der Schriftsteller, darf keine Rachegedanken haben, weil das seinen christlichen Grundsätzen entgegenstünde: er braucht deshalb ein Ventil. Omar, der personifizierte Racheengel, zugleich Moslem, hat mit christlichen Grundsätzen nichts am Hut zu haben. Er darf narzißtische Wut ungehindert und zeitlich unbegrenzt ausleben.

Mit Hilfe Omars - so W. Ilmer - entledigt sich Karl May der negativen Vaterfigur, also all dessen, was den Sohn an den vom Vater ererbten Eigenschaften und an ihm selbst stört: mit dem Sturz Abraham Mamurs vom Turm von Galata ist zumindest in der Phantasie diese Tat vollzogen.[101] Mit Hilfe Omars "nimmt

May hier im Geiste Rache an H. G. Münchmeyer für dessen ungehöriges Umschwärmen Emmas während der 'Waldröschen'-Entstehung - eine Rache, die eines Karl May unwürdig war".[102]

Ob Ilmer mit dieser interpretatorischen Atomisierung über das Ziel hinausschießt, sei dahingestellt.

Als "Rächer" wird die Figur für den jugendlichen Leser - und nicht nur für ihn - relevant. Rachegefühle sind keinem Menschen völlig fremd. Auch der nicht an einer narzißtischen Störung Leidende kennt sie. In der Trivialliteratur kann "Rache" durchaus als eines der handlungstragenden Motive angesprochen werden. Aber auch in der sog. "hohen" Literatur zeigt sich Vergeltung als Motor für die Aktionen sogar der Protagonisten.[103]

Persönliche Rachegefühle gegenüber Höhergestellten, Mächtigeren, für erfahrene Demütigung können nur selten in eine Tat der Vergeltung umgesetzt werden. Eine Kumulation von finanziellen Möglichkeiten und der zugehörigen Macht wie das bei Edmond Dantes der Fall war, dürfte nur wenigen Menschen zu Gebote stehen, um einen großangelegten Rachefeldzug durchzuführen.

Ein in der Literatur auftretender "Racheengel" kann stellvertretende Funktion haben. An einer solchen Figur ist es dem Leser möglich, seine persönlichen Rachegefühle festzumachen und abzuleiten. Die Ferne der Gestalt "Omar Ben Sadek", die sich irgendwo im Orient aufhält und dort agiert, erleichtert die Abfuhr dieser bösen Emotionen. Auch hier wird dem Rezipienten vom Autor Karl May eine "Fluchtlandschaft"[104] mit entsprechenden "Fluchtakteuren" angeboten.

Rache kann nicht ausgeübt werden, sie *darf* aber auch nicht ausgeübt werden, denn Rachegefühle zu hegen, ist dem vom christlichen Geist geprägten Abendländer verboten. Die Rache ist Sache Gottes. "Mein ist die Rache, redet Gott."[105] Conrad Ferdinand Meyer steht dabei in alttestamentlich-christlicher Tradition. Im Deuteronomium sagt Gott durch Mose: "Die Rache ist mein, ich will vergelten."[106] Damit ist das Individuum betreffs seiner Racheansprüche oder auch nur -wünsche in seine Schranken gewiesen. Der christliche Europäer hat Vergeltungsgedanken gegenüber wem auch immer tunlichst zu vermeiden oder, wenn ihm das nicht möglich, zu unterdrücken. Ein im Exotischen beheimateter Moslem darf seine Rache nicht nur mit vollen Recht emotional erleben, er darf sie rigoros in die Tat umsetzen, denn er ist an christliche Maßstäbe nicht gebunden. Und wie er ein solches Unternehmen zum guten Ende - sprich: zur gerechten Bestrafung des Übeltäters - führt, das dürfte seine Faszination auf den Leser ausüben.

Noch ein weiterer Aspekt darf hier nicht unberücksichtigt bleiben. Omar Ben Sadek nimmt nicht Rache an irgend jemandem, sondern am Mörder seines Vaters. Und "Vatermord", zumindest der Wunsch, den Vater zu töten, um die Mutter ganz zu besitzen, ist ein in der Psychoanalyse durch S. Freud eingeführter Fachterminus, der zu dem Oberbegriff "Ödipuskomplex" gehört.[107] Im Zuge der Überwindung der ödipalen Phase baut der Heranwachsende ein positives Verhältnis zum gleichgeschlechtlichen Elternteil auf, er nähert sich emotional dem Vater an. Omar Ben Sadek könnte, so man der Interpretationsweise der Psychoanalyse zu folgen geneigt ist, als der die ödipale Phase überwunden habende Heranwachsende verstanden werden, der seinerseits den Mörder des Vaters, den sich noch *in* der ödipalen Entwicklungsphase Befindlichen symbolisiert. Omar Ben Sadek und Hamd el Amasat sind dann als personifizierte antagonistische Seelenkräfte bzw. psychische Entwicklungsstufen zu verstehen, wobei der endliche Sieg der als Symbolfigur gefaßten höherstehenden Entwicklungsstufe über die überwundene Stufe obligatorisch ist. Der jugendliche Leser, der diese Entwicklungsstufen durchlaufen hat, könnte intuitiv erkennen: "Mea res agitur".

Und noch etwas wird unterschwellig transportiert: der jugendliche Leser erfährt, daß Omar Ben Sadek, der dem Protagonisten nicht nur wohlgesonnene, sondern sich ihm gegenüber völlig loyal verhaltende junge Mann nach Erfüllung seiner Pflicht mit irdischen Gütern gesegnet wird. Die verdiente Belohnung für Wohlverhalten und Anerkennung der absoluten Überlegenheit Kara Ben Nemsis besteht in der Gewährung absoluter Triebbefriedigung. Das völlige Vertrauen Omar Ben Sadeks auf den charismatischen Führer zeitigt den Erfolg, daß eben dieser Führer in jeder Hinsicht für seinen Anhänger Sorge trägt. Das Geldgeschenk kommt einem symbolischen Machtzuwachs gleich[108], der Erwerb des Pferdes symbolisiert die Ausbildung einer gezügelten, kultivierten männlichen Sexualität[109], die dann Voraussetzung ist für Etablierung, Seßhaftwerdung und Familiengründung.

Der Heranwachsende könnte anhand dieser Figur - und anhand vieler ähnlicher Kreationen, die im Werk Karl Mays folgen werden - einsuggeriert bekommen, daß es sich lohnt, treu seine Pflicht zu tun und die Superiorität eines wie auch immer beschaffenen Führers anzuerkennen. Optimale Triebbefriedigung ist nur bei Preisgabe eigener Kreativität und Reduzierung eigenen Tuns, bei Entwickeln einer "Führer-befiehl-wir-folgen-Mentalität" garantiert.

Der Wekil

Der Wekil agiert als Stellvertreter des Padischah in der Oase Kbilli. Er ist ein Freund des Mörders Hamd el Amasat und will Kara Ben Nemsi und seine Begleiter ohne Gerichtsverfahren auspeitschen[110] lassen und anschließend ausplündern.[111] Aber Kara Ben Nemsi, Hadschi Halef Omar und Omar Ben Sadek können die zehn Soldaten des Wekil entmachten und selbst das Heft des Handelns in die Hand nehmen. Als sie den Statthalter des Padischah bedrohen, greift die Gattin des Wekil ein. Sie sichert Kara Ben Nemsi und seinen Leuten zu, sie ehrenvoll zu bewirten und dann die Wünsche der Fremden gegenüber ihrem Mann durchzusetzen. Dennoch kann sie nicht verhindern, daß der Wekil den Mörder Hamd el Amasat entkommen läßt.[112]

Der Wekil wird als Mann dargestellt, der verschwommene Gesichtszüge aufweist und aus einer uralten persischen Hukah Tabak raucht.[113] Die verschwommenen Gesichtszüge kennzeichnen ihn als schwächlich, als Nichtbesitzer männlicher Potenz. Darauf deutet auch die uralte Wasserpfeife hin.[114] Auch die Tatsache, daß er unter der Herrschaft seiner Frau steht, unterstreicht seine Potenzlosigkeit. Antagonisten des Helden werden, so die oben dargelegte Hypothese, zunächst ihrer Macht beraubt, dann gedemütigt und schließlich symbolisch entmannt. Dieses Schema wird hier in abgewandelter Form angewendet. Zunächst wird der Wekil ganz augenscheinlich entmachtet, als Kara Ben Nemsi ihn quasi gefangennimmt. Die Demütigung des Wekil wird sehr subtil zustande gebracht. Sie besteht darin, daß der Held die Morgenröte des Antlitzes der Wekila sehen will, sprich: sie unverschleiert zu Gesicht bekommen möchte.[115] Damit ist er in den Intimbereich des Wekil eingedrungen und hat ihn der persönlichen Ehren beraubt. Eine symbolische Entmannung erübrigt sich, der Wekil ist mit sexueller Potenz, so die Auskunft der Symbolsprache - nicht oder nur spärlich ausgestattet. Ein Hinweis auf die Aktivitäten im ehelichen Schlafgemach von Wekil und Wekila dürfte auch der Name der Dame sein: "Mersinah"=Myrthe. Myrthe ist das abendländische Symbol der jungfräulichen Unberührtheit. Im Zorn tituliert Mersina ihren Eheherrn als "der Wurm", "der Ungehorsame", "der Unnütze", "der Trotzkopf", wobei "Wurm" und "Unnützer"[116] durchaus als Hinweis auf sexuelles Versagen gedeutet werden dürften. Auch die immense Leibesfülle der Wekila, in jedem Falle ein komisches Moment in der Wekil-Episode, kann als Ergebnis oraler Ersatzbefriedigung für nicht auslebbare Sexualität gesehen werden.

Zum Motiv des ungerechten Richters, der als Ankläger schnell zum Angeklagten wird, gibt es eine Reihe von Sekundärliteratur in der Karl-May-Forschung.[117] Unzählige Male findet der Prozeß, in dem der Held dem Richter überlegen ist, im Werk Karl Mays statt. Die traumatischen Erlebnisse, die Karl May vor den verschiedenen sächsischen Gerichtshöfen hatte, werden hier in vielen Varianten aufgegriffen und bearbeitet. Die Erklärung für ein solches Verhalten hat zuerst Sigmund Freud in seinem Artikel: "Jenseits des Lustprinzips" geliefert.[118] [119]

Denkbar ist hier auch die Widerspiegelung eines real erlebten Mutter-Sohn Konfliktes Karl Mays. Mit "Wurm", "Unnützer", "Ungehorsamer" oder "Trotzkopf" könnte die Mutter ihren Sohn tituliert haben, nachdem ihr eine seiner kriminellen Machenschaften bekannt geworden war. Karl May hätte dann hier eine literarische Verarbeitung dieses Erlebnisses geboten. Der von der Mutter beherrschbare Teil seines Wesens wäre dann dem Wekil gleichzusetzen, während der autonome Teil im Wesen des Sohnes der Figur Kara Ben Nemsis entspräche. Der beherrschbare Teil fürchtet das Weib, über das das unabhängige Teil-Ich sich lustig machen kann.

Die Mutter wird entmachtet wie der Vater. Und der kleinkindliche Inzestwunsch wird schnell noch mit eingebracht: die Allmächtige muß den Schleier lüften für den autonomen Sohn.

Walther Ilmer versteht das Paar Wekil-Wekila als eine Abbildung der einstigen Arbeitgeber Karl Mays: "Durch den Wekil von Kbilli und sein rechthaberisches, auf Komplimente erpichtes Weib hindurch schimmert etwas vom windigen, unlauteren Herrn Münchmeyer und seiner herrschsüchtigen Pauline, die beide dem Herrn Redakteur schöntaten, ihn aber nicht einfangen konnten. Und da gefriert das Bild: Im Wekil von Kbilli lebt, neben vielen anderen, auch die Vision eines Karl May, wie er sein könnte: ohne Initiative, isoliert, auf gelegentliche Kontakte mit unangenehmen Zeitgenossen angewiesen, damit etwas Würze in sein Dasein kommt, aufgeblasen von der Überzeugung der eigenen

Wichtigkeit, doch in Wirklichkeit ein ewig Subalterner. Und zu diesem Mann paßt das stimmgewaltige Weib, das ihn beherrscht. Oh du beglückende Pantoffelherrschaft, dein Zepter ist ganz dasselbe im Norden wie im Süden, im Osten wie im Westen! sagt Karl May launig - und doch geduckt. Denn diese Frau ist nicht nur Phantasiegestalt; sie ist Wirklichkeit. Der Gefahr der Pantoffelherrschaft hat er sich ausgesetzt in der Verbindung mit Emma; seine Frau ist wie die Wekila immer bereit, im unpassenden Moment ihre Funktion zur Geltung zu bringen, den im inneren Ringen mit den Stimmen der Vergangenheit befindlichen Mann abzulenken oder ihn zu schelten. Mit dieser Erkenntnis muß Karl May leben."[120]

Der jugendliche Rezipient kennt natürlich das beliebte, komische literarische Moment der herrschsüchtigen Frau und ihres kuschenden Ehemannes. Er erlebt möglicherweise in der elterlichen Ehe eine ähnliche Konstellation und empfindet die Herrschaft der Mutter auch ihm als Heranwachsenden gegenüber als äußerst unangenehm. Die Karrikatur der herrschsüchtigen, rechthaberischen Mutter kann bei der Abfuhr negativer Emotionen gegenüber der im Elternhaus nahezu allmächtigen Frau dem heranwachsenden jungen Mann eine Hilfe sein. Der Vater, im Empfinden des mit dem Aufbau seiner eigenen Indentität befaßten Sohnes oft als "Wurm, Ungehorsamer, Unnützer und Trotzkopf" bestehend, wird sowohl von der Ehefrau als auch vom Sohn bekämpft: Mutter und Sohn formieren eine Front gegen den Vater. Nun tritt aber die Mutter den Autonomiebestrebungen des Sohnes genauso in den Weg wie denen des Vaters: die Verbündete wird irgendwann auch Gegnerin. In der Karrikatur kann die mächtige Mutter ad absurdum geführt werden, ebenso wie der sich mächtig gebärdende Vater unter der Knute seiner Herrin.

Abraham Mamur

Seine Gesichtszüge sind schön, fein und in ihrer Mißharmonie diabolisch. Scharf stechend sind die Blicke Abraham Mamurs aus kleinen, unbewimperten Augen. "Glühende und entnervende Leidenschaften haben diesem Gesichte immer tiefere Spuren eingegraben; die Liebe, der Haß, die Rache, der Ehrgeiz sind einander behilflich gewesen, eine großartig angelegte Natur in den Schmutz des Lasters herniederzureißen [...]"[121] "Es war ein eigentümliches, ein furchtbares Gesicht; es glich ganz jenen Abbildungen des Teufels, wie sie der geniale Stift Dorés zu zeichnen versteht, nicht mit Schweif, Pferdefuß und Hörnern, sondern mit höchster Harmonie des Gliederbaues, jeder einzelne Zug des Gesichts eine Schönheit, und doch in der Gesamtwirkung dieser Züge so abstoßend, so häßlich, so - diabolisch."[122] Als weiteres, äußeres Kennzeichen wird der prächtige, aber schwarz gefärbte Bart genannt.[123] Die Stimme Abrahim Mamurs ist kalt, klanglos, ohne Leben und Gemüt, es kann "einem dabei ein Schauer ankommen".[124]

Abrahim Mamur erweist sich als äußerst unbeherrscht. So wirft er seinen Dolch auf Kara Ben Nemsi, als dieser sich nach einem Redezwist zum Gehen wendet.[125] Im Verlauf der Erzählung erfährt der Held die Wahrheit über Abrahim Mamur. Sein wirklicher Name ist Dawuhd Arafim. Als Attaché bei der persischen Gesandtschaft hat er sich des Verrats schuldig gemacht, worauf er zum Tode verurteilt worden ist. Man hat ihn aber begnadigt und ihm nur die Bastonade verabreicht.[126]

Später hat er zufällig in Scutari eine unverschleierte Montenegrinerin namens Senitza ("Pupille") gesehen und sich leidenschaftlich in sie verliebt. Da sie ihn aber abgewiesen hat und auch ihr Vater von einer Verbindung nichts hat wissen wollen, hat er es ermöglicht, sich ihrer auf unredliche Weise zu bemächtigen. Der Vater ihrer Freundin - von Abrahim Mamur bestochen - gibt sie als cirkassische Sklavin aus und verkauft sie an Abrahim, der sie sofort nach Ägypten bringt. Dort muß der Entführer die Erfahrung machen, daß Senitza einen anderen liebt. Sie erkrankt schwer. Kara Ben Nemsi - als berühmter Arzt getarnt - befreit die Gefangene auf abenteuerliche Weise und führt sie wieder mit ihrem Verlobten zusammen. Abrahim Mamur verfolgt Kara Ben Nemsi und die Liebenden, die die Heimreise auf dem Nil angetreten haben, mit einem schnelleren Boot. Beim Überholen schießt Abrahim Mamur auf Kara Ben Nemsi, der sich nur durch eine schnelle Körperbewegung zu retten vermag. In den Stromschnellen des Nil wird Abrahim Mamur von Bord seines Bootes gespült, aber von Kara Ben Nemsi gerettet. Er vermag dann, sich abzusetzen.[127] In Damaskus findet der Held die Spur des Verbrechers wieder.[128] Abrahim Mamur hat Afrak Ben Hulam, einen Verwandten des reichen Juwelenhändlers Jakub Afarah getötet und die Papiere des jungen Mannes an sich genommen. Da dieser den Verwandten in Damaskus bisher unbekannt gewesen ist, kann Abrahim Mamur sich als der erwartete Afrak Ben Hulam ausgeben, sich Zugang zu den Schätzen des Kaufmanns verschaffen, sie entwenden und fliehen. Kara Ben Nemsi, der als Gast im Hause eben dieses Kaufmannes weilt, macht sich zusammen mit Hadschi Halef Omar und Jacub Afarah, dem freundlichen Gastgeber aus Damaskus, auf den Weg, um dem Flüchtigen die geraubten Kleinodien wieder abzujagen.

In den Ruinen von Baalbek gelingt es Abraham Mamur, sich Kara Ben Nemsis, den er zuvor beschlichen hat, nach einem Überrumpelungsmanöver zu bemächtigen. Er will ihn dort gefesselt in den Tiefen der unterirdischen Gänge verhungern lassen. Da er sich sicher ist, daß sein Opfer nicht entkommen kann, verrät Abraham Mamur, daß er Anführer der Tschuwaldarlar, der gefürchteten "Sackmänner" ist, die ihre gemeuchelten Opfer in einem Sack ins Wasser werfen, nachdem sie sie ausgeraubt haben.[129]

Kara Ben Nemsi kann sich aus dieser gefährlichen Lage befreien. Er verfolgt erneut den Flüchtigen, der nach Stambul gereist ist. Dort läßt sich die Spur des Gesuchten wieder aufnehmen. Abraham Mamur befindet sich geradewegs im Räuberhauptquartier in Stambul, das Kara Ben Nemsi mit Hilfe der eingeschalteten Polizei ausheben läßt. Der Anführer jedoch vermag zu entkommen. Halef glaubt, den ins Wasser des Goldenen Horns Geflüchteten erschossen zu haben.[130] Sehr bald stellt sich heraus, daß Abrahim Mamur noch lebt. Der Held erfährt diese Tatsache von Hamsad al Dscherbaja, dem Deutschen. Diesem hatte Abrahim Mamur im Streit beim Glücksspiel eine gefährliche Stichverletzung beigebracht. Omar Ben Sadek schließlich stellt den Anführer der Tschuwaldarlar auf der oberen Plattform des Turmes von Galata und stürzt ihn samt seinem Begleiter in die Tiefe. Die geraubten Juwelen können im Turm entdeckt und dem rechtmäßigen Eigentümer zurückgegeben werden.[131]

Die hier gezeichnete Figur trägt unverkennbar Züge Luzifers. Die "großartig angelegte Natur" ist aufgrund eigenen Verschuldens in den "Schmutz des Lasters" gerissen worden. Liebe, Haß, Rache und Ehrgeiz haben den Engel des Lichtes zum Teufel werden lassen. Diese allen Menschen mehr oder weniger bekannten emotionalen Regungen dürften auch Karl May umgetrieben haben. Haß- und Rachegedanken sind ihm als narzißtisch Gestörtem ständige Begleiter gewesen. Ehrgeiz hat ihn immer wieder angetrieben, um die gesellschaftliche Ächtung, die dem ehemaligen

Gefängnisinsassen entgegenschlug, zu kaschieren und zu kompensieren. Liebe könnte hier im Sinne von sexueller Leidenschaft interpretiert werden. Dann käme die Figur Abrahim Mamurs ein Stück weit der des namenlosen Begleiters Hamd el Amasats nahe, den ebenfalls entnervende, ipsative Leidenschaften geschwächt haben. Abrahim Mamur alias Dawuhd Arafim alias Abd el Myrhatta[132] zeigt ein Verhalten, das auch Karl May während seiner "kriminellen Periode" an den Tag legte: er tritt unter verschiedenen Namen auf. Im Gegensatz zu Karl May kann und darf Abrahim Mamur sich nicht rehabilitieren. Er bleibt der diabolische Part der Psyche des Autors, einer der "wichtigen" Antagonisten, der letztendlich sterben muß, damit der Satan in der Seele Karl Mays stirbt - einmal mehr, denn er wird oft auferstehen, um erneut in die Tiefe zurückzufallen. Als geachtetes Mitglied der Gesellschaft begann Abrahim seine Laufbahn - wie der Autor - wurde straffällig - wie der Autor - und entwickelt kriminelle Energien - wie der Autor. Er versucht, ins bügerliche Leben zurückzufinden. Der kriminelle Part der Psyche kann aber in die Gesellschaft nicht zurückkehren. Daher also verwehrt Kara Ben Nemsi, das Persona-Ich Karl Mays, dem Verbrecher das Verlassen seiner verbrecherischen Laufbahn.

"Du nahmst mir Güzela, durch welche ich ein besserer Mann geworden wäre, du hast mich wieder zurückgeschleudert in die Tiefe, aus welcher ich mich erheben wollte [...]"[133] schreit Abrahim dem gefangenen Kara Ben Nemsi ins Gesicht. Mittels der Liebe zu einer engelgleichen Frau möchte der teuflische Abrahim sein bisheriges Leben ändern. Luzifer will sich mit einem Engel verbinden, er will nicht mehr Luzifer sein, den "Fall" rückgängig machen. Aber der diabolische Verbrecher hat kein Recht auf Liebe, auf häusliches Glück. Kara Ben Nemsi zeigt sich unbarmherzig, kompromißlos wie die sächsische Gerichtsbarkeit von einst. "Du hast mich wieder zurückgeschleudert in die Tiefe, aus welcher ich mich erheben wollte [...]", das könnte auch das Empfinden des gestrauchelten Webersohnes aus Ernstthal gegenüber einem verständnislosen Richter sein. Hier redet die von Abrahim personifizierte Nachtseite, während Kara Ben Nemsi in die Rolle der unbarmherzig richtenden Gesellschaft geschlüpft ist. Der rettende Engel Kara Ben Nemsi raubt das engelgleiche Wesen Senitza-Pupille aus den Klauen des Teufels Abrahim. Mit Hilfe dieser, bzw. durch diese Pupille wird Abrahim die Welt nicht sehen dürfen. Zurückgestoßen in den Bereich der Verbrecher ist der Untergang vorgezeichnet. Bis zum Ende auf dem Platz vor dem Turm von Galata wird Abrahim Mamur noch eine Spur von Mord, Raub und Feuer hinter sich lassen. Die Abrechnung erfolgt in luftiger Höhe, eben auf dem Turm von Galata. Wie nahezu immer finden entscheidende Wendungen in den Handlungsabläufen der Mayschen Werke hoch oben statt.[134] Zum letzten Mal fällt Abrahim in die Tiefe. Aus der Tiefe wollte er sich erheben, in der Tiefe wollte er Kara Ben Nemsis Leib verfaulen lassen, in die Tiefe stürzt er, um zu sterben: er hat durch die Art des eigenen Todes sein Scheitern des Aufstiegs aus der Tiefe dokumentiert. Noch im Tod muß er erfahren, daß der lichte Teil des Seele - Kara Ben Nemsi in Personalunion mit den Normen der Gesellschaft - für den Verbleib Luzifers im Abgrund sorgt: "Die Rache ist dir nahe. Ich grüße dich von dem Effendi aus Almanya [...] Deine Stunde ist gekommen."[135] sagt Omar Ben Sadek, ein Handlanger des von Kara Ben Nemsi verordneten Schicksals Abrahim Mamurs.

Eine weitere Interpretation deutet Abrahim Mamur als Abbild des bösen, reichen Vaters Karl Mays. "Die bösen unter den Reichen im Werk Karl Mays (Abrahim-Mamur etwa)... sind Abbildungen des Vaters. In den Augen des Kindes ist der Vater als der Geldverdiener stets reich, so arm er auch an sich sein mag, und er ist dann böse, wenn er seinem Kind nichts abgibt. Das Bild vom bösen reichen Vater bei May wird durch ein biographisches Detail erhärtet: Mays Vater hat das Geld, das der Familie gehörte, für sich allein verbraucht (wenn auch mit dem Ziel, seine ganze Familie aus dem Elend herauszuführen), als er die Erbschaft der Mutter vergeudete [...]"[136]

H. Wollschläger nimmt daher an, daß Karl May tief unbewußt seinem Vater die Schuld dafür gab, daß er selbst in Armut leben mußte.[137]

Das oben dargelegte Schema für die Behandlung des Antagonisten des Helden - Demütigung, Entmachtung, Entmannung - trifft hier voll und ganz zu. Die dem Helden "ebenbürtigen" Widersacher werden im Verlauf der Handlung immer eliminiert. Zwar muß auch Abrahim Mamur Demütigungen und Entmachtungen hinnehmen, die symbolische Kastration aber reicht offensichtlich nicht aus, um ihn unschädlich zu machen: er muß zurück in die Tiefe, aus der er gekommen ist, er muß "sterben".[138] Zu einer Aussöhnung zwischen Held und Antagonist kommt es nicht, es gibt keine Läuterung des Gefallenen. Kara Ben Nemsi als Figuration des Ich des Autors Karl May auf höchster Bewußtheitsstufe bzw. als Persona-Ich Karl Mays ist durch die aus der Tiefe aufsteigenden destruktiven Seelenkräfte einerseits erschüttert, er weiß sich andererseits zum rigorosen Kampf gegen sie aufgerufen.

Da das psychische Gleichgewicht des Autors instabil ist, kann es nicht zu einer Integration der dunklen Seite der Seele kommen. Karl May hat die Nachtseite seiner Psyche zum Zeitpunkt der Abfassung der Reiseromane nicht bzw. noch nicht akzeptiert und als Teil seines Wesens zugelassen. Daher wird die Bedrohung "aus der Tiefe" weiterhin fortbestehen.

Ein anderer Interpretationsansatz könnte in der Ausprägung der Figur Abrahim Mamurs personifizierte narzißtische Wut sehen.[139]

Hamsad el Dscherbaja

Hamsad el Dscherbaja ist der Diener Isla Ben Mafleis und wird als Schelm bezeichnet, der alle Sprachen gehört hat, von keiner jedoch viel lernte. "Er raucht, singt und pfeift den ganzen Tag und giebt, wenn man ihn fragt, Antworten, welche heute wahr und morgen unwahr sind."[140] Seine deutsche Herkunft erkennt Kara Ben Nemsi, als Hamsad el Dscherbaja ein arabisches Lied singt, eine wörtliche, gereimte Übersetzung des deutschen Spottliedes auf Napoleon: "Was kraucht nur dort im Busch herum", natürlich nach der entsprechenden deutschen Melodie. Der Sänger ist orientalisch gekleidet, sein Gesicht wird aber nicht beschrieben. Vom Protagonisten angesprochen, behauptet er zunächst, das Liedchen selbst gedichtet zu haben, muß dann aber seine Herkunft bekennen. Er bezeichnet sich als Preuße aus Jüterbogk, von Beruf Balbier, dem es "derheeme" nicht mehr gefallen habe und der deswegen in die Welt hinausgezogen sei.[141] Im Verlauf der Handlung spielt der Balbier aus Jüterbogk, dessen deutscher Name nicht mitgeteilt wird, mehrmals eine wichtige Rolle. Er weiß, daß Isla Ben Maflei die entführte Senitza sucht. Er kennt die wahre Identität des Rädelsführers einer Räuberbande. Er weiß, daß Abrahim Mamur, der Räuber der Senitza, in Wirklichkeit Dawuhd Arafim heißt, persischer Gesandter in Stambul gewesen ist und abgesetzt wurde, nachdem er in Ungnade gefallen war.[142]

In Stambul trifft Kara Ben Nemsi den inzwischen sehr verwahrlosten Hamsad el Dscherbaja wieder. Das Gesicht des Deutschen ist jetzt ganz dicht behaart. Er hat nach verschiedenen erfolglosen Versuchen, sich beruflich zu etablieren, sich in Stambul selbständig gemacht als Stadtführer und Gelegenheitsdiener. Allerdings bringt ihm seine Tätigkeit nur wenig ein; deswegen möchte er für Kara Ben Nemsi arbeiten. Er hat Abraham Mamur in Stambul gesehen und bietet sich an, dessen Aufenthaltsort in der Stadt ausfindig zu machen.[143] Kara Ben Nemsi muß zur Kenntnis nehmen, daß der junge Mann zum Glücksspieler geworden ist und Opium raucht.[144] Bei einem Streit mit Abraham Mamur erhält Hamsad el Dscherbaja eine tödliche Stichwunde. Kara Ben Nemsi kümmert sich um den Verletzten; er veranlaßt die Unterbringung in der preußischen Gesandtschaft, wo Hamsad el Dscherbaja gepflegt wird. Dem Erzähler fällt auf, daß der Schwerkranke nicht mehr märkische Mundart spricht, sondern reines hochdeutsch. Er stammt - wie sich herausstellt - in Wirklichkeit aus einer kleinen Residenzstadt in Thüringen, darf aber nicht in seine Heimat zurückkehren.[145] Hamsad el Dscherbaja stirbt bald darauf an der Stichwunde. Erst jetzt wird seine wahre Identität offenbar: er ist ein entwichener Verbrecher. Kara Ben Nemsi bemitleidet den jungen Mann, "der bei seinen ungewöhnlichen Fähigkeiten ganz andere Aussichten gehabt hätte, als in einem fremden Land so elendiglich um das Leben zu kommen."[146]

Der entsprungene Sträfling Hamsad el Dscherbaja ist der Phantasie des Sträflings Karl May entsprungen, der als Sträfling ebenfalls entsprang, aber nicht bis in den Orient zu fliehen vermochte, sondern in Böhmen wieder aufgegriffen wurde. Die Tatsache, daß Hamsad el Dscherbaja kein Gesicht und keinen deutschen Namen vom Autor erhält, deutet auf die Brisanz dieser Jünglingsfigur hin. Der Autor muß die Parallele zu seiner eigenen Vergangenheit zunächst geschickt tarnen. Der - wie später bekannt wird - aus Thüringen stammende junge Mann verstellt sich noch in weiter Ferne und gibt an, aus Jüterbogk zu kommen. Um seine wahre Identität zu verbergen, spricht er märkischen Dialekt. Sein ständiges Singen und Pfeifen ist aus seiner Vergangenheit zu begreifen: der dem Käfig entflohene Vogel hat gut singen. Und daß er alle Sprachen gehört hat, von keiner jedoch viel lernte: hier hat der Autor einen deutlichen Hinweis auf sich selbst gegeben, denn er, Karl May, war ähnlich "polyglott" wie Hamsad al Dscherbaja. Er gibt Antworten, die heute wahr und morgen unwahr sind: auch hier wieder verrät Karl May mehr von sich selbst, als ihm lieb sein kann. Die Zweideutigkeit der Behauptungen des Autors hat hier unbewußt seine Feder beeinflußt. Konnte Karl May doch mit Fug und Recht behaupten, er sei in Amerika gewesen, denn Amerika ist nicht nur Name des Doppelkontinents, sondern auch der eines sächsischen Dorfes, nicht allzu weit von Ernstthal entfernt. "Was kraucht nur dort im Busch herum?" singt der Diener Mafleis. Es braucht nicht lange gefragt zu werden, was da im Busch ist: ein dem Autor in seiner narzißtischen Grandiosität Vertrauter, nämlich Napoleon und zugleich der Autor selbst. Genau wie Karl May gibt Hamsad el Dscherbaja auch das als eigenes aus, was nicht auf seinem Mist gewachsen ist: hier ist es das Liedchen vom französischen Eroberer, da sind es seitenlange Passagen aus Landschaftsbeschreibungen solcher Regionen, die Karl May mit eigenen Augen nie gesehen hat.

Als seinen Beruf gibt der junge Mann Balbier an. Diese Berufsbezeichnung könnte einen versteckten Hinweis auf kriminelle Aktivitäten des jungen Mannes geben, wenn man die Redewendung: "über den Löffel balbieren" zu assoziieren geneigt ist. Wer über den Löffel balbiert, betrügt seine Mitmenschen. Der im Ausland von der Hand in den Mund lebende Betrüger ist anschaulicher Beweis dafür, daß es dem Rezipienten besser ansteht, im Lande zu bleiben und sich redlich zu nähren, den Pfad der Tugend in den heimatlichen Gefilden zu beschreiten, denn im fernen Ausland droht charakterschwachen Abenteurern der schrittweise sich vollziehende Untergang. Karl May hat hier offensichtlich unbewußt dargelegt, wie es ihm wohl im Ausland ergangen wäre, hätte man ihn im Böhmen seinerzeit nicht wieder gefaßt. Die Sucht nach Opium könnte eine Spiegelung der Nikotinsucht Karl Mays sein, symbolisch betrachtet aber auch Sucht nach rauschhafter Männlichkeit (Pfeife!) oder männlicher sexueller Betätigung, die zugleich als verderbenbringend deklariert wird.

Die eingetretene Bärtigkeit symbolisiert die Verwilderung des jungen Mannes, der nicht mehr kultiviert aussieht und auch innerlich kulturlos geworden ist.

Warum läßt der Autor den Thüringer das märkische Jüterbogk als seine Heimat angeben. Jüterbogk ist der Schauplatz der Sage vom Schmied, der Tod und Teufel überlistet. Der unselige Hamsad al Dscherbaja hat Tod und Teufel nicht auf Dauer zum Narren halten können, da er eben kein Schmied war und auch nicht wirklich aus Jüterbogk stammte.

Isla Ben Maflei

Isla Ben Maflei ist ein reicher Kaufmann, der vom Verfasser mit nur wenigen Worten beschrieben wird. Der Leser erfährt lediglich, daß er etwa sechsundzwanzig Jahre zählen mag und eine "interessante, sympathische Erscheinung"[147] ist, die Kara Ben Nemsi seines Wohlwollens für würdig erachtet.[148]
Isla Ben Maflei ist der Bräutigam der von Abrahim Mamur entführten Senitza und befindet sich auf der Suche nach seiner Braut in Ägypten, als Kara Ben Nemsi ihm den Aufenthaltsort der Gefangenen mitteilen kann. Bei der folgenden Befreiung Senitzas aus dem Harem Abrahim Mamurs ist Isla Ben Maflei dem Helden behilflich, an sich aber wenig initiativ, keinesfalls handlungstragend. Nachdem die Liebenden wiedervereint und in Sicherheit sind, verliert der Erzähler Isla Ben Maflei aus den Augen, trifft ihn aber später wieder in Stambul. Er hat Senitza inzwischen geheiratet, denn er bezeichnet sie als "sein Weib".[149] Der Held wohnt bei dem jungen Paar, während er Nachforschungen nach Abrahim Mamur anstellt. Nach dem gewaltsamen Tod Abrahim Mamurs schließt Isla sich Kara Ben Nemsi an, um in Adrianopel Barud el Amasat zu fangen, der seinerzeit Senitza an Abrahim Mamur als Sklavin verkauft hat, aber auch, um Verwandte zu warnen, die durch die Machenschaften Barud el Amasats und seiner Kumpane geschäftlich geschädigt werden könnten.[150]
Isla Ben Maflei ist eine "blasse" Figur, die nebensächlich erscheint. Als die entführte Braut suchender Liebender ist er noch fähig, die Reize der Geliebten in glühenden Farben zu schildern.[151] Als Ehemann erscheint er eher bürgerlich-geschäftig-geschäftlich eingestellt. Es fällt ihm offensichtlich nicht schwer, den häuslichen Herd und das Bett der Ehefrau zu verlassen, um Verwandte, mit denen er Handelsbeziehungen unterhält, vor dem Ruin zu bewahren. Männliche Potenzsymbolik ist hinsichtlich der Schilderung seiner Person nicht aufspürbar. Der den Helden begleitende bürgerlich Etablierte verfügt über seine Privilegien - so die Freuden des Ehebettes -, die ihn andererseits aber nahezu untauglich machen für das Leben als Abenteurer, als Garant einer gerechten Weltordnung. Der kurze Versuch Islas, wie ein Abenteurer zu leben, verläuft äußerst dilettantisch. Aber auch die bürgerlichen sexuellen Privilegien genießt Isla Ben Maflei bei seiner Braut nicht als erster. In der Symbolik der Entführung Senitzas aus dem Serail ist eine Defloration durchaus angezeigt. Der enge

Kanal, der in den Hof des Anwesens von Abraham Mamur führt, ist durch ein Holzgitter vollständig versperrt. Isla Ben Maflei versucht, das Hindernis zu zerstören, erweist sich aber als Versager. Kara Ben Nemsi zerstört das Gitter, dringt tiefer in den Kanal ein und muß unter Aufbietung aller Kräfte ein weiteres Gitter durchstoßen, um sich den Weg frei zu machen.[152][153] Nicht der Spießbürger, sondern der "keusche" Abenteurer hat hier auf seine Weise sein "ius primae noctis" geltend gemacht.

Isla Ben Maflei darf als ein Aspekt der Psyche Karl Mays gesehen werden. Der Autor hat sich etabliert, seine Existenz einigermaßen gesichert und lebt ein bürgerlich-schales Leben, das nirgendwo aus Abenteuern, sondern aus ständiger, unermüdlicher Arbeit besteht. So wie der Kaufmann Isla Ben Maflei seine Waren anbietet, so handelt auch der Autor mit seinen Waren: mit Manuskripten, die er anfänglich keineswegs nur auf Bestellung anfertigt, sondern die er anpreisen muß. Lediglich die Rückgewinnung der Braut bringt Isla Ben Maflei zum abenteuerlichen Handeln, so wie auch Karl May zum Handeln gezwungen war, um Emma, die von Großvater Pollmer eifersüchtig gehütet wurde, endlich zu erhalten. Doch dann geht es dem Autor wie dem Kaufmann. Das Eheweib, in dessen Besitz man gelangt ist, gerät schnell zur schalen Selbstverständlichkeit. Isla Ben Maflei äußert nirgendwo Gefühle des Glücks über den begonnenen Ehestand, die Begeisterung für das begehrte Weib, als man es noch nicht besaß, hat mit dem Besitz eben dieses Weibes einer Ernüchterung Platz gemacht, die sich literarisch so niederschlägt, daß sich eben nichts mehr niederschlägt. Kaufmann wie Autor sind - ohne es zu merken - zur Tagesordnung übergegangen. Dennoch: der Abenteurer Karl May besorgt die Defloration; er bereitet den Weg für den Spießer Karl May: ein Hinweis, daß die intimen Beziehungen zwischen Karl und Emma zu einer Zeit begannen, als Karl noch kein "richtiges" bürgerliches Leben zu führen imstande war.

Der jugendliche Rezipient wird die Figur Isla Ben Maflei nicht zu einer Identifikationsfigur erkiesen. Vor dem etwas hilflosen, schwächlichen Kaufmann erscheint der Held um so strahlender. Der Leser dürfte dem Autor voll auf den Leim gehen, wenn er das überragende Persona-Ich in seiner Großartigkeit bewundert und das erbärmliche Teil-Ich in seiner Durchschnittlichkeit bemitleidet.

Hassan el Reisahn

Hassan el Reisahn, auch Abu el Reisahn, "Vater der Schiffsführer" genannt, ist ein alter Freund Kara Ben Nemsis und Hadschi Halef Omars. Auf einer nicht näher beschriebenen Reise ist man zusammengetroffen und hat sich liebgewonnen.[154] Hassan el Reisahn bezeichnet Kara Ben Nemsi als seinen Sohn und umarmt ihn. Der Vater der Schiffsführer befehligt eine Dahabie, ein schwerfälliges Boot, das Sennesblätter geladen hat und wegen eines Lecks ankern muß. Kara Ben Nemsi kann den Mann mit dem alten, guten, bärtigen Gesicht überreden, ihm bei der Rettung Senitzas behilflich zu sein, indem er ihm sein Boot zur Verfügung stellt; damit ermöglicht er dem Held, seinem Begleiter nebst Senitza und deren Bräutigam ein schnelleres Fortkommen. Bei der Verfolgung durch Abrahim Mamur steuert Hassan el Reisahn sein Boot sicher über den Nilkatarakt, nachdem er zuvor Kara Ben Nemsi sein Gefährt vermietet hat, damit er als Schiffsherr keine Verantwortlichkeit hat.[155] Nach Verhaftung und Befreiung setzt der Vater der Schiffsführer seinen Weg fort.

Der Held trifft die betende Vaterfigur am Ufer des Nil, d. h. er begegnet ihm an der Grenze des Bewußtseins zum Unbewußten. Der mit männlicher Potenz ausgestattete Helfer - er ist bärtig - ist kein Fremder: der Held kennt ihn schon lange. Seinerzeit hat Hassan einen seiner Söhne besucht und ist anschließend mit dem Helden zusammengetroffen. Als Kapitän ist diese Vaterfigur "jene innere Gestalt, die unser Lebensschiff lenkt und um das Ziel der Fahrt weiß".[156] Verschlüsselt könnte hier Heinrich May - zumindest ein Wesenszug desselben - dargestellt worden sein. Der Vater, dem Ich seit langem bekannt, ist ein Stück weit der Initiator des Procedere des Protagonisten-Autors, der aber im Moment existentieller Bedrohung die Führung selbst übernimmt und somit den Vater entthront. Der "Vater der Schiffsführer" eine offensichtlich starke, dirigistisch agierende Persönlichkeit, wird durch das Leck in seinem Boot in Frage gestellt, der starke Vater bzw. sein Movens erscheinen gefährlich angeschlagen. Auch die Tatsache, daß die Fracht im Boot des Mannes mit dem alten, guten, bärtigen Gesicht aus Sennesblättern, einem mild aber sicher wirkenden Laxans, besteht, relativiert die Aussage über die Führungsqualitäten, wenn sie sie nicht sogar lächerlich macht. Faßt man nämlich Kapitän und Boot als zwei symbolische Aspekte des Vaters Heinrich May auf, dann kann die anale Anspielung nicht übersehen werden. Abführmittel im Bauch und ein Leck dazu: der Mann mit dem guten, alten, bärtigen Gesicht ist letztendlich einer, der mit einer bekannten deutschen Koprolalie zu belegen wäre: ein "Scheißer"!

Rais Chalid Ben Mustapha

Schon bevor dem Leser das Äußere von Rais Chalid Ben Mustapha mitgeteilt wird, erhält er die Information, daß dieser Schiffsführer unehrlich sei.[157] Die Beschreibung des Rais sagt aus, daß er ein alter, langer, sehr hagerer Mann ist, der eine Reiherfeder auf dem Tarbusch trägt.[158] Als Ben Mustapha sich mit seinem Boot - er hat Abrahim Mamur an Bord - der Dahabie nähert, auf der sich Kara Ben Nemsi nebst der geretteten Senitza und den übrigen Begleitern befindet, schießt der Held ihm die Straußenfeder vom Tarbusch, worauf Ben Mustapha schnell sein Boot in sichere Entfernung bringt.[159] Am nächsten Anlegeplatz, unterhalb der Stromschnellen, wird der Held zusammen mit seinem Begleitern verhaftet. Rais Chalid Ben Mustapha hat den dortigen Richter über den vermeintlichen Frauenraub informiert. Nach einem kurzen Prozeß, in dem der Held mit dem Richter in der Tat kurzen Prozeß macht, indem er ihn der Lächerlichkeit preisgibt und ihn mit den eigenen Worten schlägt, macht sich Rais Chalid Ben Mustapha mit Boot und Besatzung davon.[160]

Ein langer, sehr hagerer, alter Mann, der sich als Helfershelfer des Antagonisten erweist: hier könnte es sich um eine Spiegelung einer real existierenden Person handeln. Körperliche Länge verbunden mit Hagerkeit sind - wie bei Karl May durchweg - Zeichen von Boshaftigkeit oder sogar Heimtücke. Als literarische Verarbeitung einer real existierenden Person könnte hinter der Figur Chalid Ben Mustapha ein Denunziant einer seiner jugendlichen Straftaten stehen. Aber auch die Personifizierung des negativen Vater-Archetypus wäre denkbar. Immerhin ist Rais Chalid Ben Mustapha ebenfalls ein Kapitän, der ja lt. Aeppli jene Gestalt sein kann, "die unser Lebensschiff lenkt und um das Ziel der Fahrt weiß".[161] Dann wäre diese Figur ein böser Vater, der in die Irre leitet; er wird gleich am Anfang als 'unehrlich' bezeichnet. Der negative Aspekt des Heinrich May im speziellen oder des mißgünstigen, irreführenden archetypischen Vaters im allgemeinen wird hier seiner männlichen, bedrohlichen Potenz beraubt: die hoch aufgerichtete Straußenfeder - Phallussymbol par excellence - fällt durch einen Schuß des Helden. Der Protagonist führt die symbolische Kastration mit eigener Hand aus. Rais Chalid Ben Mustapha darf auch als Personifikation einer falschen Lebenskonzeption Karl Mays begriffen werden. Dann hätte das Ich diese falsche Konzeption entmachtet und zurückgewiesen. Dabei ist sie nicht völlig vernichtet worden, denn eine Eliminierung findet nicht statt. Sie existiert weiterhin im Unbewußten, worauf die Rückkehr Chalid Ben Mustaphas auf den Fluß hindeutet.[162]

Sahbeth Bei

Der Sahbeth Bei ist ägyptischer Polizeidirektor und soll als Richter Kara Ben Nemsi wegen Mädchenraubes zum Tode verurteilen. Obwohl er die Abzeichen eines Bimbaschi, eines Majors oder Befehlshabers von eintausend Mann trägt, hat er "aber trotzdem weder ein kriegerisches noch ein übermäßig intelligentes Aussehen".[163] Er wird im Laufe der Verhandlung von Kara Ben Nemsi der Unwissenheit und völligen Inkompetenz bezichtigt und überführt.[164] Schließlich bewältigt der Richter die Situation, indem er Kläger und Beklagte während der Mittagsruhezeit entkommen läßt.[165]

Der Sahbeth Bei kann als eine Wiederbelebung, ein "Echo" der Figur des Wekil angesehen werden.[166] Der ungerechte, inkompetente Jurist wird mit Gewalt bzw. List als Lügner oder völliger Ignorant entlarvt, wobei der Angeklagte Kara Ben Nemsi zum Ankläger wird und dem verbrecherischen Initiator des Prozesses seine Überlegenheit demonstriert.[167] Der Sahbeth Bei wird gedemütigt und entmachtet, wie es dem Schema entspricht, denn er muß die öffentliche Rüge des Helden einstecken, daß er das Handschreiben des Großherrn nicht richtig lesen kann, und er muß sich durch die Schußwaffen Kara Nemsis und Hadschi Halef Omars bedrohen lassen. Eine symbolische Entmannung ist nicht durchführbar, da der Sahbeth Bei mit männlicher Potenz nicht ausgestattet ist; es ist "weder ein kriegerisches noch ein übermäßig intelligentes Aussehen"[168] vorhanden. Die 'Abwesenheit von übermäßig intelligentem Aussehen' kann positiviert als ironische Umschreibung von 'Anwesenheit übergroßer Einfalt' verstanden werden. Damit hätte der Autor wieder einmal mehr der Jurisprudenz, die ihm in jungen Jahren so übel mitgespielt hat, einen Spiegel vorgehalten und ihr ihre absolute Unfähigkeit, auf menschliches Versagen adäquat zu reagieren, drastisch bescheinigt.

Der in einem autoritär geführten Staat lebende Leser der Werke Karl Mays muß sein Vergnügen daran finden, daß die - wenn auch nur insgeheim gehaßten - Autoritäten hier gründlich durchleuchtet werden. Das Ergebnis dieser "röntgenologischen Untersuchung" eines selbstgerechten orientalischen Justizbeamten zeigt, was der deutsche Rezipient schon immer wußte: die Machthaber sind eigentlich Deppen! Und der sich im Machtkampf mit seinem Vater befindliche Heranwachsende kann hier für diese unerläßliche Auseinandersetzung gestärkt werden, denn der Vater, der sich oftmals als Richter über die Taten des Sohnes aufspielt, wird hier in seiner Morschheit und Hohlheit transparent gemacht; er ist weder kriegerisch noch übermäßig intelligent, letztendlich also eine nicht ernstzunehmende Größe.

Muhrad Ibrahim

Muhrad Ibrahim sitzt in gravitätischer Haltung auf einer Matte am Ufer des Roten Meeres. Er ist Kapitän bzw. Eigentümer eines Küstenschiffes und, wie sich später herausstellt, Oberzolleinnehmer des Großherrn und türkischer Staatsbeamter. Muhrad Ibrahim hält Kara Ben Nemsi zunächst für einen Verbrecher und schmäht ihn, als er erfährt, daß er der schreibenden Zunft angehört. Er muß ihn allerdings willkommen heißen, als er den Schutzbrief des Großherrn gezeigt bekommt. Dennoch verlangt der Beamte ein überhöhtes Fährgeld für die Fahrt über das Rote Meer. Während der Überfahrt wird das Boot von räuberischen Beduinen überfallen, die Geldsäcke mit den gesammelten Zolleinnahmen geraubt und Kara Ben Nemsi nebst Hadschi Halef Omar entführt.[169]

Autobiographische Züge sind hier nicht zu übersehen: ein Staatsbeamter schmäht den Schreiberling und hält ihn für einen Verbrecher. Dem Schriftsteller soll das Reisen vonseiten der Staatsgewalt nicht ermöglicht werden. Erinnerungen des Autors an seine Zeit als Redakteur bei Münchmeyer werden wach, als er in Ernstthal meldepflichtig war und sich von pflichteifrigen Gendarmen immer wieder wie ein Krimineller behandelt fühlte, obwohl er längst einem renommierten und reputierlichen Broterwerb nachging. Diese Behandlungsweise hat den hinsichtlich seines psychischen Gleichgewichts so überaus labilen Karl May empfindlich getroffen. Der türkische Beamte höhnt Kara Ben Nemsi: "Du bist ein Schwätzer!"[170] und: "Ein Schreiber ist kein Mann."[171] Kara Ben Nemsi zeigt es dem Türken, so wie Karl May es gerne dem sächsischen Beamten gezeigt hätte: Halef droht mit der Nilpferdpeitsche und setzt ihm die Pistole auf die Brust. Und der Oberzolleinnehmer, der die schreibende Zunft schmähte, muß ausgerechnet aufgrund eines Schriftstückes, nämlich des großherrlichen Schutzbriefes, den Schriftsteller willkommen heißen. Der Beamte zeigt sich aber geldgierig und unbelehrbar. Da er von Kara Ben Nemsi keinen Rat annimmt, kann den räuberischen Beduinen der Überfall auf die Geldsäcke gelingen.[172] Der Staatsbeamte ist damit als der Erfolglose, als der Unfähige in seiner eigentlichen Funktion ad absurdum geführt. Der Zolleinnehmer wird zum Zollverlierer. Kein Wunder, denn er hat die grandiose Überlegenheit des Helden nicht nur nicht anerkannt, sondern sie geradezu mißachtet. Und auch im Orient gilt: Wer nicht hören will, muß fühlen.

Daß sich das Geschehen um den Geldraub auf einem Boot abspielt, zeugt von schwankender Bewußtseinslage des Verfassers.[173] In Dresden bei Münchmeyer ließ er sich "Dr. May" nennen, in Ernstthal dagegen wurde er wie ein Krimineller behandelt. C. G. Jung konstatiert, daß ein aufgeblasenes Bewußtsein immer egozentrisch und nur seiner eigenen Gegenwart bewußt sei und deshalb paradoxerweise zur Regression in die Unbewußtheit strebe.[174] Damit ist die Bewußtheitslage ins Schwanken geraten; der grandiose Dr. May auf hoher Bewußtheitsstufe steht dem ins Unbewußte abgedrängten Verbrecher aus Ernstthal gegenüber. Das Gleichgewicht läßt sich nur wiederherstellen, indem das Unbewußte seine kompensatorische Funktion aufnimmt und in die Bewußtheit interveniert. Und genau das geschieht hier. Der türkische Beamte hält den Schreiber Dr. May für einen Verbrecher. Der Kriminelle und der Schriftsteller sind somit vom Unbewußten zusammengebracht, das psychische Gleichgewicht ist - wenn auch nur kurzzeitig - restituiert. Das alles hat auf literarischer Ebene ein türkischer Zolleinnehmer fertiggebracht. Das also war der Zweck der Einführung der Figur Muhrad Ibrahim. 'Muhrad' ist neben dem Eigennamen ein türkisches Nomen und bedeutet "Zweck, Ziel, Wunsch": der Wunsch des Unbewußten, die durch das Symbol des Bootes angedeutete schwankende Bewußtheitslage auszugleichen. In der literarischen Gestaltung dieser Figur spiegeln sich ein Stück weit die psychischen Turbulenzen Karl

Mays wieder, ebenso aber auch deren autotherapeutische Bestrebungen.

Der Rezipient, dem das Seelenleben Karl Mays fremd ist, identifiziert sich hier mit dem Helden, der der eigentlich Wissende ist. Die Situation, etwas besser zu wissen, der 'Besserwisser' zu sein, ist dem Heranwachsenden, aber auch dem Erwachsenen geläufig. Kara Ben Nemsis Aktivitäten sprechen nichts Unbekanntes, aber selten Ausgelebtes an: darum die Freude am Erfolg des Helden, der nicht nur der Besserwisser ist, sondern den auch die Fakten zu guter Letzt voll bestätigen.

Abu Seif

Abu Seif[175], "der Vater des Säbels", ist ein räuberischer Beduinenfürst. In jungen Jahren hat er Amscha, Bint Scheik Malek, die Tochter des Scheichs Malek, geraubt und zur Ehe gezwungen. Die gedemütigte Araberin ist ihm aber entflohen und sucht fortan, Rache an Abu Seif zu nehmen.[176] Kara Ben Nemsi lernt Abu Seif kennen, als dieser, getarnt als Derwisch, das Boot Muhrad Ibrahims, des Zolleinnehmers, auskundschaftet. Kurz darauf überfallen die Leute Abu Seifs das Boot, nehmen Kara Ben Nemsi und Hadschi Halef Omar gefangen, denn der "Vater des Säbels" benötigt eine europäische Geisel, um seinen von den Engländern inhaftierten Bruder freizupressen. Kara Ben Nemsi bewegt Abu Seif zu einem Zweikampf im Säbelfechten, wobei er den Araber, der nur draufgängerisch und ganz planlos zuschlägt, besiegt und entwaffnet.[177] Einige Tage darauf können Hadschi Halef Omar und Kara Ben Nemsi vom Boot Abu Seifs entfliehen. In Mekka läuft Abu Seif Kara Ben Nemsi, der verbotenerweise die heilige Stadt betreten hat, über den Weg. Abu Seif schlägt Alarm und verfolgt den Fremden. Kara Ben Nemsi, der inzwischen bei den Ateibeh-Beduinen zu Gast ist, lockt ihn in die Wüste, erschießt sein Pferd und nimmt ihn gefangen. Während die Ateibeh noch beraten, wie der Entführer der Tochter ihres Scheiks zu bestrafen sei, entflieht Abu Seif. Halef überwältigt und tötet ihn.[178]

In Abu Seif und Kara Ben Nemsi stehen sich auf archetypischer Ebene die ungezügelte und die domestizierte maskuline Sexualität gegenüber. Abu Seif steht als Symbol für archaische virile geschlechtliche Triebhaftigkeit. Er raubt sich eine Frau und zwingt sie zur Ehe, bei Fechten mit dem Säbel, einem Phallussymbol par excellence, schlägt und sticht er wild drauflos. Kara Ben Nemsi hingegen weiß seinen Säbel gezielt und zweckmäßig einzusetzen, er beherrscht die Fechtkunst und damit die Kunst der körperlichen Liebe. Mit zwei gezielten Hieben weiß er Abu Seifs Schläge so zu parieren, daß die Waffe des Vaters des Säbels ins Wasser geschleudert wird. Alles geschieht auf einem Boot, was Hinweis auf die schwankende Gemütslage des Verfassers ist.[179] Die domestizierte siegt über die schrankenlose Sexualität. Zu einer Integration kommt es nicht, obwohl Abu Seif Kara Ben Nemsi bittet, ihn das abendländische Fechten zu lehren. Dieser Unterricht findet aber nicht statt, Abu Seif fürchtet, daß Kara Ben Nemsi ihn dabei töten könnte.[180] Der wilde Sex wird bei der Domestizierung und Kanalisierung aufgegeben. Eine Freundschaft zwischen beiden, von Abu Seif in den Bereich des Möglichen gerückt[181], kann nicht entstehen, ein Ausgleich zwischen urtümlicher und in der Kultur elaborierter Sexualität wird nicht angestrebt. Abu Seif wird schließlich von Kara Ben Nemsi gefesselt und damit unschädlich gemacht. Die vormenschliche Triebhaftigkeit muß eliminiert werden. Das geschieht durch das Alter Ego des Helden, oder durch seinen "Penis" Hadschi Halef Omar[182], der Abu Seif tötet. Halef tut das übrigens am Vorabend des Vollzugs der Ehe mit Hanneh, der edlen Araberin, mit der er sehr glücklich werden wird. Die Voraussetzung zur Führung einer harmonischen Lebensgemeinschaft ist die Vernichtung des tierischen Triebverlangens.

Der Autor hat die durch Abu Seif repräsentierte Seite seines Wesens verdrängt. Karl May ist hier nicht nur Kara Ben Nemsi, er ist auch Abu Seif. Schließlich hat auch Karl May Emma entführt, wenn auch nicht gegen deren Willen, so doch gegen den des Großvaters Pollmer. Wie die Tochter des Scheichs ist auch Emma nicht mehr bei ihm, hier könnte sich die Entfremdung zwischen beiden Ehepartnern niedergeschlagen haben. Den ungezähmten Teil seiner Sexualität lehnt der Autor ab, er verdrängt ihn ins Unbewußte. Von dort aus interveniert er ins Bewußte, er will ins Bewußtsein integriert werden, damit das psychische Gleichgewicht wiederhergestellt werden kann, und der Zustand der schwankenden Bewußtheitslage, angedeutet durch das Boot, auf dem sich der Kampf abspielt, beendet werden kann. Der autobiographische Interpretationsansatz, der von Walther Ilmer für den Orientzyklus Karl Mays geltend gemacht wird, sieht in Abu Seif einerseits eine Spiegelung H. G. Münchmeyers[183], andererseits auch eine literarische Bearbeitung Emil Pollmers, des Onkels von Karl Mays erster Ehefrau Emma.[184]

Martin Albani

Diese Figur wird als aus Triest stammend angegeben. Triest gehörte bis 1918 zur Donaumonarchie. Martin Albani ist früh in die Welt hinausgezogen. Die Stiefmutter ist die Ursache für das frühe Verlassen der Heimat gewesen. Der Vater, ein Schuster, hatte einen Kaufmann aus dem Sohn machen wollen, der dann aber abwechselnd als "Violinist, Komiker, Schiffskoch, Privatsekretär, bookkeeper, Ehemann, merchant, Witwer, Rentier und [...] Tourist "[185] tätig war. Kara Ben Nemsi begegnet Martin Albani in Dschidda. Der Mann aus Triest trägt gleichzeitig europäische wie orientalische Kleidungsstücke und sieht darin recht merkwürdig aus. Um die sehr umfangreiche Taille hat Albani einen Sarras gebunden, dessen Scheide so dick ist, "daß man drei Klingen in ihr vermuten" kann.[186] Albani singt Schnadahüpferln in bajuwarischem Idiom. Bei einem gemeinsamen Kamelausritt mit Kara Ben Nemsi, stellt Martin Albani sich recht ungeschickt an. Er vermag sich dabei kaum im Sattel zu halten. Obwohl er ein Abenteuer erleben möchte, sind seine Vorbereitungen dafür geradezu töricht. Zwar versorgt er sich gut mit Waffen, kann sie aber beim Zusammentreffen mit den gefährlichen Dscheheine nicht anwenden.[187] Auf dem Balkan trifft Kara Ben Nemsi noch einmal mit Albani zusammen. Dem Mann aus Triest hat man den Geldbeutel gestohlen; außerdem verlangen ihm die Einheimischen überhöhte Preise ab. Kara Ben Nemsi verhilft Albani wieder zu seinem Geld.[188] Auch hier wird erneut ausführlich ein Ritt Albanis auf einem Maultier beschrieben, bei dem der Abenteurer eine äußerst klägliche Figur abgibt. Der Autor informiert den Leser, Albani sei ein "leichtlebiger, unvorsichtiger Mensch"[189] der "leider [...] nicht lange mehr gejodelt" habe.[190] Von seiner Reise sei er wohl glücklich heimgekehrt, habe aber kurze Zeit darauf beim Baden im Meer den Tod gefunden.[191]

Martin Albani scheint die Figuration infantiler Abenteurerphantasien des Verfassers Karl May zu sein. Fast könnte er eine Weiterentwicklung des Abenteuers des heranwachsenden Weberssohnes darstellen, der sich aufmachte, um nach Spanien zu gehen und Hilfe herbeizuholen respektive Abenteuer zu erleben.[192] Bei Albani ist es die böse Stiefmutter, die das Verlassen der Heimat bewirkt, bei Karl May könnte ebenfalls die Mutter, von dem Sohn als lieblos empfunden, die mißglückte "Spanienreise" mit ausgelöst haben.

Die Beschreibung des Mannes aus Triest läßt auf das Vorhandensein eines hohen Maßes an Naivität schließen. Albani kleidet sich halb europäisch, halb orientalisch. Er besitzt viele Waffen, die er nicht zum Einsatz zu bringen versteht. Besonders auffällig ist die Erwähnung des Säbels mit der viel zu großen Scheide. Die symbolische Umschreibung eines kindlichen Penis ist nicht zu verkennen. Auch die beiden mißglückten Ritte auf dem Kamel bzw. dem Maultier sind als sexuell überaus symbolträchtig anzusehen.[193] Die Vorliebe für das Jodeln bayrischer Schnadahüpferl ist eine weitere Mitteilung des Autors über den kindlichen Charakter dieser Figur. Dem unbedarften 'Don Quichotte' hätte es besser angestanden, Kinderlieder zu singen. Der Autor wählt stattdessen für ihn die naiven, anspruchslosen bayrischen Reime, denn Kinderlieder wären dem Rezipienten doch wohl nicht zuzumuten gewesen; sie hätten die Glaubwürdigkeit dieser Figur infrage gestellt. Albani kann als eine Ausprägung des Typs des "puer aeternus" angesehen werden, ein Glücksritter oder Hans im Glück - wie die vielen beruflichen Tätigkeiten beweisen -, der aber letzten Endes völlig glücklos ist und wie Hans im Glück mit leeren Taschen heimreist.

Der abenteuernde Knabe mit dem viel zu kleinen Säbel (= Penis) vermag keine sexuellen Aktivitäten zu vollziehen, denn die drastisch geschilderten Reitversuche gelingen nur ansatzweise. Selbstverständlich muß auch Albanis glückliche Ehe mit einer Witwe kinderlos sein.[194] Nun ist der Frage nachzugehen, warum diese Figur gerade in Triest beheimatet ist. Auf der Landkarte der "deutschsprachigen Länder" von einst ist Triest ganz unten, weil im Süden gelegen, zu finden. Ganz unten aus tiefen seelischen Schichten also stammt das Material, aus der Karl May diese Figur geschaffen hat. Der puerile Tausendsassa, eine Abspaltung der Psyche des Autors, kommt zwar durch die Welt, kontrastiert aber schärfstens zum Ich-Helden Kara Ben Nemsi. Er ist mit männlicher Potenz absolut nicht ausgestattet und vermag aufgrund von geringer Sach- und noch geringerer Sprachkenntnis Zusammenhänge nicht zu durchschauen. Die Projektion eigener kindlicher seelischer Regungen läßt Karl May früh sterben. Das Kind in ihm darf nicht zu lange jodeln, es findet den Tod beim Baden im Meer. Das Ertrinken im Meer symbolisiert das Zurücksinken ins Unbewußte. Martin Albani als ins Unbewußte abgedrängtes "Kind im Mann" wünscht Integration. Das Unbewußte wirkt in das Bewußtsein hinein, um psychisches Gleichgewicht zu erreichen. Da Martin Albani früh sterben muß, er ins Unbewußte zurücksinkt, gibt es keine Integration, das seelische Ungleichgewicht des Autors bleibt erhalten; die Autotherapie hat nicht stattfinden können.

Walther Ilmer hält die Figur für eine Spiegelung des im Jahre 1870 sich in Böhmen aufhaltenden Herumtreibers Karl May, der sich, als er aufgegriffen wurde, Albin Wadenbach nannte und als Sohn eines Pflanzers aus Martinique ausgab. Daher habe der Autor unbewußt den Namen Martin Albani verwendet. Triest als österreichisches Gebiet sei eine Tarnung für Böhmen, das seinerzeit ebenfalls österreichisch gewesen sei.[195]

W. Ilmers Ausführungen erscheinen durchaus plausibel, wenn er sich auch den Vorwurf gefallen lassen muß, allzu begeistert zu assoziieren.[196] Es erscheint wichtiger, den Nachweis zu erbringen, daß - bei aller autobiographischer Reminiszenz - hier innerseelische Vorgänge Karl Mays ihren Niederschlag finden, der Autor Schritt für Schritt den Weg seiner Individuation nachzeichnet.

Scheik Malek

Er ist "ein Greis von ehrwürdigem Aussehen".[197] Er gehört zum Beduinenstamm der Ateibeh. Abu Seif vom Stamm der Dscheheine, der Todfeinde der Ateibeh, hat seinerzeit Amscha, Scheik Maleks Tochter, geraubt und sie zur Ehe gezwungen. Sie ist ihm aber zusammen mit ihrer Tochter Hanneh entkommen. Seitdem versucht Scheik Malek, mit Abu Seif abzurechnen. Einmal, so erzählt Scheik Malek, hat er ihn bei der Kaaba in Mekka getroffen. Da jeglicher Streit am Heiligtum verboten ist, hat Malek ihn zwingen wollen, vor den Toren der Stadt mit ihm zu kämpfen. Daraufhin sind die Ateibeh verflucht worden, kein Mitglied des Stammes hat Mekka betreten dürfen. Schließlich haben die Ateibeh die Familie Maleks aus dem Stammesverband ausstoßen müssen, um selbst von dem Fluch frei zu werden.[198] Malek kann den Verbrecher Abu Seif mit Hilfe Kara Ben Nemsis bestrafen, Halef tötet ihn und erhält dafür Hanneh zur Frau, die er zuvor pro forma geheiratet hat. Nun will sich Scheik Malek mit seiner Sippe den befreundeten Haddedihn anschließen, die von

Mohamed Emin angeführt werden. Nach dem Tode Mohamed Emins und dem Rücktritt Amad el Ghandurs vom Amt des Stammesführers, wird diese Würde Scheik Malek zuerkannt. Nach dessen Tod soll Halef der Scheik der Haddedihn werden.[199]

Malek (türk.: malik "besitzend") kann als eine Äußerung des archetypischen Bildes des weisen, alten Mannes angesehen werden. Als liebender Vater nimmt er den Fluch der Obrigkeit auf sich, um die der Tochter angetane Schmach zu sühnen. Hinter dieser Konstruktion könnte der Wunsch Karl Mays versteckt sein nach einem Vater, der sich so sehr mit dem Schicksal seines Kindes identifiziert, daß er sogar die öffentliche Ächtung in Kauf nimmt, wenn er nur die dem Kind zugefügte Unbill damit heimzahlen kann. Scheik Malek ist ein Stück weit Heinrich May gleichzusetzen, der der kriminellen Aktivitäten seines Sohnes wegen, wenn auch nur hinter vorgehaltener Hand, von den Bewohnern des Erzgebirgsstädtchens Ernstthal geächtet worden sein dürfte.

Die Figur Scheik Maleks muß in engem Zusammenhang mit der Mohamed Emins gesehen werden, der sich aufmacht, seinen Sohn aus dem Gefängnis zu befreien, auf der anschließenden Flucht aber sein Leben verliert. Der Zusammenschluß von Malek und Mohamed Emin deutet an, daß archetypisch ein gemeinsames Bild hinter beiden steht: der gerechte, liebende, göttliche Vater, der auf eigene Interessen und gegebenenfalls auf sein Leben verzichtet zugunsten des ungerecht behandelten Kindes.

Sir David Lindsay

Sir David Lindsay ist ein angelsächsischer Adliger und wirkt als solcher auf den deutschen Rezipienten sowohl konfus als auch kurios. H. Wiegmann meint, er wirke "wie das übersteigert-karikierte, ins Groteske verzeichnete May-Ich: ein etwas antiquierter Don Quichotte mit freilich dem selbstbezogenen Interesse eines englischen Lords."[200] Der im Orient unter fadenscheinigem Vorwand - er will fowlingbulls ausgraben - herumzigeunernde Glücksritter erscheint wie ein negativer puer aeternus, wie ein ewiger Jüngling, der keine tragfeste Lebenskonzeption ausgebildet hat und zu jenen Männern gehört, denen es schwer fällt, sich irgendwo niederzulassen, die ungeduldig, unbezogen und idealistisch sind und immer wieder von vorn anfangen, ganz offensichtlich unberührt vom Alter und scheinbar arglos, hingegeben an Phantasieflüge.[201]

Nun kann Sir David Lindsay auch als Kompensation für Kara Ben Nemsi aufgefaßt werden. Nach C. G. Jung hat eine Entwicklung im Bewußtsein ihre Entsprechung im Unbewußten, wobei letztere irgendwann in das Bewußtsein interveniert und nach Ausgleich strebt. Dieses Phänomen nennt C. G. Jung Kompensation. "Inhalte, die durch die bewußte Orientierung des Individuums verdrängt, ausgeschlossen und gebremst sind, fallen ins Unbewußte und bilden dort einen Gegenpol zum Bewußtsein. Dieser Gegenpol verstärkt sich mit steigender Betonung der bewußten Einstellung solange, bis er sich in die Tätigkeit des Bewußtseins einmischt. Schließlich sind die verdrängten, unbewußten Inhalte so weit aufgeladen, daß sie in Gestalt von Träumen [...], spontanen Bildern [...] oder Symptomen durchbrechen. Ziel des kompensatorischen Prozesses ist es anscheinend, zwei psychische Welten miteinander zu verbinden [...]"[202]

Geht man davon aus, daß Kara Ben Nemsi das Teil-Ich des Autors auf der höchsten Bewußtheitsstufe repräsentiert, dann muß es zwangsläufig ein unbewußtes, kompensierendes, komplementäres Teil-Ich des Autors geben, das genau konträr angelegte Eigenschaften hat. Dieses komplementäre Teil-Ich hat in Sir David Lindsay Gestalt gewonnen. Der Lord ist reich, Kara Ben Nemsi dagegen arm. Der Held ist polyglott, der englische Lord dagegen ist außer seiner Muttersprache keiner fremdländischen Zunge wirklich mächtig. Kara Ben Nemsi hat ein Lebenskonzept - das des Kennenlernens und Beschreibens exotischer Regionen der Welt und ihrer Völkerschaften -, Sir David Lindsay tritt mit einem sehr fadenscheinigen Konzept, dem der archäologischen Forschung, auf den Plan, wobei er natürlich niemals erfolgreich ist, nicht sein kann, da sein Lebenskonzept letztendlich keines ist. Während das Teil-Ich unter dem Namen Kara Ben Nemsi in hohem Maße von seiner Ratio geleitet ist, unterliegt das komplementäre Teil-Ich fast ausnahmslos einer von Emotionen dirigierten Spontaneität und Impulsivität. Während Kara Ben Nemsi durchaus als wohlgebauter, attraktiver Mann erscheint, macht Sir David Lindsay eher den Eindruck des unproportioniert gebauten, schlacksigen, auch von der Physiognomie und Haarfarbe nicht sonderlich ansprechenden Menschen usw.

Wenn eine Kompensation aufgrund einer psychischen Störung bei einem Menschen nicht möglich ist, wird die Psyche des Individuums von der im Unbewußten angestauten Energie völlig überschwemmt. Um das zu verhindern, um den normalen Regulationsmechanismus wieder in Gang zu bringen, ist eine Behandlung notwendig. "Die analytische Therapie zielt daher auf eine Bewußtmachung der unbewußten Inhalte, um auf diese Weise die Kompensation wieder herzustellen."[203] Der unbewußte Inhalt ist Sir David Lindsay, der als Kompensation ins Bewußtsein tritt. Karl May, der eine grandiose Figur schuf, hat dazu auch das regulierende Komplement ins Leben gerufen. Damit verhindert der Autor einen Energiestau im Unbewußten: er therapiert sich selbst. Der Held braucht von Zeit zu Zeit seine Karikatur, um als Held integer zu bleiben.

Die Pferdediebe

Sir David Lindsay und der Held übernachten in einem Zelt am Tigris. Gegen Morgen müssen die Reisenden feststellen, daß man ihnen ihre vier Pferde gestohlen hat. Der Held vermag die Pferdediebe anhand der hinterlassenen Spuren zu verfolgen, ihren weiteren Weg zu erraten und sie an einer geeigneten Stelle mit Hilfe Lindsays zu überraschen. Er erschießt die Pferde der räuberischen Araber und kann sich mit Lindsays Hilfe der vier geraubten Pferde bemächtigen. Beide vermögen zu fliehen.[204]

Pferde sind Symbole für mehr oder weniger elaborierte sexuelle Triebhaftigkeit. "Pferd und Reiter sind ein schönes Beispiel für das Aufeinandereingespieltsein von Trieb und Ich".[205] Verlust des Pferdes bedeutet symbolisch eine Störung des Trieblebens, der beherrschbare Trieb dürfte als abhandengekommen aufgefaßt werden. Das Ich macht sich daher sofort auf die Suche nach ihm, und es findet ihn mit schlafwandlerischer Sicherheit. Die räuberischen Araber müssen als ungezähmte Triebkräfte angesehen werden, die symbolisch in der Aneignung der Pferde den beherrschten Sexualtrieb unter ihre Herrschaft gebracht haben. Die rohe Triebhaftigkeit der Wilden zeigt sich, als sie ihre mit Straußenfedern verzierten Lanzen anlegen und mit ihren Pferden auf Kara Ben Nemsi und Lindsay zustürmen. "Wo ein Trupp wilder Pferde auf den Träumer einstürmt, da ist noch keine erotische Kultur, sondern Natur in ihrer undifferenzierten, gefährlichen Vielheit da."[206] Das Ich bezwingt die Gefahr, die durch die phallischen Lanzen mit der Straußenfeder-Schambehaarung noch potenziert wird, indem es die wilden Pferde eliminiert. Der Überfall des undifferenzierten Triebbegehrens aus dem Unbewußten in die Bewußtheit des Ich wird abgewehrt. Die wilden Triebkräfte sind ihres Movens beraubt. Das Ich hat seinen gezähmten Trieb zurückerlangt.

Mohamed Emin

Julius Schnorr von Carolsfeld: Bibel in Bildern. Leipzig 1860, Abb. Nr. 25: Abraham begrüßt seine Gäste vor seinem Haus im Hain Mamre.

Auffällig ist der bis auf die Brust herabreichende Bart.

Karl May hat die Abbildungen der Schnorr von Carolsfeld'schen Bilderbibel zweifellos gekannt, denn das Werk des nazarenischen Künstlers erfreute sich großer Beliebtheit und weitester Verbreitung. Ähnlich dürfte auch das entsprechende Bild in seiner Nürnberger Bilderbibel ausgesehen haben, die er in der Episode des spitznasigen Polen und seines Dieners (Bd. III, S. 277) erwähnt. Diese Abbildung steht in der ikonographischen Tradition der Merian-Bibel (Straßburg 1630), die bis ins 19. Jahrhundert hinein die Bilderbibeln hinsichtlich ihrer Ikonographie beeinflußte.

Mohamed Emin hat "die Gestalt und das Äußere eines echten Patriarchen".[207] Er erinnert den Autor an Abraham, der so ausgesehen haben muß wie der Scheik der Haddedihn, wenn er aus seinem Hause im Hain Mamre getreten ist, um seine Gäste zu begrüßen. Kennzeichnend ist der schneeweiße Bart, der ihm bis über die Brust herabhängt.[208] Zunächst Fremden gegenüber mißtrauisch, wird Mohamed Emin schnell zum Freund Kara Ben Nemsis, dem er sich freudig unterordnet und dem er im Krieg gegen die feindlichen Beduinenstämme völlig vertraut.[209] Als Entgelt für die Unterstützung schenkt Mohamed Emin dem Deutschen den unvergleichlichen Hengst Rih.[210] Nach dem Sieg über die Feinde macht Mohamed Emin sich auf, mit Unterstützung Kara Ben Nemsis seinen Sohn Amad el Ghandur aus dem Gefängnis in Amadijah zu befreien.[211] Nach geglückter Rettung des Sohnes aus dem Kerker kommt es auf der anschließenden Flucht zu Unstimmigkeiten zwischen Mohamed Emin und Kara Ben Nemsi. Der Scheik setzt seinen Willen durch, *er* wird Führer der Reisegruppe sein; infolgedessen kommt es mit räuberischen Bebbeh-Kurden zu einem Kampf, bei dem Mohamed Emin sein Leben verliert.[212] Ein exponierter Ort im Gebirge, "ein Ort, den die Sonne begrüßt, früh, wenn sie kommt, und abends, wenn sie geht"[213], eignet sich zur Errichtung des Grabmals für den Beduinenfürsten.

Zehn Jahre nach dem Tod ihres Scheiks kehren die Haddedihn unter Führung Amad el Ghandurs an den Begräbnisplatz Mohamed Emins zurück, um eine Totenfeier abzuhalten. Dabei bemerken sie, daß aus dem Grabmal einige Steine herausgenommen worden sind. Durch die Öffnung ist der Tote, der in sitzender Stellung bestattet wurde, deutlich zu erkennen, eine Verwesung hat nicht stattgefunden.[214] Der Anblick des Leichnams macht Amad el Ghandur mit den Haddedihn erneut aufsässig gegen Kara Ben Nemsi, den sie zuvor als Führer gewählt haben. Sie wollen noch einmal den Tod des Scheik an den Mördern rächen.[215] Leichtsinnig begeben sie sich in Gefahr, tun die Warnungen Kara Ben Nemsis ab und werden infolgedessen in einen verlustreichen Kampf verwickelt, in dessen Verlauf Rih, Kara Ben Nemsis Pferd, eine tödliche Verletzung erhält.[216]

Als archetypisches Bild des weisen, alten Mannes wird Mohamed Emin durch den einmaligen, bis zur Brust reichenden, weißen Bart ausgewiesen. Der Vater opfert sein Leben, um den befreiten Sohn in die Heimat zurückzubringen. Kara Ben Nemsi-Karl May hat dem Beduinenfürst die Eigenschaften beigelegt, die er selbst an seinem Vater gerne wahrgenommen hätte. Eine Reihe von Dissonanzen begleiten das Duett Kara Ben Nemsi und Mohamed Emin. Das Duett wird fast zum Duell. Hier scheint das Duett-Duell von Karl und Heinrich May seine Schatten geworfen zu haben. Der weise Vater Heinrich, respektive Mohamed Emin ist zunächst mißtrauisch gegen Kara Ben Nemsi-Karl, - die Zeit der Blindheit spiegelt sich hier - vertraut ihm aber, als er seine Kunst und seine Fähigkeiten erkennt. Vater Heinrich hat, wie die Vita Karl Mays zeigt, auf die schriftstellerischen Fähigkeiten des Sohnes große Stücke gehalten, er brachte die ersten Kontakte zu Münchmeyer in Dresden zustande.[217]

Mohamed Emin überläßt Kara Ben Nemsi den unvergleichlichen Rappen Rih. Der Hengst ist als Symbol höchster viriler Potenz anzusehen.[218] Gleichzeitig ist Rih auch das angemessene Instrument des dichterischen Movens' Karl Mays, das "Symbol der eigenen Vitalität".[219] Daß ein Knabe männliche Potenz und ein gutes Stück der eigenen Vitalität vom Vater, dem ersten Mann in seinem Leben, empfängt, bedarf keiner Erklärung.

Der Scheik unterwirft sich nicht durchweg den Anordnungen Kara Ben Nemsis. Der Vater vertraut dem Sohn nicht blindlings. Der Sohn kann den Vater hinsichtlich seiner Eigenwilligkeit nicht immer verstehen, er inszeniert den grandiosen Rückzug[220]; dunkle psychische Kräfte - die wilden Bebbeh - lassen den Vater sterben, d. h. sie lassen seinen Einfluß erlöschen. Der Tod des Vaters könnte auch der ödipale Todeswunsch des Knaben gegenüber dem gleichgeschlechtlichen Elternteil sein. Der Text darf aber nur dann in dieser Richtung interpretiert werden, wenn Amad el Ghandur als Figuration eines abgespaltenen Teil-Ich des Autors aufgefaßt wird. Die führungsbedürftigen Haddedihn hätten dann symbolisch für das Liebesobjekt zu stehen.

Bezeichnenderweise ist der Einfluß des Vaters auch zehn Jahre nach seinem symbolischen Tod, der der Unabhängigkeitserklärung des Sohnes vom Vater gleichkommt, noch virulent. Unversehens entsteht das alte Vater-Sohn-Duell neu. Der Vater - oder besser, seine negativen Eigenschaften, die der Sohn nicht akzeptiert und deshalb kräftig verdrängt hat, ist eben nicht tot: er interveniert aus dem Unbewußten zum Zweck der Restituierung seelischen Gleichgewichtes. Diese Intervention bringt Unruhe für das Persona-Ich. Die gedankliche Auseinandersetzung mit dem Vater führt zum Tod Rihs, des Movens' des Dichters. Der Kadaver des edlen Pferdes wird aufrecht stehend vor dem Grabmal Mohamed Emins bestattet.[221] Der Autor gibt dem Vater die von ihm überkommene Vitalität zurück, er braucht sie nicht mehr, denn sie hat sich inzwischen verselbständigt. Rih seinerseits hat einen Sohn gezeugt, Assil Ben Rih, der von Hadschi Halef Omars Sohn geritten wird.[222]

Der Scheik der Abu Mohamed

Der Scheik der Abu Mohamed ist ein starker und kräftig gebauter Mann, der gerade damit beschäftigt ist, auf einem Stein seinen Scharay, ein afghanisches Messer, zu schärfen, als Kara Ben Nemsi sein Zelt betritt.[223] Der Beduinenfürst erkennt das Pferd des Helden als aus der Zucht Mohamed Emins stammend. Kara Ben Nemsi bringt die Rede geschickt auf den bevorstehenden Überfall der verbündeten Stämme auf die Haddedihn und vermag den Scheik und die Ältesten der Abu Mohamed zu Freunden der Haddedihn zu machen und sie strategisch zu beraten. Am nächsten Morgen rudern die Männer des Stammes den Helden auf die gegenüberliegende Seite des Flusses, von wo er hergekommen ist.[224]

In der Traumsymbolik ist die Furt immer ein besonderer Gefahrenort.[225] Der Held bewältigt den Übergang mit Hilfe freundlicher Nomaden, "in deren Herzen kein Falsch zu finden war".[226] Sie stehen symbolisch für positive, psychische Kräfte. Der Scheik darf vordergründig als archetypische Vaterfigur aufgefaßt werden. Sein starker und kräftiger Körperbau und besonders das Schärfen des Messers deuten auf ein hohes Maß an männlicher Kraft, auf virile Vitalität hin. Das Betreten des Zeltes ist symbolisch als Eindringen in die Intimsphäre der eigenen Seele zu deuten, als Gang in das Zentrum des Wesens. Könige oder überhaupt große Männer sind letztendlich Ausdruck tieferer Seelenschichten, "sie sind schon in der Nähe jener letzten Instanz, jener innersten Führung unseres Lebens."[227] Der Fürst ist also als Spiegelung des Selbst zu betrachten. Das Selbst als Ziel der Individuation[228] entwickelt sich nicht mehr, es erteilt aber gerne Ratschläge für die Entwicklung des Ich. So rät es denn hier dem Ich, Scharten auszuwetzen, die männliche Vitalität zu stärken. Und Scharten in der bisherigen Lebensführung Karl Mays gibt es genug, die ausgewetzt werden müssen. Verstärkt wird die Symbolik noch durch das Übersetzen über den Fluß zusammen mit freundlichen Nomaden. Positive psychische Kräfte konfrontieren in tieferen Seelenschichten das Ich mit seinem Selbst. Gestärkt darf der Held nach der Begegnung mit der innersten Instanz und im Einklang mit ihr die Rückreise antreten. Ich und Selbst verkehren freundschaftlich miteinander. Eine solche harmonische Begegnung bleibt nicht ohne Lohn für das Ich: mit der Bewältigung der Aufgabe, sich mit dem Selbst zu konfrontieren, wird der Held endgültig im Besitz des edlen Pferdes, des gezügelten Triebes und des dichterischen Movens', bleiben. Karl May hat hier ein Stück weit zu sich selbst gefunden. Die hier angebotene Interpretation versteht diese Episode als Großtraum[229], als Traum auf der Subjektstufe.

Ibn Nazar

Ibn Nazar, ein von den Haddedihn ausgesandter, unter strategischer Oberhoheit des Helden stehender Wächter im Tal Deradsch wird äußerlich nicht beschrieben. Dem Posten gelingt es, die Feinde zu belauschen, was ihm eine Extragabe von der zu erwartenden Beute einbringen wird.[230] In der Nacht führt Ibn Nazar Kara Ben Nemsi und Hadschi Halef Omar, um ihnen den Weg zu den feindlichen Spionen zu zeigen.

Ibn Nazar, ein undeutlich beschriebener Substitut des Helden, kann als verlängertes Sinnesorgen des Protagonisten, als Erweiterung seines Auges aufgefaßt werden. Nazar bedeutet in der Tat im Türkischen "Blick".[231] In halbdunkler Nacht, also in einer gefährlichen Bewußtheitslage ist Ibn Nazar der Führer, das innere Auge. Er symbolisiert eine intuitive seelische Kraft, unter deren Führung der Held bis auf den "Talgrund" absteigt, einer Sache also auf den Grund geht. Dort sind zwei Spione zu fangen. Diese halten - so erlauscht Kara Ben Nemsi - den Helden für den leibhaftigen Scheitan, den Teufel. Als personifizierte, dem Persona-Ich des Helden wohlgesinnte psychische Kraft wird Ibn Nazar belohnt. Wohlverhalten dem grandiosen Ich gegenüber zahlt sich immer aus. Ibn Nazar wird eine Extragabe aus dem Beutebestand erhalten. Bei der Kriegsbeute handelt es sich überwiegend um Schafe. Sie sind - vergleichbar der Kuh der Mitteleuropäer - Symbole des Mütterlichen, der großen Ausdauer, des häuslichen Wohlbefindens.[232] Die zugehörigen Widder wiederum dürfen als Symbole der schöpferischen Naturkräfte, verbunden mit denen des Geistes, aber auch mit denen der Zeugungskraft verstanden werden.[233] Behaglichkeit im häuslichen Milieu, nicht zu vergessen die zugehörigen sexuellen Aktivitäten: der väterliche Held hat alles berücksichtigt. Er sichert dem kooperierenden, ihn und seine Aktivitäten affirmierenden jungen Mann zur Belohnung symbolisch volle Triebbefriedigung zu.

Esla el Mahem, Scheik der Obeide

Er ist ein kräftiger Araber, der einen Schuppenpanzer trägt, als Kara Ben Nemsi ihn trifft. Er ist "eine wirklich königliche Gestalt".[234] Kara Ben Nemsi vermutet, daß "er sich wohl nie in seinem Leben gefürchtet" hat.[235] Der Scheik der Obeide trägt einen krummen Säbel. Beim kurz darauf folgenden Zweikampf kann Kara Ben Nemsi Isla el Mahem überwältigen; er muß allerdings hart mit ihm ringen, ihm schließlich den Turban abreißen und ihm einen betäubenden Hieb an die Schläfe versetzen. Nachdem Esla el Mahem sein Ehrenwort gegeben hat, nicht zu entfliehen, gibt Kara Ben Nemsi ihm seine Waffen zurück. Der Erzähler berichtet: "Ich sah es seinen edlen Zügen an, daß diesem Manne jeder Verrat, jede Gemeinheit und Treulosigkeit fremd war [...]"[236] Zum Dank schenkt Esla el Mahem dem Helden einen überaus kunstvoll gearbeiteten Dolch, der die Inschrift trägt: "Nur nach dem Sieg in die Scheide."[237]

Der Schuppenpanzer weist Esla el Mahem als ritterlichen Gegner aus, zu dem die Beschreibung der Gestalt sowie die Erwähnung der Furchtlosigkeit sehr gut passen. Ritterlicher Zweikampf, ritterliche Ehrung des Unterlegenen, Rückgabe der Waffen gegen Ehrenwort, hierfür könnte ein Ritterroman Pate gestanden haben.

Julius Schnorr von Carolsfeld: Bibel in Bildern. Leipzig 1860.
Diese Abbildung hat Karl May zweifellos gekannt. Auch sie zeigt
noch den Einfluß der ikonographischen Tradition der Straßburger
Merian-Bibel von 1630.

Ein Stück weit erinnert die Schilderung des schuppenbepanzerten, furchtlosen Mannes an die Darstellung des Riesen Goliath in der Bilderbibel von Julius Schnorr von Carolsfeld, welche 1860 erschien. Dort ist der Zweikampf zwischen David und Goliath dargestellt, den David schließlich gewinnt[238], wie ja auch Kara Ben Nemsi den Kampf für sich entscheidet. Hinter dieser Szene kann die Spiegelung und literarische Ausgestaltung eines seelischen Zweikampfes vermutet werden. Der Scheik der Obeide ist ohne sein Wissen auf die Seite der Bösen, der Schuldigen, geraten. Er ist dazu quasi verführt worden. Und das, obwohl seine edlen Züge doch dafür sprechen, daß ihm Verrat, Treulosigkeit und jede Gemeinheit fremd sind. Esla el Mahem ist eine literarische Ausgestaltung des jugendlichen Karl May, der quasi unschuldig zum Verbrecher abgestempelt wurde. Karl May hat seine "kriminelle" Vergangenheit zwar gründlich verdrängt, kann aber nicht verhindern, daß das ins Unterbewußte Abgedrängte in der Symbolsprache wieder zutage tritt. Die Vergangenheit heischt Integration. Groß wie Goliath steht sie dem kleinen David-Ich gegenüber, das gewaltig kämpfen muß, um sich dem Ansturm aus der Tiefe zu erwehren. Und dabei kommt es zu einer Teil-Integration der personifizierten Vergangenheit, denn Isla el Mahem wird nicht getötet: er darf als Befriedeter weiterexistieren. Allerdings wird auch er nach dem üblichen Schema traktiert: er muß entmachtet, gedemütigt und entmannt werden. Entmachtet wird der Scheik der Obeide während des Zweikampfes mit Kara Ben Nemsi, gedemütigt wird er, als er seine Waffen verliert. Da er sich als ritterlicher Gegner des Protagonisten erzeigt, ist die Demütigung nur kurzzeitig, weil er seine Waffen bald zurückerhält. Er kastriert sich symbolisch selbst, indem er Kara Ben Nemsi seinen kostbaren Dolch schenkt. Die Inschrift: 'Nur nach dem Sieg in die Scheide' bedarf keiner Interpretation. Dem Scheik ist kein Sieg im Kampf gegen Kara Ben Nemsi beschieden gewesen. Er verzichtet daher freiwillig auf seine symbolische Manneskraft: ohne Sieg keine Scheide!

Das grandiose Ich hat sich in der Auseinandersetzung mit dem verdrängten Teil-Ich als siegreich erwiesen und - da eine Integration zumindest teilweise stattfindet - einen Kräftezuwachs erhalten.

Die beiden Spione der Obeide

Kara Ben Nemsi belauscht die beiden Spione der Obeide, die ausgesandt worden sind, um die Gegend von El Deradsch zu erkunden.[239] Sie sitzen nachts in einem Talkessel und unterhalten sich über die großen Taten des Helden, den sie für den Scheitan, den Teufel, halten. Der Protagonist nimmt sie mit Hilfe Hadschi Halef Omars gefangen, nachdem er sie durch sein unvermitteltes Erscheinen in reglosen Schrecken versetzt hat, verhört sie und läßt sie ins Lager der Haddedihn schaffen.[240] Dort werden ihnen die Bärte abgeschoren, um sie zu bestrafen.[241]

Zwei Männer halten den Helden für den Scheitan, sie verteufeln ihn also. Der Held wiederum geht der Sache auf den Grund, er steigt bis auf den Talgrund herab, und nimmt die beiden fest. Als personifizierte seelische Kräfte stehen sie ein Stück weit für das schlechte Gewissen des Helden. Das sich omnipotent und omniszient gebärdende Ich weiß sehr wohl um seine Schattenseiten, wenn es dieses Wissen auch verdrängt hat. Es ist sofort auf dem Plan, die negativen Stimmen, die in der Tiefe vernehmlich sind, zum Schweigen zu bringen. Es gibt keine Annahme dieser negativen Tendenzen im eigenen Inneren, denn eine Versöhnung findet nicht statt. Im Gegenteil, die personifizierten Schattenseiten werden gedemütigt, entmachtet und schließlich symbolisch kastriert. Als der Bart ab ist, ist der Bart eben ab. Man kann die auf diese Weise unschädlich gemachten Verleumder aus der eigenen Seelentiefe nun getrost den Frauen übergeben. "Sie sind Weiber und sollen von den Weibern bewacht werden,"[242] gebietet der Scheik. Durchsichtiger kann die symbolische Kastration der beiden Gefangenen nicht mehr verschlüsselt werden. Das Ich geht mit den eigenen Schattenseiten erbarmungslos ins Gericht. Sie müssen lächerlich gemacht werden.

Zedar Ben Huli

Er ist Scheik der Abu Hammed. Auf dem Weg von zwei Arabern überfallen und gefangen genommen, wird Kara Ben Nemsi dem "Scheik der Pferderäuber"[243] vorgeführt. In der folgenden Nacht bietet der Protagonist sich an, den Löwen zu töten, der drohend das Lager der Abu Hammed umschleicht. Kara Ben Nemsi erschießt die Raubkatze, zieht ihr das Fell ab und flüchtet, nachdem er sich zuvor mittels eines Überraschungsmanövers in den Besitz seines Pferdes und seiner zweiten Büchse gebracht hat.[244] Beim Kampf der Haddedihn und ihrer Verbündeten mit den räuberischen Nachbarstämmen wird Zedar Ben Huli nebst einem seiner Söhne gefangengenommen. Kara Ben Nemsi reitet im Auftrag der Haddedihn zu den Abu Hammed, um die Kriegsbeute, das Lösegeld für die gefangenen Krieger der Abu Hammed abzuholen. Dabei macht er die grausige Entdeckung, daß Zedar Ben Huli auf einer Insel im Tigris drei Dschesidi, Angehörige einer von den Moslems verachteten religiösen Gruppierung, bis zum Hals hat eingraben lassen. Die Gefangenen sollten auf diese Weise gezwungen werden, bei ihren Angehörigen brieflich um

Lösegeld zu bitten. Kara Ben Nemsi befreit die Unglücklichen und stellt sie dem Scheik gegenüber. Auch den zweiten Sohn, Helfershelfer des grausamen Vaters, bringt Kara Ben Nemsi mit ins Lager der gefangenen Scheiks. Er droht, Zedar Ben Huli eine ebensolche Behandlung angedeihen zu lassen, wie er sie gegenüber den Dschesidi angewandt hat: er soll zwei Tage lang bis an den Hals eingegraben werden, wobei seine Söhne ihn bewachen sollen. Der Scheik jedoch bringt sich überraschend in den Besitz der Waffen von Sir David Lindsay und verwundet diesen am Arm. Lindsays Diener Bill will seinen Herrn schützen und schießt auf den Scheik. Er tötet ihn durch einen Schuß in den Kopf.[245]

Archetypisch ist die Figuration Zedar Ben Hulis Exponent einer nicht integrierbaren, destruktiven psychischen Kraft, die nach Ansicht des Persona-Ich zerstört werden muß. Diese Figur könnte verdrängte narzißtische Wut symbolisieren, die als Autoaggression hier literarisch eine Auferstehung erlebt. Zedar Ben Huli kontrastiert zu dem "Ritter" Esla el Mahem, der als edel und untadelig dargestellt wird.

Das Schema des Umgangs mit Antagonisten ist bekannt. Zunächst muß die Entmachtung erfolgen. Sie verläuft hier verschlüsselt in der Tötung des Löwen. Der Löwe wird u. a. als Symbol der Macht und des väterlichen Prinzips im Sinne leidenschaftlichen Herrentums[246] bezeichnet. Der Held stellt mit seinem Sieg über den Löwen unter Beweis, daß er selbst der eigentliche Herr ist. Damit ist der absolute Herrschaftsanspruch des Scheik unhaltbar geworden, er ist entmachtet. Die Demütigung des Scheik findet statt, als er in die Gefangenschaft der Haddedihn und ihrer Verbündeten gerät. Die symbolische Kastration erübrigt sich, da die Figur eliminiert wird. Die Tötung des Scheik deutet an, daß die durch ihn ausgedrückte destruktive Tendenz im Unterbewußtsein verbleibt, sie nicht etwa - wie bei der Befriedung oder beim Schließen einer Freundschaft - in die bewußten psychischen Kräfte integriert wird.[247]

Alexander Kolettis

Seine Gestalt wird als sehr lang und hager beschrieben. Er befindet sich in Gesellschaft Scheik Esla el Mahems und ist Dolmetscher beim englischen Vizekonsul in Mossul. Kolettis "hängt auf seinem Gaul, als ob er noch niemals einen Sattel berührt hätte".[248] Die "griechische Abstammung"[249] ist ihm anzusehen. Als Kara Ben Nemsi den Scheik und seine Begleiter festnehmen will - sie sind Feinde der Haddedihn - versucht der Grieche zu flüchten. Der Held verhindert die Flucht, indem er ihm in den Oberschenkel schießt.[250] Kolettis trägt einen Brief bei sich, der nicht in die Hände Kara Ben Nemsis fallen soll und den er deswegen zu essen versucht.[251] Der Held kann das Schriftstück nicht mehr entziffern, er vermag lediglich von Kolettis zu erfahren, daß es darum geht, Beduinenstämme gegeneinander zu hetzen.[252] Einige Zeit später trifft der Protagonist in Stambul wieder auf Kolettis. Er erfährt, daß der Grieche eng mit Abraham Mamur, dem Anführer der Verbrecherorganisation "en Nassr" zusammenarbeitet.[253] Zusammen mit Abraham Mamur findet Alexander Kolettis den Tod. Omar Ben Sadek stürzt beide Verbrecher über die Brüstung des Turms von Galata in den sicheren Tod in die Tiefe.[254]

Die Hagerkeit der Figur deutet auf Boshaftigkeit hin. Kolettis ist zudem mit elaborierter Männlichkeit nicht versehen, denn er kann nicht richtig reiten.[255] "Griechische Abstammung" muß als Makel angesehen werden. Kolettis steht symbolisch für eine negative psychische Kraft, eine aus dem Unbewußten aufgetauchte mahnende Stimme, die dem Persona-Ich Schaden zufügen kann. Der Brief als Mitteilung des Unbewußten an das Bewußte kann nicht gelesen werden, das Unbewußte gibt aber preis, daß psychische Kämpfe, das "Aufhetzen der Beduinenstämme gegeneinander", bevorstehen. Das überaus wache Persona-Ich in Gestalt Kara Ben Nemsis hält sich die Mitteilung des Unbewußten vom Leib. Der Exponent des Verdrängten muß eliminiert werden. Dabei kommt das bewährte Schema zur Anwendung. Der Grieche wird zunächst entmachtet. Die Demütigung erfolgt verbal: Kara Ben Nemsi redet von den "schmutzigen Händen" der Griechen, die den "ehrlichen, biederen Charakter der echten Türken verdorben haben."[256] Der Schuß in den Oberschenkel ist die symbolische Kastration[257], er könnte aber auch bedeuten, daß der Seelenteil, den die Traumfigur darstellt, nicht zum Zuge kommen soll.[258] Die Kastration wird durch den gewaltsamen Tod - Sturz in die Tiefe, die Seelentiefe - maximiert.

Der jüngere Sohn Zedar Ben Hulis

Als der Held ins Lager der Abu Hammed eindringt, um die Kriegsbeute für die Haddedihn abzuholen, sprengt ihm ein Trupp jugendlicher Bewaffneter entgegen. Die jungen Leute sind nur mit Spießen und Keulen bewaffnet. Der Anführer der Gruppe - wie sich später herausstellt: der jüngere Sohn Zedar Ben Hulis - wirft seine Keule auf den Helden. Kara Ben Nemsi kann den Wurf mit seinem Kolben parieren, drängt seinen Rappen an das Roß des Angreifers und bemächtigt sich seiner.[259] Unter dem Griff des Helden wird der junge Mann vor Angst schlaff wie eine Gliederpuppe.[260] Kara Ben Nemsi schleudert seinen Gefangenen mitten unter die Angreifenden, tritt in ein Zelt, zieht sein Pferd hinter sich her, um "vor den Stichen dieser Wespen so ziemlich geborgen"[261] zu sein. Im Zelt läßt er sich gemütlich nieder, um auf Halef und die begleitenden Haddedihn zu warten und in der Zwischenzeit kaltes Fleisch zu essen, das auf einer Platte in seiner Nähe liegt. Später läßt Kara Ben Nemsi den jüngeren Sohn Zedar Ben Hulis von Sir David Lindsay gefangennehmen und binden. Die Mutter protestiert[262], aber Kara Ben Nemsi bricht dessenungeachtet zum Lager der Sieger auf. Dort versucht Zedar Ben Huli, Lindsay zu erschießen, worauf Lindsays irischer Diener Bill Zedar Ben Huli tötet. Der sich unter den Gefangenen im Lager befindliche ältere Sohn und der jüngere greifen Bill an, werden aber schnell überwältigt.[263]

Die Horde wilder Pferde und Reiter, die auf Kara Ben Nemsi einstürmen, stehen symbolisch für wilde, kulturlose Triebhaftigkeit, die ihren Exponenten im jüngeren Sohn Zedar Ben Hulis findet. Er dürfte eine Reminiszenz an die eigene puberale, postpuberale und adoleszente Entwicklungsstufe des Autors sein. Die Bemerkung, daß der wilde Jüngling wie eine Gliederpuppe wurde, zeigt an, daß eine "Verpuppung" stattgefunden hat[264], daß aus dem Triebwesen ein äußerst kontrolliert agierendes Ich geworden ist, das alles im Griff hat. Als autobiographische Nachzeichnung ist zweifellos das mütterliche Protest- und Klagegeschrei zu verstehen, das so oder ähnlich auch Karl Mays Mutter oder Großmutter formuliert haben könnten: "Was willst du mit meinem Sohne thun?" "Der Stern meines Alters [...] Was hat er dir gethan, daß du ihn bindest wie einen Mörder [...]?"[265] Vor der belastenden Erinnerung, den Wespenstichen aus dem Unbewußten, zieht sich der Held in das Zelt zurück. Er retiriert in einen mütterlichen Bergungsort, in den er aber auch das Pferd, die gezügelte Triebkraft mit hinein nimmt. Im häuslichen Bereich des Zeltes läßt sich der Held gemütlich nieder und tut sich an kaltem Fleisch gütlich.

"Fleisch" steht symbolisch für "das Fleischliche, das Sexuelle" an sich.[266] Der Held bedient sich am Fleischlichen, das sich ihm in Reichweite "auf einer Platte" anbietet. Aber es ist nur kaltes Fleisch, das der Held, der über einen durch das Pferd im Zelt symbolisierten gezügelten Trieb verfügt, hier genießen kann. Das Fleisch ist erkaltet, wie möglicherweise eine erotische oder eheliche Beziehung. Ob das Zelt ein Symbol für Mays Eheleben oder vielleicht für eine vor- oder außereheliche erotische Beziehung ist, wird in der Symbolik nicht explizit ausgedrückt. Der Terminus "gemütlich" scheint aber eher dafür zu sprechen, daß häuslich-eheliches Glück hier seinen Niederschlag gefunden hat, was auch die Tatsache bestätigt, daß der gezügelte Trieb nicht weit vom Fleischlichen entfernt ist. Der Ehealltag von Karl und Emma May dürfte sich demnach, wenn er denn wirklich hier unbewußt etwas von sich preisgibt, sehr bürgerlich gestaltet haben.

Pali, Selek und Melah

Auf einer Insel im Tigris, die wegen der Strömungen schwer zu erreichen ist, entdeckt Kara Ben Nemsi drei Dschesidi, die von den Abu Hammed gefangen, entkleidet, gefesselt und bis an den Hals in fauligem Schlamm eingegraben sind.[267] Die drei sind als Boten ihrer Stammesgenossen zum Statthalter von Bagdad unterwegs gewesen. Scheik Zedar Ben Huli, der Anführer der Abu Hammed, hat sie nächtens überfallen, sie ausgeraubt, gefoltert und eingegraben, um Lösegeld von ihnen zu erpressen.[268] Der Held und seine Helfer befreien die bis zum Tode geschwächten Gefangenen und bringen sie heimlich zu dem Ort, an dem die Kriegsbeute übergeben wird, um sie dort ihren Peinigern gegenüberzustellen. Die Rettung der drei Dschesidi bringt dem Helden den Dank und die Zuneigung der gesamten Religionsgemeinschaft der Dschesiden ein.

Eine Insel weist in der Traumsymbolik auf einen isolierten Bereich innerhalb der Seele hin, auf ein Stück bewußtseinsfähigen Lebens, das aber vom übrigen Tagesbewußtsein abgetrennt ist.[269] Dieses isolierte Leben in der Seele birgt Entfaltungsmöglichkeiten, fast "verschüttete" Fähigkeiten, die durch die drei gefangenen Dschesidi symbolisiert werden. Die Befreiung und Regeneration der Gefangenen bedeutet die Integration bzw. Reintegration der "vergrabenen" Fähigkeiten oder Begabungen in die bewußte Psyche des Helden. Diese Integration zeitigt positive Folgen: sie bringt dem Ich Zuwendung, Erfolg und im weitesten Sinne libidinöse Erfüllung. Auffällig ist die Weise der Entdeckung der Gefangenen auf der Insel. Der Held selbst spürt aus Andeutungen heraus, daß sich auf der Insel geheimnisvolle Gefangene befinden könnten.[270] Das Bewußtsein signalisiert also das Vorhandensein versteckter Begabungen und Anlagen. Diese Anlagen müssen nach der Entdeckung sorglich gepflegt und gegebenenfalls regeneriert werden, damit sie der vom Persona-Ich kontrollierten Gesamtpersönlichkeit zu dienen imstande sind.

Der Pascha von Mossul

Kara Ben Nemsi besucht in Mossul den Pascha, um von ihm einen Schutzbrief für seine Reise nach Amadijah zu erlangen. In Amadijah ist Amad el Ghandur, der Sohn Scheik Mohamed Emins, gefangengesetzt. Der junge Mann soll mit List oder Gewalt befreit werden, wovon der Pascha nichts ahnen darf. Um auf der Reise dorthin obrigkeitlichen Schutz zu erwerben, wird der Held beim Pascha vorstellig. Er wird in Mossul seiner Ansicht nach unbotmäßig von zwei albanischen Aghas empfangen, die ihn zum Pascha bringen sollen. Er wirft beide aus dem Haus und befiehlt, ihm höflichere Boten zu schicken.[271] Anschließend wird er mittels eines Tragsessels in Begleitung einer Eskorte zum Pascha gebracht.[272] Der Autor beschreibt den Stellvertreter des Padischah in Mossul als "nicht groß und von sehr hagerer Gestalt".[273] Das Gesicht erschiene gewöhnlich, wenn da auch nicht ein Zug von Schlauheit und Grausamkeit gewesen wäre. Seine Kleidung besteht ganz aus Seide, und der Griff seines Dolches, die Agraffe an seinem Turban und die Ringe an seinen Fingern funkeln von Diamanten. Seine Wasserpfeife ist an Kostbarkeit nicht zu übertreffen. Auffällig ist die geschwollene rechte Wange.[274] Sein Arzt, so berichtet er, hat ihm einen Zahn zu ziehen versucht, dabei aber versagt. Der Arzt wird dafür die Bastonade erhalten.[275] Kara Ben Nemsi zieht den bereits halb gezogenen Zahn vollends heraus und bewirkt damit, daß der Arzt die Strafe erlassen bekommt.[276] Anschließend verrät Kara Ben Nemsi dem Pascha, daß er ein Rezept zur Bereitung von künstlichem Champagner kennt. Sofort muß er sich daran machen, diese köstliche Getränk herzustellen, an dem der Pascha sich sogleich berauscht.[277] Zum Dank gibt der Gebieter Mossuls dem Helden zehn Soldaten mit auf die Reise.[278]

Der Leser erfährt eingangs, daß der Pascha ein ungerechter Ausbeuter und Unterdrücker seines Volkes ist, der tyrannisch über die Bewohner seines Bereiches herrscht, schamlos intrigiert und mordet, um sich selbst zu bereichern. Im späteren Verlauf der Handlung erfährt der Leser, daß der Pascha von Mossul wegen seiner ungetreuen Amtsführung vom Padischah, seinem Oberherrn, abgesetzt wurde und ganz und gar in Ungnade gefallen ist.[279] Als archaischer Vater, wie nahezu jede Figur Karl Mays, die mit Autorität behaftet ist, erscheint der Pascha mit einer Fülle von männlicher Potenz ausgestattet, was sich in der Sexualsymbolik (Dolch, Wasserpfeife, Peitsche) manifestiert. Diese bedrohliche maskuline Mächtigkeit wird unter dem Einfluß des Alkohols ganz schnell zu Milde, Güte und Lächerlichkeit, was eine autobiographische Reminiszenz Karl Mays sein könnte, ebenso wie die Kenntnis der Herstellung eines Getränkes, das künstlichem Schaumweine ähnelt, das im Erzgebirge von armen Leuten, vielleicht sogar im Hause May in Ernstthal, gebraut worden sein dürfte.[280]

Dem teils bedrohlichen, teils lächerlich anmutenden Vaterarchetypus zeigt sich der Held als der eigentlich Überlegene, als der Listige, der noch allen wie auch immer gearteten Vätern überlegen ist.[281]

Als Statthalter des Padischah in Mossul könnte der Pascha aber auch eine Anspielung auf die Herren von Schönburg sein, in deren Herrschaftbereich sich Ernstthal befand. Die Herren der Schönburgischen Recessherrschaft hatten ihren Kleinstaat durch Mißwirtschaft und hohe Besteuerung in den finanziellen Ruin getrieben. Im Jahre 1878 gaben die Reichsfürsten von Schönburg ihre letzten souveränen Rechte an den sächsischen Staat ab.[282] Das Verhältnis Kara Ben Nemsis zu dem Pascha könnte die Empfindungen Karl Mays zu den Schönburger Herren widerspiegeln: Verachtung wegen der Unterdrückung der Untertanen, Respekt vor dem Besitz der Macht, ein Hauch von Dankbarkeit - Karl May hatte einen Zuschuß für seine Ausbildung von den Schönburgern erhalten[283] -, andererseits aber auch Schadenfreude darüber, daß sie ihre Machtstellung einbüßen mußten.

Als Widersacher des Helden muß der Pascha, auch wenn er selbst seine Rolle als Antagonist nicht kennt, entmachtet, gedemütigt und entmannt werden. Hier erfolgt die symbolische Entmannung zuerst. Der Pascha erleidet die Kastration, indem Kara Ben Nemsi[284] ihm einen Zahn zieht.[285] Die Angabe der rechten

Wange, unter der der Zahn geschwollen ist und gezogen werden muß, könnte andeuten, daß die Kastration dem Pascha ganz "recht" geschieht. Hier ist möglicherweise auch der Kastrationswunsch gegen den Vater-Pascha virulent. Die Demütigung erfolgt subtil durch das Berauschen des Allgewaltigen mit Hilfe künstlichen Champagners, wobei von der Würde des Herrn nur wenig übrigbleibt. Die Entmachtung braucht der Held nicht selbst vorzunehmen. Es genügt die Mitteilung an den Leser, daß der Pascha in Ungnade gefallen ist und seine Stellung räumen mußte. Dieser Zahn - nämlich der der unumschränkten Herrschaft - ist dem Pascha gezogen!

Ifra, der Buluk Emini

Der Buluk Emini namens Ifra, Schreiber einer Kompanie, wird Kara Ben Nemsi vom Pascha in Mossul zusammen mit acht Soldaten als Leibgarde zur Verfügung gestellt. Ifra reitet kein Pferd, sondern einen Esel, der sehr eigenwillig mit seinem Herrn im wahrsten Sinne des Wortes umspringt. Das Zeichen seiner Würde, ein überdimensionales Tintenfaß, trägt Ifra an einem Riemen um den Hals gebunden. Er ist ein kleines, dickes Männlein, dem die Nase fehlt und dem dafür ein großer Schnurrbart an der Oberlippe hängt. In seinem fleischigen Gesicht erscheinen die Augen nur noch als schmale Spalten, um "einen kleinen Lichtstrahl in das Gehirn des Mannes gelangen zu lassen".[286] Ifra hat bezeichnenderweise eine Fistelstimme, die wie eine alte, eingerostete F-Trompete klingt.[287] Zu dem kauzigen Buluk Emini gehört sein sonderbarer Esel, der die Angewohnheit hat, nachts ununterbrochen zu schreien, so daß in seiner Nähe keine Nachtruhe möglich ist.[288] Kara Ben Nemsi bringt den Esel zu nächtlichem Schweigen, indem er ihm einen Stein an den Schwanz binden läßt. Der Esel, der, wie es bei Eseln Brauch ist, vor dem Schreien den Schwanz hebt, sieht sich durch das Gewicht am Schwanzheben gehindert. Aus Verwunderung darüber unterbleibt das störende nächtliche I-a-Rufen. Kara Ben Nemsi macht dem törichten Ifra zudem weis, die Seele seines Großvaters Muthallam Sobuf sei in diesen Esel gefahren. Muthallam Sobuf habe seinerzeit einem Esel, um ihn zu ärgern, ein Gewicht an den Schwanz gebunden. Diese Untat könne nur dadurch gesühnt werden, daß er dem Esel-Großvater wiederum einen Stein an den Schwanz binde.[289] Der Erzähler berichtet: "Ich hielt den Schwanz des Tieres und der kleine Baschi-Bozuk band den Stein an die Spitze desselben [...] Der Esel befand sich ganz augenscheinlich in einer Art von Verblüffung, er schielte mit den Augen nach hinten; [...] er schnaubte und öffnete endlich das Maul, um zu schreien - aber die Stimme versagte ihm, das Bewußtsein, daß seine größte Zierde hinten fest und niedergehalten werde, raubte ihm vollständig das Vermögen, seine Gefühle in edlen Tönen auszudrücken".[290]

Ifra ist ansonsten in den aktuellen Handlungsverlauf niemals direkt einbezogen. Er ist über einen längeren Zeitraum quasi Appendix des Ensembles des Protagonisten. Beim Abschied erteilt Kara Ben Nemsi dem nasenlosen, dicken Buluk Emini den Rat, nie zu vergessen, daß ein Stein an den Schwanz des Esels gehört.[291]

Die Figur des Ifra dürfte, da sie in die Handlung nicht eingreift, ihr oft eigentlich sogar im Weg ist, nur der spaßhaften Eselsschwanzszene wegen konzipiert worden sein. Es ist zu fragen, was, bzw. wer sich hinter diesem kleinen, nasenlosen Schreiber verbirgt, der nicht einmal in der Lage ist, Herr über seinen Esel zu werden. Das Fehlen der Nase ist zweifellos ein Hinweis auf die symbolische Eunuchenhaftigkeit des Buluk Emini, die noch dadurch unterstrichen wird, daß er mit einer Fistelstimme spricht und fettleibig ist.[292] Dieser Kastrat reitet auf einem Esel.[293] "Ganz allgemein versinnbildlichen Tiere die Triebe."[294] "Das Tier in seiner fast gänzlichen Unbewußtheit ist seit jeher das Symbol jener psychischen Sphäre im Menschen, welche in der Dunkelheit des körperlichen Trieblebens verborgen ist."[295] Der Esel als gezähmtes Tier ist, wenn das Tier denn Symbol für das Bezähmte und das Wildgebliebene in der menschlichen Psyche geworden ist, wie Aeppli annimmt[296], gleichzusetzen mit der in das Bewußtsein integrierten und vom Bewußtsein bewältigten Triebenergie. Die Integration eben dieser Triebenergie scheint im Falle des Buluk Emini und seines Esels nicht immer geglückt zu sein. Der Esel verhält sich äußerst eigenwillig, vor allem fällt er auf durch nächtliches Schreien, dem das Schwanzheben vorausgeht. Nach Beschwerung mit einem Stein ist seine größte (männliche!) Zierde hinten fest- und niedergehalten, womit ihm denn auch das Vermögen, seine Gefühle in edlen Tönen auszudrücken, geraubt ist. Der Trieb-Esel und das nächtliche Schwanzheben nebst den folgenden edlen Tönen: hier ist nichts mehr zu interpretieren, weil Eindeutigkeit vorliegt. Quälende männliche Triebhaftigkeit erscheint hier verschlüsselt, aber in der Verschlüsselung sehr anschaulich dargestellt.

Hier hat ein Schreiber die durch ein großes Tintenfaß symbolisierte Schreiberei "am Hals": ein Hinweis des Schriftstellers Karl May auf sich selbst. Es kann sich hier um eine Spiegelung, eine literarische Verarbeitung einer seiner Haftzeiten handeln. Der damals noch unbedeutende Schreiber fühlt sich, da er eingesperrt ist, sämtlicher menschlich-männlicher Energien beraubt, eine Selbstbestimmung ist nicht möglich. Peinigend ist das nächtliche Schwanzaufrichten und alles damit Zusammenhängende, das Kara Ben Nemsi, hier in der Rolle des Über-Ich, energisch und wirkungsvoll verhindert. Die Esel-Episode böte, bei einem solchen Interpretationsansatz die klassische Dreiteilung der Persönlichkeit in Es=Esel, Ich=Buluk-Emini und Über-Ich=Kara Ben Nemsi. Hier dürfte sich ein langer und intensiver Kampf des Verfassers gegen masturbatorische Betätigungen niedergeschlagen haben. Denn das Über-Ich, Kara Ben Nemsi, gibt dem Ich, Buluk Emini, den guten Rat mit auf den Weg, niemals zu vergessen, daß ein Stein an den Eselsschwanz gehört. Die gewaltsame Unterbindung geschlechtlicher Regungen "gehört" sich also. Masochismus in dieser Hinsicht ist unerläßlich. Das Problem der Selbstbefriedigung, das damals heftig diskutiert wurde[297], ist für Karl May im Gefängnis zweifellos aufgetaucht. Arno Schmidt spricht im Zusammenhang der Gefängnisaufenthalte Karl Mays von dem Inhaftierten als einem möglichen Langstrecken-Onanisten.[298] Andererseits versucht Schmidt auch zu belegen, daß sich Karl May während der Haftzeit homosexuell betätigt habe. Wenn man die Esel-Episode im Sinne der Traumsymbolik C. G. Jungs interpretiert, und vorausgesetzt, diese Interpretation stimmt, dann wäre hier nicht homoerotisches, sondern doch wohl eher noch marathon-masturbatorisches Verhalten mit masochistischen Zügen zu eruieren.

Ali Bey

"Hinter ihm erschien ein junger Mann von sehr schöner Gestalt. Er war hoch und schlank gewachsen, hatte regelmäßige Gesichtszüge und ein paar Augen, deren Feuer überraschend war. Er trug eine fein gestickte Hose, ein reiches Jäckchen und einen Turban, unter welchem eine Fülle der prächtigsten Locken hervorquoll. In seinem Gürtel befand sich nur ein Messer, dessen

Griff von sehr kunstvoller Arbeit war."[299] Ali Bey küßt Kara Ben Nemsi, nachdem dieser sich als Retter der drei Dschesidi, der Untertanen Ali Beys, zu erkennen gegeben hat. Ali Bey lädt Kara Ben Nemsi und seine Begleiter ein, in seinem Hause als Gäste zu verweilen. Kara Ben Nemsi kann mit ihm viel diskutieren, denn Ali Bey macht sich Gedanken über seine Religion und die Missionsversuche durch die Christen. Der Erzähler attestiert ihm: "Er war nicht nur ein schöner, sondern auch ein edler Mann; er kannte die traurigen Verhältnisse seines Landes und hatte vielleicht das Zeug zu einem Helden."[300] Beim Abendessen im Hause von Ali Bey hält Kara Ben Nemsi den kleinen Sohn des Bey auf dem Arm. Der Held gibt ihn während des Mahles nicht her.[301] Später zeichnet Kara Ben Nemsi das Gesicht des kleinen Bey und schenkt dieses Produkt der Mutter des Kindes, die sich sehr darüber freut. Im Verlauf der Handlung berät Kara Ben Nemsi Ali Bey, als kriegerische Türken die Dschesiden bei ihrem höchsten Fest zu überfallen gedenken. Der Effendi aus dem Abendland erweist sich als unüberwindlicher Stratege. Er vermag alle listigen Anschläge der Feinde vorweg zu ahnen und schließlich dafür Sorge zu tragen, daß die Dschesiden in Frieden leben können.[302] Beim Abschied fragt Ali Bey Kara Ben Nemsi: "Effendi, glaubst du, daß ich dich liebhabe?" Er segnet ihn wie ein biblischer Patriarch seinen Sohn und schenkt ihm ein Amulett.[303]

Alles, was mit Ali Bey zusammenhängt, wird wohlwollend geschildert. Seine Frau ist schön und gepflegt, sein Kind ist angenehm im Umgang und nicht so fettleibig wie die Türkenkinder. Häusliche Idylle wird angesprochen, möglicherweise äußert sich hier versteckt der Wunsch des jungverheirateten Karl May nach einem eigenen Kind.

Kara Ben Nemsi unterstützt den Anführer einer unterdrückten Volkstumsgruppe, die unter idealisierender Perspektive dem Leser nahegebracht wird. Die heile Welt des Bergvolkes der Dschesidi[304] steht der Welt der bürgerlichen Gesellschaft im Europa des ausgehenden Neunzehnten Jahrhundert diametral gegenüber.

Das in der Blüte der Jugend stehende Stammesoberhaupt einer in paradiesisch-friedlich-sozialem Urzustand lebenden Gemeinschaft, die vom Verfasser nahezu utopisch gestaltet ist, kann nur schön, edel und bescheiden sein. Bescheiden ist auch die Männlichkeitssymbolik: Ali Bey trägt nur *ein* Messer im Gürtel, natürlich ein besonders edles Exemplar.

Dieser junge Mann vertraut Kara Ben Nemsi so blindlings, als wenn er ein charismatischer Heilbringer wäre. Das Vertrauen zahlt sich aus. Zwar schafft der Heilbringer aus dem Abendland hier nicht die Bedingungen zur vollen Triebbefriedigung, wie er das sonst oft zu tun geneigt ist. Bei den Dschesiden ist ein hohes Maß an libidinöser Befriedigung bereits vorhanden. Der Held sorgt aber dafür, daß die Bedingungen zur Triebbefriedigung erhalten bleiben. bzw. eine Verbesserung erfahren. Dafür erntet der Held Liebe und Segen.

Der schöne junge Mann, ein Edelmensch par excellence, zeichnet sich aus durch edle, aber gemäßigte Sexualität - er verfügt über nur *ein* Messer mit schön verziertem Griff -, die ein edles Ergebnis gezeitigt hat: den hübschen kleinen Sohn.

Die im Alterswerk Karl Mays so wichtige Vorstellung des Edelmenschen[305] hat hier ihren Schatten vorausgeworfen. Mit Hilfe der Figur Ali Beys stellt der Verfasser sich selbst so dar, wie er gerne sein möchte: ein treusorgendes, jugendlich und dennoch väterlich agierendes Familienoberhaupt, das sich in dieser Rolle selbst vollauf bestätigt, das Achtung und Liebe verdientermaßen erwirbt, das dabei aber dennoch unter der Kontrolle des Persona-Ich handelt. Der Edelmensch Ali Bey wäre ohne das durch Kara Ben Nemsi symbolisierte Ich auf höchster Bewußtheitsstufe nicht fehlerfrei und letztendlich erfolgreich. Das kontrollierende Persona-Ich des Autors Karl May versucht immer wieder, sich die gesamte Psyche zur Beute zu machen.

Pir Kamek

"Da öffnete sich die Türe, und ein Mann trat ein, dessen Anblick ein ganz ungewöhnlicher war. Seine Kleidung zeigte das reinste Weiß, und schneeweiß war auch das Haar, welches ihm in langen, lockigen Strähnen über den Rücken herabwallte. Er mochte wohl in die achtzig Jahre zählen, seine Wangen waren eingefallen, und seine Augen lagen tief in ihren Höhlen, aber ihr Blick war kühn und scharf, und die Bewegung, mit welcher er eingetreten war und die Türe geschlossen hatte, zeigte eine ganz elastische Gewandtheit. Der volle Bart, welcher ihm rabenschwarz und schwer bis über den Gürtel herniederhing, bildete einen merkwürdigen Kontrast zu dem glänzenden Schnee des

Haupthaares."[306] Pir Kamek ist eines der geistlichen Oberhäupter der Religionsgemeinschaft der Dschesiden. Er hat die Verfolgung seiner religiösen Gruppierung durch die fanatischen türkischen Moslems am eigenen Leib in schmerzlichster Weise erfahren müssen: vor seinen Augen sind seine Frau und seine Söhne verstümmelt und verbrannt worden, ihm selbst hat ein Mülasim, ein Leutnant, langsam das Messer in die Brust gestoßen. Unter Leichen ist er erwacht; da die Klinge das Herz nicht getroffen hat, ist er am Leben geblieben. Als vielseitig gebildeter Mann verfaßt er eine Wortsammlung der kurdischen Dialekte.[307] Sein Buch ermöglicht es Kara Ben Nemsi, schnell kurdisch zu lernen.[308] Bei dem Überfall der Türken auf die Dschesiden zum Zeitpunkt ihres höchsten Festes in Scheik Adi gelingt es Pir Kamek, den Mörder seiner Frau und seiner Söhne, den Miralai Omar Amed, zu ergreifen, und mit sich selbst in den zum Fest gehörigen, brennenden Scheiterhaufen zu zerren. Der Priester der Dschesiden opfert sein Leben, um den Verbrecher mit dem Tode zu bestrafen.[309] Die Dschesiden errichten Pir Kamek ein Grabmal aus einzelnen, rohen Steinen. Auch Kara Ben Nemsi liefert einen Stein dazu. Er hat seinen Namen hineingekratzt und stellt fest, daß dieser Stein seinen Platz über der Stelle des Grabmals erhält, an der später die Urne mit der Asche des Verstorbenen beigesetzt werden wird.[310]

Der Priester der Dschesiden wird durch seine weiße Kleidung und die weißen Haare symbolisch als dem Tode und der jenseitigen Welt zugehörig gekennzeichnet.[311] Auch sein hohes Alter und das Aussehen der Gesichtshaut weisen ihn als allem Irdischen schon nahezu enthoben aus. Im Gegensatz dazu steht der lange schwarze Bart, der auf männliche Potenz hinweist.[312] Auch die lebhaften Augen und die jugendliche Art, sich zu bewegen, deuten an, daß Pir Kamek nicht nur als dem Zeitlichen schon ferne angesehen werden darf. Zweifellos dürfte diese Figur auf der Objektebene der Deutung als eine väterliche Figur, als Vater[313] Karl Mays selbst verstanden werden. Der Autor phantasiert hier einen Wunsch-Vater, der den Tod der Söhne überlebt und sie schließlich rächt, wobei er sich selbst opfert. Auch das Faktum, daß er ein Buch erstellt hat, mit dessen Hilfe sich der Held die Sprache der Kurden anzueignen vermag, könnte ein dem Autor unbewußter Hinweis auf Heinrich May sein. Bücher sind in der Traumsymbolik als Quellen des Wissens, als Bildung schlechthin aufzufassen.[314] Aus der Vita des Autors ist bekannt, daß Heinrich May den Sohn zwang, Bücher zu lesen und deren Inhalt auswendig zu lernen.[315] Damit hätte der Weberssohn seinen Vater unbewußt als Initiator der eigenen Bildung ausgewiesen. In der Episode bekommt der Held das Buch Pir Kameks erst relativ spät, nach dem Feuertod des Priesters, in die Hände. Späte Erkenntnis über den Wert der vom Vater aufoktroyierten Bildungsbeflissenheit könnte sich hier bemerkbar gemacht haben. Der schwarze Bart Pir Kameks könnte auch über die fortbestehende männliche Potenz, die für den Autor zum Zeitpunkt der Abfassung dieses Textes noch nicht völlig irrelevant gewordene Macht, des Vaters Karl Mays eine Andeutung machen. Der Stich ins Herz des Vaters, nachdem die Söhne gestorben sind, kann ebenso aus der Vita des Verfassers erklärt werden. Für Heinrich May wäre der Wunsch-Sohn ein Lehrer namens Karl May gewesen. Die Verurteilung des Lehrers Karl May war gleichzeitig das Ende seiner Laufbahn als Lehrer. Der Herzenswunsch des Vaters war damit unerfüllbar, der Wunsch-Traum des Lehrer-Sohnes war gestorben und damit ein Stück weit der Sohn selbst. Der Stich ins Herz des Vaters bei dem Zusammenbruch der Wunschvorstellung vom Lehrer-Sohn bringt Heinrich May zwar nicht den Tod - ebenso wenig wie Pir Kamek. Das Geschehen jedoch beeinflußt in erheblichem Maße die weitere Existenz.

Auffällig ist auch die Tatsache, daß den Söhnen Pir Kameks vor der grausamen Verbrennung durch die fanatischen Moslems die Hände abgehackt werden. Die Söhne können als *eine* Person, als Sohn Karl gesehen werden.[316] Abgehackte Hände lassen ein Schuldgeständnis und massive Selbstbestrafungstendenzen des Autors erahnen. Anklänge an das Wort Jesu: "Ärgert dich deine rechte Hand, so haue sie ab, es ist besser, daß du [...]"[317] sind nicht von der Hand zu weisen. Das Abhacken der Hände war als Strafe für Diebe im Orient wie auch im mittelalterlichen Okzident an der Tagesordnung. Hier hat sich der Dieb Karl May unbewußt ein Urteil gesprochen.

Symbolisch bezieht sich die Amputation der Hände immer auf "Handlung". Der sich als handamputiert Erlebende "wird auf lange Zeit hin nicht mehr zum rechten Handeln kommen".[318] Auch hier entspricht die Konzeption dem persönlichen Erleben Karl Mays, der nach seiner Bestrafung als Dieb, die in der Inhaftierung bestand, nicht mehr zum Handeln kommen konnte.[319]

Feuerbrände lassen verschiedenste symbolische Deutungen zu. Der von Pir Kamek geschilderte Brand, bei dem seine Söhne ums Leben kamen, könnte als verzehrendes, höllisches Feuer[320] verstanden werden. Der Dieb Karl May wird hier verbrannt, ausgelöscht, eliminiert. Anders dagegen ist das Feuer des Scheiterhaufens zu verstehen, auf dem Pir Kamek seinen Opfertod sucht. Er kann als letzte Reinigung und Heiligung interpretiert werden. Der Heilige mit Einschränkungen - immerhin hegt er Gedanken der Rache gegen den Mörder seiner Familie - wird durch das Feuer davon purgiert, der lodernde Scheiterhaufen hat hier die Funktion des Fegefeuers übernommen.

Pir Kamek stellt durch seinen freiwilligen und den erzwungenen Tod des Mörders die durch das Verbrechen an seiner Familie gestörte Weltordnung wieder her. Nach Strafe und Sühne erreicht die Welt wieder ihren Status als eines unversehrten Kosmos.

Der Aga Nassyr

Vor der Teilnahme an den Opferfeierlichkeiten am Grabe des Heiligen der Dschesidi muß Kara Ben Nemsi ein Bad nehmen. Er sucht dafür einen Bach auf. "Hier badete ich und wechselte die Wäsche, eine Prozedur, welche man auf Reisen im Oriente nicht gar zu häufig vornehmen kann. Daher fühlte ich mich wie neugeboren [...]"[321] Da bemerkt der soeben Gereinigte im benachbarten Gebüsch eine Bewegung. Er entdeckt dort einen noch jugendlich aussehenden Mann, den er gefangennimmt. Der Mann hat ihn offensichtlich beim Baden beobachtet. Er trägt nur ein Messer bei sich. Eine breite Narbe zieht sich über seine rechte Wange. Auffällig ist sein militärisches Aussehen.[322] Der Gefangene gibt sich als Dschesidi aus, wird jedoch als türkischer Spion entlarvt.[323]

Trotzdem sorgt der Held für die Freilassung des Ergriffenen. Er begründet seine Tat damit, daß die türkischen Auftraggeber des Spions keineswegs Verdacht schöpfen dürften, ihr Plan, die Dschesidi zu überfallen, sei letzteren schon bekannt.[324] Dem Helden ist es eine angenehme Genugtuung, zwei Vorteile verbunden zu haben, er hat einem Menschen, der doch nur auf Befehl gehandelt hat, das Leben erhalten und zu gleicher Zeit den Plan des Mutessarif vereitelt. "Mit diesem Gefühl ging ich in das Frauengemach [...]"[325] berichtet der Held. Kara Ben Nemsi trifft den Aga Nassyr unter den von den Dschesidi umzingelten türkischen Angreifern. Unter anderem durch die Vermittlung des dankbaren Aga kann weiteres Blutvergießen zwischen Türken und Dschesiden verhindert werden.[326] In Stambul trifft der Held

Aga Nassyr zum dritten Mal. Der betrachtet sich nun als ein intimer Freund Kara Ben Nemsis, dem er durch sein Verhalten während des Krieges mit den Dschesiden den Aufstieg zum Befehlshaber über Truppenteile verdankt.[327]

Das strömende Wasser in dieser Episode ist als Energiesymbol anzusehen.[328] Die Reinigung im Bach vermittelt das Gefühl, neu geboren zu sein. Der "Badetraum" bedeutet immer Selbstreinigung.[329] Der Badende lädt sich beim Kontakt mit fließendem Wasser mit Dynamik aus dem Unbewußten auf. Er muß dazu aber seine Kleider völlig ablegen. Unbekleidet - und damit ungeschützt in seinem Wesen und in seinen Trieben muß das Persona-Ich an dem einsamen Ort am Bach die Erfahrung machen, daß eine psychische Kraft, symbolisiert durch den Spion, es erkannt hat in seiner Nacktheit und Erbärmlichkeit. Denn Kleider drücken primär jenen Wesensteil eines Menschen aus, den er vor der Außenwelt zur Schau trägt und den er von ihr anerkannt sehen möchte.[330] Der Held hat sich in seiner verletzlichen Nacktheit preisgegeben. Der Spion wird als Mann mit einem Messer und einer Narbe auf der rechten Wange beschrieben. Er darf als Symbol sexueller Triebkraft interpretiert werden; das Messer weist ihn als potent aus. Die Narbe auf der rechten, der männlichen[331] Seite erhöht die Virilität des Symbols, die eine weitere Verstärkung erfährt durch den Hinweis auf das militärische Aussehen.

Das Ich erfährt in einem verletzlichen Zustand, daß eine Triebkraft "im Busche" ist, die ihm gefährlich werden kann. Diese Erfahrung könnte als später Niederschlag des pubertären Erlebens sexuellen Trieberwachens gedeutet werden. Denn in überaus zugewandter Weise sorgt das Ich für die Erhaltung des soeben Aufgetauchten. Es schließt Freundschaft mit ihm: mit anderen Worten: der Held integriert seine erwachte Sexualität. Das geschieht bereitwillig, denn der Text sagt explizit, daß Kara Ben Nemsi froh gestimmt ist. Die geglückte Einbeziehung des männlichen Triebes ist ihm Grund zur Freude. Es ist ihm "eine angenehme Genugthuung"[332], die Geschlechtlichkeit integriert zu haben, denn diese handelt ja nur auf Befehl von oben[333], ist also kaum steuerbar. Mit dem Gefühl der "angenehmen Genugthuung" - nämlich dem des Besitzes männlicher Potenz - begibt sich der Held dann in das Frauengemach!

Eine weitere Interpretationsmöglichkeit bietet sich an, wenn man die Figur als literarische Verarbeitung einer erneuten Konfrontation des reiferen Mannes mit seiner Sexualität versteht.

Dann wäre hier nicht retrospektiv der Niederschlag einer pubertären Erfahrung zu Papier gebracht, sondern ein erneutes Trieberwachen nach der Reinigung von allem Vorherigen und der Stärkung durch das im Bach sich symbolisierende Unbewußte. Dafür spräche der Hinweis auf das "noch junge" Aussehen des im Gebüsch lauernden Fremden.[334] Den "noch jungen" Trieb macht der Held sich zum Freund, erhält ihn bedingungslos am Leben und betritt anschließend wohlgemut das Frauengemach.

Noch eine weitere Interpretation läßt der Text zu. Eine Begegnung mit der eigenen Sexualität findet statt, als der Held seine Kleidung abgelegt hat. Ohne den "gesellschaftlichen Behang", bar aller Wesensanteile, die er vor der Außenwelt zur Schau trägt, ist er mit dem noch jungen Mann im Busch konfrontiert, der als Symbol für eine spontane Triebäußerung, das erigierte memrum virile aufgefaßt werden könnte. Zunächst als durchaus bedrohlich empfunden, erkennt er den Nutzen der Existenz des Mannes im Busch.[335] Der Kontext verrät die Determiniertheit des Triebes, denn der Held wendet sich dem Frauengemach zu. Dort findet er ein allerliebstes Kind vor, das er sofort abkonterfeit. Die Existenz des Mannes im Busch ist die Voraussetzung zur Gründung einer traditionellen Familie mit Frauengemach und Kind. Daß der Name der Frau in diesem Frauengemach dem Helden entfallen ist, deutet auf eine gewisse Brisanz der Problematik für Karl May, der zeitweise wohl einen starken Kinderwunsch hatte.[336]

Mir Scheik Khan

Der erste Schöpfungstag.

Julius Schnorr von Carolsfeld: Bibel in Bildern. Leipzig 1860.
Diese Abbildung hat Karl May zweifellos gekannt. Auch sie zeigt
noch den Einfluß der ikonographischen Tradition der Straßburger
Merian-Bibel von 1630.

Mir Scheik Khan ist das geistliche Oberhaupt der Sekte der
Dschesidi. Er begrüßt Kara Ben Nemsi vor dem Heiligtum in
Scheik Adi durch eine Verbeugung, dann umarmt er ihn "so innig, wie man es bei einem Sohne thun würde".[337] Mir Scheik
Khan ist ein kräftiger Greis von mildem, ehrwürdigem Aussehen
ohne den mindesten hierarchischen Stolz.[338] Der Oberpriester
führt seine Gäste in den Hof des Heiligtums unter eine Laube, die

von einem riesigen Weinstock gebildet wird. Dort schenkt er dem Helden ein Melek Taus, ein Zeichen, welches ihm auf seinen Reisen den Beistand aller Dschesidi sichert.[339] Kara Ben Nemsi wohnt allen religiösen Zeremonien der Sektenanhänger bei, er erlebt auch die Opferung der Stiere und Schafe mit.[340]

Wie zuvor in der Begegnung mit dem Scheik der Abu Hammed ist auch hier wieder ein Aufeinandertreffen von Ich und Selbst zu bemerken. Mir Scheik Khan ist die Symbolfigur des Selbst, das das Ziel der Individuation des Menschen darstellt. Ich und Selbst sind hier in Einklang gebracht: sie gehen miteinander um wie Vater und Sohn. Die Begegnung findet vor dem Heiligtum statt, im Heiligtum selbst reden die beiden miteinander, dort befindet sich auch das heilige Wasser, mit dem die Kinder von weither getauft werden. Das Heiligtum kann als Symbol der inneren Erneuerung angesehen werden. Das Selbst zeigt dem Ich, daß es sich wandeln soll: die Stiere, die draußen stehen, müssen geopfert werden. Dies kommt der Opferung der eigenen Wildheit gleich. Das Ich soll Kultur aus der Natur zu gewinnen versuchen.[341] "Der Stier stellt eine sehr dynamische, aber noch blindwütige Stufe des sexuellen Problems dar."[342] Das durch den Oberpriester symbolisierte Selbst demonstriert die Tötung der Stier-Triebe. Ziel ist der Aufenthalt in der Weinlaube.[343] Der Weinstock ist als Symbol geistiger Fruchtbarkeit anzusehen.[344] Der riesige Weinstock im Heiligtum, das Taufwasser und die geopferten Tiere: sie alle reden eine deutliche archetypische Symbolsprache: das Ich erhält die Mitteilung, natürliche Fruchtbarkeitsenergie in geistige Kreativität umzuwandeln.

Der Häuptling von Kalahoni

Die Physiognomie des Häuptlings von Kaloni oder Kalahoni wird dem Leser nicht mitgeteilt. Der Verfasser berichtet nur, daß er den Helden weder beachtet noch irgendwann begrüßt und daß seine Hände schmutzig sind.[345] Der Häuptling wird gegen Belohnung von fünfzig bzw. einhundert Türkenflinten Ali Bey helfen, den bei Scheik Adi eingeschlossenen Türken den Rückweg unmöglich zu machen. Als die Rede auf die Heldentaten eines göttlichen Ritters in goldener Rüstung kommt, der aus dem Himmel herniedergestiegen ist, um den Haddedihn gegen ihre Feinde zu helfen, kann Ali Bey ihm in dem bisher nicht beachteten Begleiter den vermeintlichen himmlischen Streiter vor Augen führen.

Der Häuptling von Kalahoni ist darüber so verblüfft, daß er statt einer Scheibe Honig sich einen Klumpen Tabak in den Mund schiebt, sich verschluckt, hustet und alles Ali Bey ins Gesicht spuckt.[346] Nach siegreicher Beendigung des Vorhabens, die Türken einzukesseln, erhält der Häuptling von Kalahoni einhundert türkische Gewehre von Ali Bey geschenkt und den Säbel des Makredsch als Extragabe.[347]

Auf flacher Interpretationsebene könnte ein bestimmter Nachbar oder auch der zeitweilige Arbeitgeber Karl Mays, Heinrich Gotthold Münchmeyer, bei der literarischen Figuration des Häuptlings von Kalahoni unbewußt Pate gestanden haben. "Ihr Häuptling ist mein Freund, doch gibt es Fälle, in denen man so sicher wie möglich gehen muß"[348], stellt Ali Bey fest. Der freundschaftlich gesinnte Nachbar respektive Arbeitgeber mißt dem Helden keine überragende Bedeutung zu, er achtet ihn nicht in angemessener Weise. Im übrigen erscheint dieser Nachbar/Arbeitgeber etwas roh geartet, worauf seine roh geschnitzten Holzpfeifen hinweisen.[349] Er scheint auch nicht sonderlich ehrenhaft zu sein, denn er hat sich ganz offensichtlich "die Hände schmutzig gemacht". Er verkennt die Grandiosität des Helden, an der er sich, nachdem sie ihm bewußt geworden ist, fast verschluckt. Die Tatsache, daß er Ali Bey anspeit, könnte als Schwatzhaftigkeit, als mehr oder weniger verleumderische Aktivität verstanden werden. Allerdings erweist sich dieser Nachbar/Arbeitgeber letztendlich nicht als bösartig, sondern als loyal. Er wird deshalb mit einhundert Türkenflinten belohnt, seine männliche Potenz wird symbolisch vermehrt und durch das Geschenk des wertvollen Säbels geehrt.

Auf tieferer, mehr im Unbewußten liegenden Interpretationsebene könnte der Häuptling der Kalahoni als personifiziertes, reales Ich des Helden verstanden werden, das sich dem imaginierten Ich gegenüberstellt.[350] Das Realich des Autors hat sich im Leben wirklich die Hände schmutzig gemacht, es ist roher als das Ich der Vorstellung des Autors. Es ist auf materiellen Gewinn aus, und es hat ein gespaltenes Verhältnis zur Welt der Imagination, die zwar ins Mythisch-Phantastische überhöht, aber auch verachtet, angespien wird. Das reale Ich lebt in relativ guter Nachbarschaft mit dem imaginierten Ich, beide dulden einander und profitieren eins vom anderen. Die Figuration von Ali Bey könnte hier kurzfristig in die Nähe des Selbst gerückt sein. Ali

Bey wäre dann Symbolfigur für die innerste Instanz, die das Verhältnis von realem und imaginiertem Ich regelt und ausgleicht.

Die beiden Offiziere bei den Kanonieren

"Der Hauptmann hatte ein recht biederes Aussehen, er kam mir gerade so vor, als sei er eigentlich ein urgemütlicher, dicker deutscher Bäckermeister, der auf einem Liebhabertheater den wilden Türken spielen soll und sich dazu für anderthalb Mark vom Maskenverleiher das Kostüm geliehen hat. Mit dem Lieutenant war es ganz ähnlich. Just so wie er mußte eine sechzigjährige Kaffeeschwester aussehen, die auf den unbegreiflichen Backfischgedanken geraten ist, in Pumphosen und Osmanly-Jacke auf die Redoute zu gehen."[351] Die beiden Offiziere befehligen eine Truppe von Kanonieren. Sie sollen aus dem Hinterhalt Scheik Adi beschießen. Der Held, der die beiden belauscht hat, holt Verstärkung herbei und läßt die ahnungslose Gruppe umzingeln. Halef lenkt die Offiziere ab und bringt die Rede auf den Teufel, dessen Kommen in Menschengestalt er ankündigt.[352] Es erscheint der Held, der, unterstützt von streitbaren Dschesidi, die Gruppe nach einem kurzen Wortwechsel gefangennimmt.[353]

Scheik Adi, das Symbol für innere Umgestaltung, für Wiedergeburt, soll aus dem Hinterhalt zerstört werden. Destruktive psychische Kräfte scheinen der Erneuerung entgegenzustreben. So müßte auf der Subjektebene interpretiert werden.

Auf der Objektebene interpretiert, könnten die beiden Offiziere in die Kleider des Schwagers Schöne und seiner Ehefrau Christiane Wilhelmine, geb. May, gesteckt worden sein. Hellhörig machen dürften gerade die Bezeichnungen "Bäckermeister" und "Kaffeeschwester". Der Ehemann der Schwester Karl Mays war Metzgermeister. Im Text hat der Autor den Metzger in einen Bäcker verwandelt und die an sich jüngere Schwester sechzig Jahre alt sein lassen: eine notwendige Kaschierung, dennoch eine leicht zu durchschauende Camouflage. Die beiden Figuren halten den Helden für den Teufel, d. h. sie verteufeln ihn. Sie könnten als Stellvertreter für die Verwandtschaft Karl Mays oder gar die Bewohnerschaft Ernstthals angesehen werden, die den Autor für einen Vebrecher halten und ihm eine innere Umgestaltung nicht gestatten wollen bzw. sie hinterhältigerweise zu vereiteln gedenken.

Die Metaphorik ist hier mehr als reiner Zufall. Im Haus der Schwester hat Karl May seine spätere Frau Emma Lina Pollmer kennengelernt. Im Zusammenhang mit Kaffee*schwester* und Bäkkermeister (= Metzgermeister) ist die Rede vom Liebhabertheater. Die symbolische Bedeutung des Theaters ist vom Träumer "auf das Spielprogramm seines inneren Schauspielhauses" zu untersuchen.[354] Als Liebhaber agierte Karl May sehr bald, nachdem er seiner späteren Ehefrau im Hause des dicken deutschen Bäkker-Metzgermeisters und der Kaffeeschwester begegnet war. Er begann also mit seinem privaten Liebhabertheater. Die Erstbegegnung der späteren Ehegatten fand übrigens anlässlich eines Kaffeetrinkens im Hause Schöne statt; daher wohl die Assoziation: Kaffeeschwester.

Der Miralai Omar Amed

Schon bevor der Leser die Figur kennenlernt, erfährt er, daß der Miralai Omar Amed der Mörder von Pir Kameks Söhnen und seiner Frau ist.[355] Als Stratege erweist er sich als unfähig, weil er die Kanonen, die den Beschuß von Scheik Adi vornehmen sollen, nur unzureichend schützt.[356] Dem Leser wird er geschildert als "langer, hagerer Mensch, mit einem außerordentlich grob zugehackten Gesichte, in der reichen, von Gold strotzenden Uniform eines Regimentskommandeurs".[357] Brutal geht der Miralai gegen die eigenen Leute vor, die sich in ausweglose Lage befinden. Brutal will er die Dschesiden vernichten. Den Helden beschimpft er und schießt schließlich auf ihn.[358] Schließlich ermordet er den Unterhändler der Dschesidi.[359] Pir Kamek verläßt sein Versteck, um bei dem Toten zu beten und den vorbereiteten Holzstoß in Brand zu setzen. Nachdem der Miralai Omar Amed den Pir hat festnehmen lassen, reißt sich dieser plötzlich los, ergreift den Miralai, hebt ihn mit übermenschlicher Kraft auf und springt mit ihm auf den hell brennenden Scheiterhaufen, im Tode noch mit dem sich verzweifelt wehrenden Möder seiner Angehörigen ringend, um ihn in den Flammen festzuhalten.[360]

Hagerkeit ist bei Karl May oft Kennzeichen von verbrecherischen Menschen. Auch das grob zugehackte Gesicht macht den Miralai als Kriminellen kenntlich. Noch deutlichere Sprache reden seine Taten. Er wütet gegen Andersdenkende, raubt und mordet. Regeln des Umgangs der Menschen miteinander gelten für ihn nicht, wie die Erschießung des Unterhändlers beweist. Auf seine Veranlassung hin ist seinerzeit Pir Kameks Familie grausam ermordet worden, nachdem den Söhnen die Hände abgehackt worden sind. Außerdem hat er durch einen Helfershelfer Pir Kamek einen Dolch in die Brust stoßen lassen, woran der Priester seinerzeit aber nicht starb.

Auf einer an der Grenze zum Unbewußten anzusiedelnden Interpretationsebene kann der Miralai Omar Amed als ein dem Helden boshaft gesonnener, Macht ausübender Vorgesetzter oder Jurist aufgefaßt werden, den das Feuer der Rache schließlich vernichtet. Auf einer tiefer im Unbewußten liegenden Ebene darf die Figur des Miralai Omar Amed als eine Ausgestaltung der eigenen kriminellen Potenz des Autors Karl May angesehen werden: als personifizierte destruktive psychische Kraft, die ihrerseits ihre Energie aus ins Unbewußte abgedrängter und in Autoaggression umgeschlagener narzißtischer Wut bezieht. Diese seelische Abspaltung kennt keine Regeln menschlichen Zusammenlebens. Grobschlächtig und aggressiv - wie durch die Beschreibung der Physiognomie angedeutet - wird dem durch Pir Kamek symbolisierten Vater ein Stich ins Herz gegeben. Auch die Mutter wird symbolisch getötet. Die Söhne - sie können auch für die Erwartungen der Eltern May an Karl stehen - werden von dieser psychischen Kraft vernichtet. Der Autor erkennt instinktiv das Verderben, das von dieser destruktiven Tendenz in der eigenen Seelentiefe ausgeht. Eine Bewußtwerdung wird dieser psychischen Kraft aber nicht erlaubt. Sie wird durch die Eliminierung in die Tiefe des Unbewußten zurückversetzt. Von dort aus wird sie sich immer wieder bemerkbar machen, sie wird sich fortwährend ins Bewußtsein zu drängen versuchen. Erst nach einer Versöhnung, einer Integration dieser Kraft, würde der unselige Kreislauf von Auftauchen und Verdrängen unterbrochen; eine Erlösung hätte stattgefunden.

Die goldbesetzten Kleider deuten auf eine geschickte Tarnung der destruktiven Kräfte hin. Nach außen hin sind sie nicht sofort zu erkennen, ihre glänzende Fassade überdeckt sie.

Nach außen hin wird Reichtum zur Schau getragen, während in den "Kellern die Wölfe heulen."[361]

Kiamil Effendi, der Makredsch von Mossul

"Das Gesicht des Mannes nun [...] hatte etwas Raubvogelähnliches, es war ganz das eines Stößers."[362]

Kiamil Effendi wird als Mann mit einem Sperbergesicht beschrieben.[363] Daß der Vorsteher des Gerichtshofes von Mossul sich bei den Truppen befindet, läßt den Helden wie den Leser aufhorchen.[364] Als die türkischen Truppen, von den Dschesiden eingeschlossen, sich in einer ausweglosen Lage befinden, versucht der Makredsch, die Verhandlungen zu führen, worauf der Held ihm vorwirft, er habe keine schriftliche Vollmacht.[365] Als sich der Kaimakam zur Friedensverhandlung zu Ali Bey begibt, schließt sich ihm der Makredsch an.[366] Ihm ist im Gegensatz zum Kaimakam freies Geleit nicht zugesichert worden. Ali Bey weiß, daß der Makredsch den Mutessarif zum Feldzug gegen die Dschesidi überredet hat. Als der Makredsch während der Verhandlungen seinen Dolch zieht, schlägt Ali Bey ihn nieder und läßt ihn festnehmen.[367] Sein Säbel wird dem Scheik der Kalahoni zum Geschenk gemacht.[368] Später erscheint der Makredsch in Amadijah[369], wo er mit Hilfe des Mutesselim Rache an Kara Ben Nemsi zu nehmen versucht. Der Vorsitzende des Gerichtshofes von Mossul läßt den Helden festnehmen, worauf dieser seinerseits bekanntgibt, daß der Makredsch abgesetzt ist und gefangengenommen werden muß. Ein Schreiben des Anatoli Kasi Askeri verlangt die Auslieferung des verbrecherischen Makredsch. Kara Ben Nemsi kann nun den Richter inhaftieren lassen.[370] Der Makredsch versucht zu fliehen, wird aber überwältigt, gebunden und eingekerkert[371], wobei ihm der Mutesselim schließlich alles Geld abnimmt.[372]

Unbewußt rechnet der Autor hier mit einem Richter oder mit einem Staatsanwalt oder mit der gesamten Jurisprudenz ab. Ungerecht, gewalttätig und geldgierig wird der Makredsch gezeichnet. Interessant ist die Erwähnung des Stößergesichtes des Richters. Es scheint hier ein Zusammenhang zu bestehen zwischen einem staatlichen Emblem der Jurisprudenz eines Landes und den Richtern oder Staatsanwälten, die anläßlich einer Vernehmung oder eines Prozesses gegen Karl May unter diesem Emblem präsidierten. In Betracht käme das k. u. k. Wappen der Donaumonarchie mit dem Doppeladler. Karl May hat möglicherweise mit diesem Wappen eine unliebsame Bekanntschaft gemacht. "In der Nacht vom 3. zum 4. 1. 1870 tauchte May im böhmischen Ort Algersdorf bei Tetschen (damals zu Österreich-Ungarn gehörig) auf und übernachtete völlig erschöpft in einer Scheune, wo er als ausweisloser Fremder aufgegriffen wurde. Da strafbare Handlungen nicht festzustellen waren, wurde er zur Feststellung seiner Identität nach Tetschen transportiert. Bei seiner Vernehmung gab er an, Albin Wadenbach zu heißen und als Sohn eines reichen Plantagenbesitzers in Orby auf der Insel Martinique geboren zu sein."[373] Bei dieser Vernehmung, die zweifellos auf einem Polizeirevier oder in sonst einem öffentlichen Gebäude stattgefunden hat, befand sich der mit der Vernehmung befaßte Beamte möglicherweise unter dem Doppeladler-Wappen, so daß der Angeklagte Karl May mit dem Ankläger auch das Raubvogelgesicht aus dem Wappen darüber im Gesichtsfeld hatte. Aus diesem Grund tritt hier die Kombination "Vorsitzender des Gerichtshofes" und "Stößergesicht" - im Unterbewußtsein des Schriftstellers zusammengehörig - auf. Mossul als Hauptstadt eines Regierungsbezirkes des osmanischen Reiches könnte stellvertretend für die Stadt eines Bezirksgerichts in Böhmen stehen. Die Tatsache, daß die Figur des Makredsch nicht eliminiert wird, könnte als Hinweis dafür gelten, daß hier nicht eine psychische Kraft, die auf der Subjektstufe gedeutet werden müßte, personifiziert wurde, sondern daß Karl May hier eine im persönlichen Leben erlittene Person bzw. eine Personengruppe darstellt.

Als literarische Bearbeitung einer real existierenden Person oder Personengruppe wird der Vorstehende des Gerichtshofs von Mossul zunächst gedemütigt durch den von Ali Bey vorgenommenen Schlag ins Gesicht, der ihn zu Boden streckt; dann findet die Entmachtung statt, indem er gebunden und gefangengesetzt wird. Die symbolische Entmannung erfolgt, als er seinen Säbel dem Häuptling von Kalahoni überlassen muß. Bezeichnenderweise nimmt der Held selbst die Übergabe des Säbels vor. Damit ist der Richter respektive die Richterschaft aber noch nicht genügend bestraft. Ihr Exponent kommt zwar frei, fällt aber an höchster Stelle in Ungnade und wird quasi steckbrieflich gesucht. Als er den Helden verhaften will, kann dieser den Spieß herumdrehen und nun seinerseits den Makredsch festnehmen. Der Richter wird zum Gefangenen. Zudem geht er sämtlicher finanzieller Mittel verlustig. Massive Rachegedanken sind hier nicht zu übersehen. Karl May möchte, nachdem er Richter/Richterschaft symbolisch hat demütigen, entmachten und entmannen lassen, sie die Qualen der Ehrlosigkeit, Gefangenschaft und Mittellosigkeit fühlen lassen.

Der Kaimakam

Nach dem Feuertod des Miralai Omar Amed übernimmt der Kaimakam den Oberbefehl über die von den Dschesidi eingeschlossenen türkischen Truppen. Zusammen mit dem Makredsch von Mossul sucht er Kara Ben Nemsi auf, um ihn zu Ali Bey als Unterhändler zu schicken.[374] Ali Bey läßt den Kaimakam als den Unterlegenen zu sich kommen und handelt mit ihm einen Waffenstillstand aus.[375] Der Kaimakam verspricht, mit den eingeschlossenen Truppen stillzuhalten, bis er Nachricht vom Mutessarif bekommt, wie er sich zu verhalten habe. Auf dem Antwortbrief für den Kaimakam befindet sich am Rand eine mit Geheimschrift geschriebene verräterische Mitteilung, die der Held sicht- und damit lesbar zu machen versteht. Noch bevor Kara Ben Nemsi diesen Brief über ein rasch entzündetes Feuer halten kann, um die unsichtbare Botschaft sichtbar zu machen, versucht der Kaimakam mit einem schnellen Griff dem Helden das Schriftstück zu entreißen.[376] Er wird daraufhin gefesselt und entwaffnet.

Dieser "Traum" scheint auf der Subjektstufe gedeutet werden zu müssen. Im Unbewußten des Verfassers liegen zwei Lebensrichtungen miteinander im Kampf. Der Kaimakam ist Exponent der zerstörerischen, bedrohlichen Kraft, während Ali Bey hier die Symbolfigur der bewahrenden, konstruktiven seelischen Kraft darstellt. Die schwankende Bewußtheitslage des Helden wird erkennbar an seiner Funktion als Unterhändler zwischen beiden Parteien sowie an dem Faktum, daß er an der eigentlichen kriegerischen Auseinandersetzung nicht aktiv teilnimmt, sondern zu vermitteln versucht. Zu einer echten Vermittlung kommt es jedoch nicht, das Persona-Ich entscheidet sich vorbehaltlos für die konstruktive Kraft und wehrt die Destruktion ab. Es macht die durch den Kaimakam symbolisierte bedrohliche Potenz unschädlich. Der Kaimakam wird daher dem bekannten Schema entsprechend zunächst gedemütigt - er muß als Unterlegener einem Waffenstillstand zustimmen -, dann wird er entmachtet - Ali Bey läßt ihn fesseln -, und schließlich symbolisch kastriert - seine Waffen werden ihm abgenommen.

Die geheime Schrift, zunächst nur mit Hilfe des Gespürs des Helden zu entdecken und zu enträtseln, besagt: "Ich komme übermorgen, um zu siegen."[377] Die Destruktionskraft gebärdet sich siegessicher. Aber auch übermorgen wird sie keinen Sieg davontragen. Das Persona-Ich ist äußerst wachsam. Erhellend könnte der Abschnitt des Danielbuches über die geheimnisvolle Schrift an der Wand im Palast Belsazars sein.[378] Diese Schrift konnte nur von Daniel, dem Weisesten des babylonischen Reiches gedeutet werden. Sie besagt: "Gewogen, gewogen und zu leicht befunden!"[379] Damit ist die Niederlage der destruktiven Potenzen, die sich zum Siegen anschicken wollen, bereits vorgezeichnet.

Der Arnaut Sir David Lindsays

Der Diener Sir David Lindsays, ein Arnaut, versucht für seinen Herrn Quartier zu machen und gerät dabei an den Buluk Emini, der für seinen Herrn, Kara Ben Nemsi, ebenfalls Quartier machen will. Der Buluk Emini beschimpft den Arnaut:
"Du bist ein Arnaute, ein Gurgelabschneider, ein Spitzbube. Dein Maul sieht aus wie das Maul eines Frosches, deine Augen sind Krötenaugen, deine Nase gleicht einer Gurke und deine Stimme klingt wie das Schreien einer Wachtel."[380] Der Arnaut wird betreffs des Quartiers für seinen Herrn abschlägig beschieden, worauf er den Helden und seine Begleiter als Araber beschimpft, "welche in der Wüste rauben und stehlen und hier in den Bergen die Herren spielen."[381] Hadschi Halef Omar, der zusätzlich noch als "Zwerg" beschimpft wird, wirft den Arnaut zu Boden, kniet auf ihm, würgt ihn und bedroht ihn mit dem Dolch.[382] Nachdem Halef ihn freigelassen hat, verläßt er die Szene, während seine Augen in "zorniger Tücke" blitzen.[383] Im Verlauf der weiteren Handlung schießt der Arnaut auf Kara Ben Nemsi, der der Kugel aber ausweichen kann. Der Held nimmt ihn gefangen; beim Fesseln der Hände kann der Arnaut aber flüchten und sich zwischen Bäumen verstecken.[384] Auf der Weiterreise lauert der Arnaut dem Helden auf und schießt erneut auf ihn. Dojan, der Hund, stellt den Täter, den Mohamed Emin als "wildes Tier, das unschädlich gemacht werden muß"[385] bezeichnet. Kara Ben Nemsi entwaffnet den Arnaut und läßt ihn laufen.[386] In Amadijah wird der Arnaut dem Helden wiederum gefährlich. Er verklagt ihn beim Mutesselim[387], wobei er Lügen verbreitet. Kara Ben Nemsi kann veranlassen, daß der Arnaut gebunden und gefangengesetzt wird.[388] Der Mutesselim versichert: "Er soll auf keinen Menschen mehr schießen."[389]

Auf einer der Bewußtseinsgrenze nahen Ebene im Unbewußten könnte der Arnaut als Nachzeichnung und literarische Bearbeitung eines Denunzianten Karl Mays oder auch Zeugen in einem seiner Prozesse verstanden werden. Diese Figur wird "Gurgelabschneider" und "Spitzbube" genannt. Er beschuldigt aber den Helden, er sei Räuber und Dieb in der Wüste und wolle sich nun in den Bergen als Herr aufspielen. Die Wüste ist als der Lebensabschnitt des Schriftstellers zu verstehen, in dem er innerlich konzeptionslos und "wüst", äußerlich kriminell agierte. Er gebärdete sich zu dieser Zeit eben als "Dieb" und Räuber". In den Bergen, die einen späteren, "erhabeneren" Lebensabschnitt darstellen, ist Karl May als Person gekennzeichnet, die vorgibt, ein Herr zu sein. Möglicherweise ist der Arnaut als literarische Verarbeitung eines persönlichen Feindes des Autors aus der engeren Heimat zu verstehen, der in einem seiner Prozesse gegen ihn ausgesagt hat und auch später noch aus dem Verborgenen auf ihn schießt, sprich: ihn verleumdet. Der Autor bringt diesen Feind auf die ihm eigene Weise zur Strecke. Er demütigt ihn zunächst, indem er seine äußere Erscheinung herabwürdigen läßt: Maul eines Frosches, Krötenaugen, Wachtelstimme. Die nachdrückliche Feststellung, daß Halef den Arnauten am Hals würgt, nachdem er die Beschimpfung "Diebe und Räuber" sowie "Zwerg" ausgestoßen hat, unterstreicht, daß solche Worte sofort erstickt werden müssen. Halef entmachtet den Arnauten vorläufig, indem er ihn besiegt. Eine nochmalige Entmachtung folgt, als Kara Ben Nemsi den Arnauten überwältigt. Die symbolische Entmannung findet statt, nachdem der Hund Dojan den aus dem Gebüsch auf den Helden schießenden Arnauten zu Boden gerissen hat. Kara Ben Nemsi nimmt dem Arnauten alle Waffen ab. Der späte Versuch, dem Helden in Amadijah gefährlich zu werden, schlägt fehl, die Potenz des Arnauten ist gering ohne die Attribute der Männlichkeit. Dennoch läßt der Autor den mißliebigen Denunzianten, auf dessen Betreiben hin er möglicherweise inhaftiert wurde, selbst ins Gefängnis kommen. Kara Ben Nemsi erhält die feste Zusage, daß der Ohrenbläser auf keinen Menschen mehr schießen wird. Wenigstens literarisch bekommt der Zeuge, den der Autor als gemein handelnd empfunden hat, eine ihm angemessene Strafe. Er wird zudem völlig unschädlich gemacht.[390]

Auf tiefer im Unbewußten liegenden Ebene gedeutet, kann hier wieder ein Komplement zur Grandiosität des Helden wirksam geworden sein. Das Komplement hat die Aufgabe, die Dinge zurechtzurücken, zu bezeugen: So ist es auch! Der 'Herr' in den erhabenen Regionen des bürgerlichen Lebens ist in der 'Wüstenregion' auch Dieb und Räuber gewesen. Das Persona-Ich in seinem Bemühen um Unterwerfung der gesamten Psyche duldet ein solches Komplement nicht, es muß es verteufeln und eliminieren.

Der Vorsteher von Spandareh

Eine Beschreibung der Physiognomie des Vorstehers von Spandareh wird dem Leser nicht gegeben. Er erfährt lediglich, daß er ernst und ruhig zu sprechen vermag.[391] Der Vorsteher bewirtet Kara Ben Nemsi und seine Begleiter in seinem Haus, wo er den Gästen alle Annehmlichkeiten zu verschaffen trachtet. Das köstliche Mahl besteht aus delikat zubereiteten Fledermäusen, Ziegenbraten, Hammelbraten, Bärentatzen und diversen anderen Gerichten.[392] Anschließend wird den Gästen zu Ehren eine Tanzveranstaltung durchgeführt. Kara Ben Nemsi schenkt der Tochter des Gastgebers ein Armband aus Bernstein-Imitat, das alle Beteiligten für echten Bernstein halten.[393] Aus Dankbarkeit küßt die Beschenkte Kara Ben Nemsi auf Mund und Wangen.[394] Der Vorsteher von Spandareh schenkt dem Helden nun seinerseits den wertvollen Windhund Dojan[395], worauf Kara Ben Nemsi dem freundlichen Gastgeber ein Fläschchen mit dem Wasser des heiligen Brunnens Zem Zem gibt.[396] Am nächsten Morgen geleitet der Gastgeber den Helden und dessen Ensemble sicher über einen gefährlichen Gebirgspaß. Dort bezeichnet er Kara Ben Nemsi im Gespräch als "Freund und Bruder".[397]

Dem gemeinsamen Mahl im Hause des über die Maßen freundlichen Gastgebers kann tiefe symbolische Bedeutung zugemessen werden. Ganz offensichtlich findet hier eine erneute Begegnung des Ich mit dem Selbst, der innersten Instanz statt. Wann immer das Ich einer Stärkung und Belehrung bedarf, trifft es mit Figurationen der innersten Instanz zusammen. Das gemeinsame Mahl kann als eine Art Kommunion-Kommunikation des Ich mit dem Selbst angesehen werden. Die Speisen sind köstlich, wenn auch aus ungewöhnlichen Ingredientien zubereitet. Und es fehlt nicht an Süßigkeiten. Die Welt, das Leben, hat dem Ich viel zu bieten an Köstlichem und Ungewöhnlichem, natürlich auch an Süßem. Das ist die Lektion, die das Ich hier lernen soll. Die Fleischspeisen, Hammelbraten und Bärentatzen sind als Stärkung der virilen Potenz anzusehen. Der "Fledermausbraten" ist nicht ganz einfach zu deuten. Mäuse sind Symbole für das, was an Kummer und Sorge am Menschen nagt. "Da sie auf der Objektstufe einen Zustand unserer Seele meinen, so wird diese Vielheit uns deutlich machen, daß Seelisches in uns, in zerstreute, gefräßige Teile dissoziiert, in den dunklen Speichern unseres Lebens herumhuscht."[398] In der Fledermaus ist die Maus mit dem Vogel kombiniert. Der Mensch hat die Vögel "in ihrem Liebesverhalten beobachtet und im Vogelgleichnis auf das sexuelle Verhalten des Menschen bezogen. So sind die Vögel mit zu einem sexuellen Symbole geworden [...]"[399] Andererseits meint Aeppli auch: "Von ihnen zu träumen, heißt von manchem bewegt zu sein, das durch die eigene Seele geht und nach den anderen fliegt."[400] Was auch immer hier im Unbewußten des Ich nagend herumhuscht, ob es sich um destruktive sexuelle Tendenzen oder um destruktive Gedanken gegenüber dem eigenen Ich oder anderen handeln mag, hier ist alles mundgerecht gemacht, das Ich soll das Vorhandensein dieser Phänomene schlucken. Und zum Glück ekelt es sich nicht davor. Auch das Krebsgericht ist wohlschmeckend. Krebse stehen symbolisch für regressive Tendenzen; auch diese soll das Ich integrieren. Dieses Mahl der vereinten Seelenkräfte bei der innersten Instanz der Persönlichkeit stellt für das Ich eine Aufforderung zur Akzeptierung des Lebens dar. Auch der folgende Tanz kann als "Tanz des Lebens" gedeutet werden, der Zuschauern wie Ausführenden gleichermaßen Freude zu bereiten vermag. Das Geschenk aus Bernstein - Bernstein ist im Orient wertvoller als Gold - ist ein Imitat. Was das Ich zu geben hat, ist falsch, wie es ehrlich bekennt. Es beschreibt Reisen, die es so nicht gemacht hat. Und so wie das Imitat von den Anwesenden als echt angesehen wird, so werden auch die geschilderten Erlebnisse des Autors als "echt" vom Leser rezipiert. Dennoch, das Selbst gibt sich mit dem Imitat zufrieden. Es macht dem Ich das Geschenk des Hundes, der als Zuwachs "wachsamer Instinktsicherheit"[401] zu verstehen ist. Das Wasser vom Brunnen Zem Zem, das der Held zurückschenkt, darf als Symbol der Energie zur Rückbesinnung und Wandlung gedeutet werden, welche der Held zu vollziehen bereit ist.[402] Gestärkt trennt sich das Ich vom Selbst. Es ist sein Freund und Bruder. Das Selbst wiederum zeigt noch beim Abschied, daß es für das Ich zu sorgen bereit ist.

Selim Aga

Selim Aga ist in Amadijah stationiert, er befehligt die Albaner, die die Besatzung dieser Festung darstellen. Auf die Beschreibung der Physiognomie wird verzichtet, was der "Gesichtslosigkeit" dieser Gestalt entspricht. Selim wird als martialische Gestalt klassifiziert, sein Gang ist "breitspurig wie ein osterländischer Zwölfspänner".[403] Samtjacke und Hose sind mit Goldstickereien besetzt. "Auch seine Waffen hatten keinen geringen Wert."[404] Er gebärdet sich stolz, ist ansonsten aber sehr versessen auf Bakschisch. Um sich ein grimmiges Aussehen zu geben, rollt er oft mit den Augen und fuchtelt mit den Armen. Dennoch - so der Erzähler - ist dieser Mann "wohl nur ein Bramarbas gewöhnlicher Sorte."[405] Selim Aga lebt in einem Haus, das ihm weder gehört, noch dessen Mieter er ist. Da es unbewohnt gewesen ist, hat er eine Hausbesetzung vorgenommen. Seine Wirtschafterin hört auf den Namen Mersina, was im Deutschen "Myrte" bedeutet. Mersina ist "entweder die Urgroßmutter des ewigen Juden oder die vom Tod gänzlich vergessene Tante Methusalems."[406] Dennoch führt sie ein strenges Regiment im Hause Selim Agas, den sie ohne Scheu beschimpft. Das eingenommene Geld - Miete des Helden und seiner Reisegruppe - knöpft sie ihm sofort ab. Als Selim Aga zusätzliches Bakschisch erhält, verschweigt er ihr diese Tatsache, damit er ihr die zusätzlichen Einnahmen nicht auch noch abgeben muß. Der Held kann ihn leicht übertölpeln, zumal der Aga den geistigen Getränken nicht abhold ist. Er wird nicht explizit als Jüngling bezeichnet, läßt sich aber durch im Text angegebene Einzelheiten durchaus als jünglinghaft ausmachen.

Die ironisierende Klassifizierung als "martialische Erscheinung", die breitbeinig einherschreitet, läßt auf spätpubertäres Imponiergehabe schließen.[407] Die Erwähnung äußerst männlicher Attribute, der Waffen, die einen beachtlichen Wert haben, läßt erkennen, daß seine Sexualität bestens entwickelt ist. Sie auszuleben ist ihm allerdings nicht gestattet. Das darf nur in der Phantasie geschehen. In dem Haus, das von ihm bewohnt wird, hat einst die schönste Rose von Kurdistan, Esma Khan, die Ehefrau des letzten abbasidischen Kalifen gelebt. In dem inzwischen sehr verwahrlosten Garten hinter dem Haus pflegte sie zu lustwandeln. "Ich wollte, sie wäre noch hier"[408], bekennt Selim Aga. Diesen Garten vermietet der Befehlshaber der Albanesen ebenfalls an den Helden und verheißt gleichzeitig phantastische Genüsse: "Dann dürft ihr alle in den Garten gehen und an die Esma Khan denken, sooft ihr wollt."[409] Die Beziehung zwischen Selim Aga und Mersina ähnelt einer Mutter-Sohn-Beziehung während der Reifezeit des letzteren. Mersina traktiert Selim Aga wie einen dummen Jungen, der noch keine rechte Ahnung vom Leben hat. Auch die Bakschisch-Gier könnte eine Reminiszenz an die den in einer Kleinstadt im Erzgebirge Heranwachsendsen plagende Geldnot sein. Der Jugendliche von damals hatte wenig Möglichkeiten, an Geld zu kommen.[410] Zudem bewohnt Selim Aga ein Haus, das eigentlich nicht ihm gehört, für das er aber auch keine Miete zahlt. Dieser Status quo gilt auch für das Zuhause eines Jugendlichen, der weiß, daß er irgendwann das Elternhaus verlassen wird.

Der Name Selim bedeutet "der Reine". Mersina (=Myrte) ist ebenfalls das Symbol jungfräulicher Reinheit und Unberührtheit. Virgines intactae tragen Myrte bei der Trauung. Myrte findet auch bei der Beerdigung Unverheirateter Verwendung. Wo Myrte ist, gibt es keine sexuellen Aktivitäten. Mersina-Myrte wehrt sich deswegen auf das Heftigste gegen die Beschäftigung einer hübschen jungen Dienerin in ihrem Haus und sei es auch nur, um sie, die angestammte Herrin, zu entlasten, nachdem eine Reihe männlicher Gäste ins Haus eingezogen ist. Um die latente Drohung von so viel Männlichkeit gegenüber der personifizierten Asexualität zu relativieren, bezeichnet Selim Aga die neuen Mieter nicht als Männer, sondern als "große Effendis, die unter dem Schutz des Großherrn stehen".[411]

Hier sind möglicherweise Erinnerungen an die eigene Reifezeit Karl Mays unbewußt literarisch produktiv geworden. Ob das Mersina-Selim-Verhältnis eine Wiederspiegelung des Verhältnisses von Karl May und seiner Mutter oder eine Karrikatur von Karl und Emma Mays Verhältnis darstellt, sei hier nicht erörtert. Möglich ist auch eine literarische Verarbeitung der Ehe des Kantors in Ernstthal.[412]

Dohub, der Kurde aus Gumri

Während Kara Ben Nemsi einige Minuten auf die Audienz beim Mutesselim wartet, lernt er Dohub, einen Kurden aus Gumri kennen, der schon längere Zeit darauf harrt, beim Mutesselim vorgelassen zu werden.[413] Der Held schließt Freundschaft mit ihm und bittet ihn, nach der Unterredung beim Mutesselim ihn bei Selim Aga aufzusuchen, wo Kara Ben Nemsi wohnt.[414] Noch während des Besuches beim Mutesselim wird Kara Ben Nemsi Zeuge des Gespräches zwischen dem Kommandanten und dem Berwari-Kurden. Der junge Mann fühlt sich durch die lange Wartezeit gedemütigt und erklärt, er habe sich so lange gedulden müssen, daß es ihm entfallen sei, was er vom Bey von Gumri dem Mutesselim habe ausrichten sollen.[415] Der Kurde verläßt den Palast des Kommandanten, den ein solches Verhalten erstaunen läßt. Kara Ben Nemsi verspricht, ihm den Kurden zurückzusenden.[416] Daheim bei Aga Selim trifft Kara Ben Nemsi den wartenden Dohub. Er kann ihn überreden, sich zurück zum Mutesselim zu begeben, um ihm sein Anliegen doch noch vorzutragen.[417] Der Held, den der Mutesselim für einen inkognito durch das Land reisenden Abgesandten des Padischah hält, gibt dem jungen Kurden einen Brief für den Mutesselim mit, in dem er ihm das Anliegen des jungen Mannes - Befreiung des inhaftierten Vaters und Bruders - ans Herz legt.[418]

Tatsächlich läßt der Mutesselim die beiden Gefangenen frei, die sofort zusammen mit Dohub Kara Ben Nemsi aufsuchen, um sich zu bedanken. Kara Ben Nemsi bewirtet die drei Männer, die anschließend nach Gumri abreisen.[419]

Dohub kann als phantasierter Prototyp des selbstbewußten, mutigen Jünglings angesehen werden. Als freier, aufrichtiger Mann verschmäht er es, sich durch Bakschisch einzuschmeicheln. Er verweist auf seinen Säbel als das Notwendigste eines Berwari-Kurden: der Jüngling ist stolz auf seine Mannhaftigkeit, die ihm erlaubt, dem Faustrecht in eigener Sache Geltung zu verschaffen. Demütigungen nimmt er nicht hin, ohne entsprechende Sanktionen dagegen zu setzen. Korrektes und ehrenhaftes Verhalten in Kombination mit der Hilfe des Helden führen zum erstrebten Ziel, der Befreiung von Vater und Bruder. Tapferkeit und Ehrenhaftigkeit alleine, so vermittelt der Text, reichen nicht aus, es muß die Hilfe des intelligenten, an den Erwartungen der Gesellschaft orientierten Ich dazukommen, um den Erfolg im Leben zu garantieren.

Auf einer tiefer im Unbewußten des Verfassers gelagerten Ebene ist eine andere Interpretation zulässig. "Vater" steht symbolisch oft für das Weltbild der Konvention[420], "Bruder" steht sehr oft für die eigenen, versteckten und wertvollen Anlagen und Möglichkeiten.[421] Wenn Dohub als das naive, nicht von der Persona kontrollierte Ich gesehen wird, dann ist hier symbolisch angezeigt, daß eben dieses naive Ich damit befaßt ist, das Weltbild der Konvention und die eigenen Möglichkeiten für sich selbst, zum Aufbau der eigenen Persönlichkeit, zu erschließen. Und wieder wird deutlich, daß nichts ohne das Persona-Ich möglich ist: das Persona-Ich Karl Mays ist bestrebt, sich die gesamte Persönlichkeit zur Beute zu machen. Die Dankbarkeit der Befreiten gegenüber Kara Ben Nemsi beweist, daß das Persona-Ich sein Ziel erreicht hat.

Der Mutesselim

Der Mutesselim ist Kommandant der Grenzfestung Amadijah. Er wird geschildert als "langer, hagerer Mann mit einem scharfen, wohl frühzeitig gealterten Angesichte".[422] Sein Blick ist "verschleiert und nicht Vertrauen erweckend".[423] Er hat die gesamte ihm unterstellte Provinz finanziell ausgesaugt und ist so mittellos, daß er sogar den Hammel, mit dem er Kara Ben Nemsi bewirten will, von letzterem finanzieren lassen muß.[424] Der Held vermag den nicht sonderlich klugen Kommandanten Amadijahs in dem Glauben zu bestärken, er sei ein Abgesandter des Padischah in geheimer Mission. Bei einem gemeinsamen Gastmahl bittet der Mutesselim Kara Ben Nemsi um Wein, was er als alkoholische Arzenei deklariert. Er leide, so gibt der Mutesselim an u. a. an einer Erkrankung des Nervensystems und der Verdauung und bedürfe einer Stärkung[425], die ihm der Held in Form von schwerem persischen Wein verschafft. Während der Mutesselim und Selim Aga sich betrinken, kann Kara Ben Nemsi den gefangenen Amad el Ghandur aus dem Gefängnis befreien.[426]

Die Figur des Mutesselim kann als Personifikation des Langstrecken-Onanisten[427] begriffen werden, die eine Reihe von Symptomen der im 19. Jahrhundert so gegeißelten Krankheit der "unnatürlichen Sinnlichkeit" aufweist. Unter dem Pseudonym Dr. O. Retau hatte Otto Vater[428] unter dem Titel "Selbst-Bewahrung. Aerztlicher Rathgeber bei allen Krankheiten und Zerrüttungen des Nerven- und Zeugungssystems durch Onanie, Ausschweifung und Ansteckung" eine Aufklärungsschrift herausgegeben, deren 80. (!) Auflage im Jahre 1898 erschien. Dort werden die Folgen des schwächenden Übels exakt dargelegt: "Ist schon der Mißbrauch und die Ueberreizung der Zeugungsorgane für letztere selbst von so großem Nachtheile, so ist es andererseits in noch höherem Grade die Vergeudung des Samens für den ganzen übrigen Organismus. Die Entziehung einer Flüssigkeit, deren Erzeugung dem Körper seine besten Kräfte kostet und deren Entfernung nur unter größter Nervenaufregung möglich ist, kann natürlich nicht ohne die tief eingreifenden Folgen für den Körper vor sich gehen. Anfangs bemüht sich der Organismus ohne weitere fühlbare oder bemerkbare Anzeichen den verlorenen Stoff zu ersetzen; bald aber ist er bei der allzu großen Vergeudung nur noch im Stande, dies zu thun auf Kosten des Kapitals, des ganzen Körpers. Aus den edelsten und besten Stoffen zusammengesetzt, kann der Samen auch nur auf Kosten der edelsten Organe verschwendet werden. Der Ausschweifende und Onanist entleert nicht mehr Samen, nein, Gehirn, Nervenmasse, Rückenmark, Gedächtniß, Augenlicht, Verstand, Scharfsinn, überhaupt Lebenskraft in jeder Gestalt!"[429]

Alfred Damm differenziert noch weiter: "1. Fast alle Kranken haben ein blasses Aussehen, eine bleiche Gesichtsfarbe. 2. Die Kranken sehen älter aus, als sie in der Tat sind."[430] Sodann werden Magen und Darm als Angriffspunkte der Krankheit genannt, die Stuhl- oder Magenstörungen im Gefolge haben. Auch die Abnahme der Nervenmasse findet bei A. Damm Erwähnung[431], der angesichts der weitesten Verbreitung dieser Krankheit fragt: "Giebt es für unser deutsches Volk noch Errettung?" Selbst I. Bloch zitiert 1908 noch Löwenfeld, der meint, "daß die vor der Mannbarkeit begonnene Selbstbefriedigung noch leichter und entschiedener als die in späteren Jahren geübte eine Schwäche des Nervensystems begründet [...]"[432] Auch das Auge erleide Schädigungen.

"Reizungen der Bindehaut, Lidkrampf, Akkomodationsschwäche, subjektive Lichtempfindungen, Lichtscheu können infolge von Masturbation auftreten."[433]

Der Mutesselim ist in der Tat frühzeitig gealtert, wie das Masturbanten bescheinigt wird. Sein verschleierter Blick könnte auf eine Schädigung der Augen hinweisen. Auch die bleiche Gesichtsfarbe ist bei ihm zu beobachten. Die ungeniert ausgesprochene "Schwäche des Nervensystems" war im 19. Jahrhundert jedem halbwegs Gebildeten als Folge übermäßiger masturbatorischer Aktivitäten bekannt, deshalb konnte auch nur einem orientalischen Mutesselim solch ein verräterisches Bekenntnis arglistig in den Mund gelegt werden. Außerdem leidet der Kommandant von Amadijah an einer Erkrankung der Verdauung, die ebenfalls häufig zum Erscheinungsbild der "unnatürlichen Sinnlichkeit" gehört. Die durch exzessiv betriebene Onanie herbeigeführte Paralyse des Gehirns scheint beim Mutessellim schon begonnen zu haben, denn der Held kann ihn mit Leichtigkeit übertölpeln. Interessant ist nun, daß gerade Wein als Medizin angesehen wird. Wein als Symbol geistig-seelischer Kräfte[434] soll gegen die übermäßige Sinnlichkeit indiziert sein. Die Beschäftigung mit "geistigen Dingen" kann von der exzessiven Beschäftigung mit dem eigenen Körper ablenken. Hier könnte eine Erfahrung des Autors Karl May eingeflossen sein, der während seiner Haftzeit in Schloß Osterstein in Zwickau die Gefängnisbibliothek verwaltete.[435]

Die Figur des Mutesselim darf auch als personifizierte Entwicklungsstufe Karl Mays aufgefaßt werden. Die Schwächung des Nervensystems tritt am Ort der Gefangenschaft des jungen Amad el Ghandur auf, die Ipsation hängt ganz offensichtlich mit dem Gefängnisaufenthalt zusammen. Der Mutesselim leidet Mangel an Fleisch, an "Fleischlichem", an "normaler" sexueller Betätigung. Alles findet am Ort des Gefängnisses statt: der Autor hat unbewußt seine Gefängniserfahrungen hier mit einfließen lassen.

Nun wird die Figur des Mutesselim nicht wie ein Substitut des Helden, aber auch nicht wie ein Antagonist behandelt. Der Protagonist verabschiedet sich von ihm ohne Zeichen der Freude oder des Schmerzes. Das später ausgebildete Persona-Ich des Autors blickt ungerührt auf die Phase der Ipsation im Gefängnis zurück. Sie erfährt keine Wertung.[436]

Der Vater der Schakara

Er sucht verzweifelt einen Arzt, weil seine Tochter mit dem Tode ringt. Als Hadschi Halef Omar Brot kaufen will, rennt der verzweifelte Vater den Diener beinahe über den Haufen. Hadschi Halef Omar bringt ihn zu Kara Ben Nemsi, den er als nahezu allmächtigen Arzt schildert.[437] Der Held läßt sich die Krankheitssymptome der Sechzehnjährigen beschreiben und schließt, daß eine Vergiftung vorliegen müsse. Schakara, ein schönes Mädchen, ist die einzige Tochter des Hauses. Kara Ben Nemsi bringt die Kranke zum Erbrechen, worauf eine Besserung ihres Zustandes eintritt.[438] Bei einem späteren Besuch ist die Kranke auf dem Weg der Genesung. Der Vater erzählt Kara Ben Nemsi die Familiengeschichte: ein Ahn seiner Frau sei Melek, König, gewesen, diese Würde sei aber verloren gegangen. Die Familie sei verarmt, so daß seine Frau bei der Hochzeit kaum ein Kleid gehabt habe. Lediglich die geheimnisvolle Urahne, Marah Durimeh, sei ein 'Relikt' aus der vergangenen Zeit, denn sie sei einst Gattin des Melek gewesen.[439]

In der Konstruktion der Aszendenz Schakaras von Marah Durimeh sind Parallelen zur Abstammung Karl Mays unübersehbar. In seiner Autobiographie "Mein Leben und Streben"[440] berichtet Karl May von berühmten Vorfahren, was Roxin bestätigt.[441] Später bezeichnete Karl May Marah Durimeh als literarische Be- und Verarbeitung der "Märchengroßmutter".[442] Bei Schakara ist Marah Durimeh jedoch die Urahne mütterlicherseits, während die Märchengroßmutter die Ahne Karl Mays väterlicherseits war. Korrespondierend ist jedoch die Armut der Mutter bei der Eheschließung.

Auch die Erkrankung des Mädchens könnte eine Spiegelung einer realen Begebenheit sein. Die Schwester des Autors, die spätere Metzgersgattin Wilhelmine Schöne, geb. May, war als junges Mädchen schwer an Pocken erkrankt.[443] Der Wunsch des Bruders Karl, der gerne Arzt geworden wäre, der Schwester zu helfen, mag hier zumindest literarisch Erfüllung gefunden haben.

In der Komposition erinnert diese Episode, die primär der Einführung der Figur Marah Durimehs dient, an die Perikope von der Auferweckung des Töchterleins des Jairus durch Jesus Christus.[444] Hier wie dort ist das Mädchen einziges Kind, hier wie dort sucht der Vater verzweifelt einen Retter. Kara Ben Nemsi in seiner Grandiosität wird hier vom Autor sehr nahe an den Sohn Gottes gerückt.

Der Hekim Schakaras

Der alte türkische Hekim, der die todkranke Schakara behandelt, so berichtet der aufgeregte Vater, hat ihr ein Amulett umgehängt, glaubt aber selbst nicht, daß es ihr helfen werde.[445] Der Arzt sitzt ohne Turban neben der Kranken und murmelt Gebete. Dem atemlos herbeieilenden Kara Ben Nemsi berichtet er, der Teufel sei in die Kranke gefahren. Als der Held mittels eines Spiegels die Reaktion der Iris des Mädchens prüfen will, meint der türkische Hekim, der böse Geist solle sich im Glase besehen.[446] Auf die Vermutung Kara Ben Nemsis, das Mädchen habe sich eine Vergiftung zugezogen, beteuert der Hekim erneut, der

Teufel sei in es gefahren.[447] Als er erfährt, daß die Kranke als Gegenmittel Galläpfel, starken Kaffee und Zitronen haben solle, schlägt er die Hände über dem Kopf zusammen und meint: "Ha, er will den Teufel mit Galläpfeln, Citronen und Kaffee füttern."[448] Kara Ben Nemsi entdeckt in der Krankenstube ein Körbchen mit Maulbeeren, zwischen denen sich auch einige Tollkirschen versteckt haben. Als Schakara auf dem Wege der Besserung ist, behauptet der Hekim noch immer, sein Amulett habe die Kranke gesund gemacht. Im Amulett befindet sich, wie der Held entdeckt, eine tote Fliege, die er schnell zertritt. Der Hekim verläßt eiligst das Haus, als Kara Ben Nemsi ihm droht, er werde ihn zwingen, alle Tollkirschen zu essen, die sich noch im Körbchen befinden.[449]

Die Episode um Schakara erschließt sich dem Verständnis, wenn man den Rausch des Mädchens als Liebesrausch auslegt. Der alte Mann, der neben dem schönen Mädchen betet, es möglicherweise zu seiner "Angebeteten" macht, hat seinen Turban abgenommen. Die Kopfbedeckung hat in der Symbolik oft etwas mit der Manneskraft zu tun.[450] Der Alte ist also nicht mehr im Besitz männlicher Kräfte. Das liebestolle Mädchen scheint aus der Sicht des Alten tatsächlich den Teufel im Leib zu haben, der in es gefahren ist. Die Versuche des Alten, dem sich im Liebesrausch befindlichen Mädchen den Teufel auszutreiben, müssen vergeblich sein. Das Amulett - symbolisch für irgendwelche Versprechungen des Alten - ist wirkungslos und nichtig. Nur der Held, der die Ursache der Krankheit erkennt, kann Heilung bringen.

Hier spiegelt sich eigene Erfahrung des Autors wieder. Das liebestolle Mädchen dürfte Emma Pollmer sein, während sich hinter dem alten Hekim der Großvater Emmas verbergen dürfte, der seine schöne Enkelin über die Maßen liebte und verehrte. Karl May ist der Arzt, der das liebeskranke Mädchen gesund machen kann. Er triumphiert schließlich über den Großvater Pollmer, dem es nicht gelang, der Enkelin den Liebesteufel auszutreiben.

Amad el Ghandur

Amad el Ghandur, der Sohn des amtierenden Scheiks Mohamed Emin der Haddedihn befindet sich im Gefängnis von Amadijah, aus dem ihn Kara Ben Nemsi, Hadschi Halef Omar, sein Vater Mohamed Emin und Sir David Lindsay befreien.[451] Um ihn der

Verfolgung zu entziehen, verstecken die Befreier ihn in einer hohlen Eiche, einige Meter über dem Boden.[452] Als bei späteren Auseinandersetzungen der Scheik der Haddedihn getötet wird, schwört Amad el Ghandur Blutrache und trennt sich von Kara Ben Nemsi, um den Mörder seines Vaters zu suchen und zu bestrafen.[453] Nach dem Vollzug der Blutrache kehrt Amad el Ghandur zu den Haddedihn zurück. Er wird der Nachfolger seines Vaters. Acht Jahre nach dem Tod des Vaters macht Amad el Ghandur sich auf, um am fernen Grab des Vaters zu beten. Eine Gruppe von Haddedihn-Kriegern begleitet ihn, ebenso Hadschi Halef Omar mit seinem Sohn, David Lindsay, Omar Ben Sadek und Kara Ben Nemsi. Am Grab des Alten angelangt, ergreift erneut der Rausch der Blutrache Amad el Ghandur und die Haddedihn. Sie hören nicht auf den Rat Kara Ben Nemsis, greifen eine Überzahl von Feinden an und werden geschlagen. Kara Ben Nemsi kann die feindlichen Führer einfangen und damit günstige Friedensbedingungen erpressen.[454] Amad el Ghandur legt zwei Jahre nach diesem Vorfall sein Amt als Scheik der Haddedihn freiwillig nieder, da er erkannt hat, daß er sich zum Stammesführer nicht eignet.[455]

Der ehemalige Sträfling Karl May alias Kara Ben Nemsi befreit den Gefangenen und rüstet ihn mit einem Dolch aus. Amad el Ghandur zeigt nach seiner Befreiung sehr pubertäre Verhaltensweisen, er raucht oben in seiner hohlen Eiche.[456] Außerdem liegt er dort auf lauter "Knüppel(n)"[457], die eine unverhüllte Anspielung auf pubertäre Erektionen sein dürften. Die Tatsache, daß er sich hoch oben in der Eiche quasi in einer Klause befindet, deutet den Wunsch nach Zurückgezogenheit des Heranwachsenden in der Zeit des Auftretens erster sexueller Regungen an. Der pubertierende Amad el Ghandur untersteht nur noch für kurze Zeit der Führung des Vaters, der bald getötet wird. Für den Pubertierenden existiert der Vater nicht mehr, er macht sich auf die Suche nach der eigenen Identität.

Setzt man Amad el Ghandur mit einem Teil-Ich Karl Mays gleich, ergibt sich ein weiteres Spektrum. Der aus dem Gefängnis Befreite zieht sich zurück, er regrediert. Der Baum mit der Höhle ist als mütterlicher Bergungsort[458], als Uterus zu interpretieren. Das der kriminellen Lebensphase entkommene Ich macht eine Wandlung durch, es muß quasi noch einmal zurück in den Mutterschoß. Dort stillt es die primären oralen Bedürfnisse, indem es raucht. Diese regressiven Tendenzen dauern aber nicht allzu lange an, das Teil-Ich macht sich auf den Weg des Lebens in Freiheit. Allerdings begeht es den Fehler, nicht mit dem Persona-Ich zu kooperieren. Deswegen kann es auf Dauer nicht erfolgreich sein. Außerdem gelingt es ihm nicht, den Schatten des Vaters abzustreifen, es agiert quasi als Symptomträger väterlicher Projektionen[459]; sein Scheitern ist also vorgezeichnet.

Der Nezanum von Tiah

Der Nezanum von Tiah stellt sich mit einer Gruppe von Kurden dem Helden und seinem Ensemble in den Weg, um nach dem Woher und Wohin zu fragen. Dabei gebärdet er sich stolz und aufschneiderisch.[460] Nach längerem Hin und Her dürfen die Reisenden in einem Haus übernachten, das man ihretwegen geräumt hat. Zuvor gibt der Held den staunenden Berwari-Kurden eine Probe seines Könnens als Schütze.[461] Das Quartier erscheint dem Helden nicht als einbruchsicher, außerdem entdeckt er einen Mann auf dem Dach in einem Heuschober und eine Luke in der Decke, durch die der Mann vermutlich einsteigen sollte, um den Dorfbewohnern zum Pferdediebstahl die Tür zu öffnen.[462] Der Nezanum bringt den Reisenden ein spärliches Nachtmahl. In der Nacht steigen Einbrecher auf das flache Dach, die der auf dem Dach Wache haltende Hund Dojan aber stellt, wobei er den ersten tötet, den zweiten am Boden niederhält.[463] Der Nezanum hat - so stellt sich heraus - die Ausraubung der Reisenden geplant. Er läßt den Toten abholen und fordert den Blutpreis.[464] Auf Drohungen des Nezanum, der sich zusammen mit Kara Ben Nemsi auf dem Dach des Hauses befindet, reagiert der Held, indem er ihn aufhebt und vom Dach zu werfen droht.[465] Die Kurden belagern daraufhin das Haus, in dem die Reisegruppe sich aufhält. Die Männer Kara Ben Nemsis brechen jedoch ein Loch in die unbeobachtete Rückwand des Hauses, verlassen es heimlich und reiten stolz an den verblüfften Belagerern vorüber.[466] Diese jedoch verfolgen die Reisegruppe, liefern ihr Scharmützel und legen dem Helden und seinen Begleitern in einem verlassenen Dorf einen Hinterhalt, wo ihnen die Gefangennahme der Reisenden gelingt.[467] Der Kurde Dohub überbringt kurz darauf den Befehl des Bey von Gumri, die Fremden freizulassen, da sie seine Gäste seien.[468]

Das Ich ist auf der Reise von Amadijah, der befestigten Stadt mit dem großen Gefängnis, auf dem Weg nach Gumri, der Stadt auf dem Berg. Das ersehnte Ziel ist jedoch nicht mühelos zu erreichen, denn der Nezanum stellt sich Kara Ben Nemsi in den Weg. Der Nezanum dürfte symbolisch als Exponent einer intoleranten, unwissenden, ungebildeten und mit Vorurteilen beladenen Gesellschaft verstanden werden. Er weist dem Ich einen bestimmten Platz in dieser Gesellschaft zu. Dieser Platz erscheint weder angenehm noch sonst in irgend einer Weise akzeptabel. Einnehmen darf das Ich diesen Platz nur unter der Bedingung, daß es der Gesellschaft in keiner Weise mehr Schaden zufügen kann; es soll sämtliche Waffen und Pferde abgeben, was einem Verzicht auf Potenz, domestizierte Triebe und dichterisches Movens gleichkäme. Den von einer korrupten Gesellschaft ihm zugewiesenen Platz will der Held nicht behalten. Die ausbeutende, kapitalistische Gesellschaft soll ihn dort nicht halten, wo sie ihn ansiedeln möchte. Der Held findet die Möglichkeit, diesen Platz zu verlassen, er öffnet sich ein Hintertürchen, das ein Entweichen aus der beengenden Situation ermöglicht: den Eskapismus in die phantasierte Exotik.

Plausibel erscheint auch, daß der Nezanum symbolisch für die Polizeigewalt steht, die im Jahre 1875 den in Dresden arbeitenden Redakteur zwingt, in Ernstthal zu bleiben, wo er sich nahezu täglich bei der Polizei melden muß. Das Hintertürchen, das er sich öffnet, wäre dann das beinahe tägliche Pendeln zwischen Ernstthal und Dresden: er ist in dem Haus, wo er nur kärglich sein Auskommen findet, nicht zu halten. Der Autor fühlt sich von der Amtsgewalt verfolgt, bis durch Verfügung von oben (daher: Anordnung des Bey von Gumri) die Meldepflicht in Ernstthal entfällt, die Feinde ihn also endgültig freigeben.

Auffällig ist, daß der Nezanum von Tiah anders behandelt wird als die meisten Antagonisten des Helden. Er wird nicht gedemütigt, nicht dauerhaft entmachtet und schon gar nicht symbolisch entmannt. Er kommt aus der Konfrontation mit dem Helden relativ ungeschoren heraus, er wird lediglich genarrt und ein Stück weit geschwächt: einige Reitpferde werden ihm erschossen. Das alles spricht für die oben dargelegte Interpretation, daß der Nezanum als Symbol der sächsischen Polizaufsicht in Ernstthal verstanden werden kann wie für die Gesellschaft, die nicht zu beseitigen ist.

Der Sohn des Nezanum von Tiah

Nachdem Kara Ben Nemsi, Hadschi Halef Omar, Sir David Lindsay, Mohamed Emin und Amad el Ghandur sich in dem Haus in Tiah zur Ruhe begeben haben, das ihnen vom Nezanum zur Verfügung gestellt worden ist, schleichen Einbrecher auf das flache Dach des Gebäudes. Kara Ben Nemsis Hund Dojan, der oben auf dem Dach Wache hält, stellt den ersten Einbrecher und beißt ihm die Kehle durch, als der zweite Einbrecher das Dach betritt. Dojan stellt diesen Einbrecher ebenfalls, wirft ihn zu Boden und legt sich über ihn, wobei er dessen Kehle zwischen den Zähnen hält. Als der Held den Hund zurückruft und den Einbrecher entwaffnet, stellt es sich heraus, daß der junge Mann der Sohn des Nezanum von Tiah ist. Da er nach anfänglichem Leugnen - er hat zunächst bestritten, aus Tiah zu stammen - dem Helden bereitwillig Auskunft gibt, schenkt Kara Ben Nemsi ihm die Freiheit. Er gibt ihm auch den Dolch zurück, den er ihm zuvor auf dem Dach abgenommen hat.[469]

Diese Episode könnte Teil eines "Gefahrentraumes" sein.[470] Die beiden aus der Tiefe aufsteigenden Verbrecher sind als dunkle Teile der Psyche der Gesamtpersönlichkeit zu verstehen. Der von Dojan getötete wie der freigelassene Einbrecher sind miteinander in Verbindung zu sehen. Beide kommen sie aus tieferen Seelenschichten, wohin sie das Bewußtsein abgedrängt hat. Im Unterbewußtsein lauernd, 'steigen sie dem wachen Ich aufs Dach' just als es sich sicher wähnt. Der Hund Dojan, Sinnbild für wachsame Instinktsicherheit, spürt die Schatten der Vergangenheit auf. Die Erinnerung an die mehr oder weniger verbrecherische Vergangenheit wird ohne Zutun des Persona-Ich - Kara Ben Nemsi ist auf dem Dach nicht anwesend - vom wachsamen Instinkt eliminiert. Das personifizierte Verbrechen verdient den schnellen Tod. Anders verhält es sich mit dem irregeleiteten jungen Mann, dem Sohn des Nezanum. Er leugnet zunächst seine Identität, eine Vorgehensweise, die auch Karl May nicht fremd ist.[471] Der junge Mann findet Gnade, weil er geständig ist und "weil du zu jung warst, um dir alles vorher zu überlegen".[472] Außerdem wird ihm Naivität bescheinigt.[473] Die ihm zeitweise entzogene männliche Potenz, die Handlungsfreiheit, die durch den Dolch symbolisiert wird, erhält der junge Mann zurück, ehe ihn der Held in die Freiheit entläßt. Durch seine - des Protagonisten - Güte hat er ihn sich zum Freund gemacht. "Aus Teilnahme für ihn", so begründet Kara Ben Nemsi sein Verhalten gegenüber seinen Reisegefährten, habe er ihm die Freiheit geschenkt.[474]

Die Schatten der Vergangenheit lassen das Persona-Ich nicht zur Ruhe kommen. Instinktiv lehnt es das Verbrechen ab, verhält sich aber sehr nachsichtig gegenüber dem Verbrecher. Naivität und jugendliche Unbedachtsamkeit sind hinreichende Gründe zur Entschuldigung der Verhaltensweisen des jungen Mannes. Karl May teilt sich selbst hier für seine kriminelle Vergangenheit, für seine Jugendtorheiten die Generalabsolution zu.

Nicht unerwähnt sollte bleiben, daß der Sohn kriminell wird, um das kostbare Pferd des Helden für den Vater zu stehlen. Damit wird ein Stück weit angedeutet, daß die Renommiersucht des Vaters den Sohn dazu treibt, verbrecherische Taten zu begehen. Wieder ist der Sohn Symptomträger für väterliche Projektionen.[475] Aber es besteht kein Zweifel: ein solcher Sohn muß freigesprochen werden. Er darf als Teil des Ich weiterleben.

Der Beschützer

In der Nähe von Gumri werden der Held und seine Substituten in einem verlassenen nestorianischen Dorf von den räuberischen Kurden aus Tiah umringt. Die Übermacht ist erdrückend. Kara Ben Nemsi kann zwar einem Bluträcher, der ihn töten will, den Dolch aus der Faust schlagen, dann aber muß er den Arm eines Gegners ergreifen und sich und seine Begleiter für den Rest des Tages unter dessen Schutz stellen. Ihre Waffen müssen den Kurden von Tiah ausgehändigt werden.[476]

Der Held ist in einer bedrohlichen Lage. Destruktive seelische Kräfte haben ihn eingekreist, er ist von ihnen unentrinnbar gefangen. In dieser ausweglosen Lage erkiest sich das Ich einen starken Helfer, stellt sich vorübergehend unter dessen Schutz und begibt sich freiwillig aller eigenen Macht. Das verlassene Dorf, vielleicht Symbol für die Einsamkeit einer Gefängniszelle, könnte den Ort des Geschehens andeuten. In dieser Einsamkeit brechen die destruktiven Potenzen über das Ich herein. Es vertraut sich "dem nächsten" an, ergreift ihn am Ärmel und bittet ihn um Hilfe. Ist der "nächste" ein Anstaltsgeistlicher oder ein Gefängnisarzt gewesen? Dieser Nächste versagt sich der Bitte des Bedrängten nicht, sondern nimmt ihn für begrenzte Zeit unter seine Fittiche. Weitere Andeutungen sind nicht zu eruieren, es sei denn, man zieht die beiden assoziierten Begriffe "Wahnsinn" und "Frack" hinzu, die im Kontext erscheinen.[477] Das Ich fühlt sich dem Wahnsinn nahe und sucht Hilfe bei dem katholischen Anstaltsgeistlichen, dessen Amtstracht einem schwarzen Frack ähnlich ist. In dieser Zeit verzichtet des Ich freiwillig auf eigene Machtbeweise und ordnet sich unter. Diese Unterordnung ist zeitlich begrenzt, aber zum psychischen Überleben notwendig. Karl May könnte hier eine Reminiszenz an den Anstaltsgeistlichen Kochta literarisch verarbeitet haben. In jedem Falle geht das Ich gestärkt aus der Phase der Unterordnung hervor.

Kadir Bey von Gumri

"Er war ein Mann am Ende der zwanziger Jahre, hoch und breit gewachsen; sein edles Angesicht zeigte den rein kaukasischen Typus und wurde von einem starken, schwarzen Vollbart eingerahmt [...] seine Züge waren bei aller Männlichkeit doch weich und sanft, und seine Stimme klang freundlich und angenehm [...]."[478] Zusätzlich wird dem Leser eine Beschreibung der prächtigen Kleidung sowie der Waffen, unter denen ein wunderschön damaszierter Säbel ohne Scheide auffällt, dem Leser geboten.[479] Kara Ben Nemsi stellt fest, daß der Bey neben verschiedenen Dialekten seiner Muttersprache auch des Türkischen, des Arabischen und des Persischen mächtig ist und schließt daraus, daß dieser Häuptling ein intelligenter Mann sein müsse.[480] Der Held verrät dem Bey, daß er zusammen mit seinen Begleitern Amad el Ghandur aus dem Gefängnis in Amadijah befreit hat, was großes Aufsehen unter den Kurden erregt.[481] Der Bey lädt seine Gäste für den nächsten Tag zum Kampf mit den kurdischen Bären ein, die im Dorf Mia großen Schaden angerichtet haben sollen.[482] Anschließend werden die Reisenden bewirtet[483], mit Kampfspielen, Liedern, Märchen und Geschichten unterhalten.[484] Bei der am nächsten Tag stattfindenden Bärenjagd wird der Bey von Gumri aufgrund einer Fehleinschätzung der Lage Gefangener der nestorianischen Christen.[485] Durch die Vermittlung des Helden kommt ein Gespräch zwischen den verfeindeten Nestorianern und Kurden bei dem Ruh-'i kulyan zustande, der Frieden gebietet.[486]

Die Schilderung der Figur des Bey von Gumri könnte eine verschlüsselte, unverkennbar dem Wunschdenken des Autors entsprungene Selbstdarstellung sein. Karl May = Kadir Bey ist der noch jugendliche Mann mit dem rassigen Gesicht, das aber einen empfindsamen, sanften Zug hat und ihn trotz des schwarzen Bartes als sensibel ausweist. Die Stimme ist volltönend und angenehm. Seine Kleidung erscheint prächtig, seine Bewaffnung, besonders der Säbel ohne Scheide, weist ihn als mit hoher männlicher Potenz begabt aus. Er spricht eine Reihe von Sprachen, was auf einen hohen Bildungsstand schließen läßt. Dieser nahezu ideal dargestellte Mann erweist sich als aufmerksamer Gastgeber. Kinder gibt es im Hause des Bey ebensowenig wie im Hause May. Der Text des späteren Bandes "Durchs wilde Kurdistan" dürfte im Jahre 1881/82 entstanden sein, als Karl May erst kurz mit Emma Lina Pollmer verheiratet war. Die Schilderung des Hauswesens beim Bey von Gumri könnte eine transformierte Spiegelung der Mayschen häuslichen Verhältnisse sein, die sich in den ersten Ehejahren von Karl und Emma als durchaus glücklich oder zumindest als zufriedenstellend erwiesen haben dürften. Dieses in den Orient verlagerte Ich hat allerdings Kämpfe zu bestehen. Der Text sagt aus, daß im Wald bei dem Dorfe Mia einige Bärenfamilien hausten, die dort Schaden anrichteten.[487] Das Dorf Mia ist merkwürdigerweise in ein Oberdorf und ein Unterdorf geteilt. Hier könnten die geographischen Gegebenheiten von Hohenstein und Ernstthal mit eingearbeitet sein.

Im Walde von Mia sind Bären zu jagen. Der Bär, und noch mehr die Bärin, gilt als bedrohlicher wie nährender Mutterarchetypus. Der Autor sieht sich in seiner jungen Ehe mit ihm konfrontiert. Es kommt dabei nicht zu einer Konfliktlösung. Der Text gibt Auskunft darüber, daß weder das transformierte Ich, der Bey von Gumri, noch das Ich auf höchster Bewußtheitsstufe, Kara Ben Nemsi, die Bären bekämpft, sondern Sir David Lindsay. Die Auseinandersetzung mit der den jungen Ehemann nicht loslassenden Mutter, die gegen die Eheschließung des Sohnes Karl mit Emma Pollmer Stellung bezog, findet nur durch den Substituten statt.

Auffällig ist noch eine kurze Randnotiz. Beim Zuweisen des Schlafgemaches wird der Held auf *die* Kostbarkeit des Hauses aufmerksam gemacht, eine kleine Fensterglasscheibe, für die der Bey tief in die Tasche greifen mußte.[488] Die Fensterscheibe - so G. Haddenbach - deutet auf Eingesperrtsein[489], nach Asper meint Glas in der Traumsymbolik sogar Ersticken oder gelähmtes Liegen im gläsernen Sarg. Es sollte zu denken geben, daß diese Traumsymbole in Verbindung mit dem ehelichen Schlafgemach gebracht werden. Ob der Autor unbewußt damit eine Äußerung über die subjektiv empfundene Gefangenschaft in der Ehe, die Lähmung durch die ihn emotional und möglicherweise auch körperlich auslaugende Ehefrau gemacht hat?

Der Anführer der Nestorianer

Bei der Bärenjagd stürzt Kara Ben Nemsi vom Pferd, das über eine Baumwurzel gestolpert ist.[490] Er erwacht aus einer Ohnmacht und merkt, daß er gefangen ist und sich gefesselt zwischen zwei Pferden befindet. Auch Sir David Lindsay ist in Gefangenschaft geraten. Als die Nestorianer, die den Helden gefangen haben, sehen, daß er wach geworden ist, beginnen sie, ihn zu verhören.[491] Anfangs halten sie ihn für den Bey von Gumri, doch schließlich sehen sie ein, daß er tatsächlich ein Christ ist.[492] Am Rastplatz fesseln sie Sir David Lindsay und Kara Ben Nemsi an einen Baum. Darauf betrachten sie die erbeuteten Waffen der beiden Gefangenen. Schließlich wollen sie die Funktion der ihnen unbekannten Waffen erklärt bekommen. Der Held läßt sie sich von ihnen daraufhin zurückgeben und bedroht die Nestorianer, nachdem er sich die Fesseln durchtrennt und eine Demonstration seiner Treffsicherheit mit der Kugel gegeben hat.[493] Als er dem Anführer der Nestorianer sein Wort gibt, freiwillig mit ihm zum Melek von Lizan zu reiten, erhalten Lindsay und er die Kleider, Waffen und Pferde zurück.[494]

Der vorangegangenen Konfrontation mit dem gefährlichen, bedrohlichen Mutterarchetypus, der Karl May noch ausweicht, folgt die Begegnung mit einer weniger bedrohlichen Ausprägung des Mutterarchetypus'. Die Nestorianer sind unschwer als Symbol für einen solchen zu erkennen. Sie sind in der Handhabung der männlichen Waffen ungeübt, da man sie ihnen vor längerer Zeit entwunden hat; sie sind bereit, dem Helden seine männlichen Attribute, seine Waffen zurückzugeben, da sie sie selbst nicht gebrauchen können. Eine ihrer ersten Fragen an den Helden gilt der Jungfrau Maria.[495]

Die Nestorianer versinnbildlichen die eher heilenden Kräfte der Mutter-Gattin, die den Sohn-Gatten in seiner männlichen Potenz bewundert, ihm seine gezügelte Triebhaftigkeit und Instinkte (Rih und Dojan) zugesteht, ihn aber, wenn auch als freien Mann, in der Gewalt hat. Nach der verdrängten Lösung von der bedrohlichen Mutter findet sich das Ich wieder als freiwilliger Gefangener des Eheweibes. Die Gefangennahme durch die Nestorianer kann als literarischer Niederschlag der "Gefangenlegung" Karl Mays in die Bande der Ehe angesehen werden.

Der Bruder des Melek von Lizan

Der Bruder des Melek von Lizan wird von den Dorfbewohnern wie ein Priester behandelt, da er einmal Priester hat werden wollen.[496] Dieser Mann nimmt Kara Ben Nemsi und Sir David Lindsay zunächst freundlich auf, obwohl das blatternarbige Gesicht des schwächlichen, alten Mannes auf den Berichterstatter "keinen sehr angenehmen Eindruck" macht.[497] Der Bruder des Melek lockt die beiden in ein Zimmer, dessen Türe er dann schnell verriegelt.[498] Als kurz darauf das zornige Knurren und kurze Bellen Dojans zu vernehmen ist, schlagen die Gefangenen die Türe ein, überrennen die vier Bewacher, bemächtigen sich ihrer Pferde, rufen den Hund, der den falschen Priester zu Boden geworfen hat und dort festhält und reiten fort.[499] Bald darauf sind die beiden wieder Gefangene, sie sind dem Melek von Lizan in die Hände gelaufen, der u. a. auch den Bey von Gumri, Amad el Ghandur und Hadschi Halef Omar gefangen hat.[500] Als die Gefangenen zurückgebracht werden, verhöhnt sie der Bruder des Melek von Lizan, worauf ihn der Held als Lügner bezeichnet, der seine Gäste verraten hat.[501] Der Bruder des Melek erhebt die Faust zum Schlag gegen den Helden, dessen Hund den falschen Priester zu Boden reißt und niederhält.[502] Auf die Zusicherung des Melek, sein Bruder werde fortan Frieden halten, ruft Kara Ben Nemsi den Hund Dojan zurück.[503] Der Bruder entfernt sich, indem er dem Helden die Faust zeigt.[504] Beim Essen am Lagerfeuer erblickt der Held zufällig, daß vom Dach des Hauses der Bruder des Melek mit dem Gewehr auf die im Innenhof am Feuer sitzende Gruppe zielt. Der Held schießt blitzschnell und zerschmettert dem meuchlerischen Schützen den Ellbogen.[505]

Der blatternarbige, ältlich-schwächliche Mann, der einmal Priester hat werden wollen, dürfte einen negativen Vaterarchetyp darstellen. Er hat einmal Priester werden wollen, ist es aber nicht geworden: es könnte damit angedeutet sein, daß das Lebensprinzip des Vaters einmal verbindliches Prinzip auch für den Sohn hat werden sollen, es aber nicht wurde. Vater und Sohn sind zunächst nur oberflächlich Freunde. Der Vater stellt sich äußerlich freundlich, versucht aber dann, das Ich einzuengen, in seiner Lebensentfaltung zu beschränken. Wachsame Instinktsicherheit des Ich, versinnbildlicht durch den Hund Dojan, und eigene männliche Macht verhindern, daß das Lebensprinzip des Vaters wirksam wird bzw. wirksam bleibt. "Die Auseinandersetzung mit dem Vater ist [...] eine Auseinandersetzung der Generationen."[506] Daß den Sieg schließlich das Ich davonträgt, das der jüngeren Generation angehört, wird erkennbar daran, daß der Held dem Alten (inclusive seinem Lebensprinzip) den Arm zerschmettert. Damit ist der Kampf der Generationen hier beendet; zu einer Annäherung kommt es nicht, Vater und Sohn haben sich verfeindet.

Der negative Vaterarchetyp wird behandelt wie alle Antagonisten. Die Demütigung erfolgt durch die Beschimpfung als Lügner und Verräter, die Entmachtung durch die Interaktion des Hundes, der den Alten zu Boden wirft und dort an der Kehle packt. Die symbolische Kastration schließlich vollzieht der Held selbst, als er diesem Antagonisten mit sicherem Gewehrschuß den Unterarm zerschmettert.

Der Melek von Lizan

Auf der Flucht vor dem Bruder des Melek von Lizan geraten Kara Ben Nemsi und Sir David Lindsay in die Hände des Melek, der u. a. bereits den Bey von Gumri, Amad el Ghandur und Hadschi Halef Omar gefangen hat. Kara Ben Nemsi und Sir David Lindsay geben sich als Kaufleute aus, die die Bedürfnisse der Bewohner Kurdistans erkunden wollen.[507] Der Melek hat bereits von Marah Durimeh vieles über Kara Ben Nemsi erfahren.[508] Er will, den Bey von Gumri ausgenommen, alle als Gäste mit nach Lizan nehmen. Der Held weigert sich, den Bey als Gefangenen in den Händen des Melek zurückzulassen[509] und führt ein Ablenkungsmanöver durch, das den Gefangenen und ihm selbst die Flucht ermöglicht.[510] Um die verfolgenden Nestorianer irrezuführen, reitet Kara Ben Nemsi in ein Seitental, während die übrigen Entflohenen nach Gumri zu entkommen suchen. Dabei gerät der Held in eine ausweglose Lage: der Pfad am Abgrund endet schließlich, so daß er quasi in der Falle ist.[511] Um den ihn verfolgenden Melek zu erschrecken, schießt er ihm ein Loch in seinen Turban.[512] Es gelingt ihm, mit dem Pferd auf dem schmalen Pfad eine Wendung durchzuführen. Er kehrt zurück und gibt sich in die Gewalt des Melek, der ihn nach Lizan bringt.[513] Während des Abendessens versucht der Bruder des Melek auf Kara Ben

Nemsis Hund zu schießen; der Held kommt dem Schützen zuvor und zerschmettert ihm den Ellbogen. Als der Melek daraufhin die Gruppe zu Gefangenen erklärt, bemächtigt der Held sich seiner Person und drückt "ihm den Hals so fest zusammen, daß ihm die Arme schlaff" herniederhängen.[514]

Mit dem Melek als Geisel kann der Held die Nestorianer zum Einstellen der Feindseligkeiten gegen die Reisenden zwingen.[515] Der Melek muß versprechen, die Fremden als Gäste zu behandeln. Diese verpflichten sich im Gegenzug, Lizan nicht ohne seine Erlaubnis zu verlassen.[516] Bald darauf versetzen die anrückenden Kurden, die ihren Bey befreien wollen, die Nestorianer samt ihrem Melek in Schrecken. Der Melek bittet Kara Ben Nemsi um Rat und Hilfe[517], worauf der Held anbietet, mit den Kurden auf der Brücke über den Zab zu verhandeln.[518] Schließlich bringt er es fertig, mit Hilfe des Ruh- 'i kulyan alias Marah Durimeh die verfeindeten Parteien zu versöhnen und die Gefangenen freizulassen, was in einem gemeinsamen Festmahl gefeiert wird.[519]

Während der Melek zu Beginn seines Auftretens im Handlungsverlauf das Heft des Handelns durchaus in der Hand hat, verliert er es mit dem Fortschreiten der Handlung immer mehr. Er ist zuletzt völlig auf den Helden angewiesen, unter dessen Mitwirkung es zum Frieden zwischen den Gegnern kommt.

Die in der Figur des Melek von Lizan personifizierte Kraft, der Vaterarchetypus, jagt das phantasierte Ich, das ihm zu entkommen sucht, bis an den Rand des Abgrunds. In auswegloser Lage begibt sich dieses Ich freiwillig in seine Abhängigkeit zurück, erweist sich aber als wehrhaft und letztlich nicht unterjochbar. Zunächst wird die Koexistenz zwischen phantasiertem Ich und Vaterarchetyp erzwungen, schließlich ruft die Hilflosigkeit des väterlichen Prinzips angesichts der Bedrohung eine, wenn auch vorübergehende Symbiose ins Leben. Offensichtlich erfolgt in der Konstellation Bey von Gumri, Melek von Lizan und Held eine in tiefen Schichten der Seele des Autors ausgetragene bzw. auszutragende Auseinandersetzung des phantasierten Ich mit dem positiven Vaterarchetypus. Der Bey von Gumri als Personifikation des Ich auf unreflektierter Bewußtseinsebene ist unter die Vormundschaft des väterlichen Prinzips, des Melek von Lizan, geraten. Das väterliche Prinzip will seine Machtposition ausbauen, ist dazu aber letztlich nicht in der Lage. Das Persona-Ich vermittelt auf der Brücke, die in der Traumsymbolik immer als besonderer Gefahrenort zu sehen ist[520], zwischen den divergierenden psychischen Kräften. Andererseits bleibt die schwankende Brücke intakt, d. h. eine Verbindung zwischen beiden Positionen ist möglich. Das Ich ist beiden, dem positiven Vaterarchetyp mit seiner Weltsicht wie auch dem unreflektierten Teil-Ich mit seiner Potenz verbunden: Kara Ben Nemsi hat beiden sein Ehrenwort gegeben. Die Befriedung der divergierenden psychischen Kräfte gelingt schließlich dem Geist der Höhle, der Märchengroßmutter Karl Mays, Marah Durimeh. Die Großmutter dürfte realiter manchmal zwischen Vater und Sohn May als vermittelndes, ausgleichendes Element tätig geworden sein. Bei der gütigen, archetypischen Mutter werden die divergierenden Strömungen in die Gesamtpersönlichkeit integriert. Es kommt zu Versöhnung und Gastmahl, was eine psychische Stärkung symbolisiert. Lebensprinzip von Vater und Sohn stehen nun nicht mehr konträr gegeneinander. Konkret formuliert könnte das bedeuten, daß die "väterliche" Gesellschaftsordnung von Karl May akzeptiert wird, er aber gleichzeitig seine Lebensgestaltung selbst in die Hand nimmt, er also als freier, in phantastischen exotischen Räumen und Träumen sich auslebender Schriftsteller in der obrigkeitsstaatlichen Gesellschaft lebt.

Nedschir Bey, der Rais von Schohrd

"Höchstens eine halbe Stunde hatten wir noch bis Lizan zu reiten, als uns ein Mann entgegen kam, dessen Gestalt sofort in die Augen fallen mußte. Er war von einem wirklich riesigen Körperbau, und auch sein kurdisches Pferd gehörte zu den stärksten, die ich jemals gesehen hatte."[521] Der orientalische Hüne, der Rais von Schohrd, verfügt über eine volltönende Baßstimme.[522] Als der Held ihn anspricht, droht er, ihn niederzuschlagen. Kara Ben Nemsi läßt sich jedoch nicht einschüchtern, er ahnt, daß er eine Auseinandersetzung mit dem starken Kurden haben werde.[523] Im Hause des Melek zu Lizan findet kurz darauf die Auseinandersetzung statt. Der Rais von Schohrd behandelt den Helden verächtlich und schlägt nach ihm. Daraufhin schlägt Kara Ben Nemsi ihn seinerseits zu Boden.[524] Nach der Verhandlung mit den Berwari-Kurden wird Kara Ben Nemsi unweit der Brücke über den Zab überfallen und in ein einsam gelegenes Gehöft gebracht.[525] Er erfährt, daß Nedschir Bey diesen Anschlag hat verüben lassen.[526] Nach der Befreiung durch Mardana und Ingdscha besucht Kara

Ben Nemsi den Ruh- 'i kulyan und erhält den Befehl, den Bey von Gumri, den Melek von Lizan und den Rais von Schohrd zur Höhle des Geistes zu schicken. Da Nedschir Bey dem Befehl nicht Folge leisten will, nimmt der Held ihn gefangen und bringt ihn zum Melek von Lizan und zum Bey von Gumri. Dort überbringt er den Befehl von Marah Durimeh. Als der Rais noch immer nicht folgen will, wird er gefesselt und zu Pferd zur Höhle Marah Durimehs transportiert.[527] Nach dem Gespräch mit der geheimnisvollen greisen Königin, die Frieden geboten hat, ist der Rais von Schohrd zur Versöhnung mit dem Helden bereit. Er bittet ihn um Freund- und Bruderschaft.[528]

Der Rais von Schohrd wird als riesig groß geschildert. Seine volltönende Baßstimme und ebenso sein außergewöhnlich starkes Pferd lassen ihn als mit männlicher Autorität und Potenz begabt erscheinen. Das Persona-Ich unterliegt dem Zwang, sich mit männlichen Potenzen aller Art zu messen, vor allem, wenn sie es nicht respektvoll behandeln. Der Rais von Schohrd steht symbolisch für eine psychische Kraft, die dem Ausgleich zwischen dem Lebensprinzip des Vaters und des Sohnes entgegensteht. Er könnte als gefährlich wirkende Abspaltung des Vaterarchetypus zu begreifen sein, die vor der Vereinigung der seelischen Kräfte das Ich auf höchster Bewußtheitsebene bindet und zeitweise handlungsunfähig macht. Diese psychische Abspaltung sperrt sich bis zuletzt gegen eine "friedliche" Lösung, sie muß mit Gewalt in diesen Prozeß mit einbezogen werden. Erst nach der Konfrontation mit dem lebenspendenden Mutterarchetypus Marah Durimeh wird diese psychische Kraft ebenfalls in das Ich integriert. Auch hier erweist sich das Ich des Verfassers erneut als Träger väterlicher Projektionen. Immerhin wird die zerstörerische, nicht integrationswillige Kraft, aus der Psyche des Vaters stammend und von der des Sohnes verinnerlicht, nur auf Intervention der Großmutter, die im Werk Karl Mays ihre Apotheose erfahren hat, dem Persona-Ich beigeordnet.

Der Karaju von Lizan

Der Karaju von Lizan, ein nestorianischer Geistlicher, ist ein Mann in den mittleren Jahren, der zwar gewöhnliche Kleidung trägt, aber in seinem Wesen etwas aufweist, was auf seinen Beruf schließen läßt.[529] Da Kara Ben Nemsi in Lizan sich nur in Begleitung bewegen darf, hat der Melek ihm den Karaju als Bewacher zugeteilt.[530] Der Held wünscht, sich Lizan anzusehen, vor allem den Felsen, von dem die Kurden einst die besiegten Christen herabstürzten. Im Verlauf des Gespräches mit dem Geistlichen kommt die Rede auf die englischen Missionare, die der Karaju nicht mag.[531] Kara Ben Nemsi bittet den chaldäischen Christen, ihm das Glaubensbekenntnis aufzusagen, das sich von dem der abendländischen Christenheit kaum unterscheidet. Als kurz darauf Boten den Anmarsch feindlicher Kurden melden, die ihren Bey befreien wollen, bringt der Karaju den Helden zurück zum Haus des Melek.

Der Geistliche ist gleichzeitig Bewacher des Gefangenen, der sich im Ort, in einem abgegrenzten Bezirk, frei bewegen darf. Hier könnte eine Reminiszenz an die Haftzeit des Autors in Waldheim vorliegen. Dort waren Karl May besondere Freiheiten gestattet, weil er im katholischen Gottesdienst die Orgel spielte. Außerden hatte er eine gute, freundschaftliche Beziehung zu dem katholischen Anstaltsgeistlichen Kochta, der ein Stück weit Pate gestanden haben könnte für die Figur des Karaju. Das Glaubensbekenntnis der Nestorianer unterscheidet sich kaum von dem der protestantischen Kirche. Sachlich gibt es zwischen dem von dem Karaju vermittelten Text und dem der okzidentalen Christenheit keinen Unterschied. Das hier aufgezeichnete Bekenntnis soll unbewußt verdeutlichen, daß zwischen den einzelnen christlichen Konfessionen fundamentale Unterschiede nicht existieren. Aus diesem Grunde ist auch die Ablehnung der angelsächsischen Missionsbestrebungen begreiflich. Hier könnte möglicherweise eine persönliche Abneigung Karl Mays gegen Träger pietistischen Gedankengutes der Herrnhuter Prägung, die in Sachsen missionarisch tätig waren, einen Niederschlag gefunden haben.[532]

Eine Interpretation auf einer tiefer im Unbewußten anzusiedelnden Ebene könnte an dem Begründungssatz: "Der Melek will es so"[533], daß der Held Begleitung haben soll, festgemacht werden. Der Melek ist durchweg als symbolische Instanz für väterliche, staatliche Autorität anzusehen, die zwar kontinuierlich abnimmt, aber bis zuletzt wirksam bleibt. Der Melek (= väterliche, staatliche Autorität) will, daß dem Held der Geistliche, die Religion, die Religiosität als Bewachung beigegeben ist. Das Ich ordnet sich dem Geistlichen unter und verhält sich ihm gegenüber loyal; es kommt aber durchaus ohne ihn zurecht. Eine echte Auseinandersetzung mit religiösen Fragestellungen findet nicht statt, sie darf auch nicht stattfinden.[534] Die Begegnung mit dem Karaju bewirkt keinerlei Verhaltensänderung beim Helden, die Religion beeinflußt das unabhängige Ich nicht merkbar.

Der Rais von Dalascha

Der Rais von Dalascha ist ein langer und außerordentlich hager gebauter Mann, der einen so borstigen, dichten Bartwuchs aufweist, daß nur Nase und Augen sichtbar sind. Ein "ungeheurer Turban" bedeckt seinen Kopf.[535] Er reitet ein starkknochiges, zottiges Pferd, das mit Palmenfasern aufgezäumt ist.[536] Der Rais will Kara Ben Nemsis Botschaft nicht anhören, worauf der Held ihn nach einem Wortwechsel vom Pferd schleudert und ihm die Waffen entreißt.[537] Einen Angriff des Rais wehrt der Held ab, indem er ihm in die Magengrube tritt und mit dem eigenen Gewehr auf ihn anlegt, worauf ein weiterer Angriff unterbleibt.[538] Es stellt sich heraus, daß der Rais von Dalascha sich selbst zum Anführer der Berwari-Kurden gemacht hat; er ist in Wahrheit nichts weiter als ein kleiner türkischer Kjaja.[539] Nach dem Friedensschluß macht der Rais von Dalascha dem Bey von Gumri Vorhaltungen, daß der Friede keinen Gewinn gebracht habe. Daraufhin demütigt ihn der Bey, indem er ihn "Wurm" nennt, der von Kara Ben Nemsi, dem Emir aus Frankistan, gezüchtigt und zurechtgewiesen worden ist.[540] Die von ihm herbeigerufenen und jetzt anrückenden Truppen muß er zurückschicken.[541]

Auch hier ist die Hagerkeit Zeichen der Bedrohlichkeit des Antagonisten, die durch den borstigen Bart noch gesteigert wird. Das starkknochige, zottige, roh aufgezäumte Pferd ist ein weiteres Zeichen der unkultivierten Art des Rais von Dalascha. Der überdimensionale Turban könnte symbolisch für die hochtrabenden Pläne stehen, die der Antagonist hat. Er dürfte stellvertretend für die Bestrebungen in der Psyche des Autors stehen, sich als etwas anderes auszugeben, als er wirklich ist. Hier rechnet das Persona-Ich ein Stück weit mit den Verstellungszwängen in der Tiefe der eigenen Seele ab. Das Ich in höchster Bewußtheitslage kann solche Tendenzen nicht akzeptieren. Der amtsanmaßende[542] Kjaja mit den großen Ideen rund um das Hirn muß zurechtgewiesen und gezüchtigt werden. Symbolische Entmannung findet nicht statt, da diese psychische Anlage nicht mehr gefährlich zu werden droht, sie darf als Dienerin der literarischen Phantasie weiterbestehen, sie wird auch noch im Alltag des Autors wirksam.[543] Am Tage des Friedensschlusses findet der Rais von Dalascha Gnade.

Der angerichtete Schaden muß allerdings in Ordnung gebracht werden. Auch Karl May hat die Strafe für seine Amtsanmaßung auf sich nehmen müssen.

Der Mann der Petersilie

Er ist ein alter, hagerer Kerl, der Kara Ben Nemsis Fesseln untersucht. Der Held ist zuvor überwältigt und ins Haus von Mardana geschafft worden. Als Kara Ben Nemsi ihm nicht antwortet, versetzt er dem Gefesselten einen Tritt in die Seite. Der Held zieht die gefesselten Beine an und katapultiert damit den vor ihm hockenden Mann an die Zimmerwand, der daraufhin vorsichtiger und höflicher wird.[544] Kara Ben Nemsi macht ihm Vorwürfe: "Schäme dich, Mensch! Du nennst dich einen Christen und bist doch ein ganz gemeiner Dieb und Räuber. Auch ich bin ein Christ und werde überall erzählen, daß die Chaldani schlimmer sind als die kurdischen Wegelagerer. Die Berwari haben mich, den Christen, mit Freuden aufgenommen, die Nasarah aus Dschohrd aber haben mich hinterrücks überfallen und ausgeraubt."[545] Der Alte verschwindet aus dem Gesichtskreis des Helden und damit des Lesers, nachdem er seinem Gefangenen angedroht hat, er werde weder zu essen noch zu trinken erhalten, bis er sich gefügig zeige.[546]

Die Hagerkeit des Alten ist Zeichen seiner Bedrohlichkeit und Feindseligkeit. Als drohende archetypische Vaterfigur hat der Alte das Ich gefesselt. Er will es durch Nahrungsentzug und Durst gefügig machen. Plausibel erscheint auch, daß die Figur des Mannes der Petersilie als symbolischer Prototyp der Ernstthaler Bevölkerung gemeint ist, dem der Geruch der Ländlichkeit anhaftet.[547] In Ernstthal fühlt sich das Ich gefesselt. Sein Vorwurf an die Hohenstein-Ernstthaler Bevölkerung wäre dann: "Bei meinesgleichen werde ich niederträchtig behandelt; bei den Fremden begegnet man mir mit Höflichkeit." Wäre die Figur die Personifikation einer psychischen Kraft des Ich, müßte sie gedemütigt, entmachtet und symbolisch kastriert werden. Das ist hier nicht der Fall. Die Figur verschwindet aus der Handlung, bleibt somit unangefochten bestehen. Diese bemerkenswerte Tatsache könnte zur Stützung der These beitragen, daß der Mann der Petersilie stellvertretend für die Hohenstein-Ernstthaler Bevölkerung steht.

Gleichwohl ist die Interpretation dieser Figur als bedrohlicher Aspekt des Vaterarchetypus zulässig. Der böse Vater, die böse Gesellschaft, hätte dann den grandiosen Sohn gefesselt und durch Entzug von Nahrung, was einem Entzug emotionaler Zuwendung gleichkäme, sich gefügig zu machen versucht.

Heider Mirlam

Der Autor beschreibt Khan Heider Mirlam, den Anführer der Bejat-Kurden, als Mann in den mittleren Jahren, mit kriegerischem Aussehen, aber vertrauenerweckenden Zügen. Heider Mirlam spricht persisch, das "Französisch des Morgenlandes". Er genießt hohe Achtung bei seinen Leuten, was sich u. a. auch darin äußert, daß sie beim Lagern abends Abstand von ihm halten. Er kennt Kara Ben Nemsi, Hadschi Halef Omar und Sir David Lindsay vom Hörensagen, Mohamed Emin und Amad el Ghandur kann er spontan identifizieren.[548] Am nächsten Tag teilt Heider Mirlam seine Leute in einzelne Trupps, die sich im Abstand von einer Viertelstunde auf dem Weg folgen sollen. Er ist sehr um ihre Sicherheit besorgt. Kara Ben Nemsi wundert sich allerdings, daß die Bejat nicht den direkten Weg zu ihrem Ziel nehmen, Heider Mirlams Erklärung für den Umweg erscheint ihm nicht einleuchtend.[549] Bald darauf treffen die Bejat auf den Scheik der Bebbeh-Kurden, der die Flucht ergreift. Heider Mirlam nennt Kara Ben Nemsi einen Verräter, als dieser ihn hindert, den Bebbeh zu erschießen. Kara Ben Nemsi fängt den Fliehenden ein, und übergibt ihn den Bejat, ist aber über die Behandlung des Gefangenen verstimmt.[550]

Heider Mirlam hält den Gefangenen von Kara Ben Nemsi entfernt. Die Bejat überfallen während der Nacht ein Lager der Bebbeh, ohne daß der Held und sein Ensemble etwas davon ahnen. Inzwischen kann der Gefangene entkommen und befreundete Stammesabteilungen herbeiholen. Als die Bejat mit ihrer Beute zurückkehren, kommt es erneut zu einem Streit zwischen Kara Ben Nemsi und Heider Mirlam; bei einem Überfall der Bebbeh werden beide kurz darauf getrennt.[551]

Kriegerisches Aussehen der Figur unterstreicht ihre männliche Potenz. Daß sie vertrauenerweckende Züge hat, impliziert, daß es sich um eine mächtige, schützende Kraft handeln muß. Zur Zeit der Entstehung des vorliegenden Romans hat Karl May erneut Beziehungen zu Heinrich Münchmeyer aufgenommen und arbeitet an Kolportageromanen für ihn.[552] Die Gleichheit der Anfangsbuchstaben der Namen Heider Mirlam und Heinrich Münchmeyer führt auf diese Spur.[553] Die Teilung der Bejat in einzelne Trupps, die sich im Abstand von einer Viertelstunde folgen, könnte auf die Lieferungsromane hindeuten, die vom Autor in einzelnen Abschnitten hintereinander fertigzustellen und beim Verlag abzugeben waren. Zweifellos gewährt der starke Mann Heinrich Münchmeyer Sicherheit für den als freien Schriftsteller lebenden Karl May, andererseits erfolgt sehr bald die Trennung, vollzogen bei einem Überfall, der in der Traumdeutung als bedrohliche Traumsituation das notwendige Erwachen fördern soll.[554] Das Erwachen kann auch die Erkenntnis über falsche Freunde sein, die eine Trennung nach sich zieht.

Scheik Gasahl Gaboya

Auf der Flucht durch die Berge Kurdistans trifft Kara Ben Nemsi nebst Begleitern, die sich mit dem Khan der Bejat, Heider Mirlam, angefreundet haben, auf einen Mann, der sich als Jäger ausgibt.[555] Als Heider Mirlam den Fremden gefangennehmen will, flüchtet dieser auf seinem Pferd. Kara Ben Nemsi reitet ihm nach und fängt ihn durch geschickten Lassowurf ein.[556] Der Gefangene wird von den Bejat mitgenommen und bewacht, vermag aber zu entfliehen.[557] An der Spitze eines Kampfverbandes von Bebbeh-Kurden kommt der Gefangene zurück, um die Bejat zu überfallen. Im Zweikampf mit Kara Ben Nemsi gibt er sich als der Scheik der Bebbeh, Gasahl Gaboya, zu erkennen, die mit den Bejat im Kriegszustand leben, da sie von ihnen beraubt wurden. Der Held überwindet den Scheik schließlich durch einen Faustschlag an die Schläfe.[558] Das Ensemble muß vor der Übermacht der Bebbeh flüchten. Kara Ben Nemsi versucht, mit den Verfolgern zu verhandeln, kann jedoch eine bewaffnete Auseinandersetzung nicht verhindern. Der Protagonist und seine Substituten sind erneut in der Lage, sich den Fluchtweg freizukämpfen, indem sie die Pferde der Verfolger erschießen.[559] Tags darauf gerät die Gruppe in einen von Gasahl Gaboya und seinen Bebbeh-Kurden gelegten Hinterhalt. Beim erneuten Zweikampf zwischen dem Scheik und dem Helden erhält der Hengst Rih einen Keulenschlag und flieht mit Kara Ben Nemsi in wilder Panik.[560] Auch Hadschi Halef Omar, Sir David Lindsay und Allo, der Köhler, entkommen den Bebbeh, während Mohamed Emin und sein Sohn in Gefangenschaft geraten. Kara Ben Nemsi holt die beiden unbemerkt aus dem Zeltlager der Bebbeh heraus, verschafft ihnen auch die Waffen wieder, welche man ihnen abgenommen hat.[561] Es gelingt der Reisegruppe, den Bruder Gasahl Gaboyas zu fangen und ihn von der friedlichen Gesinnung des Helden zu überzeugen.[562] Der Bruder versucht seinerseits, Gasahl Gaboya zum Frieden zu überreden, was ihm aber nicht gelingt. Der Scheik wird als Geisel genommen, unter deren Schutz der freie Abzug der Reisenden erzwungen werden kann.[563] Im Rahmen einer Auseinandersetzung um die Führerschaft der Reisegruppe läßt Mohamed Emin Gasahl Gaboya unbedacht frei, worauf der Scheik sofort das Weite sucht.[564]

Der erste Teil des Namens, Gasahl, entspricht etymologisch dem deutschen Wort Gazelle. In krassem Gegensatz dazu steht der zweite Teil des Namens Gaboya, der aus dem türkischen 'kaba boga'[565] (roher Stier) kontrahiert sein dürfte. Die Figur des Scheik der Bebbeh ist als Exponent einer äußerst gefährlichen psychischen Kraft des Helden anzusehen, die nicht integrierbar ist und mit der sich das Persona-Ich Karl Mays nicht zu arrangieren vermag. Diese negative Kraft, als roher Stier mit bedrohlicher, männlicher Mächtigkeit erfüllt, muß als Ausprägung narzißtischer Wut angesehen werden.[566]

Der Autor Karl May kreiert diese Figur, da sich in seinem Unbewußten ein Potential von negativen Affekten kompiliert hat, das sich nun als Autoaggression gegen das Persona-Ich richtet. Narzißtische Wut als Reaktion auf Zurückweisung des hinsichtlich seines Selbstwertes verunsicherten Menschen ist hier vom Autor personifiziert worden. Das Persona-Ich, bemüht um eine perfektionistische Fassade und im Bestreben, die Gesamtpsyche unter Kontrolle zu halten, richtet sich rigoros gegen diesen in Gestalt Gasahl Gaboyas verifizierten Wutausbruch. Zunächst als Fremder aus dem Wald, dem Unbewußten, auftauchend, gibt sich Gasahl Gaboya nicht als bedrohlich zu erkennen. Das Persona-Ich bemüht sich um Identifizierung des Fremden, es ist bestrebt, sich alle seelischen Kräfte zur Beute zu machen. Die Auseinandersetzung mit der destruktiven Wut geht für das Persona-Ich nicht ohne Blessuren ab, es kann sich aber regenerieren und die Gefahr abwenden. Auffällig ist die spätere Einführung des Bruders Gasahl Gaboyas, der namenlos bleibt und mit dem Persona-Ich Freundschaft schließt. Gasahl "Gazelle", der erste Teil des Namens, könnte als der zu integrierende Teil, der Bruder, und

Gaboya "roher Stier" als der nicht in das bewußte Ich einzupassende Teil der hier sich bemerkbar machenden psychischen Kräfte interpretiert werden.

Gaboya "roher Stier" und Bebbeh-Kurden - Bäh-Bäh = Schmutz - könnte, sofern man gewillt ist, den Fußspuren A. Schmidts zu folgen, als Negativklassifizierung rüden sexuellen Verhaltens angesehen werden. Von einer solchen Sicht wird aber hier Abstand genommen. Gasahl Gaboya wird hier als psychisches Phänomen des Autors interpretiert. Walther Ilmer hält den Scheik der Bebbeh für die literarische Verarbeitung von Karl Mays Anwalt Karl Hugo Haase, der seinen Mandanten eher belastete als daß er ihm beistand.[567]

Allo, der Köhler

Allo wohnt in einer primitiven Hütte im Gebirge, weit ab von menschlichen Siedlungen. Er haust allein dort mit seinem Hund, der ebenso zottig aussieht wie er selbst. Allos Haare können "verworrener gar nicht gedacht" werden.[568] Ferner weist sein Gesicht eine "schwarze breite Nase"[569] auf, und "zwei funkelnde Äuglein, die denen eines zornigen Schakals" gleichen.[570] Anstatt zu sprechen, brummt Allo zunächst. Bevor er sich zeigt, bedroht er den Protagonisten mit seinem Spieß, letzterer läßt sich aber nicht einschüchtern, sondern faßt den Spieß und zieht den Mann daran aus der Hütte heraus. Das unerschrockene Auftreten Kara Ben Nemsis versetzt seinerseits den Naturmenschen in Schrecken. Er gibt sogar zu, daß er Angst vor den Reisenden hat. Erst als eine für die Verhältnisse des "Pfahlbautenmannes"[571] fürstliche Bezahlung für die Quartiere bei ihm in Aussicht gestellt werden, ändert sich das Verhalten des kurdischen Köhlers: er versorgt seine Gäste aufs beste. Da er "ein wenig beschränkt zu sein, aber ein ehrliches, anhängliches Gemüt zu besitzen" scheint[572], macht ihn Kara Ben Nemsi zum Führer seines Ensembles. Nach einem Überfall durch den feindlichen Scheik Gasahl Gaboya versteckt Allo sich in einer Erdhöhle zwischen Farnwedeln. Er findet auch ein Versteck für den Hengst Rih, der bei dem Überfall verletzt wurde: eine spaltenähnliche Vertiefung, in der Allo einmal gewohnt hat, als er in dieser Gegend Kohlen brannte. Im Verlauf der Handlung erweist sich Allo als botmäßiger Diener und Führer. Er verschwindet aus dem Gesichtskreis des Erzählers und des

Lesers, als er sich Amad el Ghandur anschließt, der den Mord an seinem Vater rächen will und die Reisegruppe verläßt.[573]

Allo ist die kurdische Zusammenziehung des Namens Allahverdi, was "Gott gab es" bedeutet.[574] Es - ein geschlechtsneutrales Wesen, das sich schnell dem starken Geschlecht zuordnen läßt. Stark fühlt sich Allo aufgrund seines Spießes, den er dem in sein erhabenes Refugium Eindringenden sofort entgegenstreckt. Von seinem Spieß, der explizit "fürchterlich"[575] genannt wird, trennt er sich auch nicht, als er den heimatlichen Herd verläßt, um die Reisegruppe zu führen. Aufgrund seiner Haartracht nennt Sir David Lindsay ihn "Gorilla"[576], den Erzähler erinnert er an einen "Pfahlbautenmann".[577] Allo-Gott-gab-es darf als primitive Schicht der menschlichen Seele angesehen werden, als Tier im Menschen. Höhere geistige Regungen sind ihm fremd, der nicht nur sofort die Spitze seines Spießes zeigt, sondern sie auch sogleich hervorschiebt.[578] Der Spieß ist die einzige Waffe gegenüber der domestizierten Mannheit, die ihm in der Person Kara Ben Nemsis gegenübertritt. Primitive Bedürfnisbefriedigung ist sichergestellt, der Köhler hat sich ein Haus errichtet, er verfügt sogar über Salz und Mehl. Orale Bedürfnisse haben bei ihm Priorität, er steckt sogar Pfeifentabak in den Mund, um diesen zu essen.[579] Selbstverständlicherweise fehlt auch sexuelle Symbolik bei der Darstellung des Triebmenschen nicht. Neben dem bereits erwähnten, erhobenen Phallus-Spieß findet sich weibliche sexuelle Symbolik. Allo bewohnte früher eine mit langen Brombeerranken bewachsene "spaltenähnliche Vertiefung"[580], und bei seiner Flucht birgt er sich in einer unter Farnwedeln versteckten Höhle.[581] [582] [583]

Der ungezähmte menschliche Triebbereich darf keine handlungstragende Rolle spielen. Er taugt lediglich als primitiver Führer durch unbekanntes gebirgiges Terrain, aber auch dort ist die Kontrolle durch den Verstand, den durch seine Kopfbedeckung als homo sapiens erkennbaren Erzähler, vorgeschaltet. Allo übrigens - Allah gab es - verfügt über keinerlei Kopfbedeckung[584], es gibt bei ihm keine höhere Ratio. Es nimmt daher nicht wunder, daß dieses Triebwesen sich dem Bluträcher anschließt, der ja in Ausübung dieser Pflicht auf eine sehr primitive Entwicklungsstufe zurückfällt.

Der Erzähler hat hier eine tief aus dem Unbewußten stammende, einer archaischen Schicht verhaftete Figur phantasiert, ein elementares Triebwesen, das als kollektiver psychischer Besitz der menschlichen Spezies angesehen werden muß und daher allgemeinverständlich ist.

Der Pferdehändler

Allo, der Köhler, soll den Helden und seine Begleiter führen. Um dieser Aufgabe gerecht zu werden, braucht er ein Pferd. Er weiß einen Bekannten in der Nähe, der ein Pferd verkaufen will. Dieser Pferdehändler ist ein "alter, hagerer Kurde".[585] Er führt ein gutes Pferd vor, welches er so billig anbietet, daß Kara Ben Nemsi Verdacht schöpft. Der Held stellt sehr schnell fest, daß das Pferd keinen Reiter aufsitzen läßt: es ist offensichtlich verdorben worden.[586] Es muß unter einem schlechten Sattel und unter einem noch schlechteren Reiter gelitten haben.[587] Kara Ben Nemsi kann das Pferd zur Hälfte des Preises erwerben und vor den Augen des entsetzten Pferdehändlers zureiten. Trotz heftiger Gegenwehr des Gauls bezwingt der Held durch seinen Schenkeldruck das schwitzende Tier, das sich schließlich willig reiten läßt.[588] "Paß auf, wie er sich reiten läßt und versuche nicht wieder, einen Freund zu übervorteilen!"[589] Mit diesen Worten reitet der Held von dannen.

Aeppli vermerkt zum scheuenden, durchgehenden Pferd: "Wo in solcher Weise von einem Pferd oder von Pferden geträumt wird, da ist die seelische Ordnung des erotischen Lebens im Träumer gestört, [...]."[590] Nun ist das Pferd im Text nicht in der Lage, in Panik auszubrechen, da der Held es kurz nimmt und durch seinen Schenkeldruck unter Kontrolle bringt. Allo als Symbolfigur urtümlichen menschlichen Geschlechtsbegehrens kann nicht einfach "aufsteigen" und "reiten". Diese Metaphern sind bis heute im restringierten Code gebräuchlich. Der rohe Trieb macht das Pferd scheu. Der erfahrene (!) Reiter hingegen vermag das Pferd zuzureiten und seiner Gewalt unterzuordnen.[591]

Dem Pferdehändler kommt eine eigene Rolle zu. Er will das ungezähmte Pferd in betrügerischer Absicht veräußern. Gäbe es die Figur des Pferdehändlers nicht, dann könnte diese Episode kaum anders als Umschreibung eines Coitus aufgefaßt werden. Der Pferdehändler muß darin als archetypische männliche Autorität verstanden werden. Der Vater als erste gleichgeschlechtliche Bezugsperson des Knaben vermittelt ein bestimmtes Bild auch des maskulinen Sexualverhaltens. Von ihm erhält er, so empfindet der heranwachsende Knabe, mehr oder weniger auch den Trieb, der allerdings so, wie er ihn vorfindet, Angst auslöst, nicht zu gebrauchen ist. Der Trieb ist wesentlich weniger wert, als er zu sein vorgibt, solange er nicht bezwungen, gezähmt ist. Das verdorbene Pferd als Symbol für starken, ungezähmten, aber zähmbaren Trieb, kann nur unter großen Anstrengungen des Helden, des Ich auf höchster Bewußtheitsstufe, im Zaum gehalten werden. Es ist bezeichnend, daß die Zähmung stattfindet vor den Augen des Köhlers Allo, der seinerseits wieder Symbol ist für urtümliches menschliches Triebverhalten.

Der Trieb muß kultiviert werden, er muß dem Ich dienstbar sein. Der Pferdehändler ist offensichtlich als Vermittler viriler Sexualität zu sehen. Er handelt trügerisch, denn er avisiert den verdorbenen Trieb. Ob hier Vater Heinrich May oder eher Ernstthaler Wirtshausbesucher als trügerische Vermittler männlichen Triebverhaltens Pate gestanden haben, sei dahingestellt.

Denkbar ist auch, daß der alte, hagere Kurde für Natur oder "den" Naturdämon steht. Der griechische Pan ist gehbehindert wegen seiner Bockfüße; der alte Kurde ist gehandicapt, weil er das Reißen in den Beinen hat. Der Naturdämon ist Verleiher eines trügerischen Triebes, der erst domestiziert und dem Ich dienstbar gemacht werden muß. "Er ist bezwungen, Mann," lacht das siegreiche Ich dem Naturdämon zu. "Paß auf, wie er sich reiten läßt, und versuche nicht wieder, einen Freund zu übervorteilen!"[592] Das Ich hat den Naturdämon, der in der abendländischen Tradition der Teufel wurde, ausgetrickst und den zugehörigen Trieb domestiziert.

Der Bruder Gasahl Gaboyas

Auf der Reise durch ein unzugängliches Gebiet Kurdistans wittert Dojan, der Hund Kara Ben Nemsis, einen Menschen im Gebüsch am Weg und stellt ihn neben einem stacheligen, heckenrosenartigen Busch. Als Kara Ben Nemsi den Hund zurückruft, flüchtet der fremde Mann wieder ins Gebüsch, wo der Hund ihn erneut zu Boden wirft und bedroht.[593] Nun läßt der Fremde sich auf ein Gespräch ein, bezeichnet sich als ein von weither stammender Kurde und setzt seinen Weg unter Segenswünschen für den Helden und die Seinen fort, nachdem alle einhellig zu der Ansicht gelangt sind, der Kurde sei ungefährlich.[594] Allo erinnert sich später jedoch, diesen Mann zu kennen, er müsse ein Bruder Scheik Gasahl Gaboyas sein.[595] Nach dem Überfall auf die

Reisegruppe und der Gefangennahme der beiden Haddedihn beschleicht Kara Ben Nemsi drei kurdische Männer, die unter einem Kirschlorbeergehölz sitzen und über den Überfall sprechen. Einer der drei ist der Bruder Gasahl Gaboyas, der den Helden als den allerdümmsten von allen Überfallenen bezeichnet.[596]
Der Kurde sucht dann die Weide der Pferde und das Lager Gasahl Gaboyas auf, wobei er, ohne es zu ahnen, dem Helden als Führer dient.[597] Der Held befreit die beiden Haddedihn, holt anschließend seinen Hengst Rih und für die Freunde Pferde von der Weide der Kurden und treibt die übrigen Gäule in den Wald. Sodann treten Held und Begleiter die Flucht an.[598] Der Bruder Gasahl Gaboyas verfolgt die Flüchtigen, die ihn aber überwältigen und ihm Messer, Lanze und Flinte abnehmen.[599] Als der Gefangene sich weigert zu reden, droht der Held damit, ihm die Haarlocke unter dem Turban abzuschneiden, was eine der größten Entehrungen für einen Moslem darstellt.[600] Nun ist der Bruder Gasahl Gaboyas bereit, auf die Fragen des Helden zu antworten.[601] Kara Ben Nemsi überläßt den Gefangenen den vier muslimischen Begleitern, die ihn erschießen wollen. Nach heftigen Wortgefechten zwischen dem Held und den Substituten verzichten letztere auf die Bestrafung und erklären sich mit der Freilassung des Kurden einverstanden. Der Kurde hat aber, da er die in arabischer Sprache geführte Diskussion hat verstehen können, gemerkt, daß er Kara Ben Nemsi allein Freiheit und Leben verdankt. Er fragt ihn: "Willst du mein Freund und Bruder sein?" worauf Kara Ben Nemsi antwortet: "Ich will!"[602] Der Bruder Gasahl Gaboyas reitet den Stammesgenossen unter Führung des Scheik entgegen, um sie zum Frieden zu überreden.[603] Der Scheik ist aber unversöhnlich, er entzweit sich mit seinem Bruder, der nach dem abgeschlagenen Angriff der Bebbeh erneut vermitteln will. Da die Reisenden den Scheik als Geisel haben nehmen können, ist es ihnen möglich, den Rückzug der Feinde zu erzwingen. Der Bruder des Scheik erhält die Freiheit und bittet beim Abschied, den Scheik zu schonen, der nun auch sein Feind geworden ist.[604]
Der Bruder des Scheik, der zunächst in feindlicher Absicht gegen den Helden und seine Begleiter agiert, zuletzt aber Freund und Bruder Kara Ben Nemsis sein will, darf als bedrohliche psychische Kraft angesehen werden, deren Integration in das Bewußtsein gelingt. Auch hier dürfte ein Kampf mit einem Trieb stattfinden. Zunächst befindet der Fremde sich im Gebüsch. Nur

der Hund, "die wachsame Instinktsicherheit", merkt, daß da etwas im Busch ist. Der Busch ist eine stachelige wilde Rose, was ebenso wie der Kirschlorbeer, bei dem der Fremde zum zweiten Mal gestellt wird, als wilde Sexualtriebkraft ausgelegt werden kann. Wird der unkultivierte Trieb in seiner Destruktivität nicht erkannt, erweist er sich als gefährlich, als die Kräfte des Bewußtseins schwächend. Die "Dummheit" des Ich auf höchster Bewußtheitsstufe, gleichgesetzt mit der Persona des Helden, besteht darin, die Bedrohlichkeit der Triebkraft nicht zu erkennen. Das Ich kann den durch den Bruder Gasahl Gaboyas symbolisierten Trieb aber überwältigen und symbolisch entmannen, d. h. seiner bedrohlichen männlichen Potenz berauben: der Gefangene wird entwaffnet und gebunden. Es kommt zu einer symbolischen Trauung zwischen Ich und befriedetem Trieb ("Willst du [...]?" "Ich will [...]") Die Integration in das Ich macht die Lösung vom bisherigen Triebverband notwendig. Der Bruder des Scheik muß sich von Gasahl Gaboya lossagen.

W. Ilmer interpretiert den namenlosen Bruder des Scheik der Bebbeh-Kurden als das zum Besseren hin tendierende Teil-Ich des Straftäters Karl May und sieht in der Episode eine literarische Rekapitulierung von Karl Mays Prozeß und der anschließenden Haftzeit in Waldheim.[605]

Die "Trauformel" läßt aber auch die Deutung zu, der Mann im Gebüsch sei eine Spiegelung des Ich Karl Mays auf einer überwundenen Entwicklungsstufe, eine Reminiszenz an pubertäre Triebinvasionen. Die rankende sexuelle Symbolik läßt eine solche Annahme nicht ganz abwegig erscheinen. Der Mann im Busch stünde dann für präsente Triebkraft, die dem Pubertierenden sehr schnell gefährlich werden konnte. Die Integration dieses Triebes ist teilweise gelungen, was die irreparable Trennung vom Bruder, dem ungezügelten, aggressiven Trieb notwendig machte.

Die drei Mer-Mamalli-Kurden

Sie geben sich als harmlose Fischer aus, sind nur mit einem Messer bewaffnet und ärmlich gekleidet. Sie stauen den Bach an zwei Stellen, so daß sie die Fische zwischen den Dämmen greifen können. Während der Held und seine Begleiter sich an der Jagd auf die schlüpfrigen Tiere beteiligen, rauben die drei Mer-Mamalli-Kurden die Pferde der Reisenden. Rih jedoch, der inzwischen wieder Mohamed Emin gehörende Hengst, wirft seinen

Reiter ab. Kara Ben Nemsi besteigt das Pferd und nimmt diesen Mann sowie die beiden anderen flüchtigen Reiter gefangen. Zur Strafe sengen die Begleiter des Helden den drei Pferdedieben die Bärte ab. Die so geschändeten Kurden suchen das Weite, schauen aber mit flammenden, haßerfüllten Blicken auf die Reisenden zurück.[606]
Die drei Diebe sind "aufgestiegen aus unkontrollierter Seelentiefe" und brechen in die bewußte Welt ein, bedrohen deren Ordnung und Besitz. Sehr oft handelt es sich um vermummtes Triebbegehren.[607] Beachtung finden sollte, daß die Episode *drei* Mer-Mamalli-Kurden nennt. "Wo die Drei auftaucht, da geschieht etwas, kommt die Energie in Fluß, gewinnt das Leben Richtung. Die Drei ist eine wirksame, eine heilige und eine gefährliche Zahl. Sie meint Werdendes, nach dem Guten oder dem Schlimmen hin."[608] Die große Katastrophe des Helden, die Erkrankung an der Pest, wirft ihre Schatten weit voraus. Destruktive psychische Kräfte sind unheilvoll wirksam: sie vermitteln angeblich psychische Energie, was durch Fische symbolisiert werden kann.[609] Eine symbolische Bedeutung des Fisches ist männlich-sexuelles Gleichnis.[610] Während der Held sich mit den glitschigen Fischen abgibt, geht er der Pferde, der domestizierten Triebe, verlustig.

Diebe als Symbol für verstecktes Triebbegehren sorgen für die Beschäftigung mit Fischen, die ihrerseits männlich-sexuelles Gleichnis sind. Dabei geht das gezähmte, kanalisierte Triebbegehren verloren. Nur unter großer Kraftanstrengung und Aufbietung aller Energien vermag der Held wieder in den Besitz des elaborierten Triebbegehrens zu gelangen. Die negativen Triebkräfte werden wie gewohnt gedemütigt, entmachtet und symbolisch entmannt, indem der Held sie fängt, fesselt und ihnen die Bärte absengen läßt. Die zornigen Blicke der drei sich entfernenden Geschändeten künden kommendes Unheil an.[611] Eine schwere narzißtische Depression des Helden ist nicht mehr fern.

Gibrail Mamrahsch

Gibrail Mamrahsch ist ein Mann am Anfang der vierziger Jahre. Er hat ein offenes, ehrliches Gesicht und macht einen guten Eindruck.[612] Gibrail Mamrahsch ist Verwalter eines steinernen Hauses. Dort kehren die Reisenden ein. Der Verwalter und dessen junge Frau verwöhnen Kara Ben Nemsi und seine Begleiter, versorgen sie mit Tabak, Mokka und kaltem Geflügel nebst Gerstenkuchen. In der Nacht wacht Gibrail Mamrahsch über den Schlaf seiner Gäste.[613] Während der Mahlzeit erzählt der Gastgeber von der untergegangenen Stadt im nahen See, deren Bewohner so gottlos waren, daß Allah sie versenkt habe. Der Vater der Ehefrau habe auf dem See gefischt und die Menschen auf dem Grunde des Sees gesehen.[614]

Die Episode von Gibrail Mamrahsch ist als der Ausdruck der Sehnsucht nach dem Paradies anzusehen.[615] "Dabei wird das Paradies verstanden als ein Zustand, in dem Bedürfnisse uneingeschränkt befriedigt wurden und wo inniges Hineinpassen in die umgebende Umwelt erfahren werden kann."[616] Das Paradies umfaßt optimale Befriedigung im oralen, analen und genitalen Bereich. Für die orale Entwicklungsphase stehen Mokka und Gerstenbrot, für die anale steht Tabak und für die genitale steht das wenn auch kalte Fleisch. Das Paradies allerdings ist verlorengegangen. Im See, einem Symbol des Unbewußten, befindet sich die versunkene Stadt, ein archetypisches Muttersymbol.[617] Die Stadt versank, weil sie Allah mißachtete. Hier könnte der Autor eine versteckte, ihm selbst unbewußte Anklage gegen die eigene Mutter zu Papier gebracht haben. Die Mutter hat keine Bedürfnisbefriedigung praktiziert. Die Mutter versagte gegenüber dem Sohn, so wie die Stadt gegenüber Allah versagte. Das alles ist längst im Unbewußten, im Wasser des Sees, verschwunden, aber gelegentlich noch virulent, denn der Vater der jungen Frau hat die Stadt auf dem Grund des Sees sehen können. Die Allah mißachtende Stadt entspricht der den Sohn Karl mißachtenden Mutter. Die Stadt nun büßt für ihre Sünden so lange, bis Allah sie wieder emporholt. Die Psyche des Autors arbeitet an ihrer Therapie, um die narzißtische Störung soweit wie möglich reversibel zu machen.

Auf flacherer Ebene gedeutet, könnte die Schilderung des Hauses von Gibrail Mamrahsch auch die Vision des eigenen Hausstandes Karl Mays sein. Der vierzigjährige Mann mit der jungen, hübschen Frau, die ihr Haus für Gäste offenhalten: das dürfte einer Wunschvorstellung des Autors nahekommen.

Und außerdem: die junge Frau trägt einen schönen Knaben auf dem Arm[618], was wiederum ein versteckter Wunsch des Autors sein könnte. Es könnte sich um den Wunsch nach einem eigenen Kind handeln, aber auch ein Wunsch nach Gehaltensein könnte sich hier äußern. An einem dschinnistanischen Ort werden die

Söhne von ihren Müttern nicht vernachlässigt, wie das in Ardistan-Ernstthal seinerzeit bei Karl May der Fall gewesen ist.

Der Soran-Kurde

Dojan, der Hund, hat am Weg in den Büschen am Bergeshang einen Kurden gestellt. Es handelt sich um einen Soran-Kurden, einen Todfeind der Bebbeh. Die Soran-Kurden, so erzählt der Fremde, sind von den Bebbeh nahezu ausgerottet worden. Auch seine Frau, seine Kinder und seine Brüder hätten sie getötet. Er wohne oben in den Bergen im Verborgenen. In den Kampf zwischen der Reisegruppe und den Bebbeh habe er eingegriffen, weil er bemerkt habe, daß seine Todfeinde beteiligt gewesen seien. Er habe sie aus Haß getötet und auch, weil er sich ein Pferd erkämpfen wollte.[619] Der Held nimmt den Kurden mit ins Lager, wo Amad el Ghandur sofort mit ihm Kontakt aufnimmt. Der Kurde ist Träger bei der Bestattung Mohamed Emins. Tags darauf schließt er sich Amad el Ghandur an, welcher sich aufmacht, die Mörder seines Vaters zu stellen und die unerläßliche Blutrache an ihnen zu vollziehen.[620]

Der Unbekannte im Busch ist ein Übriggebliebener aus vergangenen Zeiten. Eine psychische Kraft lebt abgespalten und verborgen "im Wald". Die Figur könnte einen personifizierten Rachewunsch, ein wiederbelebtes Haß-Fragment des Ich aus vergangenen Zeiten darstellen. Der gestaltgewordene Vergeltungsdrang von einst gerät ins Bewußtsein des Helden, verschwindet aber bald wieder. Er taucht schnell wieder ins Unbewußte ein, aus dem er gekommen ist. Dieser Persönlichkeitsteil ist mit der Blutrache befaßt, wobei das Blut eine Verwundung andeutet. Eine psychische Blessur ist Ursache der Existenz des personifizierten Hasses. Da eine Integration nicht erfolgt, wird der Rächer in anderer Gestalt, aber unter ähnlichem Vorzeichen bald wieder auf die innere Bühne treten.

Hassan Ardschir Mirza

Kara Ben Nemsi wird von einem geheimnisvollen persischen Adligen beim Überfall der Bebbeh-Kurden gerettet. Hassan Ardschir Mirza wird dem Leser als vornehmer, reicher Herr geschildert.[621] Er ist "ein Mann von stolzer Haltung und ebenmäßigem Wuchs".[622] Die Physiognomie wird erstaunlicherweise nicht beschrieben, dafür aber ausführlich seine Kleidung.[623]

Über das Alter des Edlen aus Farsistan erfährt der Leser nichts. Nur die Tatsache, daß er eine jugendliche, unverheiratete Schwester hat und daß von eigenen Kindern nicht die Rede ist, könnte darauf hinweisen, daß sich Hassan Ardschir Mirza selbst noch in jugendlichem Alter befindet. Kara Ben Nemsi begleitet den persischen Flüchtling bis nach Bagdad. Dort trennt er sich von Hassan Ardschir Mirza, den er nicht begleiten darf, weil es ihm als Christ verboten ist, die heiligen Begräbnisstätten der Moslems, wo der persische Prinz den Leichnam seines verstorbenen Vaters beisetzen will, zu betreten. Der jetzt schutzlos weiterziehende Prinz findet aufgrund der verräterischen Agitation eines treulosen Dieners den Tod nahe den Ruinen des Birs Nimrud. Kara Ben Nemsi und Hadschi Halef Omar, beide bereits an der Pest erkrankt, entdecken die Ermordeten und bestatten sie in den Ruinen des Birs Nimrud, den sie für den Turm von Babel halten.[624]

Die Frage nach dem Symbolgehalt der Figur des exotischen Edlen ist nicht aus dem Stand zu beantworten. Auffällig erscheint es zunächst, daß des Persers Physiognomie nicht beschrieben wird. Ebenmäßiger Wuchs und kostbare Kleidung deuten auf uralte aristokratische Deszendenz: Hassan Ardschir Mirza könnte der Prototyp des adligen Jünglings sein, dessen Zugehörigkeit zur herrschenden Schicht auch durch den entsprechenden finanziellen Rahmen angezeigt wird. Der exotische Prinz verbrüdert sich mit dem Abkömmling ärmster Bevölkerungsschichten.[625] Der Prinz, der Kara Ben Nemsi das Leben gerettet hat, unterstellt sich dem Ich-Erzähler sogar: "Du bist der Herr des Lagers."[626] Begegnen sich hier Aristokratie und Bürgertum? Kara Ben Nemsi ist ja in der Exotik nicht mehr der Abkömmling einer allmählich verhungernden Weberzunft, sondern ein Effendi, ein Herr, ein wohlhabender Bürger. Bürger zu sein bedeutet aber auch, daß man eben nicht zum Adel gehört. In der Exotik setzt sich der Bürgerliche neben den adligen Jüngling. Er wird dazu sogar aufgefordert. "An einer Stelle, die von zwei Bäumen beschattet"[627] ist, setzt Hassan Ardschir Mirza sich ins Moos und fordert Kara Ben Nemsi dazu auf, an seiner Seite Platz zu nehmen. Der Wunsch des Bürgers, mit dem Adel zu verkehren, wird aber in die Heimat des Autors verlagert. Denn daß er keineswegs nur in der Exotik denkbar ist, sondern daß es sich um die sächsisch-deutsche Heimat handelt, bezeugen die zwei deutschen Eichen[628], in deren Schatten die beiden ihr Gespräch führen. Sogar im wildesten Orient ist die germanische Eiche präsent bzw. sie wirft ihre Schatten dorthin. Im Schatten dieser Eichen sitzen die beiden Männer, ebenfalls deutsche Eichen, eine aristokratische und eine bürgerliche. Solange der Aristokrat sich der Führung des Bürgerlichen anvertraut, seinen Rat befolgt und seine Weisungen ernst nimmt, geht es ihm gut. Der Fürst vertraut dem Mann aus dem Volke sogar seinen gesamten Besitz an, damit dieser ihn veräußern soll. Kaum ist der Prinz auf sich selbst gestellt, scheitert er. Der physische Tod des Prototypen der Aristokratie ist logisch: es geht nicht mehr ohne den Bürger. Ferner ist bezeichnend, daß just da die physische Vernichtung stattfindet, wo der Privilegierte bestimmte Privilegien in Anspruch nimmt. Hier ist es zwar ein religiöses Privileg des Anhängers des Islam - der Christ darf die heilige Stätte Mesched Ali nicht besuchen - das der Prinz ins Spiel bringt. Der Erzähler weigert sich aber, Privilegien gleich welcher Art anzuerkennen; wer sich auf solche beruft, muß abtreten. Hassan Ardschir Mirzas hervorstechendes Merkmal ist seine Arglosigkeit gegenüber seinen Mitmenschen, seine Vertrauensseligkeit gegenüber angeblichen Freunden. Er beruft sich auf Schutzbriefe der Regierenden, erweist sich aber als lebensuntauglich. Das zeigt sich auch daran, daß seine Reformpläne in der Heimat gescheitert sind, was letztendlich seine Flucht erforderlich gemacht hat.

Auch sein Verhältnis zu Frauen erscheint keineswegs exotisch, sondern höchst abendländisch, wenn nicht gar "Karl-Mayisch". Der Prinz erkennt die Überlegenheit des Abendländers an, da bei ihm die Frauen nicht seelenlos gemacht werden, wie von Mohamed, und zu Sklavinnen der Sinnenlust herabsinken, sondern Mütter und Partnerinnen seien. Denn das Herz der Mutter sei der Boden, in dem der Geist des Kindes Wurzeln schlage.[629] Diese Erkenntnis, geäußert von einem frommen Moslem, muß erstaunlich sein. Hier könnte sich der sehnliche Wunsch Karl Mays nach einer warmherzigen Mutter vorsichtig äußern, einer Mutter, wie er sie selbst nicht erlebt hat.

Eine andere Deutung kann in Hassan Ardschir Mirza die Figuration des Märchenprinzen sehen, der als Teil-Ich Karl Mays in der Phantasie lebendig war. Das Persona-Ich Karl Mays setzt sich mit der kindlichen Wunschvorstellung, ein Prinz zu sein, auseinander. Die Verfolger, Kräfte der Realität, können zwar eine Zeitlang in die Irre geführt werden, doch irgendwann muß der kindliche Wunsch sterben. Er findet sein Grab im Turm von Babel, dem zu Stein gewordenen Größenwahn des Menschen gegenüber

Gott. Als der Tod des personifizierten kindlichen Größenwahns erfolgt ist, fällt das Ich in eine tiefe narzißtische Depression. Die Figur Hassan Ardschir Mirzas stellt weniger die feudaladlige Aporie dar als die Aporie der Fiktion pubertärer Märchenprinzgrandiositäten.

Saduk

Saduk ist ein Diener Hassan Ardschir Mirzas. Er hat in jungen Jahren die Zunge herausgeschnitten bekommen, weil er einem hochstehenden Mädchen seine Liebe gestanden hat. Alle Beteiligten an dem einstigen Prozeß gegen Saduk sind auf rätselhafte Weise ums Leben gekommen. Kara Ben Nemsi ertappt den Stummen dabei, daß er im Gebüsch das Zwiegespräch zwischen Hassan Ardschir Mirza und ihm belauscht. Des Dieners Angesicht gefällt dem Helden nicht. Und ein "Mensch mit winkeliger, gebrochener Kinnlade ist falsch, dies mag ein Vorurteil sein"[630], aber der Held hat es bisher immer bestätigt gefunden.[631] Und der Verdacht Kara Ben Nemsis erhärtet sich: er stellt fest, daß der stumme persische Diener am Flußufer deutliche Spuren im Gras und an den Büschen anlegt, die geeignet sind, Verfolgern den Weg zu zeigen. Der Held nimmt den Verräter gefangen, findet aber zunächst keinen Glauben bei Hassan Ardschir Mirza.[632] Erst als Kara Ben Nemsi die von Saduk angebrachten Zeichen für die Verfolger an Büschen und Bäumen aufspürt und sie dem Prinzen zeigt, ist auch dieser von den verräterischen Absichten Saduks überzeugt, der inzwischen gefesselt ist und bewacht wird.[633] Kara Ben Nemsi spürt bald das Lager der Verfolger auf. Gemeinsam mit Sir David Lindsay bringt er irreführende Zeichen an Bäumen und Büschen an, auf die die Verfolger hereinfallen.[634] Als er ins Lager des Prinzen zurückkehrt, ist Saduk auf rätselhafte Weise freigekommen und entflohen.[635]

Der junge Mann von niedriger Herkunft sündigt mit der Zunge, er gerät mit der bestehenden Ordnung in Konflikt und muß die Folgen tragen. Die Sanktionierungen machen ihn "sprachlos", aber nicht aktionsunfähig. Es ist unschwer zu erkennen, daß diese Figur ein Spiegel eines Teils der Persönlichkeit des Erzählers ist, ein Teil-Ich Karl Mays.

Gedemütigt, weil er mit der hierarchischen Ordnung aneinandergeraten ist, fühlt er sich mundtot gemacht. Die Extraktion der Zunge könnte als Hinweis dafür aufgefaßt werden, daß mit der

Zunge gesündigt wurde, respektive, daß Karl May oft gelogen hat. Die "Vortäuschung falscher Tatsachen" während der sogenannten "kriminellen Phase" Karl Mays wickelte sich vorwiegend über das Medium Sprache ab, so daß die Zunge als kleines Glied des Übels[636] konsequenterweise Trägerin der Strafe zu sein hat. Die aus einer tiefen seelischen Verletzung heraus entstandene psychische Regung muß sich mit Schweigen umgeben und sich mit kooperativem Verhalten maskieren, wie das die Schilderung der Personifikation deutlich zeigt. Als Gestaltung narzißtischer Wut verhält sich diese psychische Kraft heimtückisch und äußerst gefährlich. Sie strebt das Verderben des Persona-Ich an. Eine Versöhnung mit dieser Kraft gibt es nicht, aber auch eine Eliminierung findet nicht statt. Die aus dem Unbewußten erstehende Gefährdung besteht fort, sie bleibt weiterhin existent.

Saduks Freund

Als Saduk entflohen ist, untersucht Kara Ben Nemsi die durchtrennten Fesseln. Er erkennt, daß sie mit einem dreikantigen Dolch durchschnitten worden sein müssen. Bei der Untersuchung, die der Held anschließend durchführt, läßt er sich die Dolche der Diener Hassan Ardschir Mirzas vorzeigen. Anhand einer Scharte im Dolch eines Dieners stellt der Held fest, daß dieser die Fesseln Saduks heimlich durchtrennt haben muß. Der junge Mann entflieht, als Kara Ben Nemsi befiehlt, ihn festzunehmen; Dojan, der Hund jedoch wirft ihn zu Boden.[637] Bei dem folgenden Verhör gibt der Inkulpat, der "ganz verstört"[638] aussieht, zu, Saduk befreit zu haben. Er habe geschworen, Saduk in jeder Not und Gefahr beizustehen. Beide hätten Blutsbrüderschaft geschlossen.[639] Er habe ihn befreit, ohne an die Folgen zu denken. Jeder habe Saduk für einen treuen, ehrlichen Mann gehalten.[640] Kara Ben Nemsi weist den leichtsinnigen jungen Menschen energisch zurecht, der Gnade findet, als er den Schwur ablegt, in Zukunft seinem Herrn in aller Treue und Liebe zu dienen. Er geht straffrei aus, wobei er "vor Freude und Glück ganz außer sich" ist.[641]

Der Mann, der sich mit dem personifizierten Verbrechen, der Inkarnation der Rachsucht, solidarisiert, stellt zweifellos eine Selbstspiegelung des Autors dar. Der Jüngling ist, ohne es zu wollen, in den Bannkreis der Kriminalität und daraus resultierend der Rachsucht geraten. Er hat folgerichtig eine große Scharte im

Dolch, die ihn als den Täter ausweist. Das Ich Karl Mays beschreibt exakt seinen Gefühlshaushalt bei Festnahmen durch die sächsische Gendarmerie: der Inkulpat ist völlig verstört. Nach dem Geständnis der Tat, der Reue und einem anschließenden Treueschwur wird der Angeklagte amnestiert, was Karl May niemals widerfahren ist. Die Strafe wird quasi zur Bewährung ausgesetzt. Der Schuldiggewordene darf, um im Bild zu bleiben, die Scharte durch besondere Liebe und Treue zu der Autorität, gegen die er sich versündigt hat, auszuwetzen versuchen. Das bringt ihn vor Freude und Glück ganz außer sich, so wie es auch dem Autor gegangen wäre.

Hier ist das Ich in die Rolle des Inkulpanten und Richters geschlüpft. Es urteilt über im Unbewußten quicklebendige, gelegentlich im Bewußtsein auftauchende, aber rasch wieder ins Unbewußte verschwindende (der Diener flüchtet ins Gebüsch) destruktive Tendenzen. Das Aufspüren dieser Tendenzen kostet das Ich Energie. Die Amnestierung des Delinquenten zeigt, daß eine Integration in das Ich, eine Zufuhr von Energie aus dem Unbewußten, stattfinden kann.

Das Ich ist hier in höchstem Maße Persona. Es vertritt bei allem Verständnis für den Verräter die Interessen der Außenwelt. Es begnadigt ihn nicht vorbehaltlos, sondern stützt sich selbst, indem es ihn fest an sich bindet.

Eine Deutung auf anderer Ebene könnte in dem Diener eine Triebkraft sehen, die - entsprechend der Scharte im Dolch - einen "Knacks" bekommen hat. Der Dolch als Phallussymbol weist eine deftige Scharte auf. Hier wäre über eine Not- oder wie auch immer geartete Homosexualität Karl Mays während der Haftzeit/en zu spekulieren, zumal nach Bewußtwerdung des Verhaltens und Interaktion durch das Ich, das hier zugleich Über-Ich-Funktion innehätte, diese Scharte ausgewetzt werden kann. Stünde Saduk symbolisch für homoerotische Neigungen - er ist ohne Zunge symbolisch phalluslos - müßte auch die "Blutsbrüderschaft" im Sinne Arno Schmidts erklärt werden.[642] Die Scharte im Dolch wäre dann eine negative Klassifizierung dieser Neigungen vom Standpunkt des Über-Ich aus gesehen. Nach Offenlegung des Dolches vor diesem Über-Ich erfolgte dann Reue, Umkehr und Amnestierung: die Neigung wäre in die Gesamtpersönlichkeit integriert, ihre psychische Energie flösse dem Bewußtsein zu.

Mirza Selim

Dieser junge Mann diente im Heer des Schah-in-Schah dem Prinzen Hassan Ardschir Mirza und dessen Vater. Er ist ebenfalls revolutionär gesinnt. Hassan Ardschir Mirza nennt ihn ehrgeizig, verwegen und rücksichtslos. Die Ehrenbezeichnung Schah-Suwary weist ihn als einen ausgezeichneten Reiter aus. Der dem Namen Selim vorangestellte Titel Mirza macht seinen hohen Bildungsstand augenscheinlich. Er möchte die Hand der Schwester Hassan Ardschir Mirzas erringen, eine Tatsache, die dem Prinzen sehr gelegen kommt, sie bringt Mirza Selim in eine gewisse Abhängigkeit ihm gegenüber.[643] Der ehrgeizige Schah-Suwary verwaltet das Vermögen des flüchtigen Prinzen in Ghadim. Da Hassan Ardschir Mirza seinen Besitz veräußern will, selbst aber verfolgt wird und deshalb nicht öffentlich aktiv werden darf, bittet er Kara Ben Nemsi, in seinem Auftrag den Verkauf vorzunehmen. Kara Ben Nemsi begibt sich nach Ghadim. Dort gerät er auf der Straße mit einem vornehmen Perser aneinander, der Platz zum Vorbeireiten verlangt, obwohl genügend Raum vorhanden ist. Der Reiter zückt die Peitsche, um Kara Ben Nemsi zu schlagen. Der jedoch schlägt dem Reiter mit der Faust ins Gesicht, so daß er vom Pferd stürzt. Erst jetzt stellt Kara Ben Nemsis Begleiter fest, daß der stolze Reiter Mirza Selim ist. Der Protagonist bemerkt sehr bald, daß Mirza Selim sich mit dem Vermögen Hassan Ardschir Mirzas eine sehr aufwendige Haushaltsführung finanziert hat.[644] In Bagdad erhärtet sich der Verdacht bei Kara Ben Nemsi und Hadschi Halef Omar, daß Mirza Selim mit den Verfolgern des Prinzen kollaboriert. Der Prinz nimmt die Warnungen des Helden jedoch nicht ernst. Als Kara Ben Nemsi und Hadschi Halef Omar, beide schon pestkrank, unweit des Turmes von Babel die Leichen des überfallenen Prinzen und seiner Angehörigen finden, wissen sie sofort, daß Mirza Selim der Anführer der Mörderbande gewesen sein muß. Wegen ihrer Erkrankung ist ihnen eine Verfolgung der Verbrecher nicht möglich.[645]

Wiederum könnte es sich hier um eine autobiographische Miszelle des Kolportageschriftstellers Karl May handeln. Der treulose Gefährte, der sich anfangs als Freund ausgibt, dann aber heimlich gegen ihn arbeitet, sich unrechtmäßig am Besitz des über "reiche Anlagen" Verfügenden vergreift, auch hier könnte wieder auf den Verleger Münchmeyer angespielt worden sein, mit dem es im Jahre 1878 zum Bruch gekommen war. In der

Empfindung des Autors hatte Münchmeyer sich zweifellos unrechtmäßigerweise an dem von ihm, dem Schriftsteller, erschriebenen Vermögen bereichert. Auch die Tatsache der möglichen Eheschließung von Minna Ey, der Münchmeyer-Schwägerin, mit Karl May könnte hier, mit umgekehrten Vorzeichen, literarisch verarbeitet worden sein. Ferner stützt diese Annahme das Faktum, daß Mirza Selim für seine Tat nicht bestraft wird, da Kara Ben Nemsi todkrank ist. Der Handlungsstrang wird nicht weiter verfolgt, Mirza Selim, der Mörder, wird nicht seinerseits zur Strecke gebracht. Hierin unterscheidet sich diese Figur erheblich von den Figurationen psychischer Kräfte, die rigoros bestraft werden. Diese Vorgehensweise müßte auch auf die Figur Mirza Selim angewandt werden. Da das nicht der Fall ist, scheint hier tatsächlich auf eine real existierende Person angespielt worden zu sein, wobei es keine Rolle spielt, ob das dem Autor selbst bewußt geworden ist oder nicht. Mirza Selim/Münchmeyer erhält zumindest einen Nasenstüber und wird vom hohen Roß heruntergeholt. Das entspäche der Demütigung, die die Antagonisten des Helden sich durchweg angedeihen lassen müssen. Zu einer Entmachtung und anschließenden symbolischen Entmannung kommt es jedoch nicht. Die Symbolik gibt lediglich darüber Auskunft, daß Mirza Selim keinerlei Geschlechtlichkeit ausleben darf. Er möchte die überfallene Prinzessin rauben bzw. ihr Gewalt antun, nachdem er ihren Bruder, den Prinzen, getötet hat. Die Prinzessin befindet sich aber im Besitz des Dolches von Kara Ben Nemsi. Sie hat ihn zuvor ausgeborgt, um bewaffnet zu sein. Dieser Dolch enthält die kunstvoll eingravierte Inschrift: "Nur nach dem Sieg in die Scheide".[646] Mit diesem Dolch nimmt sich die Prinzessin das Leben. Hadschi Halef Omar begräbt die ihre Ehre mit dem Leben bezahlende Perserin mit dem Dolch im Herzen. Mirsa Selim, obwohl am Leben bleibend, bekommt keine sexuellen Aktivitäten zugestanden. Er hat keinen Sieg errungen, denn die begehrte Prinzessin nimmt sich unter seinen harten Fäusten das Leben. Und ohne Sieg keine Scheide!

Der Diener, ein Ibn Arab

Im Kleiderbazar von Bagdad mietet Sir David Linday einen arabischen Träger, nachdem er Kara Ben Nemsi, Hadschi Halef Omar und sich selbst neu eingekleidet hat.[647] Man sucht ein Kaffeehaus auf. Kara Ben Nemsi winkt den arabischen Träger zu sich und bietet ihm Mokka und persischen Tabak an.[648] Die Beschreibung des jungen Mannes lautet: "Er trug nichts als einen Schurz um die Lenden, aber seine Haltung war die eines Königs. Er war ganz sicher ein frei geborener Beduine [...]. Seine Physiognomie interessierte mich so lebhaft [...]".[649] Kara Ben Nemsi erfährt, daß der Beduine nach Bagdad gekommen ist, um die Blutrache zu vollziehen. Deswegen "erniedrigte sich dieser stolze Araber zum Knechtesdienste".[650] Er stammt aus Kara.[651] Merkwürdigerweise gibt es einen Landsmann des Arabers, der sich ebenfalls einer Blutrache wegen in Bagdad aufhält.[652] Schließlich führt der Beduine Kara Ben Nemsi, Hadschi Halef Omar und Sir David zum Hause eines Polen, der eine Wohnung zu vermieten hat.[653]

Es fällt sofort auf, daß der namenlose Ibn Arab aus "Kara" stammt. Die Anspielung auf "Kara" Ben Nemsi ist nicht zu übersehen. Just als der Held sich neue Kleider zugelegt hat und die Reisenden den Bazar als "vollständig neue Menschen" verlassen[654], begegnet ihnen der nahezu unbekleidete Araber mit der königlichen Haltung und der interessanten Physiognomie. Hier gibt sich "Kara" eine narzißtische Liebeserklärung. Kara Ben Nemsi ist verhüllt von neuen Kleidern, neuen gesellschaftlichen "Behängen", sein Wesen ist nicht mehr erkennbar, aber der Mann aus Kara, aus der Seelentiefe Kara Ben Nemsis zeigt, daß er, obwohl äußerlich im "Knechtesdienste", ein königlich freier Mann geblieben ist, was auch seine Gesichtszüge ausweisen. Dieser wahre Kara ist in die Hauptstadt gekommen, weil ein Mord geschah; jemand ist getötet worden, vielleicht der *Lehrer* Karl May. Nun muß man sich freiwillig dem Zwang der abhängigen Lohnarbeit unterwerfen. Die Hinweise auf das eigene Schicksal des Autors entbehren nicht der Deutlichkeit. Ob der freigeborene Mann aus Kara nun nach Bagdad oder der freiheitsliebende Mann aus Ernstthal nach Dresden in den Knechtesdienst geht, das bleibt sich gleich. Dabei bleibt das Verhältnis zur Hauptstadt ambivalent. Der andere Araber aus Kara, sprich: aus der Seelentiefe Karl Mays, möchte nämlich "wieder heim"[655], sobald er dazu "Gelegenheit findet".[656]

An dieser Stelle muß darauf hingewiesen werden, daß der junge Araber sich, genau wie sein Landsmann, wegen der "Thar", der Blutrache, in der Hauptstadt aufhält. Man hat ihm etwas für immer genommen, Teile seines Wesens sind getötet worden. Das könnte auf eine tiefe narzißtische Verwundung des wirklichen Kara deuten, was eine Erklärung für den Wunsch nach Rache -

als "Blutrache" ein maßloses Rachegefühl, das als "narzißtische Wut"[657] bezeichnet wird - bieten könnte. Neumann faßt die narzißtische Wut als Notreaktion eines "lebenswidrig verlassenen Individuums" auf, das sich Nähe wünscht.[658] Kara Ben Nemsi, das Ich Karl Mays auf höchster Bewußtheitsstufe, gibt dem narzißtisch verwundeten Teil seines Wesens genau das, was er wünscht: er winkt ihn zu sich, läßt ihm Zuwendung zuteil werden, die symbolisiert ist in Mokka und Pfeife. Die Gesamtpersönlichkeit therapiert sich selbst.

Der spitznasige Pole und sein Diener

Der Bewohner Bagdads, bei dem sich Kara Ben Nemsi mit seiner Reisegruppe einmietet, stammt aus Polen. Er hat kleine, graue Augen, einen zahnlosen Mund und eine zitternde Stimme.[659] Seine Füße stecken in Pantoffeln.[660] Den Schlüssel zu dem Gartenhaus, das er vermieten will, findet er zunächst nicht. Der Pole verfügt über eine umfangreiche Bibliothek, in der Kara Ben Nemsi eine alte Nürnberger Bilderbibel[661], Werke von Shakespeare, Montesquieu, Rousseau, Schiller und Lord Byron entdeckt.[662] Der rätselhafte Pole macht einen zutiefst schwermütigen Eindruck auf den Helden. Er hat einen fettleibigen Diener bei sich, dem er - wie er sagt - verpflichtet ist, der ihn aber recht respektlos behandelt, seine Vorräte hinter seinem Rücken aufzehrt und seinen Weinkeller heimlich leert.[663] Der Pole, in Erregung darüber, daß der Diener ihm die letzte Weinflasche stickum austrank und einen kleinen Rest mit Wasser vermischte, wirft dem Dicken eine Weinflasche nach. Der Diener kann diesem Geschoß ausweichen; die Flasche geht zu Bruch. Es ist dem Diener aber wegen seiner Adipositas nicht möglich, die Scherben aufzulesen. Das muß der Pole selbst besorgen.[664]

Im Hause, das in der Traumsymbolik das Innere der Persönlichkeit darstellt, spielt sich das geschilderte Geschehen ab. Der Autor karrikiert hier ein Stück weit die eigene eheliche Situation: er gibt anschaulich seine unbefriedigende Lage als Ehemann preis. Der Pole ist offensichtlich ein Privatgelehrter, ein gebildeter Mann, der sich einsam in seinen Studien ergeht und dabei zur Schwermut neigt. Er hat einen zahnlosen Mund, er ist also nicht sonderlich wehrhaft, er hat keinen "Biß", kennt somit keine Aggression. Die Pantoffeln an den Füßen kennzeichnen ihn als Pantoffelhelden. Er ist alt und dünn, ein dem blutvollen, pulsierenden Leben Entrückter, der sich mit geistigen Themen befaßt. Die zitternde Stimme könnte latente Angst symbolisieren. Der verlorengegangene Schlüssel dürfte als mit erotischer Symbolik besetzt gelten.

Der Autor sieht hier unbewußt aber überraschend klar seine Situation in der Ehe mit Emma Pollmer. Vielleicht rührt die Nationalität der Figur, die als "Pole" bezeichnet wird, vom Mädchennamen der Emma May her. Der *Pole*, so weiß das Unbewußte des Autors, ist mit der *Pollmer* eng verbunden. Daß Karl May sich von seiner Frau als unterdrückt betrachtet, zeigen das Pantoffelheldentum, die ängstlich-zittrige Stimme und auch die Schilderung des dicken Dieners. Der Autor dürfte sich hier mittels literarischer Selbsttherapie seinen Kummer im wahrsten Sinne des Wortes von der Seele geschrieben haben. Der Diener ist in seiner Fettleibigkeit und oralen Kaptativität das genaue Gegenteil des Polen. Er repräsentiert die "erdhafte" Komponente in der Ehe von Karl und Emma May. Diese Komponente wird Emma zugewiesen, die sich als geistig unbeweglich und lediglich elementaren Bedürfnissen zugänglich gezeigt haben dürfte.[665]

Daß der Diener die letzte Weinflasche mit Wasser auffüllte, das letzte bißchen Geist also verwässerte, erregt gleichermaßen den Zorn des Polen wie des Autors. Das Gefäß dieses Elixiers, Wertlosigkeit und Leere der Mayschen Ehe symbolisierend, geht zu Bruch. Den Scherbenhaufen muß der Pole, sprich: der Autor, selbst beseitigen. Hier offenbart Karl May einen wahrhaft prophetischen Sinn, wenn man bedenkt, daß er diese Episode etwa 1881/82 zu Papier brachte, seine Ehe aber erst 1903 geschieden wurde.

Der Bettler

Den Spuren der Todeskarawane folgend, erblickt Kara Ben Nemsi einen ekelerregenden Bettler. Dieser ist vollständig nackt bis auf einen kleinen Schurz. Im Schmerz um den ermordeten Hassein hat er sich, einem indischen Fakir gleich, Messer, Nägel und eiserne Haken an Armen, Beinen, Fingern und Zehen durch die Haut getrieben. Auch seine rasierte Kopfhaut hat der Bettler in Streifen geschnitten. Ein Schwarm von Fliegen und Mücken bedeckt den "über und über blutrünstigen Menschen".[666] Kara Ben Nemsi möchte diesem fanatisch dummen Mann "wahrhaftig lieber eine Ohrfeige als ein Almosen" geben.[667] Er kann den Unverstand nicht ertragen, "der so scheußliche Martern ersinnt, um den Todestag eines doch nur sündhaften Menschen zu begehen".[668] Der Bettler hält sich selbst für einen Heiligen und beansprucht demütigste Verehrung von seiten aller Menschen.[669] Als Kara Ben Nemsi ihm nur einen einzigen Piaster gibt, beschimpft ihn der "Heilige" auf unflätigste Weise[670], so daß die Reisegruppe sich eiligst entfernt.

Der Autor hat hier eine von ihm selbst zutiefst verachtete Seite seiner Seele gezeichnet. Kara Ben Nemsi als Persona-Ich Karl Mays lehnt den geschundenen, sich selbst im wahrsten Sinne des Wortes zerfleischenden, selbstquälerischen Part seiner Psyche ab. Er läßt ihm keinerlei Kräftezuwachs zukommen, denn er hat nur *einen* Piaster für ihn übrig. Dieser vernachlässigte Persönlichkeitsanteil beschwert sich begreiflicherweise darüber, daß er nicht entwickelt werden soll.

Symbolisch steht der Bettler für die überaus quälenden masochistischen Vorstellungen quasi als Aura einer depressiven Phase.[671] Darauf deuten auch die Fliegen und Mücken hin, die den Bettler umschwärmen. Sie können Äußerungen einer nervösen Erregung sein[672], die den masochistisch determinierten Persönlichkeitsanteil ergriffen hat. Die Persona Karl Mays haßt den masochistischen Part der Psyche, weil er den "Todestag eines doch nur sündigen Menschen begeht". Der "sündige Mensch", der betrauert wird, ist das eigentliche Wesen des Autors, das er niemals ausleben durfte, das für das Bewußtsein schon längst gestorben ist. Von seiten der Persona, die letztendlich eine Verinnerlichung der Sicht des Elternhauses und der Gesellschaft in bezug auf den Menschen Karl May darstellt, muß dem Bettler in seiner masochistischen Trauer um den Tod des eigentlichen Wesens Karl Mays tiefste Verachtung zuteil werden.

Räuberische Araber

Kara Ben Nemsi wird von einem Fieber befallen, das sich als Vorbote der Pest herausstellt. Drei bewaffnete Araber, wilde Gestalten mit trotzigen Gesichtern, erkundigen sich gezielt nach dem Verbleib Sir David Lindsays und versuchen, sich in den Besitz des Pferdes und der Waffen Kara Ben Nemsis zu bringen. Der Held vermag jedoch unter Aufbietung aller Kräfte seinen Revolver gegen die Räuber zu richten und sie zum Rückzug zu zwingen.[673] Der Held muß feststellen, daß die Araber die

Verfolger Hassan Ardschir Mirzas sind. Der schwer erkrankte Held und der ebenfalls fiebernde Hadschi Halef Omar versuchen, zu den Persern zu stoßen, können sie jedoch nicht mehr warnen und nicht retten. Es bleibt ihnen nichts anderes übrig, als die Leichen der ermordeten Freunde zu begraben.[674] Nach einer grauenvollen Nacht wird der Held erneut von räuberischen Arabern heimgesucht. Hadschi Halef Omar ist gerade abwesend, weil er Wasser holen will. Kara Ben Nemsi gibt den Räubern freiwillig seinen Revolver und zeigt ihnen dabei die von Pestbeulen übersäte Brust. In wilder Panik fliehen die Araber.[675] Später, Kara Ben Nemsi hat die Krise überstanden und ist rekonvaleszent, fallen erneut Araber über ihn her, um ihn zu berauben. Sie erschießen den Hund Dojan, flüchten aber, als Halef, der die Zeichen der Pest deutlich sichtbar aufweist, erscheint.[676]

Während das Persona-Ich Karl Mays, Kara Ben Nemsi, in einer gefährlichen narzißtischen Depression zusammenbricht, stellen sich bisher unterdrückte, negative seelische Kräfte ein, die von den räuberischen Arabern symbolisiert werden. Der überaus geschwächten Persona gelingt es nur unter allergrößter Anstrengung, die destruktiven Triebkräfte abzuwehren. Eine Eliminierung oder symbolische Schwächung oder Entmannung der feindlichen Potenzen findet nirgendwo statt, ein Zeichen für die tiefe Niedergeschlagenheit, in der die Psyche des Autors sich befindet.

In der Darstellung der Pesterkrankung erlebt Karl May offensichtlich massive frühkindliche Verlassenheitsängste nach, die ihn bis an den Rand des psychischen Unterganges bringen. Bezeichnenderweise ist er zu diesem Zeitpunkt von allen Gefährten verlassen, abgesehen von Hadschi Halef Omar, der den menschlich-allzumenschlichen Part seines Wesens symbolisiert. Der Tod des Hundes bedeutet, daß auch die wachsame Instinktsicherheit hier abhanden gekommen ist. Die Psyche des Autors ist in dieser Depression hilf- und wehrlos. Ganz allmählich muß die Psyche sich wieder regenerieren.

Bill und Fred, die Diener Lindsays

Die beiden aus Irland stammenden Diener Sir David Lindsays spielen im Gang der Handlung des Orientromanzyklus nur eine untergeordnete Rolle. Bill erschießt den gefangenen Scheik Zedar Ben Huli, als dieser auf Sir David Lindsay anlegt.[677] Lindsay läßt die beiden bei den Haddedihn zurück, sie sollen dort auf seine Rückkehr warten. Schließlich reist Kara Ben Nemsi dorthin und holt sie ab, denn sie leben in der Annahme, Sir David Lindsay sei in der Nähe des Birs Nimrud ums Leben gekommen.[678] Während ihres langen Aufenthaltes bei den Beduinen sind die beiden Söhne Irlands "halb wild geworden".[679] Sie haben sich das Arabische so weit angeeignet, daß sie sich mit ihren Gastgebern verständigen können.[680] Kara Ben Nemsi nimmt sie nun in seine Dienste. Er reist zusammen mit ihnen und Hadschi Halef Omar nach Damaskus. Im Hause des reichen Kaufmanns Maflei findet Kara Ben Nemsi ein verstimmtes Klavier vor, das er in Ordnung bringt und anschließend bespielt, während alle Hausbewohner diesem Konzert beiwohnen. Um den Damen des Hauses die europäische Tanzkunst zu demonstrieren, bittet der Held die beiden Diener, ihnen verschiedene abendländische Tänze vorzuführen, während er selbst das Klavier bedient.[681] Bei den Ruinen von Baalbek treffen die Reisenden den totgeglaubten Sir David Lindsay wieder. Die Diener treten erneut in dessen Dienste.[682]

Die beiden Diener sind als personifizierte psychische Kräfte zu verstehen, die sich der Persona als durchaus hilfreich darstellen. Bei Vernachlässigung dieser psychischen Potenzen verwildern sie, d. h. sie sind für die Zwecke des Persona-Ich wegen atavistischer Tendenzen temporär nicht verfügbar; sie sind deutlich regrediert. Das Erlernen des Arabischen ist als symbolisch verschlüsselter Hinweis darauf anzusehen, daß die beiden in eine primitive Stufe zurückgefallen sind: sie können mit den Primitiven - den Haddedihn - verkehren. Nachdem Kara Ben Nemsi sich ihrer angenommen hat, sie vom Persona-Ich in Zucht genommen sind, werden sie schnell wieder rekultiviert. In Damaskus läßt das grandiose Ich sie bereits wieder nach seiner Pfeife, sprich: seinem Pianoforte tanzen, d. h. das Person-Ich hat diese psychischen Kräfte wieder fest im Griff.

Die Erholung aus der existenzbedrohenden narzißtischen Depression zeichnet sich unverkennbar ab: nach dem Überwinden der destruktiven Tendenzen, symbolisiert duch die räuberischen Araber, aktiviert und kultiviert die angeschlagene Psyche zunächst vernachlässigte seelische Kräfte. Der Erfolg ist publikumswirksam einzusetzen, wie der Schautanz beweist. Die Rekonvaleszenz des durch die narzißtische Depression geschwächten Persona-Ich ist in vollem Gange.

Jakub Afarah, der Kaufmann aus Damaskus

Jacub Afarah ist ein älterer Kaufmann, den die Reisegruppe auf dem Weg von den Weidegründen der Haddedihn nach Damaskus trifft. Er ist mit drei jüngeren Begleitern auf einer Handelsreise gewesen und hat nun den Rückritt angetreten.[683] Bald erfährt der Held den Namen des Bruders des Kaufmanns. Der Bruder heißt Maflei, was ihn sofort an Isla Ben Maflei, den Bräutigam der Senitza erinnert. Tatsächlich ist der Kaufmann aus Damaskus der Oheim Islas.[684] Jacub Afarah lädt Kara Ben Nemsi und seine Begleiter ein, in seinem Hause in Damaskus zu wohnen. Dieses Anwesen ist eine um einen wasserreichen Innenhof gebaute Anlage, die wegen der vielen duftenden Blumen kaum zu erkennen ist: ein Stück Paradies, bei dem auch die vier Wasserläufe nicht fehlen.[685] [686]

Im Hause Afarahs badet Kara Ben Nemsi und erhält neue Kleidung. Hadschi Halef Omar und er kehren als "vollständig neue Menschen"[687] in das Selamlik, das Empfangszimmer des Hauses zurück. Das Selamlik ist an den Wänden u. a. mit minderwertigen Bildern aus Europa geschmückt, "mit denen leider noch heute eine schmutzige Kolportage-Spekulation die Welt beglückt".[688] Im Selamlik befindet sich ein altes englisches Pianoforte, das schrecklich verstaubt und verstimmt ist. Der Held zieht neue Saiten auf und stimmt das Instrument.[689] Dabei lauschen ihm bereits die Frauen des Hauses, die aus der Küche entwischt sind, hingerissen. Der Held wundert sich über die Anspruchslosigkeit dieser Leute.[690] Nach einem reichhaltigen Mahl gibt der Held ein "Pianokonzert". Es ist ein "stundenlanges Programm"[691], das Kara Ben Nemsi herunterspielt und das allen Zuhörern außerordentlich gut gefällt. Es endet damit, daß die beiden kräftigen Söhne Irlands, Bill und Fred, den Damen des Hauses verschiedene europäische Tänze vorführen.[692] Am nächsten Tag wird der Held erneut um ein Konzert gebeten. Diesmal sind circa dreißig Zuhörerinnen hinter einem Vorhang versammelt. Kara Ben Nemsi besteht darauf, den Vorhang zu entfernen, damit auch bei ihnen der Klang des Instruments voll zur Geltung kommen könne.[693] Erstaunt stellt der Held fest, daß auch auf der Straße eine dicht gedrängte Zuhörerschar sich eingefunden hat, um ihn spielen und singen zu hören.[694] Tags darauf bittet eine der Töchter Jacub Afarahs den Helden, noch einmal das Lied vorzutragen, das er am Abend zuvor zuletzt gesungen habe. Kara Ben Nemsi kommt der Bitte gerne nach und intoniert das Lied: "Hier liegt vor deiner Majestät im Staub die Christenschar [...]"[695]

Bald darauf stiehlt der vermeintliche Verwandte Afrak Ben Hulam, der in Wirklichkeit Abraham Mamur ist, die wertvollsten Schmuckstücke aus dem Laden Jacub Afarahs und seines Sohnes Schafei[696] und flüchtet damit. Kara Ben Nemsi und sein Ensemble mit Jacub Afarah verfolgen sofort den Verbrecher.[697] Bei den Ruinen von Baalbek können die Verfolger Abraham Mamur beinahe festnehmen, dieser vermag jedoch Jacub, der ihm auf den Fersen ist, irrezuführen, sich des besseren Pferdes zu bemächtigen und erneut zu fliehen.[698] In Stambul begibt sich Jacub Afarah mit den Verfolgern zu seinem Bruder Maflei. Von dort aus soll die Spur Abraham Mamurs weiter verfolgt werden.[699] Nach dem tödlichen Sturz Abraham Mamurs vom Turm von Galata erhält Jacub seine geraubten Kleinodien zurück. Er reitet noch mit Kara Ben Nemsi nach Edreneh, um dort den Verwandten Hulam zu warnen, der ausgeraubt werden soll. In Edreneh trennt sich Jacub Afarah von Kara Ben Nemsi und seiner Gruppe.[700]

Nach Abklingen der narzißtischen Depression ist die Psyche mit der Rekonstruktion des Persona-Ich beschäftigt. Nach Reaktivierung vernachlässigter Seelenkräfte wird nun auch die Erkenntnis relevant, daß eine gesicherte ökonomische Situation zur Etablierung eines Persona-Ich gehört. Der Kaufmann steht als Symbol für tätiges Erwerbsleben. Die Psyche kehrt im paradiesisch anmutenden Hause des rastlos Berufstätigen ein. Wer rastlos arbeitet, kann sich ein kleines Paradies schaffen, wird hier vermittelt. Im Hause des Kaufmanns wird das Ich des Helden nach seiner Reinigung ein neuer Mensch. Die Kleider sind landesüblich, unauffällig, konform: Anpassung, bürgerliches Leben ist angesagt. Der Weg zum beruflichen Wohlstand wird dem Ich ebenfalls gewiesen: das verstimmte, verstaubte Klavier. Es steht zweifellos für die schriftstellerische Begabung Karl Mays. Verstaubt und verstimmt müssen bei ihm neue Saiten aufgezogen werden. Das ist der Rat des Unbewußten an das Bewußte des Autors: ziehe neue Saiten auf und mache dich an die Arbeit! Sobald die dichterische Begabung "einsatzfähig" ist, kann das Ich deren Wirkung auf dritte feststellen. Ohne große Mühe und dank der explizit konstatierten "Anspruchslosigkeit der Leute" vermag das Ich bei seinem Publikum immer größere Erfolge zu zeitigen. Mit Hilfe seiner Begabung kann das Ich einen Tanz veranstalten, am Tanz des Lebens teilnehmen oder auch die Puppen tanzen lassen.

Und schon schlägt die Stimmung der Psyche um in Grandiosität. Das Lied: "Hier liegt vor deiner Majestät im Staub die Christenschar"[701] kann in diesem Zusammenhang nur als Beweihräucherung der eigenen Majestät Karl Mays angesehen werden, vor dem die ihn umgebende "Christenschar" zumindest in der grandiosen Phantasie nur im Staub liegen kann. Das dichterische Schaffen versteht sich dabei offensichtlich nicht als Kolportage, denn dieser wird eine deutliche Abfuhr, wenn auch primär gegen minderwertige europäische Bilddrucke gerichtet, erteilt.

Auf die Anspielungen auf das Haus Heinrich Gotthold Münchmeyers wurde von Walther Ilmer bereits hingewiesen.[702] Dazu paßt natürlich auch die Anspielung auf die Kolportage. Ziel dieser Interpretation ist es, auf eine andere Interpretationsebene quasi "hinunterzusteigen", um innerseelischen Vorgängen in der Psyche Karl Mays nachzuspüren.

Der Kaufmann als Teil des Wesens Karl Mays, die kaufmännische Seite seines Ich, wird den Helden über lange Zeit begleiten. Bürgerlich-geschäftliches Denken findet als Baustein Aufnahme in die Architektur des Persona-Ich. Wer allerdings bürgerlichen Besitz erwirbt, muß damit rechnen, daß er eben dieses Besitzes auch verlustig gehen kann. Auch das dürfte der Diebstahl der Kleinodien andeuten.

Die Aussätzigen

Vor dem Stadttor von Damaskus trifft Kara Ben Nemsi eine Gruppe Aussätziger, die im Freien wohnen, weil in den Aussätzigen-Hospitälern von Damaskus kein Platz ist. Er verspricht ihnen Tabak, Brot, Fleisch und sonstige Lebensmittel. Sie liefern ihm im Gegenzug dafür Auskunft darüber, wer die Stadt verlassen hat und helfen ihm somit, die Spur des flüchtigen Verbrechers Abraham Mamur zu ermitteln.[703] Anläßlich der schon bald darauf beginnenden Verfolgung des Diebes führt der Weg Kara Ben Nemsis am Lager der Aussätzigen vorbei. Der Held läßt ein umfangreiches Lebens- und Genußmittelpaket für sie zu Boden gleiten.[704]

Die Aussätzigen vor dem Tor der Stadt können als bisher nicht beachtete seelische Kräfte des Autors angesehen werden. Er stellt fest, daß er zum Aufbau seines Persona-Ich sämtliche vorhandenen psychischen Potenzen braucht, auch solche, die gesellschaftlich stigmatisiert sind und "außen vor" bleiben sollen.[705] Trotzdem wird ihnen Brot - es steht symbolisch für die Bedürfnisse des täglichen Lebens - und Fleisch, das Sinnbild der Sexualität, zuteil.[706] Die draußen gehaltenen Kräfte wollen integriert werden, sie möchten am psychischen Leben teilhaben. Der Kräftezuwachs, der ihnen symbolisch durch die Gaben an Lebens- und Genußmitteln widerfährt, befähigt sie dazu.

Schafei Ibn Jacub Afarah

Auf der "geraden Straße"[707] in Damaskus treffen Kara Ben Nemsi und Hadschi Halef Omar zufällig ihren Gastgeber vor einem seiner Läden, der voller Schmuck und Geschmeide ist. Jacub Afarah stellt dem Helden seinen Sohn Schafei Ibn Jacub Afarah vor. Schafei ist ein hübscher, junger Mann.[708] Zusammen mit dem verbrecherischen Abrahim Mamur, der sich als Verwandter des Hauses ausgegeben hat, verwaltet er den Laden, ein finsteres Gewölbe voller erlesener Kostbarkeiten.[709] Tags darauf kommt der Held wieder zum Gewölbe Schafeis, das merkwürdigerweise verschlossen ist. Abrahim Mamur hat Schafei unter einem Vorwand fortgeschickt und dann den Laden ausgeraubt.[710] Schafei will sich sofort an die Verfolgung des Verbrechers machen, ist aber so bestürzt, daß er keinen klaren Gedanken fassen kann. Kara Ben Nemsi setzt eine ruhige Beratung über die Vorgehensweise zur Ergreifung des Diebes durch.[711] Er findet seinen Verdacht bestätigt, daß der Verwandte in Wirklichkeit Abrahim Mamur ist. Schafei alarmiert die Polizei, die die Stadttore besetzen soll, und besorgt Pässe und eine Begleitung berittener Khawassen zur Unterstützung der Verfolger des Diebes.[712]

Der hübsche, junge Mann als Hüter von Schätzen in einem dunklen Gewölbe: die Symbolik ist mehr als deutlich. "Der Traumkeller ist im psychologischen Vergleich ein Raum des persönlichen Unbewußten [...]. Er ist gleichzeitig schon in der Nähe dunklerer, kollektiver Tiefe."[713] "In ihm sind die Vorräte der Seele, die Möglichkeiten des Unbewußten [...]"[714] Der Keller ist zudem "ein Ort des Reichtums, aber auch ein Ort der Angst."[715]

Der hübsche, junge Mann ist der narzißtisch sich selbst beschreibende Autor als Jüngling, der im Keller der eigenen Anlagen eine Fülle von Schätzen hütet. Sie sind ihm vom Vater zur Verwaltung anvertraut. Er soll durch ihren geschickten "Verkauf" der Familie dienen. Dabei versagt der hübsche, junge Karl May. Die personifizierten destruktiven Kräfte seines Wesens, ihm als Verwalter des Gewölbes ebenfalls vom Vater zugesellt, bemächtigen sich der Vorräte der Seele, der Möglichkeiten des Unbewußten. Der hübsche, junge Mann bleibt bestürzt zurück, während der Vater zu retten versucht, was zu retten ist. Der Jüngling selbst kann sich an der Verfolgung nicht beteiligen, da der Dieb seine dunkle Seite - er selbst - ist. Wohl an die Verfolgung machen kann sich aber die Persona - sprich: Kara Ben Nemsi. Das von der "öffentlichen Meinung" bestimmte, sich selbst ein Stück weit entfremdete Ich muß die Bestrafung des Teufels im eigenen Wesen anstreben. Der junge Schafei hat keine Ahnung von den eigenen dunklen Seelenregungen, wie seine Konfusion beweist. Er ist von diesen Kräften übertölpelt, überrascht worden. Es könnte Karl May ähnlich gegangen sein; seine kriminellen Energien dürften ihn quasi eruptiv überfallen haben. Der Name Schafei rückt lautlich in die Nähe des deutschen Wortes "Schaf", was auf Unschuld, aber auch auf Schafsköpfigkeit deutet. Den jungen Mann in sich bezeichnet der Autor damit ein weiteres Mal als "Unschuldslamm". Diese Interpretation könnte sich aber den Vorwurf der allzu fröhlichen Assoziation zuziehen.[716]

Der Kodscha Pascha von Baalbek

Der Kodscha Pascha, "Bürgermeister", von Baalbek, wird als ehrwürdiger Mann geschildert, dessen Äußeres Vertrauen erweckt.[717] Der oberste Würdenträger des Ortes möchte mit den durchreisenden Fremdlingen eine Pfeife rauchen.[718] Kara Ben Nemsi bittet förmlich um Aufenthaltsgenehmigung für seine Reisegruppe auf dem Gebiet, das er regiert. Der Kodscha Pascha schickt die untauglichen Khawassen zurück nach Damaskus, er gibt ihnen auch einen an ihren Vorgesetzten gerichteten Brief mit, der ihre Bestrafung verlangt.[719] Der Bürgermeister sagt wörtlich: "Seid froh, daß ihr zu keinem anderen Kodscha Pascha gekommen seid."[720] Ein anderer nämlich hätte die zurückgewonnenen Juwelen an sich genommen und möglicherweise veruntreut.[721] Im Hause des Kodscha werden die Pferde der Reisenden untergebracht. Nachdem Abraham Mamur entflohen ist, erweist sich der Kodscha Pascha wiederum als hilfreich. Er sendet berittene Boten in alle Hafenstädte mit der Nachricht, den Flüchtigen festzuhalten; zudem besorgt er für die Reisegruppe Mietpferde.[722]

Der Kodscha Pascha ist ein Ehrenmann par excellence, was durch sein ehrwürdiges Aussehen bereits zu Beginn seines Auftretens in der Handlung zu erwarten ist. Die kleine territoriale Autorität verhält sich wie ein Substitut des Helden. Hier wird eine Vaterfigur phantasiert, die sich von den überwiegend bei Karl May phantasierten 'Vaterbildern' deutlich unterscheidet. Das wird explizit formuliert: "Seid froh, daß ihr zu keinem anderen Kodscha Pascha gekommen seid," der nämlich den Energiezuwachs, die Edelsteine, sich selbst zunutze gemacht hätte. Diese Autorität mißbraucht offenbar ihre Macht nicht, um die eigene Position zu stärken, sondern erweist sich als Diener in ihrer Funktion als oberster Würdenträger eines, wenn auch kleinen, Territoriums.[723] Zu dieser Figur Pate gestanden haben könnte der Verleger des Pustet-Verlages in Regensburg, der Karl May immer sehr korrekt und wohlwollend behandelt hat.[724] Daß der Kodscha Pascha einem Wunsch-Vater bzw. Wunsch-Partner nahekommt, beweist die Tatsache, daß ihm nur ein selbstverständlicher Dank zuteil wird, er zuletzt also keine Belohnung für seine Dienste erhält. Auch die Selbstverständlichkeit, mit der der Bürgermeister von Baalbek dem Protagonisten zur Seite steht, verleiht ihm die Züge eines phantasierten guten Vaters/Partners. Als Vater-Archetyp ist er zugleich auch Hüter und Bewahrer der Pferde, die symbolisch für veredelte Triebe stehen. Die elaborierte männliche Potenz hat ihren Platz dicht beim positiven Vater-Archetyp, sie erfährt bei ihm Stärkung und Energiezuwachs.

Maflei, Isla Ben Mafleis Vater

Maflei, der Bruder Jacub Afarahs, ist Kaufmann in Stambul. Das Äußere seines Hauses läßt "keinen Schluß auf die Größe seines Reichtums machen".[725] Beim Anblick seines Bruders Jacub Afarah aus Damaskus vergißt er "die dem Moslem sonst so unveräußerliche Gravität"[726] und eilt in großen Schritten auf ihn zu, um ihn zu umarmen. Als Maflei erfährt, daß Kara Ben Nemsi der Befreier seiner Schwiegertochter Senitza ist und zugleich Abraham Mamur verfolgt, lädt er den Helden und seine Begleiter ein, in seinem Gartenhaus zu wohnen.[727] In die Handlung greift Maflei wieder ein, als Abraham Mamur von Omar getötet worden ist und Jacub Afarah die gestohlenen Juwelen zurückerhalten hat.[728] Maflei möchte ebenfalls die gefährlichen Brüder Amasat unschädlich gemacht wissen.[729] Bei der Verfolgung beteiligt er sich jedoch nicht, er bleibt zu Hause, um die Geschäfte zu führen. Sein Sohn Isla schließt sich der Gruppe der Verfolger der Brüder Amasat an.[730]

Maflei gerät zweifellos in die Nähe einer positiven archetypischen Vaterfigur, die als reich und privilegiert gelten kann. Obwohl zu Emotionen fähig, ist diese Figuration des archetypischen Vaters gekennzeichnet durch Unerschütterlichkeit. Diese ist jedoch nicht ganz gewährleistet, wenn es um den eigenen Reichtum, um Besitzstandswahrung geht. Maflei gerät auch in Unruhe, als er von der Bedrohung durch Abrahim Mamur erfährt, die zwar nicht ihn, aber seine Verwandten betrifft. Der privilegierte Vater - äußerlich wenig beeindruckend - muß sich zwangsläufig um den Erhalt der hierarchischen Ordnung sorgen, die ihm einen äußerst vorteilhaften Platz sichert. Deshalb will er an der Verfolgung der Amasats teilnehmen. Da aber die Filialgeneration, Isla und Kara Ben Nemsi nebst Anhang die Stützung, Aufrechterhaltung bzw. Stärkung des hierarchisch-patriarchalischen Systems zu übernehmen gewillt sind, die väterlichen Wertvorstellungen also affirmieren, kann Maflei sich getrost daheim seinen Geschäften widmen. Der Autor stellt das System der Vaterherrschaft nicht in Frage, er stützt und erhält es und erweist sich darin als Sohn seiner Zeit.

Dennoch sind es die Söhne, die sich die narzißtische Lust als Vollstrecker väterlicher Strafexpeditionen verschaffen. Damit wird den Vätern ihre eigene Unfähigkeit, ihr Angewiesen-Sein auf die Söhne deutlich vor Augen geführt.

Ali Manach Ben Barud el Amasat

Wie sein Name bereits sagt, ist er der Sohn Barud el Amasats und ebenfalls Mitglied der Verbrecherorganisation der "Sackmänner", der er unter der Maske eines tanzenden Derwischs dient. Kara Ben Nemsi sucht ihn in einem Kloster auf, um ihn auszuhorchen. Ali Manach ist etwa zwanzig Jahre alt, er sitzt in der fünften Zelle und sieht starr zum Fenster empor. Kara Ben Nemsi macht ihm ein Geldgeschenk. Im Gespräch verleugnet der Derwisch seine Familie.[731] Ein zweiter Besuch des Helden ist Ali Manach nicht unangenehm; bei dem folgenden Gespräch auf dem Friedhof des Klosters gibt er ihm bereitwillig Auskünfte über Mitglieder und Aktivitäten der Verbrecherorganisation.[732] Als Ali Manach seinen Irrtum erkennt, nimmt er Kara Ben Nemsi gefangen, der ihn aber als "erotisch-sinnlichen Tänzer" verhöhnt und mit einem möglichen Lösegeld lockt.[733] Als die Verbrecher Kara Ben Nemsi an einen sicheren Ort schaffen wollen, befreit sich der Gefangene mit Hilfe des Kiradschi und nimmt seinerseits Ali Manach gefangen, dem er die Uhr, die Waffen und die Geldbörse wieder abnimmt, die Ali Manach an sich genommen hatte. Den sich tot stellenden Derwisch bedroht er mit dem Messer und demütigt ihn durch Beleidigungen.[734] An den Ort der Entführung zurückgebracht, leugnet Ali Manach die Entführung und behauptet, er sei ein Fischer. Da alle Bewohner des Hauses geflohen sind, fühlt er sich sicher, wird aber von seinen eigenen Kumpanen im Laufe eines Verhörs erschossen, da sie offensichtlich befürchten, er könnte gezwungen werden, Geheimnisse der Verbrecherorganisation preiszugeben.[735]

Als Sohn des triebhaft Bösen steht Ali Manach in seiner Funktion als Tänzer im Wirbel des Lebens[736], er ist von Leidenschaften und Begierden erfüllt, im Grunde aber schwach und haltlos, so daß sein Handeln eher einem Tanz auf dem Vulkan gleicht. Hierin könnte er Abbild des jungen Karl May sein. Trotzdem kann seine Zelle im Kloster, die einer Gefängniszelle ähnlich sieht, als ein Ort der Läuterung angesehen werden.[737] Der Blick aus dem Fenster symbolisiert die Erwartung, aus einer prekären oder wenig aussichtsreichen Situation herauszukommen.[738] Das Verleugnen seiner Familie macht symbolisch deutlich, daß er mit seinem Leben unzufrieden ist.[739] In dieser Situation macht das Persona-Ich der destruktiven Kraft ein Geldgeschenk, gibt ihr einen Energiezuwachs. Die Annäherung findet statt auf dem Friedhof, dem Ort des Geheimnisvollen und der Ratsuche.[740] Der Energiezuwachs der Destruktivkraft richtet sich gegen das Persona-Ich, Kara Ben Nemsi wird gefangen. Das Persona-Ich ist mit Hilfe positiver psychischer Kräfte, des Kiradschi, in der Lage, sich zu befreien und die negative Kraft zu überwältigen. Der junge Derwisch wird nach Demütigung, der Schmähung durch den Helden, und der Entmachtung, der Gefangennahme, schließlich symbolisch kastriert, indem man ihm alle Waffen abnimmt. Die Wegnahme der Uhr deutet auf Verkürzung der Lebenszeit[741], die für die Figur auch kurz darauf abgelaufen ist. Die Eliminierung ist hier die Maximierung der symbolischen Kastration.

Baruch

Der Jude Baruch wohnt mit seiner Frau in einem verkommenen Viertel von Stambul. Er vermietet im Auftrag eines reichen Bäckers ein schäbiges Haus, das für den Helden interessant ist, weil es Wand an Wand liegt zu dem Haus, in dem die Diebes- und Mörderbande von Abrahim Mamur ihren Schlupfwinkel hat. Baruch ist dickleibig, schmutzig und lebt in äußerst ärmlichen Verhältnissen.[742] [743] Er gibt sich als Händler von Altertümern, Schmuck und Brillianten aus, die er aber, als der Held danach fragt, im Moment alle verkauft hat.[744] Der Held mietet das Haus und stellt Baruch als seinen Diener an. Der Alte und seine Frau geben sich alle Mühe, den Helden zu seiner Zufriedenheit zu bedienen. Von dem Juden erfährt er, daß die einzelnen Bretter der dünnen Wände zwischen den Häusern zu bewegen sind, so daß man ins Nachbarhaus gelangen kann, sobald man die Bretter zur Seite bewegt.[745] Im Laufe der folgenden Nacht wird das Haus der Räuberbande von der örtlichen Polizei gestürmt und anschließend angezündet. Dabei geht mit dem ganzen Straßenzug auch die Wohnung des Juden in Flammen auf.[746] Der Held nimmt Baruch und seine Frau mit zu Maflei, wo den beiden zunächst Unterkunft gewährt wird. Am nächsten Tag erpreßt Kara Ben Nemsi den Mir Alai, dessen Name nicht genannt wird, seinem Lebensretter Baruch Geld zu geben, da er durch die Feuersbrunst um seinen Besitz gekommen sei. Der Mir Alai will den Alten zunächst mit einigen Münzen abspeisen, der Held jedoch droht mit der Veröffentlichung des verantwortunglosen Handelns in der örtlichen Presse, so daß der Mir Alai, um Stillschweigen zu erkaufen, den Juden mit einer größeren Summe abfindet.[747]

Die Episode von Baruch und seiner Frau könnte das Spiegelbild eines massiv narzißtisch gestörten Kind-Eltern-Verhältnisses sein. Ganz zweifellos ist diese Spiegelung dem Autor Karl May nicht bewußt gewesen. Die ärmlichen Verhältnisse des jüdischen Ehepaares dürften denen des Ehepaares Heinrich May entsprechen. Die Abkunft von dem alten Kulturvolk der Juden entspricht der Deszendenz der Familie der Mutter Karl Mays von einer alten Pfarrersfamilie.[748] Die Berufsbezeichnung als Händler mit Dingen, die gerade alle verkauft sind, könnte eine literarische Retrospektion an das Kaufmannsdasein Heinrich Mays sein, der glücklos mit verschiedenen Waren handelte.[749] Als der Held auftaucht und sich als Schreiber ausgibt, sind die beiden Alten hoch erfreut, gibt die Anwesenheit des Schreibers ihrem Dasein doch eine glückliche Wendung, ihre Lebensbedingungen bessern sich, zumal der Held ihnen artige Geschenke macht. Das kann wiederum als Ausfluß grandioser Phantasien des schriftstellernden Sohnes verstanden werden, der mit dem Scheine seiner Gegenwart und Begabung das Dunkel der Misere im Elternhaus erleuchtet. Aber unbehelligt kommen die Eltern nicht davon. Narzißtische Wut des Autors könnte sich hier in äußerst kontrollierter Form bemerkbar machen. Die Eltern, die dem Sohn narzißtische Wunden beigebracht haben, müssen eine Läuterung durchmachen. Ihr gesamter Besitz bis auf wenige Habseligkeiten wird ein Raub der Flammen. Das Bisherige ist nicht mehr existent. Das Feuer der Wut, das den Vater früher oft ergriff[750], ist mit diesem Fegefeuer ebenfalls vernichtet.

Nach der Läuterung sind die Alten ganz und gar auf den Helden angewiesen. Er ist es, der für angemessene Entschädigung sorgt, so daß dem alten Ehepaar eine gesicherte Existenz möglich ist. Die Dankbarkeit der geläuterten Alten (= Eltern) ist unbeschreiblich. Endlich lieben sie den Sohn. Und der genießt in der Phantasie die Liebe der Eltern. Baruch tanzt vor Freude, und seine Frau nennt Kara Ben Nemsi den gütigsten Effendi der Welt, den sie in ihr tägliches Gebet einzuschließen verspricht. Ist das eine Erinnerung an das seinerzeit übliche Abendgebet mit der Mutter vor dem Einschlafen?

Der gütigste Effendi-Sohn von der Welt hat hier, wenigstens in der Phantasie, gegenüber den geläuterten Eltern seiner Grandiosität keine Zügel angelegt.

Der Mir Alai, dessen Name nicht genannt wird

Vom Hause des Bäckers aus, das Kara Ben Nemsi gemietet hat, um von dort aus das Nachbarhaus, den Schlupfwinkel Abraham Mamurs zu bespitzeln, wird der Held gewahr, daß nebenan ein gefesselter Mann untergebracht ist. Der Mann, so beobachtet Kara Ben Nemsi, wird gezwungen, einen Brief mit einer Lösegeldforderung zu schreiben und zu siegeln.[751] Kara Ben Nemsi entfernt geräuschlos die Bretter zur Wand des Nachbarhauses, kriecht zu dem Gefesselten hinüber und befreit ihn. Der Held unterstützt den ehemaligen Gefangenen, der ein hoher Offizier, ein Mir Alai ist, bei seiner Aktion, den Räuberschlupfwinkel auszuheben.[752] Dabei unterlaufen dem Mir Alai schwerwiegende

Fehler, so daß der Rädelsführer entkommen kann.[753] Kara Ben Nemsi hat den Mir Alai zuvor gewarnt; dieser jedoch hat die Warnung in den Wind geschlagen.[754] Bei der Blitzaktion gegen den Schlupfwinkel der "Sackmänner" kann der Held die Identität des Mir Alai erfahren: er ist von geringer Abkunft, vom griechischen Katholizismus zum Islam konvertiert und "hat sich vom Lieblingsdiener seines einstigen Herrn durch nichts weniger als geistige Verdienste zu seiner jetzigen Stellung emporgearbeitet".[755] Der Mir Alai läßt nach der Razzia das Haus der Diebe anzünden. Der Brand vernichtet auch eine Reihe anliegender Gebäude.[756] Als der Mir Alai den Juden Baruch, seinen Lebensretter, dessen Wohnung bei dieser Aktion ebenfalls ein Raub der Flammen geworden ist, keine angemessene Entschädigung zu zahlen sich bereit findet, erpreßt ihn der Held, indem er androht, einen ausführlichen Zeitungsbericht über die Vorfälle im Zusammenhang mit dem Brand zu veröffentlichen. Außerdem will der Held mit Baruch zum Kadi gehen. Der Mir Alai ist zur Zahlung einer adäquaten Summe bereit, wenn der Held auf die geplante Publikation verzichtet und auch den Kadi nicht ins Spiel bringt.[757] Der Held fühlt sich zwar nicht recht wohl als Erpresser, aber er meint, der Arroganz des Offiziers gegenüber dem armen Juden nicht anders beikommen zu können.[758]

Der Mir Alai darf wiederum ein Stück weit als Spiegelbild des Helden angesehen werden. Die de facto geringe Abkunft, die Konversion vom griechischen Katholizismus zum Islam, was der "Konversion" Karl Mays zum Katholizismus des Regensburger Pustet-Verlages entsprechen könnte, das Hocharbeiten aufgrund geistiger Verdienste: das alles erscheint als Verfremdung des Lebenslaufes Karl Mays. Der Mir Alai jedoch lebt narzißtische Grandiosität in negativer, rücksichtsloser Weise aus, d. h. er mißbraucht sie zur Unterdrückung der Schwachen. Einer solchen Ausprägung narzißtischer Grandiosität erteilt der Protagonist und zugleich der Autor für sich selbst eine derbe Abfuhr. Grandiosität kommt erst dann zur vollen Wirkung und Geltung, wenn sie sich als wohltätig und hilfreich gegenüber Schwächeren und Hilfsbedürftigen erweist. Die in der Figur des Mir Alai personifizierte rücksichtslose Grandiosität wird beschnitten. Und damit tritt das bekannte Schema "Demütigung, Entmachtung, Entmannung" in Aktion, wobei die Demütigung und Entmachtung erkennbar sind in der Erpressung, zum Kadi zu gehen und sich der Medien zur Veröffentlichung der Vorfälle zu bedienen. Die symbolische Entmannung ist auf eine Potenzschwächung reduziert, die Zahlung einer Geldsumme kommt symbolisch einer Einbuße an viriler Kraft gleich. Möglich ist auch die Deutung dieser Figur als Spiegelung eines Aspektes von Heinrich Gotthold Münchmeyer, dem Kolportage-Verleger, der sich ebenfalls von ganz unten nach oben zu arbeiten vermochte und möglicherweise eine rücksichtslose Verhaltensweise gegen Schwächere an den Tag legte. Auch die Erwähnung der Presse im Kontext könnte auf eine solche Assoziation des Autors hinweisen.

Osko, der Vater Senitzas

Der Held trifft Osko, den Vater der Senitza, im Hause Mafleis in Stambul. Der Held, der ihn bisher nicht kannte, identifiziert ihn an der serbischen Sprache, die er spricht.[759] Nachdem Senitza, seine einzige Tochter, entführt worden ist, hat er sich auf die Suche gemacht und große Teile des osmanischen Reiches durchzogen, um sie aufzuspüren. Er hat geschworen, sein Weib und die Heimat erst dann aufzusuchen, wenn er seine Tochter wiedergefunden hat.[760] Da er grimmige Rachegedanken gegen Barud el Amasat, den Entführer seiner Tochter, hegt, schließt er sich der Gruppe Kara Ben Nemsis an, die eine Reihe von Verbrechern unschädlich machen will, darunter Barud el Amasat. Osko befreundet sich mit Omar Ben Sadek. Diese beiden Figuren verhalten sich gegenüber dem Helden absolut loyal, sie erweisen sich im Laufe der Handlung als ausführende Organe der Anordnungen und Beschlüsse Kara Ben Nemsis. Erst am Teufelsfelsen wird Osko eigeninitiativ. Ohne Wissen des Helden entfernt er sich von der Gruppe, befreit den gefesselten Barud el Amasat und fordert ihn zum Zweikampf heraus, in dessen Verlauf er den Entführer seiner Tochter in die Tiefe schleudert.[761] Osko bleibt jedoch beim Ensemble Kara Ben Nemsis, bis auch der Schut und Hamd el Amasat zur Strecke gebracht sind. Osko erhält in Anerkennung seiner Verdienste vom Helden eines der berühmten gescheckten Pferde der Aladschy geschenkt.[762]

Osko kann als eine dem grandiosen Ich zugeordnete positive psychische Kraft gesehen werden. Als ritterlicher Rächer für erlittenes Unrecht - er tötet nicht etwa den gefesselten Barud el Amasat, sondern bindet ihn los und besiegt ihn dann im ehrlichen Zweikampf - rückt er in die Nähe der Helden aus Kolportageromanen, die eigene Bedürfnisse völlig mißachten und nur ihrer

Rache leben. Die Belohnung besteht in einem edlen Pferd, einer symbolischen Stärkung elaborierten Mannestums.

Möglich wäre auch die Deutung der Figur als abgespaltenes Teil-Ich der Persona, das sich auf die Suche nach seiner Anima macht und die Kraft zu eliminieren trachtet, die die Anima zum Verstummen gebracht hat.[763] [764]

Der Jüsbaschi in Stambul

Der Jüsbaschi, ein Offizier in Stambul, soll Kara Ben Nemsi eine Botschaft von dem Mir Alai überbringen. Dabei verhält der Offizier sich rüpelhaft unhöflich, so daß Kara Ben Nemsi und Halef ihm eine derbe Abfuhr erteilen. Der Jüsbaschi hat im Auftrag des Mir Alai zu befehlen, Kara Ben Nemsi solle über die Ereignisse des Vorabends absolutes Stillschweigen bewahren, auch nicht nach dem Namen des Mir Alai forschen, den er aber längst weiß. Kara Ben Nemsi droht mit Veröffentlichung der Begebenheit in der nächsten Nummer einer namhaften Zeitschrift. Er beendet das Gespräch abrupt, da er keine Befehle entgegenzunehmen gewillt ist.[765]

Rüpelhaftes Benehmen - verfehlte Grandiosität - ist für Kara Ben Nemsi und für Karl May nicht akzeptabel. Der Jüsbaschi als verlängerter Arm einer willkürlich operierenden Obrigkeit, der sich ebenfalls willkürlich über alle Regeln der höflichen Umgangsformen hinwegsetzt, muß, wenn auch sehr subtil, nach bewährtem Schema traktiert werden. So wird er zunächst gedemütigt, indem er von Kara Ben Nemsi quasi gezwungen wird, an der Tür Platz zu nehmen.[766] Die Entmachtung ist in der Anrede "Mein Sohn" impliziert, die der Eindringling sich vom Protagonisten gefallen lassen muß.[767] Das Prinzip der symbolischen Entmannung ist hier zu einer Einschränkung der männlichen Potenz gemildert, die sich der Jüsbaschi in der Konfrontation mit dem Helden selbst auferlegt. Der Erzähler berichtet: "Der Mann hatte die Pfeife sinken lassen [...]"[768]

Hulam

Hulam, der reiche Kaufmann aus Edreneh, wohnt in einem Hause, das gediegenen Luxus bieten kann. Hulam selbst ist "eine höchst ehrwürdige Erscheinung, mit einem Barte, welcher an Länge und Fülle dem von Mohamed Emin" gleicht.[769]

Sein Eintreten nötigt die Gäste unwillkürlich, sich zu erheben. Bei der Begrüßung betrachtet Hulam den Helden längere Zeit und hält dessen Hand eine Minute lang fest.[770] Beide reden darüber, daß man in großen Städten sich verlassener fühlen könne als in der Sahara; der Held jedoch habe sich nirgendwo verlassen gefühlt, denn ihm sei stets bewußt gewesen, daß Gottes Hand ihn gehalten habe.[771] Dann erfährt Hulam, daß sein neuerlicher Freund Abd el Myrhatta in Wirklichkeit Barud el Amasat heißt und sich die Maske der Frömmigkeit zugelegt hat, um sich bei Hulam Vertrauen zu erwerben und ihn dann auszurauben. Barud el Amasat ist nicht im Hause, als der Held und seine Begleiter eintreffen, er erscheint aber am Abend, wird von Hulam überführt und anschließend von den Mitgliedern der Reisegruppe, die im Nachbarraum lauschen, überwältigt und gefangengenommen.[772] Hulam übergibt den Verbrecher dem Kadi.[773] Als Kara Ben Nemsi kurz darauf entführt wird, setzt Hulam eine Prämie aus für den, der ihn wiederfindet. Hulam hält sein Wort und zahlt das Geld an den Kadi aus.[774]

Hulam stellt unzweideutig eine archetypische Vaterfigur dar, die in die Nähe eines Priesters und damit der innersten Instanz rückt. Der weiße Bart und die würdevolle Erscheinung des reichen Kaufmannes, ebenso die Tatsache, daß der Held seine Hand lange in die Hulams legt und mit ihm über die Geborgenheit des Menschen in Gott redet, legt die Vermutung nahe, daß Hulam selbst eine gottähnliche Autorität repräsentiert. Der reiche Kaufmann ist demnach der inneren Autorität gleichzusetzen. Diese innere Instanz ist jedoch nicht allwissend. Ihr hat sich, von ihr selbst zuerst unbemerkt, eine destruktive Kraft beigesellt, die sie zunächst umgarnt, sie dann aber berauben, also schwächen will. Diese negative psychische Kraft wird entlarvt und unschädlich gemacht. Der göttliche Vater Hulam, der mit dem grandiosen Objekt, an das sich der Held narzißtisch gebunden hat, ein Stück weit identisch ist, muß als solches unangetastet bleiben, da seine Schwächung den Zusammenbruch des psychischen Systems des Autors Karl May herbeiführen würde. Die Stütze dieses durch Hulam symbolisierten Systems, Kara Ben Nemsi bzw. das grandiose Ich, muß natürlich ebenso unangetastet bleiben, denn die Beziehung ist auf Stabilität ausgerichtet. Hulam wünscht, den Helden zurückzuhaben und ist bereit, dafür zu investieren, sprich: einen Kräfteverlust zu erleiden, der sich in der Bereitschaft zur Geldzahlung symbolisiert. Das grandiose Objekt gibt zugunsten des ihn stützenden narzißtisch gestörten Subjekts in der Vorstellung eben dieses Subjekts einen Teil seiner Grandiosität preis, es delegiert sie. Damit ist ein Mechanismus der narzißtischen Erkrankung nachgezeichnet: Die Grandiosität des narzißtisch Gestörten wird beim grandiosen Objekt, das nicht hinterfragt werden darf, immer wieder geliehen.

Barud el Amasat

Barud el Amasat ist der Bruder Hamd el Amasats, der mit dem Mord an dem Kaufmann Galingré in der Sahara die Handlungsfolgen des Orientzyklusses eröffnete. Barud wird dem Leser vorgestellt als Gast Hulams, eines türkischen Kaufmanns, der mit der Stambuler Kaufmannsfamilie Maflei verwandt ist und dessen Sohn von der Bande der "Sackmänner" unter der Führung von Dawuhd Arafim alias Abraham Mamur ermordet wurde. Barud gilt als hervorragendes Mitglied der Bande, hat er doch Isla Ben Mafleis Braut Senitza entführt und als Sklavin an Abraham Mamur verkauft. Barud el Amasat nennt sich bei Hulam Abd el Myrhatta, er führt ein Pseudonym, das auch Abrahim Mamur vorher schon benutzte.[775] Im Laufe eines Gespräches mit Hulam muß der Schurke erkennen, daß man alles über ihn weiß.[776] Er wird als Gefangener dem Kadi vorgeführt, wo er zunächst schweigt. Erst als ihm die Bastonade droht, bricht er sein Schweigen. Er behauptet, Dolmetscher der englischen Gesandtschaft zu sein, und somit sei die türkische Gerichtsbarkeit für ihn nicht zuständig.[777] Barud wird ins Gefängnis geschafft. Er soll dort bleiben, bis seine Identität festgestellt worden ist. Manach el Barscha, sein Kumpan, befreit ihn jedoch mit Hilfe des Schließers.[778] Im Verlauf der Flucht stirbt Barud später am Teufelsfelsen.[779]

Barud el Amasat steht symbolisch ein Stück weit für eine negative psychische Kraft, die nicht vom Autor ausgelebt wurde. Hier hat das Unbewußte Karl Mays eine zum Glück unentwickelte Möglichkeit seines Wesens in der Phantasie "durchgespielt". Da dem Leser die Identität Barud el Amasats von Anfang an bekannt ist, steht er "unbekleidet" vor ihm. In der Traumsymbolik würde damit auf kommende Not oder Armut hingedeutet, was die Flucht und der daraus resultierende Tod belegen.[780] Die Figur erhält die Chance zur Läuterung im Gefängnis.[781] Barud el Amasat wehrt sich auch nur schwach gegen seine Gefangennahme.⁷⁸² Das Schweigen gegenüber dem Richter und die verweigerte Unterordnung unter die Bastonade könnten darauf hinweisen, daß Barud el Amasat/Karl May zur Läuterung nicht bereit ist. Folglich nutzt er die erste Gelegenheit zur Flucht, mit ihr wird auch die Konzeptionslosigkeit des eigenen Lebens deutlich. Als destruktive Kraft im Wesen Mays muß Barud el Amasat sterben. Autobiographische Reminiszenzen des Autors sind zweifellos die Verwendung falscher Namen wie auch die Tatsache der Flucht aus den Fesseln, die Karl May ebenfalls einmal gelang.⁷⁸³ Karl May erhielt mit seiner letzten Haftstrafe in Waldheim auch eine Chance zur Läuterung, die er im Gegensatz zu der hier gezeichneten Figur nutzte. Barud el Amasats Tod ist ein literarischer Sieg über seine eigenen dunklen Triebe und über die Vergangenheit. Allerdings kommt es auch hier nicht zur Integration der negativen Kraft, ihre Wiedererstehung aus dem Unbewußten ist damit programmiert.

Barud el Amasat wird in die Tiefe gestürzt wie z. B. Abrahim Mamur, wobei "Tiefe" bei Karl May immer "Unbewußtes" signalisiert.

Als Figuration narzißtischer Wut könnte Barud el Amasat ebenfalls aufgefaßt werden. Immerhin ist er der Bruder Hamd el Amasats, der möglicherweise eine literarische Verbrämung des Buchhalters und einstigen Zimmergenossens Karl Mays Scheunpflug darstellt.⁷⁸⁴ Gegenüber Scheunpflug muß Karl May nach der schockierenden Behandlung anläßlich des "Uhrendiebstahls" einen unbändigen Zorn entwickelt haben. Dieser ohnmächtige Zorn, ständig verdrängt, entwickelt sich zu narzißtischer Wut, die sich irgendwann kanalisiert, indem sie ins Bewußtsein interveniert. Bei Karl May wird die narzißtische Wut aber sofort literarisch produktiv und damit der Wirksamkeit im Alltag entzogen.

Manach el Barscha

Bei der Vernehmung Barud el Amasats in Edreneh merkt Kara Ben Nemsi, daß der Angeklagte mehrmals kurz Blickkontakt zu einem durch das Publikum sich nach vorn drängenden Mann aufnimmt. Dieser Fremde ist "lang und hager gebaut", trägt die Tracht eines Bulgaren⁷⁸⁵, scheint aber eher - "sein langer Hals, die Habichtsnase, das lange, schmale Gesicht mit dem herabhängenden Schnurrbart, die außerordentlich gewölbte Brust"⁷⁸⁶ weisen darauf hin - ein Armenier zu sein. Nach der Beendigung des

Verhörs verfolgt der Held den verdächtigen Fremden, dem dieses Verhalten nicht entgeht.[787] In aller Eile verschafft sich Kara Ben Nemsi andere Kleidung auf dem Kleiderbasar, um sich für den Verfolgten unkenntlich zu machen[788], und setzt seine Ermittlungen fort. Er stellt fest, daß der Verdächtige ein Steuereinnehmer ist, der auf dem Basar die Kleider Überfallener weiterverkauft, bisher aber nicht bestraft worden ist.[789] Manach el Barscha befreit den inhaftierten Barud el Amasat und schlägt sich offen auf die Seite der Antagonisten des Helden.[790] Er spielt im Ablauf der Handlung keine prominente Rolle mehr und findet den Tod am Teufelsfelsen, von dem herab er in die Tiefe stürzt.[791] [792]

Der Steuereinnehmer ist sofort aufgrund seiner Physiognomie und seiner ethnischen Zuordnung[793] als schurkisch zu erkennen. Der Staatsbeamte erweist sich zugleich als Verbrecher, weil er die Kleider der überfallenen Reisenden als Hehler veräußert. Er könnte stellvertretend für den Fiskus stehen, der bekanntlich den Steuerzahler bis aufs Hemd ausplündert bzw. ihm das letzte Hemd auszieht. Mit dem gewaltsamen Tod des verbrecherischen türkischen Staatsbeamten hätte sich dann der Steuerzahler Karl May gegenüber den sächsischen Finanzbeamten eine literarische Genugtuung verschafft.

Eine der Subjektebene zuzuordnende Interpretation der Figur würde Manach el Barscha als bedrohliche psychische Kraft ansehen, die die konstruktiven seelischen Kräfte schwächt, denn Geldtransfer bedeutet in der Traumsymbolik meist Austausch psychischer Potenz.[794] Aus dem Unbewußten aufsteigende destruktive psychische Kräfte stellen eine außerordentliche Bedrohung für die Gesamtpersönlichkeit dar und müssen eliminiert werden. Der Tod durch den Sturz in die Tiefe symbolisiert die Rückdrängung der negativen Potenz ins Unbewußte.

Der Kiradschi

Ein Kiradschi ist ein Fuhrmann, der Güter in hohem Wert zum Transport anvertraut bekommt, ohne dafür Kaution zu hinterlegen. Ein Kiradschi gilt als absolut ehrlich. Nachdem Kara Ben Nemsi von dem Derwisch Ali Manach und dessen Helfershelfern in Edreneh überfallen und gefesselt worden ist, muß ihn ein Kiradschi auf seinem Wagen fortschaffen. Dieser Kiradschi ist dem gefangenen Helden behilflich. Er hat am Ende einer Schnur, die von der Decke des Wageninneren bis unter das Stroh des Wagenbodens reicht, ein Messer befestigt. Mit einem Augenzwinkern macht der Kiradschi den Helden darauf aufmerksam. Mit Hilfe des sehr scharfen Messers kann Kara Ben Nemsi sich befreien.[795]

Tiefenpsychologisch betrachtet rückt der Wagenlenker ähnlich wie der Kapitän[796] symbolisch in die Nähe des Selbst, der innersten Instanz der Gesamtpersönlichkeit. Das Persona-Ich ist aller Macht beraubt, fast bewegungslos eingeschnürt und dem Erstickungstod nahe. Feindliche psychische Kräfte haben hier die Oberhand gewonnen und das grandiose Ich im Zuge einer narzißtisch-depressiven Phase völlig gelähmt. Hilfe wird dem wehrlosen Persona-Ich durch die innere Instanz zuteil, die hier durch den Kiradschi symbolisiert ist. Sie verleiht ihm in Form eines scharfen Messers einen ausreichenden Zuwachs an männlicher Macht. Diese Stärkung reicht aus, um die Depression sofort zu beenden.

Der Kadi

Er möchte kurzen Prozeß mit dem gefangenen Barud el Amasat machen und ihm einhundert Streiche auf die Fußsohlen geben lassen.[797] Da der Angeklagte aber behauptet, englischer Untertan zu sein, muß der Kadi, der dem angesehenen Hulam nach allen Kräften zu Diensten sein will, einen Rückzieher machen.[798] Er läßt den Angeklagten in den Kerker führen. Dabei blitzt ihm der Grimm aus den Augen.[799] Nach der Selbstbefreiung kehrt der Held mit dem Sohn Barud el Amasats als Gefangenem zurück. Erneut soll der Kadi Recht sprechen. Dabei erweist er sich als geschickter Verhandlungsführer, aber auch als geldgierig und zuletzt als unempfindlich gegenüber menschlichem Leid.[800]

In Anlehnung an einen sächsischen Justizbeamten scheint der Autor hier einen orientalischen Richter kreiert zu haben, dem er die Eigenschaften eines real existierenden Angehörigen des Berufsstandes der Jurisprudenz beilegt. Karl May hat vermutlich einen Richter am eigenen Leibe "erfahren", der zwar geschickt verhören konnte, ansonsten aber der Obrigkeit willfährig, aber auch auf persönlichen Vorteil bedacht war. Der Richter erscheint hier durchaus nicht emotionslos, denn er kann grimmig werden, andererseits ist er menschlichem Leid gegenüber abgestumpft. Der Kadi wird zwar nicht stellvertretend für eine Reihe deutscher

Rechtsgelehrter verprügelt oder anderweitig bestraft, er hinterläßt aber den Eindruck der Charakterlosigkeit.[801]

In tiefenpsychologischer Hinsicht interpretiert, müßte die Figur des Kadi als "gefallene" Ich-Instanz, als Spiegelung der Eigenschaften des schuldig gewordenen Ich verstanden werden. Eine solche Deutung würde auf Merkmale im Wesen Karl Mays hinweisen, die als Impulsivität, verbales Geschick, Geschäftssinn, aber auch Egoismus bezeichnet werden dürften.

Der Sohn des erschossenen Polizisten

In Edreneh wird anläßlich einer Gerichtsverhandlung auf Kara Ben Nemsi und Ali Manach geschossen. Letzterer ist sofort tot, Kara Ben Nemsi springt rechtzeitig zur Seite, so daß die ihm zugedachte Kugel einen hinter ihm stehenden Khawassen, einen Polizisten, trifft.[802] Ein zweiter Khawass wirft sich klagend neben dem Sterbenden nieder. Es ist der Sohn des Unglücklichen, dem der Kadi die Klage verweist. Es sei das Kismet des Vaters gewesen, auf diese Art ums Leben zu kommen.[803] Als alle Beteiligten außer dem trauernden Sohn neben dem sterbenden Vater und Kara Ben Nemsi den Hof verlassen haben, schenkt der Held dem jungen Khawassen das Geld Ali Manachs. Der Sohn soll damit den Vater begraben lassen.[804] Der junge Mann erklärt, daß diese Güte Balsam in die Wunden träufele, welche Allah ihm geschlagen habe. Obwohl er arm sei, könne er dem Vater nun ein Denkmal mit einem Turban, dem Zeichen der Anhängerschaft des Propheten, aufstellen lassen.[805]

Der Autor schildert hier symbolisch die Lösung der Bindung eines Sohnes vom Vater. Der Sohn, zweifellos ein Stück weit mit Karl May identisch, beklagt den Tod des Vaters, er trauert über den Tod der väterlichen Anschauungen und Lebensprinzipien. Das Persona-Ich des Autors, den väterlichen Anschauungen sicherlich nahestehend, wird zwar von außen attackiert, getroffen wird aber der Vater. Das trauernde Teil-Ich erhält einen Kräftezuwachs vom Persona-Ich. Es kann dem Vater, dessen Kismet es ist, für den Sohn keine Bedeutung mehr zu haben, den passenden Platz zuweisen.

4.3.2. Zusammenfassung

Die männlichen Figuren der ersten drei Bände des Orientromanzyklus lassen sich in verschiedene Gruppen unterteilen. Karl May erstellt zunächst literarische Verarbeitungen real existierender Personen, sodann gestaltet er Ich-Fragmente zu literarischen Figuren um, drittens läßt er archetypische Vaterbilder erstehen, er personifiziert Triebkräfte, und schließlich formt er Figuren aus, die als Träger narzißtischen Wutpotentials angesehen werden können.

Die Gruppe der im Werk literarisch be- und verarbeiteten real existierenden Personen umfaßt zunächst die als dumm, inkompetent oder ungerecht dargestellten Autoritäten. Da wäre zunächst der Wekil zu nennen, der u. a. die Personifizierung eines Richters oder Staatsanwaltes sein könnte. Er wäre aber auch als lächerliche, pantoffelheldenhafte Vaterfigur zu interpretieren. In jedem Falle wird die angemaßte männliche Macht der Lächerlichkeit preisgegeben, symbolisch wird ihm Impotenz bescheinigt.

Hassan el Reisahn ist als positiver, helfender Aspekt des Vaterbildes zu sehen, der dennoch hinterfragt wird. Obwohl die Figur den Helden voll unterstützt, wird sie in der Symbolik - als Beförderer von Sennesblättern, dem klassischen Abführmittel - ins Lächerliche gekehrt.

Der Sahbeth-Bey erscheint wiederum als ungerechte Autorität, die in ihrer Anmaßung ad absurdum geführt werden muß.

Muhrad Ibrahim könnte ebenfalls die literarische Bearbeitung einer real existenten Person sein: er verachtet den Schreiberling, dem er echte Männlichkeit abspricht. Diese real existierende Person wird literarisch bestraft, indem man ihr selbst symbolisch sämtliche Macht - die Steuerkasse - raubt.

Die Spione der Obeide, die von Kara Ben Nemsi als dem Satan reden, dürfen ebenfalls zu der hier behandelten Gruppe gerechnet werden. Wer den Helden verteufelt, wird seiner Macht beraubt. Die Spione bekommen den Bart abgeschnitten und werden unter die Klatschweiber gereiht.

Der Pascha von Mossul ist eine Vaterfigur, die ebenfalls lächerlich und inkompetent dargestellt wird. Dieser Vater ist leicht zu übertölpeln, zumal er auch ein Freund alkoholischer Getränke ist wie der Vater Karl Mays. Seine Tage sind gezählt, da er bald nach der Abreise des Helden sein Amt verlieren wird.

Zur Gruppe der Real-Existierenden könnten auch die Offiziere bei den Kanonieren gezählt werden. Sie halten den Helden für böse, müssen aber bald seine Überlegenheit anerkennen.

Der Kiamil Effendi ist ein schurkenhafter Richter, der allerdings nicht vernichtet wird.

Den Kaimakam als absolut negative Autorität eliminiert der Held. Hier hat der Autor literarisch Rache an einem seiner Meinung nach ungerechten Richter bzw. einigen ungerechten Richtern genommen.

Der Vater der Schakara, der der Krankheit der Tochter hilflos gegenübersteht, könnte die schriftstellerische Verarbeitung eines Aspektes Heinrich Mays sein.

Für den Hekim der Schakara hat der Großvater Pollmer Pate gestanden, der seine eigene Machtlosigkeit gegenüber dem Helden einsehen muß und sich grollend zurückzieht.

Auch der "Beschützer" dürfte eine Verarbeitung einer Person sein, die wirklich gelebt hat. Vermutlich handelt es sich dabei um den Anstaltsgeistlichen Kochta, der von Karl May als hilfreich und verständnisvoll dargestellt wird.

Der Karaju von Liza könnte die literarische Widerspiegelung eines Geistlichen sein.

Der Mann der Petersilie kann als bedrohlicher Vater, als Aspekt des Vaters Karl Mays angesehen werden, der dem Sohn in seiner Entwicklung Fesseln angelegt hat.

Heider Mirlam darf ohne Zweifel mit Heinrich Münchmeyer in Verbindung gebracht werden.

Der Kodscha Pascha von Baalbek ist die literarische Darstellung des guten Aspektes eines Vaters, eines Wunsch-Vaters.

Baruch und seine Ehefrau stehen für die verarmten Eltern Karl Mays, die ein grandioser Sohn materiell unterstützt, die er mit seinem Glanz quasi bescheint.

Osko kann wiederum als eine hilfreiche Vaterfigur interpretiert werden, er darf aber auch als das seine Anima suchende Ich verstanden werden.

Zuletzt wäre noch der Kadi zu nennen, der als wankelmütiger, letztendlich ungerechter Richter beschrieben wird.

Zu der Gruppe der Ich-Fragmente, die von Karl May zu literarischen Figuren umgestaltet werden, zählt zunächst der junge Begleiter Hamd el Amasats, der unschwer als der jugendliche Ipsant Karl May zu erkennen ist und wegen seiner masturbatorischen Neigungen sofort eliminiert werden muß.

Omar, der Helfer, ist ein positives Ich-Fragment Karl Mays, das personifizierte Helfer-Syndrom, eine konstruktive, dem Ich und der Gesamtpersönlichkeit dienliche Kraft.

Hamsad al Dscherbaja, der Schelm und jugendliche Straftäter, der in die Ferne schweift, um dort ebenso zu scheitern wie daheim, ist als weiteres Ich-Fragment des Autors anzusehen. Karl May spielt hier eine Möglichkeit der Entwicklung seiner Gesamtpersönlichkeit durch, verwirft sie aber zuletzt.

Auch Isla, der Kaufmann, kann als eine Möglichkeit der Entwicklung des Autors angesehen werden. Diese Möglichkeit wird zwar ein Stück weit akzeptiert, denn der Autor ist materiellen Vorteilen durch den Verkauf seiner Waren, die aus literarischen Produkten bestehen, durchaus nicht abhold. Er lehnt die "Kaufmannsseele" als Entwicklungsziel der Gesamtpersönlichkeit ab; er muß dieses Ziel verwerfen, da es ihm nach der Erreichung kaum Möglichkeiten zur Autotherapie geböte.

Albani, der konzeptionslose Weltenbummler, wird als Möglichkeit zur Ich-Entwicklung literarisch durchgespielt, schließlich und endlich aber verworfen. Der Tausendsassa ohne Grandiosität ist als Entwicklungsziel nicht akzeptabel und wird daher eliminiert.

Sir David Lindsay darf als klassischer "puer aeternus" angesehen werden, der spleenig, kindlich bis kindisch letztendlich nichts auf die Beine bringt und sein Dasein nur bewältigt, indem er von der ererbten Sustanz lebt. Als latente Möglichkeit ist dieser "puer aeternus" enthalten im Wesen des Autors, der von sich selbst bekennt, zeitlebens ein Kind geblieben zu sein.[806] Der Autor hat zu diesem Ich-Fragment einen positiven Bezug, er läßt es aber letztendlich nicht wirksam werden; es bleibt dem Persona-Ich unterstellt.

Ibn Nazar, der Späher, kann als positives Ich-Fragment gesehen werden. Nazar "der Blick" erweitert das Blickfeld. Die Integration solcher oder ähnlicher Kräfte in die Gesamtpsyche wird im Werk Karl Mays angezeigt durch letztendliche optimale Triebbefriedigung der diese Kraft repräsentierenden Figur.

Esla el Mahem steht für die geglückte Auseinandersetzung mit einem Ich-Fragment, wie C. G. Jung sie als wünschenswert beschreibt. Der Dialog und die in der Handlung brachial ausgeführte Auseinandersetzung führen zur Unterwerfung des ritterlichen Gegners unter die Ziele der Persona, der der Überwundene freiwillig seine Energien übergibt.

Pali, Selek und Melah stehen für die noch verschütteten Anlagen der Psyche, die entdeckt und der Gesamtpersönlichkeit dienstbar gemacht werden müssen. Auch sie sind daher als Ich-Fragmente anzusehen, wenn zunächst auch noch diffus, im einzelnen wenig konturiert.

Ifra ist als Masturbant gekennzeichnet, der sich im Kampf mit dem schwächenden Laster befindet. Als Ich-Fragment spiegelt er - im Verein mit einigen anderen - die prekäre sexuelle Situation des Heranwachsenden wider, der geängstigt wird von den Drohungen der körperlichen Leiden, die der Masturbation lt. einschlägiger Literatur auf dem Fuße folgen.

In Ali Bey stellt der Autor sich selbst als phantasiertes Stammesoberhaupt, als Familienvater vor. Er spielt die Möglichkeit des grandiosen Agierens in der grandiosen, zu einem Volksstamm erweiterten Familie durch.

Die Episode um Aga Nassyr ist die literarische Darstellung der Begegnung mir erwachender Sexualität. Der "Mann im Busch", den der Held sich dienstbar macht und den er zwingt, seine Kleider zu tragen, ist der literarische Niederschlag der geglückten Integration der sexuellen Triebkraft, der Akzeptierung der Sexualität.

Der Scheik von Kalahoni ist als minderwertiges, unter dem Persona-Ich stehendes Ich-Fragment zu sehen. Diese Abspaltung ist auf materiellen Vorteil aus, außerdem hat sie sich die Hände schmutzig gemacht. Dieses Fragment ist aber der Gesamtpersönlichkeit dienlich und wird daher akzeptiert.

Selim Aga ist eine erneute literarische Verarbeitung des grandios agierenden, pubertierenden, aber noch konzeptionslosen, kaum selbst organisierten Onanisten. Als personifizierte überwundene Entwicklungsphase darf Selim bestehen bleiben, selbstverständlich wird ihm ein gerüttelt Maß an Lächerlichkeit zugemessen.

Dohub, der tapfere Jüngling ohne Furcht und Tadel, stellt eine narzißtische Liebeserklärung des Autors an sich selbst dar.

Der Mutesselim steht für masturbatorische Betätigung im Erwachsenenalter, dazu für relative Perspektivelosigkeit. Der Autor überwindet diese personifizierte Entwicklungsphase ohne Wertung.

Amad el Ghandur erinnert an den adoleszenten Gefangenen Karl May, der nach der Befreiung jedes Maß verliert und deshalb scheitert. Karl May spielt in ihm die Möglichkeit durch, sich nach der Entlassung aus der Haft nicht der Gesellschaft angepaßt zu verhalten, sondern unangemessen zu reagieren, wobei das Scheitern sicher sein muß.

Der Sohn des Nezanum symbolisiert als unschuldig Verführter die jugendliche Kriminalität Karl Mays, die der Autor verständnisvoll entschuldigt. Dem heranwachsenden Delinquenten in der eigenen Lebensgeschichte verzeiht der erwachsene Karl May alle Verfehlungen.[807]

Kadir Bey steht für die Auseinandersetzungen des Ich mit dem Mutterarchetypus und für das Eingesperrtsein des Autors ins eheliche Joch.

Die Episode um den Anführer der Nestorianer symbolisiert den Schock der Eheschließung und das anschließende "Sich-drein-Finden", das freiwillige Verharren in der Ehe.

Im Bruder des Meleks von Lizan sieht der Autor das väterliche Lebensprinzip, das er nicht zu akzeptieren bereit ist und das er deswegen erledigt.

In der Auseinandersetzung mit dem Melek von Lizan kommt es aber zu einer Versöhnung, zu einem Kompromiß zwischen den Lebensprinzipien des Vaters und des Sohnes May.

In Nedschir Bey kommen psychische Kräfte und Tendenzen des Ich zum Tragen, die gegen den Ausgleich der Lebensprinzipien von Vater und Sohn rebellieren. Die Auseinandersetzung mit den inneren Personen, wie C. G. Jung sie vorschlägt, ist hier in vollem Gange.[808]

Mit Hilfe des Rais von Dalascha bekämpft der Autor die Verstellungszwänge im eigenen Wesen, denen er oftmals in der Vergangenheit erlegen ist.

Allo, der Köhler, stellt die Personifizierung urtümlicher, archaischer Sexualkraft dar, die der Held - mit ihm Karl May - zu integrieren gewillt ist.

Dem Pferdehändler gibt Kara Ben Nemsi eine Lektion im Zähmen des wilden Pferdes, diese Lektion erteilt Karl May sich selbst, sie bezieht sich auf die Elaborierung des Triebes.

Die einzelnen Schritte der Integration des zähmbaren Triebanteils beschreibt dann die Episode um den Bruder Gasahl Gaboyas.

Die Mer-Marmalli-Kurden sind als personifizierte psychische Kräfte zu sehen, die die kommende Depression ankündigen. Das Unbewußte weiß um das bevorstehende Tief und kündigt es dem Ich auf seine Weise an. Sie gehören quasi zur Aura der Depression.

Gibrail Mamrahsch steht noch einmal für das zurückliegende, verlorene Paradies, das jeweils nur kurzfristig für Karl May restituierbar ist. Die eingeschobene Episode der sündigen Stadt, die versinken mußte, klagt die versagende Mutter an, die die Verursacherin der narzißtischen Störung Karl Mays ist.

Mittels des Soran-Kurden macht der Autor unbewußt deutlich, daß er eine frühe narzißtische Verwundung aufweist, eine Blessur, die ihm vor langer Zeit beigebracht wurde und bis in die Zeit der Abfassung der Erzählung hinein wirksam ist.

In der Figur Hassan Ardschir Mirzas beweist sich Karl May wieder einmal - fast verzweifelt - seine eigene Grandiosität, zeigt dabei aber auch seine eigene Ausweglosigkeit und Naivität hinsichtlich der kommenden Depression auf.

Saduk, der Frevler mit der Zunge, der Mensch aus der niederen Klasse, der nach oben will und sich dabei versündigt, darf nicht aufsteigen. Er rächt sich auf gemeine Weise. Seine Verbrechen werden niemals geahndet. Das Ich-Fragment, dessen Ausprägung Saduk literarisch verkörpert, übt harte Vergeltung an den Kräften, die eine gesellschaftliche Avancierung verhindern; es wird aber nicht eliminiert.

Saduks Freund ist unbewußt schuldig geworden. Er darf die Scharte im Messer auswetzen. Mit ihm verzeiht der Autor sich die eigenen Verfehlungen und nimmt sich selbst in Gnaden wieder an.

Mirza Selim stellt eine erneute Ankündigung der narzißtischen Depression dar. Als ein die Grandiosität nicht Stützender, als personifizierte Destruktivkraft, gegen die das Ich sich wehrt, sich ihrer aber letztendlich nicht erwehren kann, wird diese Figur die psychischen Abwehrkräfte des Ich überwältigen und somit die Depression hervorrufen.

Der Ibn Arab steht für den unter dem Zwang des Gelderwerbs stehenden Mann, für das Berufsleben, das aber dem Ich in der beginnenden Depressivphase keinen Lebenssinn zu verleihen vermag.

Ebensowenig vermag die Ehe das Ich vor der großen Depression zu bewahren. Das alltägliche eheliche Leben, dargestellt in dem spitznasigen Polen und seinem Diener erscheint schal bis komisch-skurril. Es ist als Therapie für den in die Depression gleitenden Autor von ihm selbst hier als Möglichkeit durchgespielt, aber sofort verworfen worden.

Die Katastrophe bahnt sich an, was anhand des sich zerfleischenden Bettlers, der wiederum als eine Ich-Abspaltung des Autors zu deuten ist, augenfällig wird. Er hat die Möglichkeiten, die Depression zu verhindern, durchgespielt. Er hat sich zerfleischt, zermartert, was in der Abscheulichkeit des Bettlers seinen literarischen Niederschlag gefunden hat. Der Sturz in die Depression nimmt nun seinen Lauf.

Die räuberischen Araber sind übermächtige, destruktive psychische Potenzen, die das kraft- und wehrlose Ich überfallen und bedrohen. Die Anwesenheit Hadschi Halef Omars, der als personifizierte Selbstliebe des Autors, als ein Ich-Fragment, das der narzißtischen Störung nicht unterliegt, gegenwärtig ist, verhütet die völlige Ich-Auflösung, ermöglicht die schrittweise Restaurierung der Gesamtpsyche.

Zunächst müssen die während der Depression außer Kontrolle geratenen Triebkräfte reorganisiert werden. Bill und Fred, die Diener Sir David Lindsays, sind als abgespaltene Teile des Ich anzusehen, die wieder kultiviert und dienstbar gemacht werden können.

In der postdepressiven Phase schreitet die Rekonstruktion der Psyche fort. Der Autor schafft sich in der Figur Jacub Afarahs einen Bewunderer, dem gegenüber er "neue Saiten aufzieht", bei dem er seine Grandiosität unter Beweis stellen kann. Grandiosität ist hier, wie A. Miller beschreibt, als psychische Autotherapie bei Depression indiziert, so wie die Depression das "Heilmittel" gegen Grandiosität ist.[809]

Bei der Wiederherstellung der Psyche werden alle, auch die verachteten Seelenkräfte einbezogen. Sie müssen mit ihrer psychischen Potenz zum Neubau des inneren Hauses beitragen. Auch die "Aussätzigen", die für seelische Kräfte stehen, die bisher verachtet oder "außen vor" waren, werden integriert.

Nach Abschluß der Rekonvaleszenz werden andere Aspekte, andere Dividua der Persönlichkeit des Verfassers personifiziert und thematisiert. Schafei als Teil-Ich des Autors steht für den vom Unbewußten überfallenen narzißtischen Jüngling. Der Autor liefert retrospektiv eine Selbstdarstellung der Eruption negativer psychischer Kräfte aus dem eigenen Unbewußten, der er relativ hilf- und wehrlos gegenüberstand.

Ali Manach, der tanzende junge Derwisch, ist als Ich-Abspaltung des Autors zu betrachten, mittels der er sich selbst als feige, als unbeherrscht und als destruktiv bezeichnet. Dieses Ich-Element wird eliminiert, es hat im Persönlichkeitshaus Karl Mays keinen Platz.

Der Mir Alai in Stambul steht als Dividuum Karl Mays für falsche, unbegründete Grandiosität, die das Persona-Ich nicht zu dulden bereit ist. Boshafte Grandiosität wird beschnitten.

Einer positiven psychischen Kraft kommt der Kiradschi gleich; er kann als personifizierte Selbstliebe, als kleines, von der narzißtischen Störung nicht beeinträchtigtes Teil-Ich angesehen werden, das in der bedrohlichen Situation hilfreich ist, könnte aber auch eine Begegnung mit der innersten Instanz sein.

Ein personifiziertes Ich-Fragment des Autors Karl May ist auch der Sohn des erschossenen Polizisten. Der junge Mann wird über den Verlust des Vaters getröstet, weil er ihm ein Grabmal errichten kann. Die Weltanschauung des Vaters muß sterben, ihr wird ein mehr oder weniger ehrendes Andenken bewahrt. Als psychische Kraft ist die vom Sohn anfangs verinnerlichte Weltsicht des Vaters nun nicht mehr wirksam.

Die Gruppe der archetypischen Vaterbilder ist kleiner als die der Ich-Dividua.

Die Figur des Sadek wird hier als vaterarchetypische Imago verstanden, als Repräsentant der Institution der protestantischen Kirche, die aber letztendlich für Karl May keinerlei Bedeutung hat. Ebenso irrelevant ist für den Autor auch die Institution der römisch-katholischen Kirche, die durch die Figur des Arfan Rakedihm repräsentiert wird.

Bilder des Vaterarchetypen sind auch Scheik Malek, Scheik Mohamed Emin und der Scheik der Abu Mohamed.

Ein eigenes archetypisches Bild bietet Pir Kamek, der Priester der Dschesiden, der als Bindeglied zwischen der diesseitigen und der jenseitigen Welt Merkmale trägt, die ihn als beiden Bereichen zugehörig erscheinen lassen.

Mir Scheik Khan rückt in die Nähe der inneren Instanz, des Selbst.

Ähnlich zu interpretieren ist auch der Vorsteher von Spandareh, der als archetypisches Vaterbild nahezu identisch mit dem Selbst ist.

Eine negative Ausprägung der kollektiven Vaterimago stellt der Nezanum dar. Er vertritt die Forderungen einer den einzelnen ausbeutenden, unnachsichtigen, bösen patriarchalischen Gesellschaft.

Maflei ist als "wirtschaftendes Vaterprinzip" zu verstehen, das allerdings betrogen werden kann.

Hulam dagegen erscheint schon dem Gott-Vater nahe, er stellt ein mit dem Selbst nahezu identisches vaterarchetypisches Bild dar, dem sich das Ich gerne anvertraut.

Anteile von archetypischen Vaterbildern finden sich auch in den oben bereits abgehandelten positiven oder negativen Abbildungen des Vaters Heinrich May, so in Ali Bey, im Kaimakam, im Kodscha Pascha oder in den Exponenten einer ungerechten Staatsmacht.

Die personifizierten Triebkräfte, die aus dem Unbewußten aufsteigen und dorthin wieder zurückgedrängt werden, empfindet der Autor immer als bedrohlich. Eine Integration solcher Kräfte gestattet sich das Persona-Ich, Kara Ben Nemsi, nicht.

Abu Seif, die Pferdediebe und Gasahl Gaboya sind vom Trieb okkupierte Ich-Dividua.

Abu Seif ist die Personifizierung eines Ich-Fragments, das, aufgestiegen aus dem Unbewußten, für übermäßige Triebkraft zu stehen hat. Der "Vater des Säbels" erscheint dem Autor so bedrohlich, daß diese psychische Kraft eliminiert werden muß.

Die Pferdediebe sind ebenfalls als Überfall eines Triebes aus dem Unbewußten zu deuten. Auch sie werden, vom Ich als räuberische Triebhaftigkeit erkannt, schnell abgewehrt.

Gasahl Gaboya, den der Name "roher Stier" bereits hinlänglich kennzeichnet, kann als Personifizierung ungebändigter, aggressiver Triebkraft aufgefaßt werden. Dieser Gestalt gewordene rohe Stier macht dem Persona-Ich über weite Strecken das Leben schwer, es gelingt lange Zeit nicht, des aggressiven Triebes Herr zu werden. Obwohl Gasahl Gaboya zuletzt getötet wird, erscheint es eher so, daß der Held, sprich: der Autor, sich vor dem rohen Stier in Sicherheit bringt, indem er vor ihm flüchtet.

Mit narzißtischer Wut geht der Autor in ganz besonderer Weise um. Als von der Persona bestimmte Persönlichkeit läßt der Autor Gefühle wie Wut über narzißtische Kränkungen nicht zu. Er verdrängt sie ins Unbewußte, wo sie sich kumulieren und als personifizierte Autoaggression wieder ins Bewußtsein zurückkehren. Dort treten die Figuren dieser Genese dann als äußerst bedrohliche, destruktive Kräfte auf, über die das Ich nur Herr wird, indem es sie rigoros vernichtet.

Hamd el Amasat, der Mörder, ist zweifellos die personifizierte narzißtische Wut primär über den Buchhalter Scheunpflug, dann aber auch Kristallisationsfigur für weitere Wut und Autoaggression. Diese bedrohliche antagonistische Kraft wird nicht getötet, sondern geblendet, was als eine Verschärfung der Todesstrafe angesehen werden kann.

Abrahim Mamur steigt aus der Tiefe auf, in die er dann wieder zurückgeschleudert wird. Als Ausgestaltung narzißtischer Wut verfügt er über keinerlei positive Eigenschaften.

Das gilt in gleichem Maße für Zedar Ben Huli und den Griechen Alexander Kolettis. Beide sind unintegrierbare Kräfte, ausgestaltet aus unbewußtem Aggressionspotential; sie müssen eliminiert, d. h. ins Unbewußte zurückgedrängt werden. Der jüngere Sohn Zedar Ben Hulis ist als Substitut seines Vaters ebenfalls boshaft, er wird aber nicht getötet.

Der Miralai Omar Amed ist als eine durch und durch verruchte Figur gezeichnet. Als aus dem Energiepotential der unbewußten narzißtischen Wut entstanden, zeigt er wutschnaubendes Verhalten gegen den Helden, die Wut auf einen real existierenden Beleidiger steigt als Autoaggression aus dem Unbewußten auf.

Ebenso unintegrierbare Destruktivkräfte - Ausgestaltungen narzißtischer Wut - sind Barud el Amasat und Manach el Barscha. Beide müssen sterben, sie werden in der Tiefe zerschmettert, was bedeutet, daß ihre destruktiven psychischen Energien ins Unbewußte zurückgedrängt werden.

4.3.3. Bericht innerseelischer Entwicklungen

Der Orientromanzyklus kann als Bericht eigener innerseelischer Entwicklungen Karl Mays angesehen werden. Ob man ihn als Individuationstraum wie ein Märchen verstehen sollte, erscheint gewagt, da Individuation im strengen Sinne die Entwicklung des Selbst, nicht aber die des Ich bedeutet. Faßt man die auftretenden Figuren als Symbole für Entwicklungen oder Entwicklungstendenzen im Inneren des Autors auf, so ergibt sich ein auf den ersten Blick verwirrendes, aber bei näherem Hinsehen erkennbares und stimmiges Bild.

Am Anfang steht die starre Persona des Ich-Helden als Ausdruck der Anpassung an die Außenwelt. Ihr zur Seite steht die personifizierte Selbstliebe, Hadschi Halef Omar, der ein winziges Teil-Ich der narzißtisch gestörten Gesamtpsyche darstellt, das von der Selbstwertproblematik nicht berührt wird. Pubertäre Onanie wird abgetan in der Figur des Begleiters von Hamd el Amasat. Hamd el Amasat selbst steht für spätpubertäre bzw. frühadoleszente narzißtische Wut. Es erfolgt die Absage an die Orientierung des Lebens an der Religion, der Autor negiert eine Führung durch die Kirchen, er gebärdet sich autonom. Die Ehe der Eltern wird lächerlich gemacht mittels des Wekil und der Wekila, Hamsad al Dscherbaja ist die Personifizierung seiner Phasen als konzeptionsloser Straffälliger. Die Figur Islas, des Kaufmanns, zeigt den Autor als Verdiener, während die folgenden Figuren, Hassan el Reissahn, Chalid Ben Mustapha wie auch der Sahbeth Bei und schließlich Murad Ibrahim die Vater-Sohn-Problematik von verschiedenen Seiten beleuchten, wobei der Vater jeweils als der Verlierende dargestellt wird. Der erfolglose Weltenbummler Albani ist neben dem 'puer aeternus' Sir David Lindsay plaziert, beide stehen für zeitweilige Entwicklungsphasen des Helden. Die Figuren Mohamed Emin und der Scheik der Abu Mohamed symbolisieren ein Stück weit Autorität und Gesellschaft, während Zedar Ben Huli und Alexander Kolettis für narzißtische Wut über eben diese starre Gesellschaft stehen. Im immer wieder als Kampf empfundenen Dasein entdeckt der Heranwachsende vergrabene Anlagen, die in Pali, Selek und Melah personifiziert sind. Der Pascha von Mossul erscheint wie eine erneute Darstellung des zwar heimtückischen, aber dem Alkohol zugetanen und deswegen ohne große Mühe zu übertölpelnden Vaters. In der 'Sturm-und-Drang-Periode' der körperlichen Entwicklung wird der Kampf gegen die Ipsation in der Figur Ifras, des Buluk Emini, ausgedrückt. Die Begegnung mit Ali Bey, Pir Kamek, Mir Scheik Khan und Kiamil Effendi und die zugehörigen Geschehnisse können als Teile eines korrumpierten Initiationsritus angesehen werden. Danach ist der inzwischen Adoleszente mit der Sexualität des Erwachsenen konfrontiert, was die Ereignisse um Aga Nassyr belegen. Der aus der Initiation als Erwachsener Hervorgehende sieht sich mit einer ihm gegenüber meistenteils feindlich eingestellten Umwelt konfrontiert, die ihn verteufelt, stigmatisiert, verachtet, denunziert und in jeder Weise ungerecht behandelt. Selim und der Mutesselim repräsentieren die Phasen der Ipsation des im Elternhaus oder allein lebenden erwachsenen Mannes, ein Stück weit zählt auch der aus dem Gefängnis befreite Amad el Ghandur dazu. Nach der Begegnung mit Schakara, die symbolisch für Emma Pollmer und die sich entwickelnde Beziehung zu der angehenden Ehefrau steht, tritt die mittels einer literarischen

Figur thematisierte Masturbation nicht mehr auf. Der Nezanum ist als Exponent einer bösen, prohibitiven und stigmatisierenden Gesellschaft zu sehen, sein Sohn als das Opfer dieser Gesellschaft, das Mitleid und Hilfe benötigt. Die folgenden Figuren stehen für die Auseinandersetzungen mit dem bedrohlichen Mutterarchetypus, für die Erledigung des väterlichen Lebensprinzips sowie für die Versöhnung mit letzterem, für den Schock der Eheschließung und für die freiwillige Gefangenschaft in der Ehe (Kadir Bey, Anführer der Nestorianer, Bruder des Melek von Lizan, Melek von Lizan, Nedschir Bey). Heider Mirlam steht für die Knechtschaft des Berufslebens des Ehemannes, der für den Unterhalt des Hauswesens zu sorgen hat. Es folgen urtümliche Triebdrohungen und narzißtische Wutanfälle - vielleicht als Reaktion auf die häufiger auftretenden "normalen" Ehezwiste Jungverheirateter (Gasahl Gaboya, Allo) -, die aber, symbolisiert durch die Pferdehändler-Episode und den Bruder Gasahl Gaboyas, gebändigt, elaboriert werden können. Auf die in der Folge der Eheschließung auftretende große Depression wurde oben bereits hingewiesen. Diese Depression kann Ausdruck der Enttäuschung Karl Mays sein über die emotional unbefriedigende Beziehung zu Emma, die dem in seiner Selbstwertproblematik Befangenen zwangsläufig die in der primären Kindheit entstandenen Zuwendungsdefizite nicht erstatten kann. Nach der Depression organisiert der Autor sich neu, wobei er letztendlich die alten, verinnerlichten Verhaltensmuster wieder aufleben läßt. Von nun an bringt der Autor in steter Wiederholung die wenn auch modifizierte und mit anderen Schwerpunkten versehene Zweitauflage des Berichtes seiner Ich-Entwicklungsgeschichte, wobei er aber Phasen der Ipsation weitgehend ausklammert.

4.3.4. Der Umgang mit den Widersachern

Die Behandlung der Antagonisten läuft nach einem rigiden Schema ab. Der Autor läßt die Widersacher durch den Ich-Helden oder dessen Substituten bis auf ganz wenige Ausnahmen zunächst entmachten und demütigen, schließlich aber symbolisch kastrieren. Entmachtung und Demütigung können in der Reihenfolge wechseln, die abschließende symbolische Entmannung jedoch bleibt kaum einem Antagonisten erspart. Der Tod verschiedener Widersacher des Helden kann als maximierte Kastration angesehen werden.[810] H. Kohut beschreibt einen Fall aus seiner psychotherapeutischen Praxis, in dem ein relativ schwächlich konstituierter, narzißtisch geschädigter Analysand die Phantasie hatte, kräftige, schön gebaute Männer zu masturbieren und ihnen auf diese Weise einen Kräfteverlust beizubringen.[811] Im Werk Karl Mays ist eine ähnlich geartete Vorstellung zu beobachten. Hier wird der Kräfteverlust aber nicht durch eine einmalige Handlung herbeigeführt, er wird durch die Kastration perpetuiert. Dabei läuft die Entmannung immer auf der Ebene der Traumsymbolik ab. Niemals wird eine real vollzogene Kastration geschildert.

Daß die symbolischen Kastrationen der diversen Antagonisten, die letztendlich Ich-Fragmente sind, auf Selbstkastrationen hinauslaufen und eine stark masochistische Komponente aufweisen, braucht nicht sonderlich betont zu werden.

4.3.5. Schwanken zwischen Grandiosität und Depression

Der Wechsel von Grandiosität und Depression, den Kennzeichen der Persönlichkeitsstruktur narzißtisch Geschädigter, kann sich, abgesehen vom Alterswerk, durchgängig im Opus Karl Mays nachweisen lassen. Die Grandiosität kleidet sich in die Großtaten Kara Ben Nemsis, während sich die Depressionen in den immer wiederkehrenden Gefangenschaften des Helden finden. Großtaten und anschließende Gefangenschaften wechseln in steter Regelmäßigkeit im Werk Karl Mays und somit auch in den ersten drei Bänden des Orientromanzyklus: Die Grandiosität des Helden zeigt sich zunächst im Aufspüren und Erkennen des Mörders Hamd el Amasat, den der Held auch gleich überführt, ihn aber nicht bestrafen kann. Dieser relativ mäßigen Großtat folgt eine kurze Andeutung von Gefangenschaft beim Wekil. Die Depression schlägt sofort wieder in Grandiosität um, als der Ich-Held den Wekil lächerlich macht. Auf die grandios und bravourös durchgeführte Befreiung der Senitza folgt die Gefangenschaft bei Sahbeth Bei. Die schwankende Bewußtheitslage des Helden zeigt sich in der Tatsache, daß er sich des Bootes Hassan el Reissahns bedient, um zu flüchten. Das Ineinander-Übergehen von Grandiosität und Depression ist besonders augenfällig in der Episode auf dem Boot Abu Seifs. Grandios agiert der Held in der souveränen Gestaltung des Zweikampfes und des Sieges über den "Vater des

Säbels", depressiv ist er als der Gefangene des Abu Seif. Die schwankende Bewußtheitslage ist wiederum dadurch charakterisiert, daß sich das Geschehen auf einem Boot abspielt.

Depression und Grandiosität in enger Verflechtung finden sich auch in der Episode um die Erstbegegnung des Helden mit Zedar Ben Huli. Die Gefangenschaft Kara Ben Nemsis bei diesem Stamm entspricht einer depressiven Phase, aus der er sich mittels einer Großtat, der Erlegung eines Löwen, befreit.

Auch beim Mutesselim, dem er sich durchweg als grandios präsentiert, ist die Drohung der Depression-Gefangenschaft gegeben. Der Held vermag dank seiner Aufmerksamkeit aber einer geplanten Einkerkerung zu entgehen. Beim Nezanum wird der Held eingekreist, d. h. in dem Haus, das er bewohnt, belagert. Dieser Depression kann er durch einen grandiosen "Rückzug"[812] begegnen. Der "Beschützer" ist wiederum ein Symbol für Gefangenschaft und Depression, dem aber sofort grandiose Präsentation beim Bey von Gumri folgt. Anschließend finden sich ständig Situationen im wilden Kurdistan, in denen der Held sich sowohl grandios zeigt, als auch in Gefangenschaft gerät, z. T. auch Gefangenschaft auf Ehrenwort akzeptiert, was dennoch einer depressiven Phase gleichkommt. Die schwere Depression am Birs Nimrud, die einen Zusammenbruch der Gesamtpsyche versinnbildlicht, wurde oben bereits beschrieben.[813] Auf die Zeit der Großtaten in Damaskus folgt bald die Gefangenschaft in den Ruinen von Baalbek, die wiederum eine depressive Bewußtheitslage symbolisiert. Die Grandiositäten in Stambul und Edreneh werden abgelöst von erneuter Gefangenschaft auf dem Wagen des Kiradschi, die wiederum depressive Stimmung bedeutet. Auch die schwankende Bewußtheitslage - Wagen - ist hier in der Symbolik vorhanden.

In den drei weiteren Folgen des Orientromanzyklus werden sich Grandiosität und Depression literarisch verschlüsselt als Großtat und Gefangenschaft, mal mehr, mal weniger modifiziert, in beständigem Wechsel fortsetzen. Die narzißtische Störung wird nahezu ein Lebenswerk lang virulent sein.

Anmerkungen

1 C. G. Jung, zitiert in A. Samuels / B. Shorter / F. Plaut (Hg): Wörterbuch Jungscher Psychologie (1989). München 1991, S. 167, Stichwort: Psyche.
2 Ebd.
3 C. G. Jung: Von den Wurzeln des Bewußtseins. Studien über den Archetypus. Zürich 1954, S. 4.
4 Ebd., S. 25.
5 Vgl. A. Samuels / B. Shorter / F. Plaut (Hg): Wörterbuch Jungscher Psychologie (1989), a. a. O., S. 43.
6 Ebd., S. 44.
7 C. G. Jung: Die Beziehungen zwischen dem Ich und dem Unbewußten (1916). Ges. Werke Bd. 7, Zürich, Stuttgart 1964, S. 148.
8 C. G. Jung: Psychologische Typen (1921). Ges. Werke Bd. 6, Olten, Freiburg 1989 (16. Aufl.) S. 451.
9 Aufgeführt in: A. Samuels / B. Shorter / F. Plaut (Hg): Wörterbuch Jungscher Psychologie (1989), a. a. O., S. 51.
10 Ebd., S. 101.
11 Ebd.
12 C. G. Jung: Symbolik des Geistes. Studien über psychische Phänomenologie. Mit einem Beitrag von Riwkah Schärf. Zürich 1948, S. 441.
13 Vgl. I. Bröning: Die Reiseerzählungen Karl Mays als literaturpädagogisches Problem, a. a. O. S. 110.
14 I. Bröning: Die Reiseerzählungen Karl Mays als literaturpädagogisches Problem, a. a. O.
15 E. Aeppli: Der Traum und seine Deutung (1943). Zürich, Schwäbisch Hall 1983 (9. Aufl.).
16 Ebd., S. 9.
17 Ebd., S. 7.
18 Ebd., S. 14: die Definition lehnt sich an C. G. Jung an.
19 C. G. Jung: Gesammelte Werke 8, § 505, zitiert bei A. Samuels / B. Shorter / F. Plaut (Hg.): Wörterbuch Jungscher Psychologie (1989), a. a. O., S. 218.
20 Vgl. E. Aeppli: Der Traum und seine Deutung (1943), a. a. O., S. 14.
21 Vgl. ebd., S. 19f.
22 Vgl. ebd., S. 21f.
23 Vgl. ebd., S. 22ff.
24 Vgl. ebd., S. 24ff.
25 Vgl. ebd., S. 27.
26 Vgl. ebd., S. 28.
27 Vgl. ebd., S. 36.
28 Ebd.
29 Vgl. ebd., S. 39.
30 Vgl. ebd., S. 40f.
31 Vgl. ebd., S. 41f.
32 Vgl. ebd., S. 44ff.

33 Vgl. ebd., S. 48ff.
34 Vgl. ebd., S. 55f.
35 Vgl. ebd., S. 57.
36 Vgl. ebd., S. 57f.
37 Vgl. ebd., S. 58.
38 Ebd., S. 59.
39 Ebd., S. 60.
40 Vgl. ebd., S. 60.
41 Vgl. ebd., S. 61ff.
42 Vgl. ebd., S. 72ff.
43 Vgl. ebd., S. 76ff.
44 Vgl. ebd., S. 79ff.
45 Vgl. ebd., S. 86ff.
46 Vgl. ebd., S. 90ff.
47 Vgl. ebd., S. 92ff.
48 Vgl. ebd., S. 99ff.
49 Vgl. ebd., S. 103ff.
50 Vgl. ebd., S. 107ff.
51 Vgl. ebd., S. 111ff.
52 Vgl. ebd., S. 115ff.
53 Vgl. ebd., S. 131ff.
54 Vgl. ebd., S. 141ff.
55 Vgl. ebd., S. 146ff.
56 Vgl. ebd., S. 153ff.
57 Vgl. ebd., S. 167ff.
58 Vgl. ebd., S. 179ff.
59 Vgl. ebd., S. 185.
60 Romanhafte Darstellungen des Lebens Karl Mays sind: W. Raddatz: Das abenteuerliche Leben Karl Mays. Gütersloh 1965; E. Loest: Swallow, mein wackerer Mustang. Karl-May-Roman. Hamburg 1980; u. a.
Abhandlungen zu Leben und Werk Karl Mays sind: H. Wollschläger: Karl May. Grundriß eines gebrochenen Lebens (1965). Zürich 1976; H. Schmiedt: Studien zu Leben, Werk und Wirkung eines Erfolgsschriftstellers (1979). Frankfurt am Main 1987 (2. Aufl.); M. Lowsky: Karl May. Stuttgart 1987; G. Ueding (Hg): Karl-May-Handbuch. Stuttgart 1987. Ferner verweise ich auf diverse Artikel im Jahrbuch der Karl-May-Gesellschaft sowie auf die Mitteilungen und Sondermitteilungen der Karl-May-Gesellschaft u. a. (siehe Literaturverzeichnis).
61 Vgl. V. Böhm: Karl May und das Geheimnis seines Erfolges. Gütersloh 1969 (2. Aufl.), S. 214f: "Karl May war Traumschreiber. Wie der Traum selbst gibt er das Einseitige, das Beklemmende und das Bedürfnisstillende, alle anderen Ordnungen und Schichten bleiben verhüllt. Dadurch entsteht die geheimnisvolle Traumperspektive seiner Werke, in der nur deutlich wird, was man mit dem Sinn, dessen Reiz das Bild veranlaßt hat, in einem Augenblick erfassen kann. Das übrige des Milieus, der Charaktere bleibt seltsam verschwommen, nur schemenhaft mitbewußt."

62 C. Roxin bezeichnet die beiden Gestalten als Verkörperung von Karl Mays Ich-Ideal und seines empirischen Ich, wobei er in letztere, in Hadschi Halef Omar "seine eigene psychische Substanz fast ohne ästhetische Kontrolle einfließen lassen konnte." C. Roxin: Bemerkungen zu Karl Mays Orientroman. In: D. Sudhoff / H. Vollmer (Hg): Karl Mays Orientzyklus. Paderborn 1991, S. 83-112, hier S. 85.
63 K. May: Bd. I, S. 21.
64 Ebd., S. 51ff.
65 K. May: Bd. VI, S. 472.
66 Vgl. U. Eco: Die Sprache des Gesichts. In: U. Eco: Über Spiegel und andere Phänomene. München 1990, S. 71-81. Eco legt dar, daß die "natürliche Physiognomik" - übles Aussehen entspricht üblem Wesen, edle Erscheinung bedeutet edle Gesinnung - bis heute fortbesteht.
67 I. Bröning: Die Reiseerzählungen Karl Mays als literaturpädagogisches Problem, a. a. O., S. 146f.
68 C. Roxin: Mays Leben. In: G. Üding (Hg): Karl-May-Handbuch. Stuttgart 1987, S. 62-106, hier: S. 76f.
69 W. Ilmer: Karl Mays Weihnachten in Karl Mays "'Weihnacht!'" III. Eine Spurenlese auf der Suche nach Fährten. In: JbKMG 1989, S. 51-83, hier S. 56.
70 K. Kay: Bd. I, S. 21.
71 Ebd.
72 Ebd., S. 28.
73 Ebd., S. 48.
74 Vgl. K. May: Bd. I, 3. Kapitel: Im Harem, S. 83ff.
75 Ausgelöst wurde die Onanie-Diskussion im Jahre 1773 von dem Schweizer Arzt Tissot durch sein aus dem Französischen übersetztes Werk "Von der Onanie oder Abhandlung über die Krankheiten, die von der Selbstbefleckung herrühren" (Eisenach 1773). Tissot liefert darin eine lange Reihe von Fallbeispielen junger Lüstlinge, die, obwohl beizeiten gewarnt, von ihrem Laster nicht lassen konnten und als "Opfer dieser schädlichen Handlung die Gebrechlichkeiten des ohnmächtigen Alters schon in der Blüthe ihrer Jahre angekündigt" bekamen (ebd., S. 27f). Ein schwacher Magen und eine schmerzhafte Verdauung, eine gänzliche Erschlaffung des Nervensystems, eine Mattigkeit der Augen und Schwäche des Gesichts, eine merkliche Abnahme aller Seelenkräfte usw. kündigt Tissot aufgrund seiner vielfältigen und zahlreichen Beobachtungen den "Onansbrüdern" als Folge ihrer bösen Gewohnheit an (ebd., S. 36). Noch 1908 spricht Iwan Bloch von der Schwäche des Nervensystems und der Schädigung der Augen als Folge übermäßig und gewohnheitsmäßig betriebener Onanie. I. Bloch: Das Sexualleben unserer Zeit in seinen Beziehungen zur modernen Kultur. Berlin 1908 (4. Aufl.).
76 K. May: Bd. I, S. 21.
77 Vgl. W. Ilmer: Durch die sächsische Wüste zum erzgebirgischen Balkan. Karl Mays erster großer Streifzug durch seine Verfehlungen. In: JbKMG 1982, S. 97-130.
78 K. May: Mein Leben und Streben. In: Ders.: Ich. Bamberg 1976 (30. Aufl.), S. 124f.

79 K. May: Bd. I, S. 41.
80 Ebd., S. 46.
81 1. Kön. 1, 8.
82 K. May: Bd. I, S. 45.
83 Ebd., S. 45.
84 Evangelisches Kirchengesangbuch Nr. 309.
85 K. May: Bd. I, S. 46.
86 Psalm 23, Verse 3 und 4.
87 Vgl. K. May: Bd. I, S. 42.
88 Ebd. Dazu auch das Sprichwort: "Das Auge ist der Spiegel der Seele." Böse Augen, harter, stechender Blick, lassen daher auf einen bösen, unehrlichen Charakter schließen. Vgl. dazu S. 244, Anm. 66.
89 Vgl. J. B. Kißling: Geschichte des Kulturkampfes im Deutschen Reiche. Bd. I. Freiburg im Breisgau 1911, S. 305: "Das Thema der protestantischen Superiorität über den Katholizismus ist in den Jahren 1866 bis 1870 in Büchern und Vorträgen, in Predigten und Zeitungsartikeln usque ad nauseam abgehandelt worden [...]" und S. 313, wo die Rede ist vom Darmstädter Protestantentag (3. - 5. Oktober 1871): "Dortselbst wurde nicht minder heftig gegen die Katholiken agitiert, zumal aber gegen die Jesuiten, 'die in den Schulen, auf den Kanzeln und Altären mit Gift, Mord und lodernden Scheiterhaufen gewirkt.'"
90 Über die ablehnende Haltung Karl Mays gegenüber den Jesuiten siehe H. Plaul: Literatur und Politik. Karl May im Urteil der zeitgenössischen Publizistik. JdKMG 1978, S. 174-255, hier S. 177. Er bezeichnet sie als "Halunken, saubere Bande" und "Ungeziefer".
91 F. Bohne (Hg): Wilhelm Busch. Historisch-kritische Gesamtausgabe. Bd. II. Titelvignette zu "Pater Filucius", S. 347.

92 Vgl. J. B. Kißling: Geschichte des Kulturkampfes im Deutschen Reiche. Bd. I, a.a.O., S. 305.
93 Vgl. W. Ilmer: Durch die sächsische Wüste zum erzgebirgischen Balkan. In: JbKMG 1982, S. 97-130.
    Ders.: Das Märchen als Wahrheit - die Wahrheit als Märchen. In: JbKMG 1984, S. 92-138.
    Ders.: Von Kurdistan nach Kerbela. In: JbKMG 1985, S. 263-320.

Ders.: Karl Mays Weihnachten in Karl Mays "'Weihnacht!'". In: JbKMG 1987, S. 101-137.
Ders.: Karl Mays Weihnachten in Karl Mays "'Weihnacht!'" II. In: JbKMG 1988, S. 209-247.
Ders: Karl Mays Weihnachten in Karl Mays "'Weihnacht!'" III. In: JbKMG 1989, S. 51-83.

94 Vgl. K. May: Bd. I, S. 52f.
95 Vgl. K. May: Bd. II, S. 534.
96 Vgl. K. May: Bd. VI, S. 364.
97 Vgl. ebd., S. 523f.
98 Vgl. ebd., S. 529.
99 W. Ilmer: Durch die sächsische Wüste zum erzgebirgischen Balkan. JbKMG 1982, S. 97-130, hier S. 121.
100 Ebd.
101 Vgl. W. Ilmer: Durch die sächsische Wüste zum erzgebirgischen Balkan. JbKMG 1982, S. 130, Anm. 63.
102 Ebd.
103 So z. B. "Der Graf von Monte Christo" von A. Dumas.
104 Hier in anderem Sinne angewendet als von Wolf-Dieter Bach, der den Begriff prägte. Vgl. W.-D. Bach: Fluchtlandschaften. In: JbKMG 1971, S. 39-73.
105 C. F. Meyer: Die Füße im Feuer. In: Ders.: Sämtliche Werke. Hist.-Krit. Ausgabe, besorgt v. H. Zeller u. A. Zäch. Bd. 1. Bern 1963, S. 382ff.
106 Deut. 32, 35; dazu auch: Spr. 20, 22: "Sprich nicht: Ich will Böses vergelten! Harre des Herrn, der wird dir helfen."
107 Vgl. S. Freud: Vorlesung zur Einführung in die Psychoanalyse (1940). In: Gesammelte Werke. Bd. 11. Frankfurt am Main 1961, S. 209ff.
108 Vgl. E. Aeppli: Der Traum und seine Deutung (1943), a. a. O., S. 340.
109 Vgl. E. Aeppli: Der Traum und seine Deutung (1943), a. a. O., S. 361ff.
110 Die Flagellomanie Karl Mays muß nicht als Adaption väterlicher Verhaltensweisen verstanden werden. Schlagephantasien könnten auch als Onaniephantasien verstanden werden. Vgl. dazu M. Mitscherlich: Müssen wir hassen? (1972). München 1988 (4. Aufl.), S. 190ff.
111 Vgl. K. May: Bd. I, S. 55ff.
112 Vgl. K. May: Bd. I, S. 73ff.
113 Vgl. ebd., S. 55.
114 Vgl. I. Bröning: Die Reiseerzählungen Karl Mays als literaturpädagogisches Problem, a. a. O., S. 149. Dort ist jedoch die Rede von *kostbaren* Pfeifen als Zeichen männlicher Macht.
115 Vgl. K. May: Bd. I, S. 70.
116 Vgl. K. May: Bd. I, S. 82.
117 O. Forst-Battaglia sei hier stellvertretend zitiert, der "Ausbruch aus dem Gefängnis, Verprügelung von unteren und mittleren Verwaltungsbeamten, gewaltsame Requirierung, eigenmächtige Absetzung bestechlicher oder auch nur herzloser Funktionäre, Vermögenszuwendung auf Kosten der öffentlichen Hand, Aufreizung zum Hoch-

verrat, führende Teilnahme an bewaffneten Erhebungen gegen die gesetzliche Obrigkeit" im Werk Karl Mays anführt sowie auf die Freude des Verfassers hinweist, zum Ergötzen seiner Lesergemeinde sich zu rächen "an den Polizeikommissären, Assessoren und Wachtmeistern, indem er, auf der höheren Wunsch-Ebene, mit den Walis und Wekils, den Alkalden und Korregidors umspringt, als wären sie der unreine Niemand". O. Forst-Battaglia: Karl May. Traum eines Lebens - Leben eines Träumers. Bamberg 1966, S. 118.

118 Vgl. S. Freud: Jenseits des Lustprinzips (1920). In: Gesammelte Werke. Hg. v. Anna Freud. Bd. XIII. London 1972, S. 21. Freud spricht dort vom 'Wiederholungszwang' des traumatischen Erlebnisses.

119 Vgl. H. Stolte: Die Reise ins Innere. JbKMG 1975, S. 11-33. Stolte versteht die Wekil-Episode als literarischen Niederschlag der von Karl May selbst geschilderten Verhaftung in Ernstthal nach dem angeblichen "Uhrendiebstahl".

120 W. Ilmer: Durch die sächsische Wüste zum erzgebirgischen Balkan. JbKMG 1982, S. 122.

121 K. May: Bd. I, S. 96.

122 Ebd., S. 100.

123 Vgl. ebd., S. 96.

124 Ebd.

125 Vgl. ebd., S. 103.

126 Vgl. ebd., S. 159.

127 Vgl. ebd., S. 149ff.

128 Vgl. ders. Bd. III, S. 380.

129 Vgl. ebd., S. 388ff.

130 Vgl. ebd., S. 422ff.

131 Vgl. ebd., S. 521ff.

132 Vgl. ebd., S. 530.

133 Vgl. ebd., S. 424.

134 G. Ueding bezeichnet den Kampf auf dem Turm von Galata als eine Motivvariation zu der bei Karl May häufig auftretenden topographischen Struktur, wobei auf einem Berg eine Entscheidung zur Konfliktlösung stattfindet. G. Ueding: Der Traum des Gefangenen. In JbKMG 1978, S. 60-86, hier S. 75f.
K. Theweleit interpretiert "Höhe" eines Turmes / Berges als kaltes, männlich-erigiertes Lebensgefühl, als "Hochkultur" gegenüber der Tiefe der verachteten, "weiblichen" ungebildeten Masse. Vgl. K. Theweleit: Männerphantasien 2 (1978). Reinbek 1980, S. 47ff.

135 Vgl. K. May: Bd. III, S. 535.

136 M. Lowski: Problematik des Geldes in Karl Mays Reiseerzählungen. In: JbKMG 1978, S. 111-141, hier S. 135.

137 Vgl. H. Wollschläger: Der Besitzer von vielen Beuteln. In: JbKMG 1974, S. 153-171, hier S. 157f. Der Autor sieht in diesem Beitrag die "Besitzer von vielen Beuteln" als böse, reiche Vaterfiguren an.

138 Vgl. W. Schmidbauer: Die Ohnmacht des Helden, a. a. O., S. 85. Im Rahmen der Erörterung des Phänomens 'Selbstmord' sagt der Verfasser: "Sexualität und Selbstkastration haben uns bisher beschäftigt, aber auch auf einem anderen Gebiet läßt sich die Triebbe-

friedigung der narzißtischen gegenüberstellen. Man übersieht in der gebräuchlichen Betrachtung von Ödipus und Narziß, daß Ödipus auch ein Mörder ist und Narziß ein Selbstmörder. Der Selbstmord ist die am weitesten gesteigerte Form der Selbstkastration [...]."
Der Tod Abraham Mamurs, des Teil-Ich des Autors, ist ein Stück weit Selbstmord und -kastration.

139 Ausführlich dazu siehe S. 237f.
140 K. May: Bd. I, S. 115f.
141 Vgl. ebd., S. 120.
142 Vgl. ebd., S. 159.
143 Vgl. K. May: Bd. III, S. 461f.
144 Vgl. ebd., S. 465.
145 Vgl. ebd., S. 518.
146 Vgl. ebd., S. 542.
147 Vgl. ders., Bd. I, S. 123.
148 Vgl. ebd.
149 Vgl. ders., Bd. III, S. 470.
150 Vgl. ebd., S. 538.
151 Vgl. K. May: Bd. I, S. 124. Die Schilderung der Reize Senitzas erinnern ein wenig an die Beschreibung der "Freundin" im Hohen Lied Salomos.
152 Vgl. ebd., S. 139ff.
153 Vgl. E. Bloch: Urfarbe des Traums. Wieder abgedruckt in: H. Wiederoth / H. Wollschläger (Hg): Der Rabe XXVII. Zürich 1989, S. 75-80. Bloch definiert den Tunnel als Geburtskanal, wobei er aber außer acht läßt, daß der Held dort *hineindringt*, nicht aber herausstrebt.
154 Vgl. K. May: Bd. I, S. 114ff.
155 Vgl. ebd., S. 150.
156 E. Aeppli: Der Traum und seine Deutung, a. a. O., S. 219.
157 Vgl. K. May: Bd. I, S. 148.
158 Vgl. ebd., S. 150.
159 Vgl. ebd., S. 151.
160 Vgl. ebd., S. 168.
161 E. Aeppli: Der Traum und seine Deutung, a. a. O., S. 219. Das "Wissen" um das Ziel der Fahrt ist hier als angemaßt, als Vorschrift für den Sohn aufzufassen.
162 Vgl. I. Bröning: Die Reiseerzählungen Karl Mays als literaturpädagogisches Problem, a. a. O., S. 130ff.
163 K. May: Bd. I, S. 162.
164 Vgl. ebd., S. 164ff.
165 Vgl. ebd., S. 168.
166 Siehe dazu auch ebd., S. 98.
167 Vgl. ebd., S. 164ff.
168 Ebd., S. 162. Daß kriegerisches bzw. soldatisches Aussehen und Intelligenz zum Mann-Sein (wenn auch zu einem hochgradig gestörten) der Kaiserzeit - und auch späterhin - gehörte, zeigt Theweleit auf. K. Theweleit: Männerphantasien. Bd. 1 u. 2, a. a. O.
169 Vgl. K. May: Bd. I, S. 176ff.

170 Ebd., S. 176.
171 Ebd., S. 177.
172 Vgl. ebd., S. 180ff.
173 Vgl. dazu die Ausführungen von I. Bröning: Die Reiseerzählungen Karl Mays als literaturpädagogisches Problem, a. a. O., S. 130ff.
174 C. G. Jung: Gesammelte Werke Bd. 12., S. 563. Zitiert in: A. Samuels / B. Shorter / F. Plaut: Wörterbuch Jungscher Psychologie, a. a. O., S. 52f, Stichwort 'Bewußtsein', 'Bewußtheit'.
175 In dem Werk, das Karl May als Vorlage diente, heißt die Figur Sofuk. Sofuk hat sich eine Frau namens Amscha geraubt, die ihm jedoch nicht entflieht, wie im Werk Karl Mays. Vgl. A. H. Layard: Populärer Bericht über die Ausgrabungen zu Niniveh nebst Beschreibung eines Besuches bei den chaldäischen Christen in Kurdistan und den Jezidi oder Teufelsanbetern. Leipzig 1852, S. 43ff.
Zur Frage der literarischen Vorlagen Karl Mays für die Orientromane siehe hauptsächlich F. Kandolf: Kara Ben Nemsi auf den Spuren Layards. In: KMJb 1922, S. 197-207; weiter W. Poppe: Marah Durimeh. Eine Quellenforschung zu Karl Mays Reiseerzählung "Durchs wilde Kurdistan". Sonderheft 1 des Graff-Anzeiger. Informationen über Reise- und Abenteuerschriftsteller. Braunschweig 1975.
176 Vgl. K. May: Bd. I, S. 295.
177 Vgl. ebd., S. 304.
178 Vgl. ebd., S. 311ff.
179 Dazu I. Bröning: Die Reiseerzählungen Karl Mays als literaturpädagogisches Problem, a. a. O., S. 130f.
180 Vgl. K. May: Bd. I, S. 210.
181 Vgl. ebd., S. 217.
182 A. Schmidt: Sitara und der Weg dorthin. Eine Studie über Wesen, Werk und Wirkung Karl Mays. Karlsruhe 1963, S. 160. Der Verfasser bezeichnet dort Hadschi Halef Omar als den "Penis" Karl Mays.
183 Vgl. W. Ilmer: Mit Kara Ben Nemsi 'im Schatten des Großherrn'. Beginn einer beispiellosen Retter-Karriere. JbKMG 1990, S. 287-312, hier S. 292.
184 Vgl. ebd., S. 293.
185 K. May: Bd. I, S. 235.
186 Ebd., S. 233.
187 Vgl. ebd., S. 271.
188 Vgl. K. May: Bd. II, S. 316ff.
189 Ebd., S. 330.
190 Ebd.
191 Vgl. ebd.
192 K. May: Mein Leben und Streben. In: Ders.: Ich. Bamberg 1976 (30. Aufl.), S. 113f.
193 Vgl. dazu die Ausführungen zum "Reiten" als soldatisch-männlich-sexueller Aktivität, die aber Abwehr des Liebesojektes 'Frau' darstellt: K. Theweleit: Männerphantasien. Bd. 1 (1977). Reinbek 1987, S. 66ff.

194 Vgl. K. May: Bd. I, S. 237.
195 Vgl. W. Ilmer: Das Märchen als Wahrheit - die Wahrheit als Märchen. In: JbKMG 1984, S. 92-138, hier S. 97ff.
196 Vgl. H. Wiegmann: Der Orientzyklus. In: G. Ueding (Hg): Karl-May-Handbuch. Stuttgart 1987, S. 177-205, hier S. 195.
197 K. May: Bd. I, S. 259.
198 Vgl. ebd., S. 265.
199 Vgl. K. May: Bd. VI, S. 644.
200 H. Wiegmann: Der Orientzyklus. In: G. Ueding (Hg): Karl-May-Handbuch. Stuttgart 1987, S. 177-205, hier S. 190.
201 Vgl. M.-L. v. Franz: Der ewige Jüngling. Der Puer aeternus und der kreative Genius im Erwachsenen. München 1987.
202 A. Samuels / B. Shorter / F. Plaut: Wörterbuch Jungscher Psychologie (1989). München 1991, S. 122. Stichwort 'Kompensation'.
203 C. G. Jung: Psychologische Typen (1920). Gesammelte Werke Bd. VI. Olten und Freiburg 1989 (16. Aufl.), S. 486, 841.
204 Vgl. K. May: Bd. I, S. 324ff.
205 E. Aeppli: Der Traum und seine Deutung, a. a. O., S. 362.
206 Ebd., S. 363.
207 K. May: Bd. I, S. 339.
208 Vgl. die Abbildungen Nr. 1 u. 25 der Bilderbibel von J. Schnorr von Carolsfeld, Leipzig 1860.
209 Vgl. K. May: Bd. I, S. 360ff.
210 Vgl. ebd., S. 360.
211 Vgl. ebd., S. 495.
212 Vgl. K. May: Bd. II, S. 145ff.
213 Ebd., S. 182.
214 Vgl. K. May: Bd. VI, S. 575ff.
215 Vgl. ebd., S. 575ff.
216 Vgl. ebd., S. 634ff.
217 So zumindest berichtet Karl May in: Mein Leben und Streben. In: Ders.: Ich. Bamberg 1976 (30. Aufl.), S. 192.
218 Vgl. dazu die Ausführungen von K. Theweleit: Männerphantasien. Bd. 1 (1977), a. a. O., S. 66ff.
219 I. Bröning: Die Reiseerzählungen Karl Mays als literaturpädagogisches Problem, a. a. O., S. 136.
220 Vgl. K. Asper: Verlassenheit und Selbstentfremdung (1987), a. a. O., S. 178. Auf Frustration, die 'Entthronung', reagiert Kara Ben Nemsi mit grandiosem Rückzug, völliger Verweigerung.
221 Die aufrechte Bestattung des Pferdes erinnert an die Trauerbräuche für germanische Heerführer. Auch dort wurden die Pferde aufrecht stehend bestattet.
222 Vgl. K. May: Bd. VI, S. 564ff.
223 Vgl. K. May: Bd. I, S. 376.
224 Vgl. ebd., S. 378ff.
225 Vgl. E. Aeppli: Der Traum und seine Deutung, a. a. O., S. 291.
226 K. May: Bd. Bd. I, S. 374.
227 E. Aeppli: Der Traum und seine Deutung, a. a. O., S. 188.

228 "Das Selbst ist als vereinigendes Prinzip in der menschlichen Psyche die zentrale Autorität bezüglich des psychischen Lebens und damit des Schicksals des Individuums." A. Samuels / B. Shorter / F. Plaut: Wörterbuch Jungscher Psychologie (1989). München 1991, S. 198, Stichwort 'Selbst'.
229 Über Großträume ausführlich siehe S. 83.
230 Vgl. K. May: Bd. I, S. 413f.
231 Langenscheidts Taschenwörterbuch Türkisch. Berlin, München, Wien, Zürich 1989 (21. Aufl.), S. 355. 'Nazar' bedeutet auch: gute Meinung, Achtung, Ansehen, Gunst, Ansicht.
232 Vgl. E. Aeppli: Der Traum und seine Deutung, a. a. O., S. 363f.
233 Vgl. ebd., S. 365.
234 K. May: Bd. I, S. 434.
235 Ebd.
236 Ebd., S. 446.
237 Ebd.
238 1. Samuel 17, 42ff. In der Abbildung der Bilderbibel von Julius Schnorr von Carolsfeld, Leipzig 1860, wird der mit einem Schuppenpanzer geschützte Goliath auf dem Boden liegend dargestellt, während David das Schwert des Riesen aus der Scheide zieht, um ihn zu erschlagen.
239 Vgl. K. May: Bd. I, S. 410.
240 Vgl. ebd., S. 415f.
241 Vgl. ebd., S. 422.
242 Ebd.
243 Ebd., S. 383.
244 Vgl. ebd., S. 385ff.
245 Vgl. ebd., S. 457ff.
246 Vgl. H. v. Beit: Gegensatz und Erneuerung im Märchen. (Bd. II von 'Erneuerung in Märchen'). Bern 1956, S. 59.
247 Vgl. I. Bröning: Die Reiseromane Karl Mays als literaturpädagogisches Problem, a. a. O., S. 141.
248 K. May: Bd. I, S. 434.
249 Ebd.
250 Vgl. ebd., S. 441.
251 Vgl. ebd., S. 442.
252 Vgl. ebd., S. 444.
253 K. May: Bd. II, S. 528.
254 Vgl. ebd., S. 532.
255 Vgl. K. May: Bd. I, S. 434.
256 Zum Reiten als Symbol sexuellen Vollzug-Ersatzes siehe K. Theweleit: Männerphantasien. Bd. 1 (1978), a. a. O., S. 66ff.
257 Vgl. E. Aeppli: Der Traum und seine Deutung (1943), a. a. O., S. 231.
258 Vgl. ebd.
259 Vgl. K. May: Bd. I, S. 465.
260 Vgl. ebd., S. 466.
261 Ebd., S. 467.
262 Vgl. ebd., S. 485.

263 Vgl. ebd., S. 493.
264 E. Aeppli: Der Traum und seine Deutung (1943), a. a. O., S. 119.
265 K. May: Bd. I, S. 485.
266 E. Aeppli: Der Traum und seine Deutung (1943), a. a. O., S. 235.
267 Vgl. K. May: Bd. I, S. 475ff.
268 Vgl. ebd., S. 489.
269 Vgl. I. Bröning: Die Reiseromane Karl Mays als literaturpädagogisches Problem, a. a. O., S. 130.
270 Vgl. K. May: Bd. I, S. 463.
271 Vgl. ebd., S. 502ff.
272 Vgl. ebd., S. 507.
273 Ebd., S. 508.
274 Vgl. ebd., S. 508.
275 Vgl. ebd., S. 510f.
276 Vgl. ebd., S. 511.
277 Vgl. ebd., S. 520ff.
278 Vgl. ebd., S. 531.
279 Vgl. K. May: Bd. II, S. 251.
280 In Leipzig wurden im Jahre 1863 fünfzig verschiede Rezepte für alkoholische Getränke, die aus Wasser herzustellen waren, angeboten. H.-J. Koch: Bacchus vor Gericht. Mainz o. J., S. 21.
281 Vgl. dazu eine ähnliche Vatergestalt, den Mutesselim, der sich nach geschickter Manipulation des Helden ebenfalls berauscht. S. 250f. Beide Figuren werden nicht vom Helden eliminiert, sie existieren weiter, stellen aber für ihn keine ernstzunehmende Bedrohung mehr dar.
282 Ausführlich dazu: H. Plaul: Der Sohn des Webers. Über Karl Mays erste Kindheitsjahre 1842 - 1848. In: JbKMG 1979, S. 12-98, hier S. 17f.
283 So beschreibt es Karl May selbst in "Mein Leben und Streben". In: K. May: Ich. Bamberg 1976 (30. Aufl.), S. 114.
284 S. Freud hält fast alle Träume vom Zahnverlust für Kastrationsträume. S. Freud: Die Traumdeutung (1900). Gesammelte Werke Bd. II. London 1942, S. 379, Anm. 1. Auch Aeppli schreibt den Zahnträumen fast eindeutig sexuellen Charakter zu. "Träume vom Ausfallen der Zähne - manche Träumer tragen davon die ganze Hand voll - haben, wie das Zahnweh selbst, mit dem Problem der Potenz und der Impotenz zu tun. Vor allem erzeugt Onanie Träume des Zahnverlustes, als Ausdruck der Energieschwächung." E. Aeppli: Der Traum und seine Deutung (1943), a. a. O., S. 225f.
285 Diese Episode behandelt Gert Asbach in seiner Dissertation zur Erlangung des Grades eines Doktors der Zahnmedizin der medizinischen Fakultät der Universität Düsseldorf (1972, Dissertationsdruck, 90 S.). Der Titel der Dissertation lautet: 'Die Medizin in Karl Mays Amerika-Bänden.' In der Tat spielt die Medizin in den Erzählungen Karl Mays eine wichtige Rolle. Asbach geht den geschilderten Arzt-Episoden mit wissenschaftlicher Genauigkeit und bemerkenswerter Kenntnis der einschlägigen Literatur nach. "Was freilich die Zahnmedizin betrifft, das Spezialfach unseres Doktoranden, so erweisen sich die Amerika-Bände als wenig fündig, und man versteht, daß er in dieser Verlegenheit wenigstens auf die ku-

riose Geschichte zurückgreift, in der sich Kara Ben Nemsi als Zahnarzt betätigt, indem er dem Pascha von Mossul ('Durch die Wüste') schmerzlos von einem Eckzahn befreit - eine Anekdote, nicht ohne den Hautgout medizinischer Hochstapelei." H. Stolte: Literaturbericht. In: JbKMG 1974, S. 237-246, hier S. 243f.
286 K. May: Bd. I, S. 533.
287 Vgl. ebd., S. 534.
288 Vgl. ebd., S. 574.
289 Vgl. ebd., S. 583f.
290 Ebd., S. 584.
291 Vgl. K. May: Bd. II, S. 360.
292 Bröning weist bereits auf die Eunuchenhaftigkeit des Buluk Emini hin. I. Bröning: Die Reiseromane Karl Mays als literaturpädagogisches Problem, a. a. O., S. 146.
293 Der Esel galt in der Antike als Symbol erotischer Potenz. Priapus z. B. ließ sich auf einen Wettstreit mit einem Esel ein, wobei er von dem Esel hinsichtlich der sexuellen Kondition übertroffen wurde. Vgl. W. Bauer / I. Dümotz / S. Golowin (Hg): Lexikon der Symbole (1980). Wiesbaden 1990 (11. Aufl.), S. 160.
294 I. Bröning: Die Reiseromane Karl Mays als literaturpädagogisches Problem, a. a. O., S. 135.
295 C. G. Jung: Symbolik des Geistes (1921). Zürich 1952, S. 57.
296 Vgl. E. Aeppli: Der Traum und seine Deutung (1943), a. a. O., S. 358f.
297 Siehe S. 244, Anm. 75..
298 Vgl. A. Schmidt: Sitara und der Weg dorthin (1963). Frankfurt 1969, S. 194.
299 K. May: Bd. I, S. 552.
300 Ebd., S. 555.
301 Vgl. ebd., S. 572.
302 Vgl. K. May: Bd. II, S. 114.
303 Vgl. ebd., S. 116.
304 Die intakte Welt des Bergvolkes findet sich auch z. B. bei L. Ganghofer oder in der Jugendliteratur in J. Spyris 'Heidis Lehr- und Wanderjahre' (1881), wo Klara aus Fr(Kr)ankfurt in der natürlichen Welt der Bergbewohner Genesung findet.
305 Der letzte von Karl May gehaltene Vortrag am 22. März 1912 in Wien hatte den Titel: Empor ins Reich des Edelmenschen. In: K. May: Ich. Bamberg 1976 (30. Aufl.), S. 293ff.
306 K. May: Bd. I, S. 563.
307 Vgl. ebd., S. 569.
308 Vgl. K. May: Bd. II, S. 115.
309 Vgl. ebd., S. 56f.
310 Vgl. ebd., S. 101.
311 Vgl. E. Aeppli: Der Traum und seine Deutung (1943), a. a. O., S. 363.
312 Vgl. I. Bröning: Die Reiseromane Karl Mays als literaturpädagogisches Problem, a. a. O., S. 143f.
313 Vgl. 'schwarz-weiß' als Lieblingsfarbe der ACHT im Enneagramm S. 317. Schwarz und Weiß könnten auch die Gegensätze in der Na-

tur des Vaters Heinrich May charakterisieren, so wie z. B. Feuer und Wasser als Verschlüsselung der Charakterreigenschaften Heinrich Mays vom Autor unbewußt verwendet wurden. Vgl. dazu: W. Vinzenz: Feuer und Wasser. Zum Erlösungsmotiv bei Karl May. SoKMG 26, 1980.

314 Vgl. E. Aeppli: Der Traum und seine Deutung (1943), a. a. O., S. 330.
315 Vgl. K. May: Mein Leben und Streben. In: Ders.: Ich. Bamberg 1976 (30. Aufl.), S. 76f.
316 Zu der Neigung Karl Mays, Figuren-Doppelungen zu ersinnen, vgl. A. Schmidt: Sitara und der Weg dorthin, a. a. O., S. 85ff.
317 Mt 5, 30.
318 E. Aeppli: Der Traum und seine Deutung (1943), a. a. O., S. 231.
319 Vgl. K. May: Mein Leben und Streben. In: Ders.: Ich. Bamberg 1976 (30. Aufl.), S. 134ff.
320 Mk. 9, 43.
321 K. May: Bd. I, S. 602.
322 Vgl. ebd., S. 603.
323 Vgl. ebd., S. 607.
324 Vgl. ebd., S. 608.
325 Ebd., S. 609.
326 Vgl. K. May: Bd. II, S. 58ff.
327 Vgl. K. May: Bd. III, S. 542ff.
328 Vgl. I. Bröning: Die Reiseerzählungen Karl Mays als literaturpädagogisches Problem, a. a. O., S. 131.
329 Vgl. E. Aeppli: Der Traum und seine Deutung (1943), a. a. O., S. 224.
330 Vgl. I. Bröning: Die Reiseerzählungen Karl Mays als literaturpädagogisches Problem, a. a. O., S. 147.
331 Vgl. E. Aeppli: Der Traum und seine Deutung (1943), a. a. O., S. 304f.
332 K. May: Bd. I., S. 608.
333 Vgl. ebd., S. 609.
334 Ebd., S. 602f. Das strömende Wasser bedeutet auch "Zeugendes". E. Aeppli: Der Traum und seine Deutung (1943), a. a. O., S. 280. Phallus und Zeugendes: der Autor versteckt hier vermutlich den Wunsch nach Nachkommenschaft.
335 Die Interpretation des Fremden im Busch als membrum virile wird zudem gestützt durch die Aussage des Textes: "Ich zwang ihn sogar, meine Wäsche zu tragen." Und: "er krümmte sich unter meinem Griffe [...]." K. May: Bd. I, S. 605.
336 Zeitweise nahm Karl May eine Nichte in sein Haus auf.
337 K. May: Bd. I, S. 611.
338 Vgl. ebd.
339 Vgl. ebd., S. 614ff.
340 Vgl. ebd., S. 620.
341 Vgl. E. Aeppli: Der Traum und seine Deutung (1943), a. a. O., S. 365.
342 Ebd.

343 Die Weinlaube wird bereits in der Vorlage Karl Mays beschrieben. Siehe: A. H. Layard: Populärer Bericht über die Ausgrabungen zu Niniveh nebst einer Beschreibung des Besuches bei den chaldäischen Christen in Kurdistan und den Jezidi oder Teufelsanbetern. Leipzig 1852, S. 122. Der Autor hat sich jedoch geschickt der Symbolik des Weinstockes bedient, um diesen eindrucksvollen "Traum" zu gestalten.
344 Vgl. E. Aeppli: Der Traum und seine Deutung (1943), a. a. O., S. 239.
345 Vgl. K. May: Bd. I, S. 626.
346 Vgl. ebd., S. 633.
347 Vgl. K. May: Bd. II, S. 103.
348 K. May: Bd. I, S. 620.
349 Vgl. ebd., S. 626.
350 Faßt man Ali Bey auch als Teil-Ich des Autors auf, dann wäre hier ein Konstrukt 'Karl May selbstdritt' zu beobachten, eine Ich-Spaltung in drei Ebenen. Zur 'Dreizahl' bei Karl May siehe W. Ilmer: Mit Kara Ben Nemsi im Schatten des Großherrn. In: JbKMG 1990, S. 287-312.
351 K. May: Bd. II, S. 23f.
352 Vgl. K. May: Bd. II, S. 33.
353 Vgl. ebd., S. 34f.
354 E. Aeppli: Der Traum und seine Deutung (1943), a. a. O., S. 333f.
355 Vgl. K. May: Bd. I, S. 566.
356 Vgl. K. May: Bd. II, S. 35.
357 Ebd., S. 47.
358 Vgl. ebd., S. 52.
359 Vgl. ebd., S. 55.
360 Vgl. ebd., S. 56.
361 H. Thielicke: Wie die Welt begann (1960). Stuttgart 1964, S. 154.
362 K. May: Bd. II, S. 48.
363 'Stößer' ist lt. Duden auch gebräuchlich für 'Sperber'.
364 Vgl. K. May: Bd. II, S. 48.
365 Vgl. ebd., S. 60f.
366 Vgl. ebd., S. 68ff.
367 Vgl. ebd., S. 71.
368 Vgl. ebd., S. 105.
369 Vgl. ebd., S. 272.
370 Vgl. ebd., S. 284f.
371 Vgl. ebd., S. 286f.
372 Vgl. ebd., S. 313ff.
373 C. Roxin: Mays Leben. In: G. Ueding (Hg): Karl-May-Handbuch. Stuttgart 1987, S. 85.
374 Vgl. K. May: Bd. II, S. 59ff.
375 Vgl. ebd., S. 75ff.
376 Vgl. ebd., S. 94.
377 Ebd., S. 95.
378 Daniel 5.

379 Daniel 5, 25-28.
380 K. May: Bd. II, S. 119f.
381 Ebd., S. 122.
382 Vgl. ebd.
383 Ebd., S. 123.
384 Vgl. ebd., S. 135ff.
385 Ebd., S. 155.
386 Vgl. ebd.
387 Vgl. ebd., S. 277.
388 Vgl. ebd., S. 286ff.
389 Ebd., S. 288.
390 Es erfolgt hier keinerlei Spekulation darüber, welche Person aus dem Umkreis Karl Mays vom Autor ins Auge gefaßt sein könnte.
391 Vgl. K. May: Bd. II, S. 120.
392 Vgl. ebd., S. 124.
393 Vgl. ebd., S. 138f.
394 Vgl. ebd., S. 139.
395 Vgl. ebd., S. 140.
396 Vgl. ebd.
397 Ebd., S. 146.
398 E. Aeppli: Der Traum und seine Deutung (1943), a. a. O., S. 375.
399 Ebd., S. 376.
400 Ebd.
401 Ebd., S. 366.
402 Vgl. ebd., S. 346ff: Sakrales ist in der Traumsymbolik meist als Aufforderung zur Rückbesinnung und Wandlung zu verstehen.
403 K. May: Bd. II, S. 158.
404 Ebd.
405 Ebd., S. 159.
406 Ebd., S. 161.
407 K. H. Dworczak hält Selim Agha für die Nachzeichnung einer Person. "Der pflichteifrige Dorfwachtmeister von Hohenstein-Ernstthal ist auch das Modell für Selim Agha, den mit überladenem Prunk gekleideten und großsprecherischen Befehlshaber der albanesischen Festung Amadijah. 'Breitspurig wie ein ostpreußischer Zwölfspänner', schreitet er durch die Straßen, 'rollt mit den Augen, fuchtelt mit den Armen.' Selim Agha liebt den vom Koran verbotenen Wein und trinkt ihn nur als beruhigende Medizin für seine zerrütteten Nerven. Der aufgeblasene Mann ist - ein Anklang an Falstaff - ein ausgesprochener Pantoffelheld, ein Paputsch, der von seiner alten Wirtschafterin Mersina, der 'süß-lieblichen Myrte' seine militärischen Vorschriften erhält." K. H. Dworczak: Das Leben Old Shatterhands. Radebeul 1935, S. 76f.
408 K. May: Bd. II, S. 167.
409 Ebd.
410 Karl May selbst beschreibt, daß er Kegel aufgestellt habe und einmal bei einer Theatergruppe mitwirkte, um etwas zu verdienen. K. May: Mein Leben und Streben. In: Ders.: Ich. Bamberg 1976 (30. Aufl.), S. 81ff u. S. 93ff.

411 K. May: Bd. II, S. 163.
412 Karl May beschreibt die Ehe seines Musiklehrers in 'Mein Leben und Streben'. In: Ders.: Ich. Bamberg 1976 (30. Aufl.), S. 72ff.
413 Vgl. K. May: Bd. II, S. 182f.
414 Vgl. ebd., S. 184.
415 Vgl. ebd., S. 193.
416 Vgl. ebd., S. 194ff.
417 Vgl. ebd., S. 202.
418 Vgl. ebd., S. 203.
419 Vgl. ebd., S. 216f.
420 E. Aeppli: Der Traum und seine Deutung (1943), a. a. O., S. 209.
421 Ebd., S. 211.
422 K. May: Bd. II, S. 184.
423 Ebd.
424 Vgl. ebd., S. 176.
425 Vgl. ebd., S. 223f.
426 Vgl. ebd., S. 312ff.
427 Den Begriff prägte A. Schmidt im Zusammenhang mit der Schilderung von Karl Mays Gefängnisaufenthalten. A. Schmidt: Sitara und der Weg dorthin (1963). Frankfurt am Main, Hamburg 1969, S. 194.
428 Das Pseudonym ist eine Reversion des Namens, wobei 'v' wie 'u' gelesen wird.
429 O. Retau: Die Selbst-Bewahrung. Aerztlicher Rathgeber bei allen Krankheiten und Zerrüttungen des Nerven- und Zeugungssystems durch Onanie, Ausschweifung und Ansteckung. Leipzig 1898 (80. Aufl.), S. 50.
430 A. Damm: Die Krankheit der Welt. Wiesbaden 1892, (4. Aufl.), S. 127f.
431 Vgl. ebd., S. 130.
432 I. Bloch: Das Sexualleben in unserer Zeit in seinen Beziehungen zur modernen Kultur. Berlin 1908 (4.-6. Aufl.), S. 472.
433 Ebd., S. 473.
434 Vgl. E. Aeppli: Der Traum und seine Deutung (1943), a. a. O., S. 238f.
435 Vgl. K. May: Mein Leben und Streben. In: Ders.: Ich. Bamberg 1976 (30. Aufl.), S. 149.
436 Wenn es eine Phase der Not-Homosexualität Karl Mays im Gefängnis gegeben haben sollte, wie Arno Schmidt nachzuweisen sich müht, gibt es hier keinen literarischen Niederschlag derselben. Vgl. A. Schmidt: Sitara und der Weg dorthin (1963), a. a. O.
437 Vgl. K. May: Bd. II, S. 204f.
438 Vgl. ebd., S. 209ff.
439 Vgl. ebd., S. 218.
440 K. May: Mein Leben und Streben. In: Ders.: Ich. Bamberg 1976 (30. Aufl.), S. 45.
441 Vgl. C. Roxin: Mays Leben. In: G. Ueding (Hg): Karl-May-Handbuch. Stuttgart 1987, S. 62-123, hier S. 65.
442 K. May: Mein Leben und Streben. In: Ders.: Ich, a. a. O., S. 154.

443 Vgl. ebd., S. 43.
444 Mt. 9, 18ff.
445 Vgl. K. May: Bd. II, S. 205f.
446 Vgl. ebd., S. 206ff.
447 Vgl. ebd., S. 208.
448 Ebd., S. 209.
449 Vgl. ebd., S. 210ff.
450 Vgl. E. Aeppli: Der Traum und seine Deutung (1943), a. a. O., S. 243.
451 Vgl. K. May: Bd. II, S. 312ff.
452 Vgl. ebd., S. 370ff.
453 Vgl. K. May: Bd. III, S. 181ff.
454 Vgl. K. May: Bd. VI, S. 635ff.
455 Vgl. ebd., S. 644.
456 Vgl. K. May: Bd. II, S. 370.
457 Ebd., S. 268.
458 Vgl. L. Santucci: Das Kind, sein Mythos und sein Märchen. Hannover 1964, S. 26ff.
459 A. Miller beschreibt am Beispiel Hermann Hesses, daß der Sohn Träger der negativen väterlichen Projektionen sein kann. A. Miller: Das Drama des begabten Kindes und die Suche nach dem wahren Selbst (1979), a. a. O., S. 148ff.
460 Vgl. K. May: Bd. II, S. 374ff.
461 Vgl. ebd., S. 379ff.
462 Vgl. ebd., S. 382ff.
463 Vgl. ebd., S. 387ff.
464 Vgl. ebd., S. 393ff.
465 Vgl. ebd., S. 398.
466 Vgl. ebd., S. 408ff.
467 Vgl. ebd., S. 412f.
468 Vgl. ebd., S. 422f.
469 Vgl. ebd., S. 399.
470 Vgl. E. Aeppli: Der Traum und seine Deutung (1943), a. a. O., S. 310.
471 Vgl. dazu H. Stolte: Mein Name sei Wadenbach. Zum Identitätsproblem bei Karl May. In: JbKMG 1978, S. 3759.
472 K. May: Bd. II, S. 400.
473 Vgl. ebd., S. 403. Karl May bescheinigt sich selbst ein hohes Maß an Naivität. K. May: Mein Leben und Streben. In: Ders.: Ich. Bamberg 1976 (30. Aufl.), S. 99.
474 Vgl. ebd., S. 404.
475 Vgl. Anm. 459 auf dieser Seite.
476 Vgl. K. May: Bd. II, S. 418ff.
477 Ebd., S. 422.
478 Ebd., S. 426.
479 Vgl. ebd.
480 Vgl. ebd., S. 427.
481 Vgl. ebd., S. 431.

482 Vgl. ebd., S. 433.
483 Vgl. ebd., S. 436.
484 Vgl. ebd., S. 437.
485 Vgl. ebd., S. 440.
486 Vgl. ebd., S. 593ff.
487 Vgl. ebd., S. 440ff.
488 Vgl. G. Haddenbach: So deutet man Träume. Niedernhausen 1990, S. 108f.
489 Vgl. K. Asper: Verlassenheit und Selbstentfremdung (1987), a. a. O., S. 125.
490 Vgl. K. May: Bd. II, S. 450.
491 Vgl. ebd., S. 451.
492 Vgl. ebd., S. 452ff.
493 Vgl. ebd., S. 458ff.
494 Vgl. ebd., S. 463ff.
495 Vgl. ebd., S. 452.
496 Vgl. ebd., S. 468.
497 Ebd., S. 467.
498 Vgl. ebd., S. 469.
499 Vgl. ebd., S. 470f.
500 Vgl. ebd., S. 490f.
501 Vgl. ebd., S. 493.
502 Vgl. ebd.
503 Vgl. ebd., S. 494.
504 Vgl. ebd.
505 Vgl. ebd., S. 496f.
506 E. Aeppli: Der Traum und seine Deutung (1943), a. a. O., S. 209.
507 Vgl. K. May: Bd. II, S. 475.
508 Vgl. ebd., S. 480.
509 Vgl. ebd., S. 482f.
510 Vgl. ebd., S. 484ff.
511 Vgl. ebd., S. 485f.
512 Vgl. ebd., S. 487.
513 Vgl. ebd., S. 488f.
514 Vgl. ebd., S. 500.
515 Vgl. ebd., S. 501.
516 Vgl. ebd., S. 505.
517 Vgl. ebd., S. 526ff.
518 Vgl. ebd., S. 530ff.
519 Vgl. ebd., S. 593ff.
520 Vgl. E. Aeppli: Der Traum und seine Deutung (1943), a. a. O., S. 291.
521 K. May: Bd. II, S. 509.
522 Vgl. ebd.
523 Vgl. ebd., S. 510f.
524 Vgl. ebd., S. 520.
525 Vgl. ebd., S. 555ff.

526 Vgl. ebd., S. 564.
527 Vgl. ebd., S. 608ff.
528 Vgl. ebd., S. 617.
529 Vgl. ebd., S. 522f.
530 Vgl. ebd., S. 523.
531 In der Vorlage werden die amerikanischen Missionare als bei den chaldäischen Christen beliebt und verehrungswürdig geschildert. Vgl. A. H. Layard: Populärer Bericht über die Ausgrabungen zu Niniveh. Nebst Beschreibung eines Besuches bei den chaldäischen Christen in Kurdistan und den Jezidi oder Teufelsanbetern, a. a. O., S. 87.
532 Karl May legt in seiner Autobiographie dar, daß er und seine Familie "ursprünglich tief religiös, aber von jener angeborenen, nicht angelehrten Religiosität", aber niemals "bigott" gewesen seien. K. May: Mein Leben und Streben. In: Ders.: Ich. Bamberg 1976 (30. Aufl.), S. 87.
533 K. May: Bd. II, S. 523.
534 Gott als das allmächtige Objekt, mit dem der narzißtisch geschädigte Mensch verschmilzt, kann nicht bezweifelt werden, wenn das seelische System nicht zusammenbrechen soll. Vgl. dazu: W. Schmidbauer: Die Ohnmacht des Helden, a. a. O., S. 98f.
535 K. May: Bd. II, S. 536.
536 Vgl. ebd.
537 Vgl. ebd., S. 537f.
538 Vgl. ebd., S. 538.
539 Vgl. ebd., S. 538f.
540 Vgl. ebd., S. 623.
541 Vgl. ebd., S. 624.
542 Amtsanmaßung war das letzte "kriminelle Delikt", das Karl May vorgeworfen wurde: die sog. Affäre Stollberg. Dazu: C. Roxin: Mays Leben. In: G. Ueding (Hg): Karl-May-Handbuch. Stuttgart 1987, S. 62-123, hier S. 92f.
543 Karl May legte sich z. B. einen Doktortitel zu.
544 Vgl. K. May: Bd. II, S. 572ff.
545 Ebd., S. 576.
546 Vgl. ebd., S. 576.
547 Ebd., S. 572: Der Geruch des Mannes wird als "Duft seiner Madonna im Superlativ" beschrieben. Deren Ausdünstungen setzen sich aus einer Mischung diverser widerlicher Gerüche zusammen, aus Knoblauch, faulen Fischen, toten Ratten, Seifenwasser und verbranntem Hering. Vgl. S. 557.
548 Vgl. K. May: Bd. III, S. 20ff.
549 Vgl. ebd., S. 27f.
550 Vgl. ebd., S. 30ff.
551 Vgl. ebd., S. 48ff.
552 Vgl. E. Müller: Zeittafel (im Anhang an die Beschreibung von Mays Leben). In: G. Ueding: Karl-May-Handbuch. Stuttgart 1987, S. 124-128, hier S. 126.
553 Bereits W. Ilmer weist darauf hin, daß Heider Mirlam eine Verschlüsselung für Heinrich Münchmeyer sein müsse. Vgl. W. Ilmer:

Von Kurdistan nach Kerbela. Seelenprotokoll einer schlimmen Reise. In: JbKMG 1985, S. 263-320, hier S. 275ff.
554 Vgl. S. 81f.
555 Vgl. K. May: Bd. III, S. 27f.
556 Vgl. ebd., S. 29f.
557 Vgl. ebd., S. 37.
558 Vgl. ebd., S. 48f.
559 Vgl. ebd., S. 53ff.
560 Vgl. ebd., S. 86f.
561 Vgl. ebd., S. 104f.
562 Vgl. ebd., S. 108ff.
563 Vgl. ebd., S. 121ff.
564 Vgl. ebd., S. 148.
565 Langenscheidts Taschenwörterbuch. Türkisch-Deutsch (1966). Berlin, München, Wien, Zürich 1990 (22. Aufl.).
566 Vgl. dazu auch: H. Kohut: Überlegungen zum Narzißmus und zur narzißtischen Wut. In: Psyche 27 (1973), S. 513-554, hier S. 533ff. Kohut spricht dort vom Wunsch, passive Erfahrungen der narzißtischen Kränkung in aktive umzuwandeln.
567 Vgl. W. Ilmer: Von Kurdistan nach Kerbela. Seelenprotokoll einer schlimmen Reise. In: JbKMG 1985, S. 263-320, hier S. 284ff.
568 K. May: Bd. III, S. 63.
569 Ebd.
570 Ebd.
571 Ebd., S. 68.
572 Ebd., S. 72.
573 Vgl. ebd., S. 191.
574 K. May: Von Bagdad nach Stambul. Bamberg 1951, S. 54, siehe Fußnote.
575 K. May: Bd. III, S. 73.
576 Ebd., S. 68.
577 Ebd.
578 Vgl. ebd., S. 64.
579 Vgl. ebd., S. 164.
580 Ebd., S. 90.
581 Vgl. ebd., S. 89.
582 Vgl. die Höhle als Bergungsort auch im Volksmärchen, sie ist als archetypisches Symbol des Uterus anzusehen.
583 W. Ilmer deutet die Figur als literarische Be- und Verarbeitung der Episode im Leben Karl Mays, als der Autor, den Gendarmen bei einem Transport entsprungen, sich in Böhmen herumtrieb und in einer Scheune aufgegriffen wurde. Er gab seinen Namen als Albin Wadenbach an. W. Ilmer: Von Kurdistan nach Kerbela: Seelenprotokoll einer schlimmen Reise. In: JbKMG 1985, S. 263-320, hier S. 287.
584 Vgl. K. May: Bd. III, S. 73.
585 Ebd., S. 74.
586 Vgl. ebd., S. 75f.
587 Vgl. ebd., S. 75.

588 Vgl. ebd., S. 78.
589 Ebd.
590 E. Aeppli: Der Traum und seine Deutung (1943), a. a. O., S. 362.
591 Dazu K. Theweleit: Männerphantasien. Bd. 1 (1977), a. a. O., S. 66ff.
592 K. May: Bd. III, S. 78.
593 Vgl. ebd., S. 80f.
594 Vgl. ebd., S. 81f.
595 Vgl. ebd., S. 82.
596 Vgl. ebd., S. 100f.
597 Vgl. ebd., S. 102f.
598 Vgl. ebd., S. 106f.
599 Vgl. ebd., S. 108.
600 Vgl. ebd., S. 110.
601 Vgl. ebd.
602 Ebd., S. 117.
603 Vgl. ebd., S. 120.
604 Vgl. ebd., S. 132ff.
605 W. Ilmer: Von Kurdistan nach Kerbela. Seelenprotokoll einer schlimmen Reise. In: JbKMG 1985, S. 263-320, hier S. 283ff.
606 Vgl. K. May: Bd. III, S. 154ff.
607 Vgl. E. Aeppli: Der Traum und seine Deutung (1943), a. a. O., S. 310f.
608 Ebd., S. 270.
609 Vgl. ebd., S. 384.
610 Vgl. ebd.
611 Die Dreizahl weckt die Assoziation an die drei Nornen.
612 Vgl. K. May: Bd. III, S. 162.
613 Vgl. ebd.
614 Vgl. ebd., S. 165.
615 Ein paradiesischer Ruheort findet sich bereits in einer der ältesten allegorischen Reiseerzählungen, die K. May zweifellos kannte. J. Bunyan: Die Pilgerreise (1684). Lahr-Dinglingen o. J., S. 61ff.
616 K. Asper: Verlassenheit und Selbstentfremdung (1987), a. a. O., S. 174.
617 Vgl. E. Aeppli: Der Traum und seine Deutung (1943), a. a. O., S. 205.
618 Vgl. K. May: Bd. III, S. 161.
619 Vgl. ebd., S. 177f.
620 Vgl. ebd., S. 180ff.
621 Vgl. ebd., S. 172.
622 Ebd.
623 Die Kleiderbeschreibungen Karl Mays "mit ihrer automatisch die Kleiderflächen vergrößernden Ausführlichkeit wirken wie aus kindlicher Perspektive und Schaulust geschrieben" meint M. Lowsky in: Ders.: Karl May. Sammlung Metzler Bd. 231. Stuttgart 1987, S. 78f.
624 Vgl. K. May: Bd. III, S. 244ff.

625 Vgl. ebd., S. 172.
626 Ebd., S. 173.
627 Ebd., S. 200.
628 Vgl. ebd., S. 207: Hier wird deutlich, daß es sich bei den beiden Bäumen um Eichen handelt.
629 Vgl. K. May: Bd. III, S. 204.
630 Ebd., S. 208.
631 Vgl. ebd.
632 Vgl. ebd., S. 211ff.
633 Vgl. ebd., S. 214f.
634 Vgl. K. May: Bd. III, S. 231f.
635 Vgl. ebd., S. 236.
636 Jak. 3, 5-12.
637 Vgl. K. May: Bd. III, S. 237ff.
638 Ebd., S. 239.
639 Vgl. ebd., S. 240.
640 Vgl. ebd., S. 241.
641 Ebd., S. 243.
642 Vgl. A. Schmidt: Sitara und der Weg dorthin (1963), a. a. O., S. 25ff.
643 Vgl. K. May: Bd. III, S. 209.
644 Vgl. ebd., S. 216.
645 Vgl. ebd., S. 319ff.
646 Ebd., S. 446.
647 Vgl. ebd., S. 271.
648 Vgl. ebd., S. 272.
649 Ebd.
650 Ebd.
651 Vgl. ebd., S. 273.
652 Vgl. ebd.
653 Vgl. ebd., S. 274ff.
654 Über die Kleidersymbolik vgl. die Ausführungen von I. Bröning: Die Reiseerzählungen Karl Mays als literaturpädagogisches Problem, a. a. O., S. 147ff.
655 K. May: Bd. III, S. 273.
656 Ebd.
657 Vgl. K. Asper: Verlassenheit und Selbstentfremdung (1987), a. a. O., S. 158.
658 E. Neumann: Das Kind. Zürich 1963, S. 84, 134.
659 Vgl. K. May: Bd. III, S. 276.
660 Vgl. ebd., S. 277.
661 Vgl. ebd.
662 Vgl. ebd., S. 278.
663 Vgl. ebd., S. 280.
664 Vgl. ebd., S. 280ff.
665 Dazu H. Stolte: "Frau Pollmer - eine psychologische Studie." Dokument aus dem Leben eines Gemarterten. In: JbKMG 1984, S. 11-27.

666 K. May: Bd. III, S. 304.
667 Ebd., S. 305.
668 Ebd.
669 Vgl. ebd.
670 Vgl. ebd. S 306.
671 Vgl. K. Asper: Verlassenheit und Selbstentfremdung (1987), a. a. O., S. 71.
672 Vgl. E. Aeppli: Der Traum und seine Deutung (1943), a. a. O., S. 387.
673 Vgl. K. May: Bd. III, S. 320ff.
674 Vgl. ebd., S. 327ff.
675 Vgl. ebd., S. 335f.
676 Vgl. ebd., S. 342f.
677 Vgl. K. May: Bd. I, S. 457ff.
678 Vgl. K. May: Bd. III, S. 355f.
679 Ebd., S. 355.
680 Vgl. ebd., S. 356.
681 Vgl. ebd., S. 374.
682 Vgl. ebd., S. 412.
683 Vgl. ebd., S. 357f.
684 Vgl. ebd., S. 359.
685 Vgl. ebd., S. 365.
686 Vgl. Gen. 2, 10.
687 K. May: Bd. III, S. 368.
688 Ebd., S. 366.
689 Vgl. ebd., S. 370.
690 Vgl. ebd., S. 371.
691 Ebd., S. 373.
692 Vgl. ebd., S. 374.
693 Vgl. ebd., S. 383f.
694 Vgl. ebd., S. 384.
695 Ebd., S. 386.
696 Vgl. ebd., S. 388ff.
697 Vgl. ebd., S. 399ff.
698 Vgl. ebd., S. 443.
699 Vgl. ebd., S. 454ff.
700 Vgl. ebd., S. 644.
701 Dieses Lied konnte trotz intensiven Forschens in sächsischen und thüringischen Gesangbüchern des vergangenen Jahrhunderts nicht aufgefunden werden. Es handelt sich offenbar um ein geistliches Volkslied, das nur lokale Verbreitung kannte, nicht jedoch zu den Kirchenliedern gehörte.
702 Vgl. W. Ilmer: Durch die sächsische Wüste zum erzgebirgischen Balkan. JbKMG 1982, S. 130, Anm. 63.
703 Vgl. K. May: Bd. III, S. 396ff.
704 Vgl. ebd., S. 399.
705 Vgl. dazu E. Goffman: Stigma (1963). Frankfurt am Main 1990 (9. Aufl.).

706 Vgl. E. Aeppli: Der Traum und seine Deutung (1943), a. a. O., S. 235.
707 Die "gerade Straße" in Damaskus ist bekannt durch die Ereignisse bei der Bekehrung des Saulus zum Paulus. Apg. 9.
708 Vgl. K. May: Bd. III, S. 381.
709 Vgl. ebd.
710 Vgl. ebd., S. 388f.
711 Vgl. ebd., S. 389ff.
712 Vgl. ebd., S. 392f.
713 E. Aeppli: Der Traum und seine Deutung (1943), a. a. O., S. 247.
714 Ebd., S. 248.
715 Ebd.
716 Diesen Vorwurf muß sich W. Ilmer von H. Wiegmann gefallen lassen. Vgl. H. Wiegmann: Reiseromane und Reiseerzählungen. In: G. Ueding (Hg): Karl-May-Handbuch. Stuttgart 1987, S. 195.
717 Vgl. K. May: Bd. III, S. 419.
718 Vgl. ebd.
719 Vgl. ebd., S. 419f.
720 Ebd., S. 420.
721 Vgl. ebd., S. 422ff.
722 Vgl. ebd., S. 442ff..
723 Vgl. das dt. Volksmärchen: die kleine territoriale Autorität heißt dort "König" und steht wie hier symbolisch für den Vater. Zu den Beziehungen der Werke Karl Mays zu den Volksmärchen siehe H. Stolte: Der Volksschriftsteller Karl May. Radebeul 1936.
724 Vgl. K. May: Mein Leben und Streben. In: Ders.: Ich. Bamberg 1976 (39. Aufl.), S. 237ff.
725 K. May: Bd. III, S. 454.
726 Ebd.
727 Vgl. ebd., S. 457f.
728 Vgl. ebd., S. 536.
729 Vgl. ebd., S. 537.
730 Vgl. ebd., S. 538.
731 Vgl. ebd., S. 477f.
732 Vgl. ebd., S. 527ff.
733 Ebd., S. 600.
734 Vgl. ebd., S. 613.
735 Vgl. ebd., S. 634.
736 Vgl. E. Aeppli: Der Traum und seine Deutung (1943), a. a. O., S. 334f.
737 Vgl. ebd., S. 326.
738 Vgl. G. Haddenbach: So deutet man Träume. Niedernhausen 1990, S. 108f.
739 Vgl. ebd., S. 74.
740 Vgl. E. Aeppli: Der Traum und seine Deutung (1943), a. a. O., S. 355ff.
741 Vgl. ebd., S. 75.
742 Vgl. K. May: Bd. III, S. 481f.

743 Vgl. dazu H. Schmiedt: Der Jude Baruch. In: D. Sudhoff / H. Vollmer (Hg): Karl Mays Orientzyklus. Paderborn 1991, S. 185-194.
744 Vgl. K. May: Bd. III, S. 483.
745 Vgl. ebd., S. 487f.
746 Vgl. ebd., S. 501ff.
747 Vgl. ebd., S. 544ff.
748 Vgl. C. Roxin: Mays Leben. In: G. Ueding: Karl-May-Handbuch. Stuttgart 1987, S. 62-123, hier S. 64f.
749 Vgl. K. May: Mein Leben und Streben. In: Ders.: Ich. Bamberg 1976 (30. Aufl.), S. 41f.
750 Vgl. W. Vinzenz: Feuer und Wasser. Zum Erlösungsmotiv bei Karl May. SoKMG 26, Hamburg 1980.
751 Vgl. K. May: Bd. III, S. 492f.
752 Vgl. ebd., S. 500f.
753 Vgl. ebd., S. 502ff.
754 Vgl. ebd., S. 501.
755 Ebd., S. 510.
756 Vgl. ebd., S. 511ff.
757 Vgl. ebd., S. 544ff.
758 Vgl. ebd., S. 548.
759 Vgl. ebd., S. 513.
760 Vgl ebd., S. 514.
761 Vgl. K. May: Bd. VI, S. 206ff.
762 Vgl. ebd., S. 364.
763 Vgl. dazu: C. G. Jung: Anima und Animus. In: Ders.: Die Beziehungen zwischen dem Ich und dem Unbewußten (1916). Olten und Freiburg 1974 (2. Aufl.), S. 207-232.
764 Zur Anima-Problematik K. Mays siehe: I. Bröning: Die Reiseerzählungen Karl Mays als literaturpädagogisches Problem, a. a. O., S. 153ff.
765 Vgl. K. May: Bd. III, S. 524ff.
766 Vgl. ebd., S. 524f.
767 Ebd., S. 525.
768 Ebd., S. 526.
769 Ebd., S. 553.
770 Vgl. ebd., S. 554.
771 Vgl. ebd., S. 555.
772 Vgl. ebd., S. 557ff.
773 Vgl. ebd., S. 563.
774 Vgl. ebd., S. 621ff.
775 Vgl. ebd., S. 555.
776 Vgl. ebd., S. 557ff.
777 Vgl. ebd., S. 565f.
778 Vgl. ebd., S. 581ff.
779 Vgl. K. May: Bd. VI, S. 206ff.
780 Vgl. E. Aeppli: Der Traum und seine Deutung (1943), a. a. O., S. 241. Dazu auch: G. Haddenbach: So deutet man Träume, a. a. O., S. 79.

781 Vgl. E. Aeppli: Der Traum und seine Deutung (1943), a. a. O., S. 326.
782 Vgl. K. May: Bd. III, S. 561.
783 Siehe C. Roxin: Mays Leben. In: G. Ueding (Hg): Karl-May-Handbuch. Stuttgart 1987, S. 62-123, hier S. 84.
784 Dazu siehe S. 87ff.
785 K. May: Bd. III, S. 564.
786 Ebd., S. 564f.
787 Vgl. ebd., S. 570f.
788 Vgl. ebd., S. 572.
789 Vgl. ebd., S. 574.
790 Vgl. ebd., S. 581ff.
791 Vgl. ebd., S. 182.
792 Vgl. ebd., S. 194: Hier wird der in die Tiefe Gestürzte fälschlicherweise Barud el Amasat genannt, obwohl dieser zu der Zeit den Zweikampf mit Osko, der dann ebenfalls einen Sturz in die Tiefe zur Folge haben wird, noch nicht ausgeführt hat.
793 Zu Karl Mays Sicht der exotischen Völker vgl. H Schmiedt: Karl May. Studien zu Leben, Werk und Wirkung eines Erfolgsschriftstellers (1979). Frankfurt am Main 1987 (2. Aufl.), S. 158ff. Ebenso G. Oel-Willenborg: Von deutschen Helden. Eine Inhaltsanalyse der Karl-May-Romane. Weinheim, Basel 1973, S. 91ff.
794 Vgl. E. Aeppli: Der Traum und seine Deutung (1943), a. a. O., S. 339ff.
795 Vgl. K. May: Bd. III, S. 608ff.
796 Vgl. E. Aeppli: Der Traum und seine Deutung (1943), a. a. O., S. 219.
797 Vgl. K. May: Bd. III, S. 564f.
798 Vgl. ebd., S. 566f.
799 Vgl. ebd., S. 568.
800 Vgl. ebd., S. 622ff.
801 Zur morgenländischen Gerichtsbarkeit vgl. auch G. Oel-Willenborg: Von deutschen Helden. Eine Inhaltsanalyse der Karl-May-Romane, a. a. O., S. 93ff.
802 Vgl. K. May: Bd. III, S. 634.
803 Vgl. ebd., S. 636.
804 Vgl. ebd., S. 638.
805 Vgl. ebd., S. 639.
806 K. May: Mein Leben und Streben. In: Ders.: Ich. Bamberg 1976 (30. Aufl.), S. 57: "Ich blieb ein Kind für alle Zeit, ein um so größeres Kind, je größer ich wurde, [...]."
807 Als momentan nicht diskreditiert, aber selbst höchst diskreditierbar, hat der Autor kein Interesse an der Stigmatisierung des törichten Jugendlichen. Vgl. E. Goffman: Stigma (1963). Frankfurt am Main 1990 (9. Aufl.).
808 Siehe dazu S. 62.
809 Vgl. S. 43.
810 Vgl. W. Schmidbauer: Die Ohnmacht des Helden, a. a. O., S. 85.

811 H. Kohut: Narzißmus (1976). Frankfurt am Main 1990 (7. Aufl.), S. 91f: "Die Objekte seiner homosexuellen Phantasien waren immer Männer mit großer körperlicher Kraft und mit vollkommenem Körperbau. Seine eigene phantasierte Tätigkeit bestand darin, eine quasi-sadistische, absolute Kontrolle über diese Männer auszuüben. In seinen Phantasien konnte er die Situationen so manipulieren, daß er, obwohl schwach, in der Lage war, den starken Mann zu versklaven und ihn hilflos zu machen. Gelegentlich erreichte er einen Orgasmus und ein Gefühl von Triumph und Stärke bei dem Gedanken, den starken und physisch vollkommenen Mann zu masturbieren und ihn auf diese Weise seiner Kraft zu berauben."
812 Zum grandiosen Rückzug vgl. K. Asper: Verlassenheit und Selbstentfremdung (1987), a. a. O., S. 99, 176, 178.
813 Siehe S. 206f.

5. Versuch der Autotherapie

Auch der narzißtisch gestörte Mensch hat nur in beschränktem Umfang die Möglichkeit, sich wie Baron Münchhausen quasi am eigenen Schopf aus dem Sumpf zu ziehen. Dennoch ist Karl May ständig bemüht, seine Misere selbst in den Griff zu bekommen. Seine autotherapeutischen Bemühungen haben erstaunliche Früchte gezeitigt, wie nachfolgend deutlicher aufzuzeigen sein wird. Auch das Ergebnis dieser Bemühungen - der Störung wird streckenweise wirksam begegnet - darf als Teilerfolg der Autotherapie des Autors aus Ardistan bezeichnet werden.

R. Battegay meint im Hinblick auf die Kompensationsmechanismen von narzißtisch beeinträchtigten Menschen: "Mancher Schriftsteller oder Dichter dürfte an einem mangelnden Narzißmus leiden und deshalb geneigt sein, sich eine grandiose Phantasiewelt zu schaffen, die er - Gott ähnlich - so gestalten kann, wie er will."[1]

Im Kontext zitiert R. Battegay als Beispiel H. Wysling, der in seiner Studie über Thomas Mann zu dem Schluß gelangt: "Sein ganzes Leben erscheint von hier aus als Bemühung, in allen Lagen sein 'narzißtisches Gleichgewicht' zu wahren oder wiederzugewinnen. Das Schwanken zwischen Selbstüberschätzung und Minderwertigkeitsgefühl ist dabei besonders charakteristisch".[2][3]

Diese Aussage darf in noch stärkerem Maße für Karl May in Anspruch genommen werden. Es geht dabei sicherlich auch um die Sanierung der Welt an sich[4]; in erster Linie handelt es sich aber um das existenzielle Problem der Be- und Verarbeitung narzißtischer Wunden.

Das konnte in diesem hohen Ausmaß bei Karl May nur geschehen, weil die hirnorganischen Gegebenheiten es zuließen. Vermutlich ist der die Hirnhemisphären trennende "Balken" sehr durchlässig gewesen, so daß Unbewußtes sehr leicht ins Bewußtsein dringen konnte. Die unendlich große Zahl von Szenen, in denen der Held oder ein Substitut die Feinde beschleicht und belauscht, muß nicht zwangsläufig auf während des frühkindlichen Blindseins erlernte Verhaltensweisen zurückgeführt werden.[5] Denkbar wäre auch eine von Karl May während der literarischen Produktion immer wieder geübte Praxis des Lauschens am Unbewußten, quasi an der Hirnhemisphäre[6], in der die Ich-Dividua

Karl Mays sich im Unbewußten tummelten und ihre Dialoge hielten. Karl May hätte in einem solchen Falle ideale Voraussetzungen für künstlerisches Schaffen gehabt.[7]

Dennoch glückt es Karl May, reale und phantasierte Welt voneinander zu trennen. Während er schriftstellerisch tätig ist und dabei in seiner Phantasiewelt frei agiert, bleibt er zugleich der sich für seinen Lebensunterhalt abrackernde Haushaltungsvorstand. Er erstrebt damit exakt das therapeutische Ziel, das Rogers angibt, nämlich das der Trennung von realer und imaginärer Welt in der analytischen therapeutischen Behandlung narzißtisch Gestörter.[8]

Die schriftstellerische Tätigkeit, die Karl May und seine Frau im bürgerlichen Leben ernährt, ermöglicht aber auch das Ausagieren sämtlicher narzißtischer Wünsche und Bedürfnisse; der Autor vermag diese mittels seiner Produktion zu kanalisieren. Damit hält er sich im Alltag psychisch im Gleichgewicht. Dieses Ausagieren der Störung wäre ihm ohne das Vorhandensein der Durchlässigkeit im "Balken" nicht in solchem Maße möglich gewesen. Vielleicht meint auch der Bericht von L. Aub nichts anderes, wenn der Charakterologe auch im Jahre 1919 noch nichts von den neueren amerikanischen hirnorganischen Forschungen wissen konnte. Der Charakterologe Aub war von L. Gurlitt beauftragt worden, die Gesichtszüge und die Handschrift des ihm unbekannten Greises Karl May zu bestimmen. Aub schreibt u. a.: "[...] das Pathologische ist hier zweifellos mit Genialem vermischt, [...]. Das Abstraktionsvermögen dieser Natur ist gering, das Ideenleben umso größer, Idee hier nicht im philosophischen Sinne, sondern als phantasievolle Vorstellung gemeint, Idee verbunden mit koloristischer Darstellungskraft, die allerdings gerade hier ungehemmt sich offenbart, was in diesem speziellen Falle mit der weiblichen Inversion zusammenhängt, mit den stark entwickelten Triebkräften zum Schaffen und mit der Tatsache, daß der Wille ziemlich ungebunden erscheint, so daß er ebensowenig einmal der Tat wie ein anderes Mal der Phantasie Schranken auferlegt [...]. Kein geographischer Naturwissenschaftler oder Historiker, aber ein ausgesprochener Phantast [...] kann bildlich schauen, Bilder sehen, Bilder fühlen, so daß man fast daran denken muß, ob nicht in dem Hirn dieses Mannes viele Bilder aus fernen Zonen sich gezeigt haben, die er einfach abkonterfeien konnte, was allerdings im metapsychischen Sinne fast als Medialität in Anspruch genommen werden muß, [...] Es handelt sich also um eine ganz merkwürdige, durchaus fast gegensätzlich gemischte aszendente Veranlagung des Mannes, bei dem das Geistige sich ganz und gar mit einer ungehemmten Vorstellungskraft verbindet [...]. Wenn aber hier das zustande kommen sollte, was an sich und in seiner Art bedeutsam und hoch individuell erscheint, das geniale Vermögen vergeistigter Phantasie und phantasievoll ungebundener Vorstellungskraft, so konnte es nur auf dem Wege geschehen, den sich hier die Natur gebaut hat, um zu diesem eigenartigen Ziele zu gelangen."[9]

Dieser Weg könnte aus einer innigen Verbindung beider Hirnhemisphären bestehen.

In der Charakterologie des Enneagramms wird besonders auf die Suizidgefährdung der ACHT hingewiesen.[10] Diese tritt dann auf, wenn für diesen Charaktertyp kein Aktionsbereich existiert.[11] Aller Wahrscheinlichkeit nach wäre Karl May ohne die Fähigkeit zur literaturproduzierenden Autotherapie suizidal geworden. Indem er sich seinen grandiosen Aktionsbereich in der Phantasiewelt erhält, die ihm wegen der Nähe des Unbewußten zum Bewußten oftmals nicht als phantastisch erkennbar wird, betreibt er eine wirksame Selbstmordverhütung.

Die Tätigkeit als Schriftsteller ermöglicht ihm auch den Ausgleich zwischen dem väterlich-gesellschaftlichen und dem eigenen Lebensprinzip. Der Widerstreit und der Ausgleich werden im Werk angesprochen in der Episode mit dem Melek von Lizan und dessen Bruder. Das väterlich-gesellschaftliche Prinzip verlangt Arbeit und Fleiß, um das tägliche Brot zu erwerben, das eigene Prinzip ist das der grandiosen Weltenbummelei. Beide Prinzipien kann der Autor Karl May in seinem Leben miteinander in Einklang bringen.

H. Kohut bezeichnet es als wichtigstes therapeutisches Ziel bei der Behandlung des narzißtisch beeinträchtigten Menschen, den Fragmentierungstendenzen Einhalt zu gebieten.[12] Dieser therapeutischen Maxime kommt Karl May fortwährend nach. Weil er in der Phantasie die Ich-Fragmente ständig personifiziert, wirkt er der Fragmentierungstendenz im realen Leben entgegen. Der Drang der Psyche des Individuums nach Zerfall in eine Fülle verschiedener Dividua wird im täglichen Leben nicht wirksam, da er sich auf literarischem Feld aus- und abreagieren kann. Damit heilt Karl May sich aber nicht von der Tendenz zur Fragmentierung, die bei ihm ungebrochen fortbesteht, er muß diese Aufspaltung des Ich in einzelne Teile bis an sein Ende immer wieder literarisch abführen, um integer zu bleiben.

Das erklärt u. a. sein rastloses Schaffen. Hier soll der von H. Stolte für Karl May geprägte Satz 'Ich schreibe, also bin ich!'[13] erweitert werden in 'Scribo, ergo sum intactus!' was frei übersetzt werden darf mit: "Solange ich schreibe, bin ich unversehrt."

Der literarische Produktionsprozeß läßt Karl May Raum für alle Arten von Größenphantasien. Es findet sich bei ihm weit mehr als das Idealbild aufgeklärter Universalbildung oder das Bildungsziel des weltoffenen Mannes der Gründerzeit (der alles kann und von allem Ahnung hat)[14], wobei der schöne Schein der Gründerzeitarchitektur Rückschlüsse auf die Pseudo-Bildung der Phänotypen jener Zeit - und damit auch auf Karl May - zulassen dürfte.

"Als was tritt uns Karl May in der Gestalt von Old Shatterhand und Kara Ben Nemsi entgegen? Als ein Mann, der über alle seine Feinde triumphiert. Kann ein Mann, der nicht durch rohe Kraft, sondern durch ein harmonisches Ineinandergreifen von Geist und Körper solche Taten verrichtet, der nicht wie ein Schlächtergeselle (man vergleiche andere 'Indianergeschichten') im Blute watet, sondern mit geistvoller Berechnung und kühner List die Anschläge seiner Widersacher zunichte macht und dabei, ohne Hohn und Spott zu scheuen, der Lehre von der Feindesliebe folgt, - kann ein solcher Charakter ein Schwachkopf sein?[15]

A. Droop, der bereits im Jahre 1909 auf die im Rahmen der beginnenden Karl-May-Hetze gegen den Autor erhobenen Vorwürfe reagiert, stellt die christlichen Grundsätze heraus, nach denen der Ich-Held der bescholtenen Romane zu handeln pflegt. A. Droop bescheinigt weiterhin: "[...] dieses Ich ist gedacht als der Typus des lebenbejahenden, gottesgläubigen, christ-ethischen Optimismus, verkörpert in einer charakterstarken Individualität. May macht mit überzeugter Kraft Front gegen allen Skeptizismus, Atheismus, Pessimismus und engherzigen Konfessionalismus [...]. Das ist es, was uns der Ichroman Mays und seine vermeintliche Selbstvergötterung zu sagen hat."[16]

Es findet sich mehr als charismatische Führerschaft[17] bei ihm und auch mehr als messianisches Sendungsbewußtsein.[18]

Das Märchen "Vom Fischer und syner Fru"[19] führt dem aufmerksamen Leser in krasser Deutlichkeit vor Augen, wie eine Frau in ihren Größenphantasien - die sie, da sich alles im Märchen abspielt, in die Tat umzusetzen imstande ist - scheitert, als sie gottgleich sein will. Sie will mit dem idealisierten Objekt identisch werden. Damit hat sie ihre Grenze überschritten und fällt zwangsläufig zurück in den erbarmungswürdigen Zustand der frühkindlich-defizitären Lage und Beschränkung ("Pißpott").

Karl May geht wesentlich geschickter vor als die unbedarfte Fischersfru. Er hat Gott zu seinem idealisierten Objekt gemacht[20], was zugleich auch erklärt, warum er, eigenen Aussagen zufolge, niemals an Gott zweifelte. Karl May darf an der Existenz seines idealisierten Objektes niemals Zweifel hegen, da sonst sein psychisches System korrumpiert und er selbst seines inneren Haltes verlustig gegangen wäre. Als der Schöpfer der narzißtisch-grandios agierenden Gestalt, die im Orient unter dem Namen Kara Ben Nemsi auftritt, rückt sich Karl May ganz in die Nähe seines idealisierten Objektes. Er will zwar nicht Gott werden wie die Fru des Fischers, aber seine Ansprüche sind kaum weniger unbescheiden, denn er organisiert sich um zum Gottessohn. Das alles geschieht zweifellos unbewußt, kann aber dem Leser, der das Buch der Bücher kennt, schwerlich verborgen bleiben. Karl May, der hinsichtlich der Bibel sehr beschlagen ist, hat sich, ohne es selbst zu merken, an der Gestalt des kerygmatischen Christus orientiert und dessen göttliche Größe ein Stück weit imitiert.[21] [22]

Freilich gestaltet er sich zu einem aufgeklärten Gottessohn um, der nicht in erster Linie Zeichen und Wunder vollbringt, obwohl diese nicht fehlen, sondern durch Omniszienz und Omnipräsenz den literarischen Kosmos nach seinem Willen lenkt.

Zunächst nähert er sich als 'Sohn' der greisen Marah Durimeh, die zeitweise in die Rolle der Gottesmutter schlüpft, wie die Anklänge der Rede der hehren Greisin an den Lobgesang der Maria kundtun.[23] [24]

Im Gespräch mit Marah Durimeh äußert Kara Ben Nemsi, daß er ein Emir des Leidens sei. Jesus Christus - so die Theologie der Evangelien und des Paulus - kam in die Welt, um zu leiden. Ein Emir des Leidens rückt sich in die Nähe des von dem Propheten Jesaja angekündigten leidenden Gottesknechtes[25], der in der abendländisch-christlichen Tradition christologisch gedeutet wurde.

Geboren wurde Christus in Bethlehem in einem Stall, während Karl May "im tiefsten Ardistan", also in einer ähnlich erbarmungswürdigen Umgebung zur Welt kam. Der aufgeklärte Gottessohn zieht ebenfalls durch die Lande, Jünger um sich scharend, Frieden und Gerechtigkeit bringend und predigend wie weiland Jesus Christus. Dabei könnte Kara Ben Nemsi ebenso gesagt haben: "Kommet her zu mir alle, die ihr mühselig und beladen seid, ich will euch erquicken."[26] Denn überall, wo der sächsische Gottessohn von eigenen Gnaden in Aktion tritt, wird die gerechte Ordnung wiederhergestellt, werden Arme und Unterdrückte erquickt, ihre Bedränger und Bedrücker in die Schranken gewiesen bzw. gänzlich ausgeschaltet.

Daß Kara Ben Nemsi wie ein archetypischer Held und wie Jesus Christus keine Familie gründet und sein Lebenskonzept strikt asexuell gestaltet, versteht sich von selbst.

Ganz offensichtlich genießt es Kara Ben Nemsi, Definitionsmacht zu besitzen. Auch darin imitiert er den biblischen Jesus.

An Wundertaten vollbringt er die Verwandlung von Wasser in Wein[27] und die Heilung der Schakara[28], die an die Auferweckung des Töchterleins des Jairus erinnert.[29] Auch Tod und Auferstehung finden sich im Orientromanzyklus. Der Held beschreibt dort seinen eigenen Tod und seine Rückkehr ins Leben.[30] Im ersten Winnetouband gibt es eine ähnliche Szene, bei der auch der Auferstehungsjubel nicht fehlt: "Halleluja, Halleluja! Er erwacht vom Tode [...]"[31]

Und schließlich muß auch eine himmlische Inthronisation stattgefunden haben. Der Scheik von Kalahoni schildert den Helfer der Haddedihn und ihrer Verbündeten in der Schlacht gegen ihre Widersacher in glühenden Farben als kosmischen Helden, der aus dem Himmel herniedergeritten ist, um auf übernatürliche Weise den Sieg herbeizuführen.[32] Dabei wird der kosmisch-göttliche Helfer weit wunderbarer geschildert als Christus, der Herr der kleinasiatischen Gemeinden, in der Apokalypse des Johannes.[33]

"Hier liegt vor deiner Majestät im Staub die Christenschar." Mit diesem Lied - Kara Ben Nemsi gibt es in Damaskus dem hingerissenen Publikum zum besten - beweihräuchert der sächsische Christus sich selbst, denn vor *seiner* Majestät liegt im Staub die Schar der - wenn auch nicht Christen, so doch die der Moslems.[34]

Unüberbietbare Grandiosität entwickelt der Held in seiner Phantasie. Er macht sich dabei zur Utopie und gleichzeitig zu ihrer Erfüllung. Daß er dabei seine narzißtischen Bedürfnisse völlig auslebt, dem Defizit von einst in der dieser Störung gemäßen Weise, nämlich der narzißtischen Unersättlichkeit, zu begegnen bereit ist, zeigt sein verzweifeltes Bemühen, um "jene Zufriedenheit zu erlangen, die allein bei konsistentem Selbst entstehen" kann.[35]

Die Tragik Karl Mays ist, daß er ein konsistentes Selbst auf Dauer nicht zu erreichen vermag, er immer wieder erneut in die Phantasiewelt am Schreibtisch zurückkehren muß.

Dem hausgemachten Christus sollte auch, was er bei der Abfassung der Reiseromane noch nicht ahnen konnte, der Jubel der Rezipienten, das "Hosianna" beim Einzug in Jerusalem, aber auch das bald darauf folgende "Kreuzige ihn!" in Form der Karl-May-Hetze zuteil werden.

Vielfältig sind die Äußerungen der narzißtischen Störung Karl Mays, vielfältig auch die autotherapeutischen Mühen des unermüdlich Schaffenden. Alles in allem kann sein Werk nicht nur als "Recherche nach der verlorenen Liebe" aufgefaßt werden[36], es stellt unbestreitbar einen verzweifelten Versuch dar, ständig Liebessurrogate zu konstruieren.

Anmerkungen

1 R. Battegay: Narzißmus und Objektbeziehungen (1977), a. a. O., S. 48.
2 H. Wysling: Narzißmus und illusionäre Existenzform. Bern, München 1982, zitiert bei R. Battegay: ebd.
3 Vgl. auch die Charakterisierung Martin Luthers bei E. Ott: Die dunkle Nacht der Seele (1981). Schaffhausen 1982, S. 58-69.
4 Vgl. das Bestreben E. T. A. Hoffmanns, sich mit Hilfe literarischen Schaffens gegen den Mißbrauch der Justiz zur Wehr zu setzen und sie zu korrigieren. H. Mangold: Gerechtigkeit durch Poesie. Wiesbaden 1989.
5 Dazu H. Wollschläger: "Die sogenannte Spaltung des menschlichen Innern, ein Bild der Menschheitsspaltung überhaupt." Materialien zu einer Charakteranalyse Karl Mays: In: JBKMG 1972/73, S. 11-92, hier S. 33. Wollschläger postuliert hier das Erlebnis einer 'Urszene', in der Karl May die Mutter und ihren Liebhaber belauscht habe. Er habe dabei feststellen müssen, daß sie jenem, nicht ihm, dem Sohn, ihre Liebe schenkte. Seitdem sei Karl May zum Lauscher geworden, um alles Unrecht der Welt zu erfahren. Diese gewagte Konstruktion ist nur *eine* Möglichkeit zur Erklärung des exzessiv betriebenen Lauschens im Werk Karl Mays.
6 Vgl. die Ausführungen auf S. 27ff dieser Studie.
7 Marsen meint dazu: "Nur ein Mensch, der eine freundliche Beziehung zu seinem Unbewußten hat, wird auch kreativ sein." B. Marsen: Neurophysiologische Aspekte der Dynamischen Psychiatrie. In: Ammon, G. (Hg): Handbuch der Dynamischen Psychiatrie. Bd. II. München, Basel 1982, S. 163.

8 Vgl. C. R. Rogers: Encounter Groups. New York, Evanston, San Francisco, London 1970, erwähnt in R. Battegay: Narzißmus und Objektbeziehungen (1977), a. a. O., S. 33.
9 L. Aub zitiert in L. Gurlitt: Gerechtigkeit für Karl May. Radebeul 1919, S. 91ff.
10 Dazu ausführlich S. 17f.##
11 Zur Entwicklung der Suizidhandlung siehe V. Kast: Der schöpferische Sprung (1987). München 1989, S. 69ff.
12 Kohut schreibt: "Der Therapeut hilft hier nicht dem Patienten dabei, seine Herrschaft über endopsychische Prozesse zu vergrößern, indem er das Unbewußte bewußt macht [...], sondern versucht den Zerfall des Selbst zu verhindern, indem er die kohärenzschaffende Tätigkeit der Verstandesfunktionen des Patienten stimuliert und unterstützt." H. Kohut: Die Heilung des Selbst. Frankfurt am Main 1979, S. 101.
13 H. Stolte: "Stirb und werde!" Existenzielle Grenzsituation als episches Motiv bei May. In: JbKMG 1990, S. 51-70, hier S. 68.
14 Damit gerät der universal beschlagene Mann in die Nähe des späteren Superheldencomics. Vgl. R. Frigge: Das erwartbare Abenteuer. Massenrezeption und literarisches Interesse am Beispiel der Reiseerzählungen von Karl May. Bonn 1984, S. 135ff. Vgl. auch H.-J. Kagelmann: Comics, Aspekte zu Inhalt und Wirkung. Bad Heilbrunn 1975, S. 39.
15 A. Droop: Karl May. Eine Analyse seiner Reise-Erzählungen. Cöln-Weiden 1909, S. 99f.
16 Ebd., S. 99.
17 Vgl. G. Oel-Willenborg: Von deutschen Helden. Weinheim, Basel 1973, S. 42f.
18 Vgl. H. Schmiedt: Karl May: Studien zu Leben, Werk und Wirkung eines Erfolgsschriftstellers (1978). Frankfurt am Main 1987 (2. Aufl.), S. 169.
19 KHM 19. Vgl. dazu K. Asper: Verlassenheit und Selbstentfremdung (1987), a. a. O., S. 175.
20 W. Schmidbauer stellt fest: "Für Karl Mays Ich-Helden ist das [ideale, nur von ihm ausgestaltete Objekt, A. d. V.] Gott." W. Schmidbauer: Die Ohnmacht des Helden, a. a. O., S. 102.
21 Watzlawick prägt den Begriff vom "Utopie-Syndrom", der auf Karl May zweifellos angewendet werden darf. Vgl. P. Watzlawick / J. H. Weakland / R. Fisch: Lösungen. Zur Theorie und Praxis menschlichen Wandels (1974). Bern, Stuttgart, Wien 1979 (2. Aufl.), S. 69ff.
22 Vgl. dazu F. S. Perls / R. F. Hefferline / P. Goodman: Gestalttherapie (1979). München 1991, S. 153ff. Die Autoren sprechen hier von der Selbstvergewaltigung des neurotischen Menschen, der sich mit dem idealisierten Objekt zu identifizieren trachtet.
23 Vgl. dazu S. 53f. dieser Studie.
24 Lk. 1, 46-55, hier besonders 52f.
25 Vgl. Jesaja 53.
26 Mt. 11, 28.
27 Er macht aus Wasser Wein beim Pascha von Mossul. Siehe S. 135ff.

28 Siehe S. 165f.
29 Mt 9, 18ff.
30 Vgl. K. May: Bd. IV, S. 177ff.
31 Vgl. dazu H. Stolte: "Stirb und werde!" Existentielle Grenzsituation als episches Motiv bei May. In: JbKMG 1990, S. 51ff.
32 Ausführlich dazu S. 54.
33 Apk. 1, 13-16.
34 Ausführlich dazu S. 209ff.
35 R. Battegay: Narzißmus und Objektbeziehungen (1977), a. a. O., S. 48.
36 Vgl. H. Wollschläger: "Die sogenannte Spaltung des menschlichen Innern, ein Bild der Menschheitsspaltung überhaupt." Materialien zu einer Charakteranalyse Karl Mays. JbKMG 1973/73, S. 11-92, hier S. 84.

6. Fazit

Tiefenpsychologisches, Biographisches, Psychopathographisches und Autotherapeutisches im Werk Karl Mays wollte meine Studie aufzeigen.

Die tiefenpsychologische Schule C. G. Jungs lieferte mit der von ihr entwickelten Deutung der Träume ein Instrumentarium, das an die Figuren im Werk Karl Mays angelegt werden konnte. Da Karl May wegen der Fülle seiner Produktionen gezwungen war, relativ unreflektiert zu arbeiten, durfte sein Werk wie ein "Cluster" von Träumen angesehen und interpretiert werden.

Das Ergebnis zeigt, daß der Autor in den drei behandelten Bänden seine eigene psychische Entwicklung anhand der agierenden Gestalten nachgezeichnet hat. Das dürfte ihm selbst in kaum einem Falle bewußt gewesen sein. Die Personifizierung und literarische Fixierung der innerseelischen Vorgänge sind als unbeabsichtigte Ausflüsse seines psychischen Erlebens und Erleidens zugleich als ureigenste und urtümlichste autobiographische Zeugnisse aufzufassen. Das In-Dividuum fragmentiert sich in eine Fülle von Ich-Dividua, wovon jedes jeweils einen Entwicklungsabschnitt bzw. einen Aspekt der Gesamtpersönlichkeit in einer vergangenen oder aktuellen Lebenssituation darstellt.

Das Werk Karl Mays kann auch als psychopathographisches Dokument angesehen werden. In der Handlungsführung der in der vorliegenden Studie avisierten Bände wird deutlich, daß sich die für die narzißtische Störung typische schwankende Bewußtheitslage zwischen den Extremen von Grandiosität und Depression als "Großtat" und anschließende Gefangenschaft des Helden niederschlägt. Dabei werden die literarischen Topoi von Gefangenschaft und Befreiung nicht lediglich als Wiederholungen der einst selbst erlebten Traumata des Autors erklärt, sondern als Ausdruck fortbestehender seelischer Störung durch die narzißtische Selbstwertproblematik. Das gesamte Werk kann als Psychopathographie der narzißtischen Störung Karl Mays bezeichnet werden, wenn man die Schar der auftretenden Personen überwiegend als Ich-Fragmente des Autors anzusehen gewillt ist.

Gleichzeitig ist Karl Mays Werk auch Autotherapie. Der Verfasser der Reiseerzählungen vollbringt es, sich mittels seiner literarischen Produktion die fiktive Welt der narzißtischen Größe zu erhalten, dem drohenden realen Ich-Zerfall Einhalt zu gebieten und ihn zu kanalisieren durch Schaffung von Ich-Dividua in der phantasierten Welt. Da er ein Aktionsfeld - und sei es nur in der Phantasie - zu entwickeln und zu erhalten in der Lage ist, hat er gleichzeitig die drohende Suizidgefahr abgewendet, er bleibt trotz fortbestehender narzißtischer Störung im bürgerlichen Leben unauffällig. Gelingen konnte diese geniale Art von Autotherapie aufgrund der Tatsache, daß es ihm möglich war, unmittelbaren Zugang zum Unbewußten zu erhalten. Reale und phantasierte Welt lagen bei ihm sehr dicht zusammen. Es ist zu vermuten, daß die hirnorganischen Gegebenheiten bei ihm ein Ineinanderfließen von Impulsen der rechten und der linken Hirnhemisphäre zuließen, er also direkten Zugang zum Unbewußten hatte. Damit wäre dann auch eine Erklärung für die Tatsache gegeben, daß er bereits in jungen Jahren die Welten des Scheins und des Seins nicht sauber voneinander trennen konnte und infolgedessen mit dem Gesetz in Konflikt kam.

Das 'Phänomen Karl May' wird verständlich, wenn man es in seiner Komplexität als "maßgeschneiderte", individuelle autotherapeutische Anstrengung des narzißtisch Versehrten zur Schaffung von phantasierten Liebessurrogaten betrachtet.

Literaturverzeichnis

a. Primärliteratur

Durch Wüste und Harem. Reprint der ersten Buchausgabe von 1892. Bamberg 1982.
Durchs wilde Kurdistan. Reprint der ersten Buchausgabe von 1892. Bamberg 1982.
Von Bagdad nach Stambul. Reprint der ersten Buchausgabe von 1892. Bamberg 1982.
In den Schluchten des Balkan. Reprint der ersten Buchausgabe von 1892. Bamberg 1982.
Durch das Land der Skipetaren. Reprint der ersten Buchausgabe von 1892. Bamberg 1982.
Der Schut. Reprint der ersten Buchausgabe von 1892. Bamberg 1982.
Winnetou I. Reprint der ersten Buchausgabe von 1893. Bamberg 1982.
Winnetou II. Reprint der Buchausgabe von 1893. Bamberg 1982.
Winnetou III. Reprint der ersten Buchausgabe von 1893. Bamberg 1982.
Old Shurehand I. Bamberg 1951.
Old Shurehand II. Bamberg 1951
Die Felsenburg. Bamberg 1951.
Krüger Bei. Bamberg 1951.
Satan und Ischarioth. Bamberg 1951.
Weihnacht. Bamberg 1951.
"Ich". Karl May. Leben und Werk. Bamberg 1976 (30. Aufl.).
Unter Geiern. Bamberg 1951.
Der Schatz im Silbersee. Bamberg 1951
Der Ölprinz. Bamberg 1951.
Halbblut. Bamberg 1949.
Das Vermächtnis des Inka. Bamberg 1951.
Der blaurote Methusalem. Bamberg 1950.
Die Sklavenkarawane. Bamberg 1949.

b. Sekundärliteratur

E. Aeppli: Der Traum und seine Deutung (1943). Zürich, Schwäbisch Hall 1983 (9. Aufl.).
G. Ammon: Handbuch der Dynamischen Psychiatrie. Bd. 2. München, Basel 1982.
R. Arnheim: Zur Psychologie der Kunst. Frankfurt am Main 1980.
W. Arnold: Begabung und Begabungswilligkeit. München, Basel 1968.

W. Arnold / H. J. Eysenck / R. Meili (Hg): Lexikon der Psychologie. Bd. 1 (1971). Freiburg, Basel, Wien 1987 (2. Aufl.).

G. Asbach: Die Medizin in Karl Mays Amerika-Bänden. Düsseldorf (Diss.) 1972.

K. Asper: Verlassenheit und Selbstentfremdung. Neue Zugänge zum therapeutischen Verständnis (1987). München 1990.

K. Asper: Beziehung und Deutung bei narzißtischer Selbstentfremdungsproblematik aus der Sicht der analytischen Psychologie. In: T. Reinelt / W. Datler (Hg): Beziehung und Deutung im psychotherapeutischen Prozeß. Berlin, Heidelberg, New York, London, Paris, Tokyo 1989, S. 100-113.

W.-D. Bach: Fluchtlandschaften. Jahrbuch der Karl-May-Gesellschaft 1971. Hamburg 1971, S. 39-73.

W.-D. Bach: Sich einen Namen machen. In: Jahrbuch der Karl-May-Gesellschaft 1975. Hamburg 1975, S. 34-72.

W.-D. Bach: Erkennen als lebendige Erfahrung. Zur psychoanalytischen Optik, angewendet auf May in essayistischen Formen. In: Jahrbuch der Karl-May-Gesellschaft 1980, Hamburg 1980. S. 28-34.

R. Battegay: Narzißmus und Objektbeziehungen (1977). Bern 1991 (3. Aufl.).

W. Bauer / H. Dümotz / S. Golowin (Hg): Lexikon der Symbole (1980). Wiesbaden 1990 (11. Aufl.).

R. Beissel: Der orientalische Reise- und Abenteuerroman. In: Karl-May-Jahrbuch 1920, S. 142-177. Wieder abgedruckt in: D. Sudhoff / H. Vollmer (Hg): Karl Mays Orientzyklus. Paderborn 1991, S. 31-52.

H. von Beit: Symbolik des Märchens. Versuch einer Deutung (1952). Bern 1986 (7. Aufl.).

H. Benesch: Und wenn ich wüßte, daß morgen die Welt unterginge... Weinheim, Basel 1984.

Die Bibel. Übersetzung von M. Luther. Revidierter Text 1912. Stuttgart 1912.

E. Bloch: Urfarbe des Traums. In: Jahrbuch der Karl-May-Gesellschaft 1971, S. 11-16. Nachdruck aus: 'Die Literarische Welt', Berlin, 3. 12. 1926. Wieder abgedruckt in: H. Wiederoth / H. Wollschläger (Hg): Der Rabe XXVII. Zürich 1989, S. 75-80.

E. Bloch: Erbschaft unserer Zeit. Gesamtausgabe. Bd. 4. Frankfurt 1962.

I. Bloch: Das Sexualleben unserer Zeit. Berlin 1908 (6. Aufl.).

V. Böhm: Karl May und das Geheimnis seines Erfolges. Gütersloh 1979 (2. Aufl.).

F. Bohne (Hg): Wilhelm Busch. Historisch-kritische Gesamtausgabe. Bd. II. Wiesbaden, Berlin o. J.

I. Bröning: Die Reiseerzählungen Karl Mays als literaturpädagogisches Problem. Ratingen, Kastellaun, Düsseldorf 1973.

J. Bunyan: Die Pilgerreise (1684). Lahr-Dinglingen o. J.

K. Clark: Glorie des Abendlandes. Reinbek 1977.

A. Damm: Die Krankheit der Welt. Wiesbaden 1892 (4. Aufl.).

A. Deeken: Seine Majestät - das Ich. Abhandlungen zur Kunst-, Musik- und Literaturwissenschaft. Bd. 339. Bonn 1983.

W. Dilthey: Das Erlebnis und die Dichtung. Lessing, Goethe, Novalis, Hölderlin. Leipzig 1906.

A. Droop: Karl May. Eine Analyse seiner Reiseerzählungen. Cöln-Weiden 1909.

Dudenredaktion (Hg): Duden 1. Die Rechtschreibung. Mannheim, Wien, Zürich 1980.

K. H. Dworczak: Das Leben Old Shatterhands. Radebeul bei Dresden 1935.

J. Eccles: Das Gehirn des Menschen. München 1975.

J. Eccles / H. Zeier: Gehirn und Geist. München 1980.

J. Eccles: Die Psyche des Menschen. Berlin, Basel 1984.

U. Eco: Über Spiegel und andere Phänomene. München 1990.

H. Eggebrecht: Sinnlichkeit und Abenteuer. Die Entstehung des Abenteuerromans im 19. Jahrhundert. Berlin, Marburg 1985.

H. Eggebrecht (Hg): Karl May der sächsische Phantast. Frankfurt am Main 1987.

M. Evers: Karl Mays Kolportageroman 'Der verlorene Sohn'. Tagtraum und Versuch der literarischen Bewältigung persönlicher Existenzprobleme des Autors. In: Jahrbuch der Karl-May-Gesellschaft 1981. Hamburg 1981, S. 88-135.

F. Fanai: Psychoanalyse. Frankfurt am Main 1984.

B. Flossdorf: Kreativität. Psychologische Grundbegriffe. Reinbek 1981.

O. Forst-Battaglia: Karl May. Traum eines Lebens - Leben eines Träumers. Bamberg 1966.

M.-L. v. Franz: Der ewige Jüngling. Der puer aeternus und der kreative Geist im Erwachsenen. München 1987.

S. Freud: Jenseits des Lustprinzips (1920). In: Gesammelte Werke. Bd. 8. London 1972 (7. Aufl.).

S. Freud: Vorlesung zur Einführung in die Psychoanalyse (1940). In: Gesammelte Werke. Bd. 11. Frankfurt am Main 1961.

S. Freud: Die Traumdeutung (1942). Frankfurt am Main 1989.

S. Freud: Totem und Tabu. Frankfurt am Main 1956.

H. Fricke: Karl May und die literarische Romantik. In: Jahrbuch der Karl-May-Gesellschaft 1981. Hamburg 1981, S. 11-35.

R. Frigge: Das erwartbare Abenteuer. Abhandlung zur Kunst-, Musik und Literaturwissenschaft. Band 357. Bonn 1984.

E. Fromm: Die Furcht vor der Freiheit (1945). München 1990.

E. Fromm: Wege aus einer kranken Gesellschaft. Frankfurt am Main, Berlin, Wien 1981.

Gesellschaft zur Förderung des Festhaltens (Hg): 1. Internationaler Kongreß 'Festhalten' in Regensburg. Stuttgart 1991.

F. Giese: Die öffentliche Persönlichkeit. Beiheft 44 zur Zeitschrift für angewandte Psychologie. Leipzig 1928.

E. Goffman: Stigma. Über Techniken der Bewältigung beschädigter Identität (1963). Suhrkamp Taschenbuch Wissenschaft 140. Frankfurt am Main 1990 (9 Aufl.).

D. Grünewald / W. Kaminski (Hg): Kinder- und Jugendmedien. Ein Handbuch für die Praxis. Weinheim, Basel 1984.

F. Gündogar: Trivialliteratur und Orient: Karl Mays vorderasiatische Reiseromane. Frankfurt am Main, Bern, New York 1983. (Europäische Hochschulschriften: Reihe 1, deutsche Sprache und Literatur. Bd. 684.).

L. Gurlitt: Gerechtigkeit für Karl May. Radebeul bei Dresden 1919.

G. Haddenbach: So deutet man Träume. Niedernhausen 1990.

Chr. Heermann: Neue Aspekte und offene Fragen der Karl-May-Biographie. In: Jahrbuch der Karl-May-Gesellschaft 1990. Husum 1990, S. 132-146.

E. Heinemann: Ijar und Yussuf el Kürkdschü. Joseph Kürschner, Karl May und der Deutsche Literaturkalender. Jahrbuch der Karl-May-Gesellschaft 1976. Hamburg 1976, S. 191-206.

K. Heinerth (Hg): Einstellungs- und Verhaltensänderung. München, Basel 1979.

A. Hellwig: Die kriminalpsychologische Seite des Karl-May-Problems. In: Karl-May-Jahrbuch 1920, S. 187-250.

K. Hoffmann: Silberbüchse - Bärentöter - Henrystutzen, "das sind die drei berühmtesten Gewehre der Welt." Herkunft, Wirkung und Legende. In: Jahrbuch der Karl-May-Gesellschaft 1974. Hamburg 1973, S. 74-108.

K. Hoffmann: Karl May als "Räuberhauptmann" oder Die Verfolgung rund um die sächsische Erde. Karl Mays Straftaten und sein Aufenthalt 1868-1870, 2. Teil. In: Jahrbuch der Karl-May-Gesellschaft 1975. Hamburg 1974, S. 243-275.

K. Hoffmann: Der "Lichtwochner" am Seminar Waldenburg. Eine Dokumentation über Karl Mays erstes Delikt (1859). In: Jahrbuch der Karl-May-Gesellschaft 1976. Hamburg 1976, S. 92-104.

K. Hoffmann: "Nach 14 Tagen entlassen. [...]". Über Karl Mays zweites 'Delikt' (Oktober 1861). In: Jahrbuch der Karl-May-Gesellschaft 1979. Hamburg 1979, S. 338-354.

K. Horney: Unsere inneren Konflikte (1954). Frankfurt am Main 1984 (4. Aufl.).

W. Ilmer: Durch die sächsische Wüste zum erzgebirgischen Balkan. Jahrbuch der Karl-May-Gesellschaft 1982. Husum 1982, S. 97-130.

W. Ilmer: Das Märchen als Wahrheit - die Wahrheit als Märchen. Jahrbuch der Karl-May-Gesellschaft 1984. Husum 1984, S. 92-138.

W. Ilmer: Von Kurdistan nach Kerbela. Jahrbuch der Karl-May-Gesellschaft 1985. Husum 1985, S. 263-320.

W. Ilmer: Karl Mays Weihnachten in Karl Mays "'Weihnacht!"'. Jahrbuch der Karl-May-Gesellschaft 1987. Husum 1987, S. 101-137.

W. Ilmer: Karl Mays Weihnachten in Karl Mays "'Weihnacht!'"II. Jahrbuch der Karl-May-Gesellschaft 1988. Husum 1988, S. 209-247.

W. Ilmer: Mit Kara Ben Nemsi 'im Schatten des Großherrn'. Beginn einer beispiellosen Retter-Karriere. Jahrbuch der Karl-May-Gesellschaft 1990. Husum 1990, S. 287-312.

A. Jaffé: Der Mythus vom Sinn im Werk von C. G. Jung. Zürich 1967.

R. Jeglin: "Die Welt der Ritterbücher war meine Lieblingswelt". Anmerkungen zu 'Rinaldo Rinaldini' und seinem Einfluß auf Karl May. In: Jahrbuch der Karl-May-Gesellschaft 1982. Husum 1982, S. 170-184.

C. G. Jung: Analytische Psychologie und Erziehung. Heidelberg 1926.

C. G. Jung: Psychologische Typen (1920). Gesammelte Werke Bd. 6. Olten, Freiburg 1989 (16. Aufl.).

C. G. Jung: Über die Archetypen und das kollektive Unbewußte (1934). Gesammelte Werke Bd. 9/1. Olten, Freiburg 1976.

C. G. Jung: Symbolik des Geistes. Studien über psychische Phänomenologie mit einem Beitrag von Riwkah Schärf (1921). Zürich 1948.

C. G. Jung: Die Beziehungen zwischen dem Ich und dem Unbewußten (1916). Gesammelte Werke Bd. 7. Olten, Freiburg 1974.

C. G. Jung: Von den Wurzeln des Bewußtseins. Studien über den Archetypus. Zürich 1954.

G. Just (Hg): Handbuch der Erbbiologie des Menschen. Bd. 5. Berlin 1939.

H.-J. Kagelmann: Comics, Aspekte zu Inhalt und Wirkung. Bad Heilbrunn 1975.

F. Kandolf: Kara Ben Nemsi auf den Spuren Layards. In: Karl May-Jahrbuch 1922. Radebeul 1922, S. 197-207. Wieder abgedruckt in: D. Sudhoff / H. Vollmer (Hg): Karl Mays Orientzyklus. Paderborn 1991, S. 195-201.

Kirchengesangbuch, evangelisches, für Hessen und Nassau. Darmstadt 1951.

J. B. Kißling: Geschichte des Kulturkampfes im Deutschen Reich. Bd. I. Freiburg 1911.

U. Kittler: Karl May auf der Couch? Die Suche nach der Seele des Menschen. Ubstadt 1985.

V. Klotz: Über den Umgang mit Karl May. Unter anderm: psychoanalytisch: unter anderm. In: Jahrbuch der Karl-May-Gesellschaft 1980. Hamburg 1980, S. 12-27.

G. Klußmeier: Die Gerichtsakten zu Prozessen Karl Mays im Staatsarchiv Dresden. Mit einer juristischen Nachbemerkung von Claus Roxin (I). In: Jahrbuch der Karl-May-Gesellschaft 1980. Hamburg 1980, S. 137-174.

G. Klußmeier: Die Gerichtsakten zu Prozessen Karl Mays im Staatsarchiv Dresden. Mit einer juristischen Nachbemerkung von Claus Roxin (II). In: Jahrbuch der Karl-May-Gesellschaft 1981. Hamburg 1981, S. 262-299.

H.-J. Koch: Bacchus vor Gericht. Ein Weinsünden-Panoptikum. Mainz o. J.

H. Kohut: Überlegungen zum Narzißmus und zur narzißtischen Wut. In: Psyche 27 (1973), S. 513-554.

H. Kohut: Narzißmus (1976). Frankfurt am Main 1990 (7. Aufl.).

H. Kohut: Die Heilung des Selbst. Frankfurt am Main 1979.

E. Kretschmer: Körperbau und Charakter (1921). Berlin 1967 (26. Aufl.).

O. Kris: Die ästhetische Illusion. Frankfurt am Main 1977.

H. Kühne: Register zum Jahrbuch der Karl-May-Gesellschaft. 1970-1975. Hamburg 1980.

H. Kühne: Register zum Jahrbuch der Karl-May-Gesellschaft. 1976-1980. Husum 1987.

H. Kühne: Kompositionen, Lieder und Vertonungen. In: G. Ueding (Hg): Karl-May-Handbuch. Stuttgart 1987, S. 601-606.

E. Landau: Kreatives Erleben. München, Basel 1984.

W. Lange-Eichbaum: Genie, Irrsinn, Ruhm (1928). München, Basel 1985 (7. Aufl.).

Langenscheidts Taschenwörterbuch. Türkisch-Deutsch (1966). Berlin, München 1989 (21. Aufl.).

K. Langer: Der psychische Gesundheitszustand Karl Mays. Eine psychiatrisch-tiefenpsychologische Untersuchung. In: Jahrbuch der Karl-May-Gesellschaft 1978. Hamburg 1978, S. 168-173.

K. Langer: Die Bedeutung der Angstlust in Karl Mays Leben und Werk. In: Jahrbuch der Karl-May-Gesellschaft 1986. Husum 1986, S. 268-276.

H. Laqua: Warum Karl May? Wirkung und Wert eines Volksschriftstellers. Radebeul bei Dresden 1937.

A. H. Layard: Populärer Bericht über die Ausgrabungen zu Niniveh. Nebst Beschreibung eines Besuches der chaldäischen Christen und den Jezidi oder Teufelsanbetern. Leipzig 1852.

B. Leuner: Psychoanalyse und Kunst. Köln 1976.

E. Loest: Swallow, mein wackerer Mustang. Karl-May-Roman. Hamburg 1980.

M. Lowsky: Problematik des Geldes in Karl-Mays Reiseerzählungen. In: Jahrbuch der Karl-May-Gesellschaft 1978. Hamburg 1978, S. 111-141.

M. Lowsky: Der kranke Effendi. Über das Motiv der Krankheit in Karl Mays Werk. In: Jahrbuch der Karl-May-Gesellschaft 1980. Hamburg 1980, S. 78-96.

M. Lowsky: Karl May. Sammlung Metzler - Realien zur Literatur, Bd. 231. Stuttgart 1987.

H. R. Lückert (Hg): Begabungsforschung und Bildungsförderung als Gegenwartsaufgabe. München, Basel 1969.

H. Mangold: Gerechtigkeit durch Poesie. Wiesbaden 1989.

Th. Mann: Leiden und Größe der Meister. Berlin 1935.

C. F. Meyer: Sämtliche Werke. Bd. 1. Hist.-kritische Ausgabe, besorgt von H. Zeller und A. Zäch. Bern 1963.

A. Miller: Das Drama des begabten Kindes und die Suche nach dem wahren Selbst (1979). Frankfurt am Main 1990.

A. Miller: Depression und Grandiosität als wesensverwandte Formen der narzißtischen Störung. In: Psyche 33 (1979), S. 132-156.

M. Mitscherlich: Müssen wir hassen? Über den Konflikt zwischen innerer und äußerer Realität (1972). München 1988 (4. Aufl.).

C. v. Monakow: Die Lokalisation im Großhirn. Wiesbaden 1909.

E. Müller: Zeittafel (im Anschluß an die Beschreibung von Mays Leben). In: G. Ueding (Hg): Karl-May-Handbuch. Stuttgart 1987, S. 124-128.

R. Müller: Das Drama Karl Mays. In: Jahrbuch der Karl-May-Gesellschaft 1970. S. 98-105. Nachdruck aus: 'Der Brenner', Heft 17, 1. 2. 1912.

R. Müller-Freienfels: Philosophie der Individualität. Leipzig 1921.

F. Munzel: Karl Mays Erfolgsroman 'Das Waldröschen'. Eine didaktische Untersuchung als Beitrag zur Trivialliteratur der Wilhelminischen Zeit und der Gegenwart. Hildesheim, New York 1979.

E. Neumann: Ursprungsgeschichte des Bewußtseins. Zürich 1949.

E. Neumann: Das Kind. Zürich 1963.

G. Neumann: Das erschriebene Ich. Erwägungen zum Helden im Roman Karl Mays. In: Jahrbuch der Karl-May-Gesellschaft 1987. Husum 1987, S. 69-100.

G. Oel-Willenborg; Von deutschen Helden. Eine Inhaltsanalyse der Karl-May-Romane. Internationale Untersuchungen zur Kinder- und Jugendliteratur. Bd. 7. Weinheim, Basel 1973.

D. Ohlmeier: Karl May: Psychoanalytische Bemerkungen über kollektive Phantasietätigkeit. In: Materialien zur Psychoanalyse und analytisch orientierten Psychotherapie. Bd. IV (1978), Heft 1, S. 37-160.

E. Ott: Die dunkle Nacht der Seele (1981). Schaffhausen 1982.

S. Perls / R. F. Hefferline / P. Goodman: Gestalttherapie (1979). München 1991.

J. Pinnow: Sächsisches in den Werken Karl Mays. In: Jahrbuch der Karl-May-Gesellschaft 1989. Husum 1989, S. 230-264.

H. Plaul: Auf fremden Pfaden? Eine erste Dokumentation über Mays Aufenthalt zwischen Ende 1862 und Ende 1864. In: Jahrbuch der Karl-May-Gesellschaft 1971. Hamburg 1971, S. 144-164.

H. Plaul: Alte Spuren. Über Karl Mays Aufenthalt zwischen Mitte Dezember 1864 und Anfang Juni 1865. In: Jahrbuch der Karl-May-Gesellschaft 1972/73. Hamburg 1972, S. 195-214.

H. Plaul: "Besserung durch Individualisierung". Über Karl Mays Aufenthalt im Arbeitshaus zu Zwickau vom Juni 1865 bis November 1868. In: Jahrbuch der Karl-May-Gesellschaft 1975. Hamburg 1975, S. 127-199.

H. Plaul: Literatur und Politik. Karl May im Urteil der zeitgenössischen Publizistik. In: Jahrbuch der Karl-May-Gesellschaft 1978. Hamburg 1978, S. 174-255.

H. Plaul: Resozialisierung durch "progressiven Strafvollzug". Über Karl Mays Aufenthalt im Zuchthaus zu Waldheim von Mai 1870 bis Mai 1874. In: Jahrbuch der Karl-May-Gesellschaft 1976. Hamburg 1976, S. 105-170.

H. Plaul: Redakteur auf Zeit. Über Karl Mays Aufenthalt und Tätigkeit von Mai 1874 bis Dezember 1877. In: Jahrbuch der Karl-May-Gesellschaft 1977. Hamburg 1977. S. 114-217.

H. Plaul: Der Sohn des Webers. Über Karl Mays erste Kindheitsjahre 1842-1848. In: Jahrbuch der Karl-May-Gesellschaft 1979. Hamburg 1979, S. 12-98.

H. Plaul: Karl May Bibliographie. Unter Mitwirkung von Gerhard Klußmeiers (1988). München, London, New York, Paris 1989.

P. Plaut: Produktive Persönlichkeit. Berlin 1929.

W. Poppe: Marah Durimeh. Eine Quellenforschung zu Karl Mays Reiseerzählung "Durchs wilde Kurdistan". Sonderheft 1 des Graff-Anzeiger. Informationen über Reise- und Abenteuerschriftsteller. Braunschweig 1975.

G. Prause: Genies in der Schule (1974). München 1991.

S. Preiser: Kreativitätsforschung. Darmstadt 1976.

W. Raddatz: Das abenteuerliche Leben Karl Mays. Gütersloh 1965.

S. Rahmer: Aus der Werkstatt des dramatischen Genies. München 1906.

W. Rath / D. Hudelmayer (Hg): Handbuch der Sonderpädagogik. Bd. 2. Pädagogik der Blinden und Sehbehinderten. Berlin 1985.

O. Retau: Die Selbst-Bewahrung. Aerztlicher Rathgeber bei allen Krankheiten und Zerrüttungen des Nerven- und Zeugungssystemes durch Onanie, Ausschweifung und Ansteckung. Leipzig 1898 (80. Aufl.).

G. Retzius: Das Gehirn des Astrologen Hugo Gylden. Stockholm 1899.

G. Retzius: Das Gehirn der Mathematikerin Sonja Kowalewski. Stockholm, Jena 1900.

G. Retzius: Das Gehirn des Physikers und Pädagogen Per Adam Silgeström. Stockholm, Jena 1902.

W. Rexrodt: Gehirn und Psyche. Stuttgart 1981.

H. E. Richter: Eltern, Kind, Neurose. Stuttgart 1963.

R. Rohr: Das Enneagramm, die neun Gesichter der Seele (1989). München 1990 (4. Aufl.).

C. Roxin: Vorläufige Bemerkungen über die Straftaten Karl Mays. In: Jahrbuch der Karl-May-Gesellschaft 1971. Hamburg 1971, S. 74-109.

C. Roxin: Karl May, das Strafrecht und die Literatur. In: Jahrbuch der Karl-May-Gesellschaft 1978. Hamburg 1978, S. 9-36.

C. Roxin: Mays Leben. In: G. Ueding (Hg): Karl-May-Handbuch, Stuttgart 1987.

C. Roxin: Bemerkungen zu Karl Mays Orientroman. In: D. Sudhoff / H. Vollmer (Hg): Karl Mays Orientzyklus. Paderborn 1991, S. 83-112.

O. Sahlberg: Therapeut Kara Ben Nemsi. In: H. Eggebrecht (Hg): Karl May - der sächsische Phantast. Frankfurt am Main 1987, S. 189-212.

L. Santucci: Das Kind, sein Mythos und sein Märchen. Hannover 1964.

W. Salber: Literaturpsychologie. Bonn 1972.

A. Samuels / B. Shorter / P. Plaut: Wörterbuch Jungscher Psychologie (1989). München 1991.

P. Schellenbaum: Abschied von der Selbstzerstörung. Befreiung der Lebensenergie (1987). München 1990.

P. Schellenbaum: Die Wunde der Ungeliebten. Blockierung und Verlebendigung der Liebe (1988). München 1991.

E. A. Schmid: Eine Lanze für Karl May. Radebeul bei Dresden 1926 (2. Aufl.).

W. Schmidbauer: Die hilflosen Helfer. Reinbek 1977.

W. Schmidbauer: Die Ohnmacht des Helden. Unser täglicher Narzißmus. Reinbek 1981.

A. Schmidt: Sitara und der Weg dorthin. Eine Studie über Wesen, Werk & Wirkung Karl Mays (1963). Frankfurt am Main 1969.

H. Schmiedt: Karl May. Studien zu Leben, Werk und Wirkung eines Erfolgsschriftstellers (1979). Frankfurt am Main 1987 (2. Aufl.).

H. Schmiedt: Karl Mays 'Mein Leben und Streben' als poetisches Werk. In: Jahrbuch der Karl-May-Gesellschaft 1985. Husum 1985, S. 85-101.

H. Schmiedt: Der Jude Baruch. Bemerkungen zu einer Nebenfigur in Karl Mays 'Von Bagdad nach Stambul'. In: D. Sudhoff / H. Vollmer (Hg): Karl Mays Orientzyklus. Paderborn 1991, S. 185-194.

J. Schnorr v. Carolsfeld: Bibel in Bildern. Leipzig 1860.

H. Sheldon: The Varieties of Temperament. New York 1942.

R. Sinz: Gehirn und Gedächtnis. Stuttgart, New York 1978.

Z. Skreb: Trivialliteratur. In: Z. Skreb / U. Baur (Hg): Erzählgattungen der Trivialliteratur. Innsbruck 1984, S. 9-31.

R. Spitz: Vom Säugling zum Kleinkind (1967). Stuttgart 1980 (6. Aufl.).

J. Spyri: Heidis Lehr- und Wanderjahre. Gotha ca. 1910.

H. Stolte: Der Volksschriftsteller Karl May. Radebeul 1936.

H. Stolte: Das Phänomen Karl May. Bamberg 1969.

H. Stolte: Ein Literaturpädagoge. Untersuchungen zur didaktischen Struktur in Karl Mays Jugendbuch 'Die Sklavenkarawane', 1. Teil. In: Jahrbuch der Karl-May-Gesellschaft 1972/73. Hamburg 1972, S. 171-194.

H. Stolte: Ein Literaturpädagoge. Untersuchungen zur didaktischen Struktur in Karl Mays Jugendbuch 'Die Sklavenkarawane', 2. Teil. In: Jahrbuch der Karl-May-Gesellschaft 1974. Hamburg 1973, S. 172-194.

H. Stolte: Literaturbericht. In: Jahrbuch der Karl-May-Gesellschaft 1974. Hamburg 1973, S. 237-246.

H. Stolte: Ein Literaturpädagoge. Untersuchungen zur didaktischen Struktur in Karl Mays Jugendbuch 'Die Sklavenkarawane', 3. Teil. In: Jahrbuch der Karl-May-Gesellschaft 1975. Hamburg 1975, S. 99-126.

H. Stolte: Ein Literaturpädagoge. Untersuchungen zur didaktischen Struktur in Karl Mays Jugendbuch 'Die Sklavenkarawane', 4. Teil. In: Jahrbuch der Karl-May-Gesellschaft 1976. Hamburg 1976, S. 69-91.

H. Stolte: Die Affäre Stollberg. Ein denkwürdiges Ereignis im Leben Karl Mays. In: Jahrbuch der Karl-May-Gesellschaft 1976. Hamburg 1976, S. 171-190.

H. Stolte: Die Reise ins Innere. Jahrbuch der Karl-May-Gesellschaft 1975. Hamburg 1975, S. 13-33.

H. Stolte: Auf den Spuren Nathans des Weisen. Zur Rezeption der Toleranzidee Lessings bei Karl May. In: Jahrbuch der Karl-May-Gesellschaft 1977. Hamburg 1977, S. 17-57.

H. Stolte: Mein Name sei Wadenbach. Zum Identitätsproblem bei Karl May. In: Jahrbuch der Karl-May-Gesellschaft 1978. Hamburg 1978, S. 37-59.

H. Stolte: Abschiede - ein Thema mit Variationen. In: Jahrbuch der Karl-May-Gesellschaft 1980. Hamburg 1980, S. 35-62.

H. Stolte: Narren, Clowns und Harlekine. Komik und Humor bei Karl May. In: Jahrbuch der Karl-May-Gesellschaft 1982. Husum 1982, S. 40-59.

H. Stolte: "Frau Pollmer - eine psychologische Studie." Dokument aus dem Leben eines Gemarterten. In: Jahrbuch der Karl-May-Gesellschaft 1984. Husum 1984, S. 11-27.

H. Stolte: Hiob May. In: Jahrbuch der Karl-May-Gesellschaft 1985. Husum 1985, S. 63-84.

H. Stolte: "Stirb und werde!" Existenzielle Grenzsituation als episches Motiv bei Karl May. In: Jahrbuch der Karl-May-Gesellschaft 1990. Husum 1990, S. 51-70.

D. Sudhoff / H. Vollmer (Hg): Karl Mays Orientzyklus. Paderborn 1991.

K. Theweleit: Männerphantasien. Bd. 1 Frauen, Fluten, Körper, Geschichte (1977). Reinbek 1987.

K. Theweleit: Männerphantasien. Bd. 2. Männerkörper - Zur Psychoanalyse des weißen Terrors. Reinbek 1987.

H. Thielicke: Wie die Welt begann (1960). Stuttgart 1964.

Dr. Tissot: Von der Onanie oder Abhandlung über die Krankheiten, die von der Selbstbefleckung herrühren. Eisenach 1773.

R. Tschapke: Überlegungen zum Verhältnis von Herr und Knecht in Karl Mays Abenteuerromanen. In: Jahrbuch der Karl-May-Gesellschaft 1988. Husum 1988, S. 268-291.

G. Ueding: Glanzvolles Elend. Versuch über Kitsch und Kolportage. Frankfurt am Main 1973.

G. Ueding: Der Traum des Gefangenen. Geschichte und Geschichten im Werk Karl Mays. In: Jahrbuch der Karl-May-Gesellschaft 1978. Hamburg 1978, S. 60-86.

G. Ueding: Die Rückkehr des Fremden. Spuren der anderen Welt in Karl Mays Werk. In: Jahrbuch der Karl-May-Gesellschaft 1982. Husum 1982, S. 15-39.

G. Ueding: Die langandauernde Krankheit des Lebens. In: Jahrbuch der Karl-May-Gesellschaft 1986. Husum 1986, S. 50-68.

G. Ueding: Auf fremden Pfaden in die Heimat. In: Die anderen Klassiker. Literarische Porträts aus zwei Jahrhunderten. München 1986, S. 156-183.

G. Ueding (Hg): Karl-May-Handbuch. Herausgegeben von G. Ueding in Zusammenarbeit mit R. Tschapke. Stuttgart 1987.

G. Ueding: Das Spiel der Spiegelungen. In: Jahrbuch der Karl-May-Gesellschaft 1990. Husum 1990, S. 30-50.

W. Vinzenz: Feuer und Wasser. Zum Erlösungsmotiv bei Karl May. Sonderheft der Karl-May-Gesellschaft 26, 1980.

H. Vollmer: Ins Rosenrote. Zur Rosensymbolik bei Karl May. In: Jahrbuch der Karl-May-Gesellschaft 1987. Husum 1987, S. 20-46.

P. Watzlawick / J. H. Weakland / R. Fisch: Lösungen. Zur Theorie und Praxis menschlichen Wandels (1974). Bern, Stuttgart, Wien 1979 (2. Aufl.).

H. Wiegmann: Reiseromane und Reiseerzählungen. Bd. 1. Der Orientzyklus. In: G. Ueding (Hg): Karl-May-Handbuch. Stuttgart 1987, S. 177-204.

E. O. Wilson: Biologie als Schicksal. Frankfurt, Berlin, Wien 1980.

D. W. Winnicott: Reifungsprozesse und fördernde Umwelt. München 1974.

I. Winter: "Bin doch ein dummer Kerl". Vom Spurenlesen beim Spurenlesen. In: Jahrbuch der Karl-May-Gesellschaft 1987. Husum 1987, S. 47-68.

H. Wollschläger: "Die sogenannte Spaltung des menschlichen Innern, ein Bild der Menschheitsspaltung überhaupt." Materialien zu einer Charakteranalyse Karl Mays. In: Jahrbuch der Karl-May-Gesellschaft 1972/73. Hamburg 1973, S. 11-92.

H. Wollschläger: Der Besitzer von vielen Beuteln. In: Jahrbuch der Karl-May-Gesellschaft 1974. Hamburg 1974, S. 153-171.

H. Wollschläger: Karl May. Grundriß eines gebrochenen Lebens. Zürich 1976.
H. Wysling: Narzißmus und illusionäre Existenzform. Bern, München 1982.
P. G. Zimbardo: Psychologie. Berlin, Heidelberg, New York, Tokyo 1983 (4. Aufl.).

Figurenindex

Abraham Mamur 99
Abu Seif 114
Alexander Kolettis 131
Ali Bey 139
Ali Manach Ben Barud el
 Amasat 215
Allo, der Köhler 187
Amad el Ghandur 167
Arfan Rakedihm 92
Baruch 217
Barud el Amasat 223
Bill und Fred, die Diener
 Lindsays 207
Der Aga Nassyr 144
Der Anführer der
 Nestorianer 175
Der Arnaut Sir David
 Lindsays 156
Der Beschützer 172
Der Bettler 205
Der Bruder des Melek von
 Lizan 176
Der Bruder Gasahl
 Gaboyas 190
Der Diener, ein Ibn
 Arab 202
Der Häuptling von
 Kalahoni 148
Der Hekim Schakaras 166
Der junge Begleiter Hamd el
 Amasats 88
Der jüngere Sohn Zedar Ben
 Hulis 132
Der Jüsbaschi in
 Stambul 221
Der Kadi 226
Der Kaimakam 155
Der Karaju von Lizan 180
Der Kiradschi 225
Der Kodscha Pascha von
 Baalbek 213
Der Mann der Petersilie 183
Der Melek von Lizan 177
Der Mir Alai, dessen Name
 nicht genannt wird 218
Der Miralai Omar Amed 151
Der Mutesselim 163
Der Nezanum von Tiah 169
Der Pascha von Mossul 135
Der Pferdehändler 189
Der Rais von Dalascha 182
Der Scheik der Abu
 Mohamed 125
Der Sohn des erschossenen
 Polizisten 227
Der Sohn des Nezanum von
 Tiah 171
Der Soran-Kurde 195
Der spitznasige Pole und
 sein Diener 204
Der Vater der Schakara 165
Der Vorsteher von
 Spandareh 158
Der Wekil 97
Die Aussätzigen 211
Die beiden Offiziere bei den
 Kanonieren 150
Die beiden Spione der
 Obeide 129
Die drei Mer-Mamalli-
 Kurden 192
Die Pferdediebe

Dohub, der Kurde aus
   Gumri 161
Esla el Mahem, Scheik der
   Obeide 127
Gibrail Mamrahsch 193
Hamd el Amasat 87
Hamsad el Dscherbaja 104
Hassan Ardschir Mirza 195
Hassan el Reisahn 109
Heider Mirlam 184
Hulam 221
Ibn Nazar 126
Ifra, der Buluk Emini 137
Isla Ben Maflei 107
Jakub Afarah, der Kaufmann
   aus Damaskus 209
Kadir Bey von Gumri 173
Kiamil Effendi, der
   Makredsch von
   Mossul 153
Maflei, Isla Ben Mafleis
   Vater 214
Manach el Barscha 224
Martin Albani 116
Mir Scheik Khan 147
Mirza Selim 201
Mohamed Emin 122
Muhrad Ibrahim 112
Nedschir Bey, der Rais von
   Schohrd 179
Omar Ben Sadek 93
Osko, der Vater Senitzas 220
Pali, Selek und Melah 134
Pir Kamek 141
Rais Chalid Ben
   Mustapha 110
Räuberische Araber 206
Sadek, der Führer über den
   Schott Dscherid 90
Saduk 198
Saduks Freund 199

Sahbeth Bei 111
Schafei Ibn Jacub Afarah 212
Scheik Gasahl Gaboya 185
Scheik Malek 118
Selim Aga 160
Sir David Lindsay 119
Zedar Ben Huli 130